임자헌

이화여자대학교에서 심리학을 공부하고 잠시 미술 잡지 기자로
일하던 중, 우연히 접한 한학의 매력에 빠져 진로를 바꾸었다.
한국고전번역원 부설 고전번역교육원 상임연구부를 거쳐
한국고전번역원에서 번역위원으로 활동하고 있다. 『일성록』
번역을 시작으로 전문 번역가의 길로 들어섰으며 『조선왕조실록』
현대화 사업에 참여하여 『정조실록』 『세종실록』 『세조실록』 등을
번역하고 있다. 옛 문헌 속에서 지내면서 자연스레 과거와 현재의
공통점과 간극을 읽게 되었고, 옛글들이 그 외투가 낡았을 뿐
내용은 얼마든지 오늘과 소통할 수 있는 생기발랄한 것들임을
발견했다. 때문에 '지금-여기'의 문제에 대해 과거가 줄 수 있는
지혜의 가능성을 열심히 모색하는 중이다.
지은 책으로 『나의 첫 한문 수업』 『마음챙김의 인문학』 『괜찮은
사람이 되고 싶어서』 『시민을 위한 조선사』 『銘, 사물에 새긴
선비의 마음』 『맹랑 언니의 명랑 고전 탐닉』, 옮긴 책으로 『군자를
버린 논어』 『오늘을 읽는 맹자』 등이 있다.

하루 한문 공부

하루 한문 공부

우리말
문해력을
높이는
한문교양
365

임자헌 지음

유유

일러두기

1. 『대학』,『논어』,『맹자』,『중용』의 원문은 내각본(內閣本 1820년 간행,
    학민문화사 영인)인 『大學章句大全』,『論語集註』,『孟子集註』,
    『中庸章句大全』을 저본으로 하였다.

2. 『순자』의 원문은 『荀子集解』(王先謙, 中華書局, 2012)를 저본으로 하였다.

3. 『순자』의 경우 편 안의 분장(分章)은 사서(四書)처럼 공식적인 기준이
    존재하지 않아 발췌한 단락에 임의로 번호를 부여하였다.

4. 원문의 현토(懸吐)는, 사서(四書)의 경우 관본언해(官本諺解)의 토를 위주로
    하고 율곡(栗谷)의 사서언해(四書諺解)를 참고하였는데, 필요에 따라
    저자가 새로 현토한 부분도 있다. 『순자』의 경우는 선조들의 현토본이 없는
    관계로 전통문화연구회 출간 『역주(譯註) 순자집해(荀子集解)』를 참고하여
    전통방식에 따라 임의로 현토하였다.

들어가는 말
어휘력을 키우는 한문 공부

거의 모든 사람들의 손에 스마트폰이 들려 있고, 그 자그마한 기계를 열어 손가락으로 몇 번 톡톡 버튼을 누르면 생활의 거의 모든 것이 해결되는 세상이다. 그 '거의 모든 것' 안에는 언어도 포함된다. 날이 갈수록 번역앱의 기능은 빠른 속도로 향상되고 있다. 이제 단순 회화는 스마트폰만 들고 있어도 얼추 해결할 수 있다고들 한다. 이런 시대에 현대 외국어도 아니고 옛날 글인 한문(漢文)을 배우는 게 의미가 있을까?

우리 생활을 가만 들여다보면 스마트폰이 해결해 주지 못하는 일들이 여전히 많이 존재한다. 얼마 전에 세간을 잠시 떠들썩하게 만들었던 '심심한' 사건이 있다. 어느 기업에서 사과문을 올리면서 '심심한 사과'라는 표현을 썼는데, 이 사과문에 대해 누군가 아주 흥분하면서 너는 심심해서 사과하느냐며 어떻게 사과하는 글에 이런 표현을 쓸 수 있느냐고 분노했다. '심심'이 한자어라서 생긴 오해였다. '심심'은 '甚深', '매우 깊게'라는 뜻이다. 스마트폰은 어휘 능력 자체를 해결해 주지 못한다. 스마트폰을 열어 정보를 검색할 수는 있지만 내가 기본적으로 생활에서 사용하는 어휘 수 자체는 오롯이 내 안에 쌓인 것들에서 나온다. 그리고 인간은 그렇게 스스로 지닌 어휘 수 안에서 사고한다. 풍경이나 사물을 떠올리는 게 아니라면 인간의 생각은 언어로 구성되어 있다. 생각의 깊이와 넓이를 내가 지니고 있는 어휘의 양과 질이 결정한다. 내 안에는 단어가 얼마나 내장되어 있을까?

　우리나라는 아주 오랫동안 한자를 사용한 한문을 기본적인 공식 글로 채택해 왔다. 세종대왕이 훈민정음을 만든 이후로도 한자는 우리 문자생활을 대표하는 글자였다. 그래서 어쩔 수 없이 우리말에는 한자 어휘가 아주 많이 녹아 있다. 우리말 어휘를 확장하려면 아무래도 한자 학습을 해야 하는 것이다. 그래서 한자자격능력시험 등이 크게 유행하기도 했다. 내 직업을 한문 번역자라고 밝히면 한자 학습 방법에 관해 묻는 이들이 꽤 많았다. 어떻게 하면 한자를 효율적으로 빨리 많이 배울 수 있을까? 내가 아는 최고의 방법은 '문장'을 익히는 것이다.

　한문도 결국 외국어다. 외국어 학습을 할 때 단어만 외우고 그 단어가 문장에서 활용되는 것을 공부하지·않으면 순식간에 기억 속에서 사라지는 경험을 다들 해 보았을 것이다. 글자는 문장 속에서 이해되어야 제대로 뜻이 이해되고 오래간다. 모국어도 마찬가지다. 낯선 단어를 만났을 때 사전에서 뜻을 찾았다면 다음으로는 그 단어가 활용된 문장을 보든지 스스로 짧은 글을 지어 보아야 한다. 그래야만 그 단어의 정확한 활용을 알고 조직적으로 기억할 수 있다. 한자를 익히고 싶다면 한자로 쓰인 문장인 한문을 보는 게 가장 효율적이다.

　한문은 현대 외국어와는 달리 고정된, 외부로 드러난 정해진 문법이 없다. 그래서 익히기 어려운 글이기도 하다. 한문의 문법책 중 기본적인 문법책은 사서(四書), 그중에서도 특히 『논어』와 『맹자』이다. 이 책들을 열심히 공부하다 보면 한문이란 글의 구성에 대한 큰 맥을 잡을 수 있다. 게다가 이 책들은 단순히 언어 공부만을 위한 내용으로 이루어진 것이 아니라 아주 깊은 사상을 다루고 있기도 하다. 한문뿐만 아니라 유학(儒學)의 기본 틀을 구성하는 생각의 뿌리도 배울 수 있는 것이다. 언어를 익히며 오늘날 적용할 수 있는 옛 지혜까지 배울 수 있다는 게 한문 공부의 큰 장점이다.

오랜 시간 한문을 공부한 전문 한문 번역가로서, 한자와 한문에 관심을 갖고 배워 보고 싶어 하는 분들에게 작은 도움이라도 되기를 바라는 마음으로 이 책을 썼다. 한자는 문장으로 익히는 것이 좋고, 그렇게 보자면 다양한 유파의 다양한 서종의 책을 다루는 것보다는 하나의 흐름으로 이어지되 조금은 긴 호흡으로 읽을 수 있는 형태로 문장을 선별하는 것이 좋을 것 같아 오로지 유학의 책만 선택했다. 유학의 대표적인 서적이자 한문을 처음 배우는 이들을 위한 기본서로 꼽히는 『대학』, 『논어』, 『맹자』, 『중용』의 사서와 이 사서에서는 제외되었지만 유학에서 빼놓을 수 없는 위치를 차지하고 있는 『순자』까지 총 다섯 권의 책 중에서 좋은 문장을 뽑아 1년 동안 매일 공부할 수 있게 정리해 보았다.

선택된 문장을 소개하면서 글자의 뜻풀이와 번역하는 방법을 주로 다루었고, 내용이 담고 있는 의미도 놓치지 않으려고 애썼다. 하루에 공부해야 하는 양을 일정하게 맞추느라 어쩔 수 없이 설명이 조금 소략해진 부분도 있으나 아예 누락되는 일은 없도록 노력했다. 이 책이 한문의 맛을 느끼는 데에, 그리고 모국어의 어휘를 깊고 넓게 닦아 가는 길에 조금이나마 도움이 되기를 간절히 바라 본다.

2023년 1월
임자헌

1월

大學①之②道③,
[대학지도(는)]

대학의 목표는,

새해에 한문을 공부해 보자 마음을 먹었다면 어떤 책으로 시작하는 게 좋을까? 한문의 가장 기본이 되는 사서로 시작하는 것을 권하고 싶다.『논어』가 가장 유명하긴 하지만 사실 사서의 공부 순서는『대학』에서 시작해서『논어』,『맹자』,『중용』의 순으로 이어진다. 왜『대학』으로 시작할까?

① 대인(大人)의 학문이란 뜻이다. 대인이란 성인(成人)이기도 하지만 성인(聖人)이기도 하다.『소학』을 배운 이들이 본격적으로 배울 학문이란 성인(聖人)이 되는 학문이다. 성인이 된다는 것은 개인적으로 아주 뛰어난 덕을 닦은 사람이 된다는 의미이기도, 그 닦은 덕으로 많은 사람이 이롭도록 다스리는 사람이 된다는 의미이기도 하다.

② '~의'라는 뜻이다. '(갈) 지'라고 읽는 이 글자는 사실 '가다'라는 동사보다는 조사로 훨씬 많이 활용된다. 여기에서처럼 '~의'라는 뜻으로 자주 사용되고, 주격조사나 목적격조사로도 종종 사용된다.

③ '도'라고 하면 어떤 굉장한 것 같지만 이 글자는 '길'이라는 기본적인 뜻으로 해석할 때 가장 의미가 명확해진다. 길은 그저 생겨난 것이 아니라 목적지에 가기 위해 방향을 잡아 일부러 닦은 것이기 때문이다. 즉『대학』은 성인이 되어 본격적인 학문을 시작하는 이들에게 진짜 학문이란 어떤 목표를 향해 가는 것인지를 명확히 밝히고 그 목표에 입각한 학문의 순서를 일러 주기 때문에 먼저 읽으면 크게 도움이 되는 책이다. 그럼『대학』이 지향하는 길은 구체적으로 무엇일까?

在①明明德②, 在①親(新)民③, 在①止於至善④.

[재명명덕(하며) 재친(신)민(하며) 재지어지선(이니라).]

밝은 덕을 밝히는 데 있고, 백성을 새롭게 하는 데 있으며,
지극한 선에 머무르게 하는 데 있다.

---

① '在'가 서술어이다. '~에 있다, ~에 달려 있다'라는 뜻으로 자주 사용된다.

② 앞의 '明'은 서술어이고, 뒤의 '明'은 '德'을 수식한다. '明德'이란 배우거나 익혀서 후천적으로 얻는 덕이 아니라 원래 사람이면 누구나 타고나는 덕을 말한다. 유학에서는 누구나 원래 하늘에서 부여한 선하고 아름다운 덕을 가지고 있다고 본다. 그것이 살면서 흐려지는데, 공부를 통해 이 덕을 처음의 밝은 덕으로 회복시켜야 한다는 뜻이다.

③ 원래『예기』(禮記)의 원문에는 '親民'으로 되어 있는데 송나라 성리학자인 정이천(程伊川)이 '新'으로 교정하였다. 공부하는 이가 자신의 밝은 덕을 다시 밝히게 되었거든 그렇지 못한 사람에게 가서 잘못 물든 구습으로부터 그를 새롭게 해 주어야 한다는 것이다. 이것은 달리 보면 그를 아끼는 마음에서 나온 정성이므로 '친애하다'의 뜻 또한 포함하고 있다고 볼 수 있다.

④ '於'는 한문에서 아주 자주 나오는데 '~에', '~에서'의 뜻을 지닌 처소격 조사로, '止於'는 '~에 그치다, 멈추다, 머무르다'라는 뜻이다. '至善' 즉 지극한 선, 최상의 선에 멈춰 거기에 계속 머물러야 하는 것이다.

이상의 세 가지, 즉 나의 올바른 인간다운 덕을 밝히고, 남도 그렇게 될 수 있도록 돕고, 그렇게 되었거든 모두 그 상태에 머무르도록 노력하는 것, 이것이 공부하는 이유이다. 이를 대학의 삼강령(三綱領)이라 한다.

知止而后, 有定①, 定而后, 能靜②,
[지지이후(에) 유정(이니) 정이후(에) 능정(하고)]

그칠 데를 안 이후에 정함이 있고, 정한 이후에 고요할 수 있으며,

오늘과 내일 다룰 문장은 같은 문형이 반복되는 형태로 구성되어 있다. 한문에는 일정한 형태의 문형이 반복돼서 나오는 경우가 많다. 따라서 이런 구조를 파악하면 해석이 훨씬 쉬워진다.

'知止而后, 有定'은 의미절로 끊자면 중간의 구두점을 빼고 '知止而后有定'으로 하는 것이 좋지만 토를 붙이려고 위와 같이 구두점을 찍었다. 한문을 읽을 때 한자음에 토를 붙여 읽는 방식이 있고, 외국어이니까 토 없이 의미절로만 떼서 한자음만 읽을 수도 있다. 토는 우리 선조들이 한문을 읽을 때 한자음에 우리나라 조사를 붙여서 읽던 방식인데, 이 방식으로 훈련하면 문장의 의미를 규정 지으며 읽게 되므로 해석이 훨씬 쉬워진다.

① '而后'는 '이후'(以後) 또는 '연후'(然後)와 같다. 삼강령이 '지극한 선에 그쳐 머무른다'로 끝났다. '止'는 그쳐 머물러야 할 곳이다. 어디에 머물러야 할까? '지극한 선'이다. 왜 지극한 선에 머물러야 할까? 그래야만 정함이 있을 수 있기 때문이다. '定'은 무엇인가? 방향이 정해지는 것을 말한다. 아울러 함께 지극한 선에 계속 머물러야 한다는 것을 알면 내 공부가 어디로 가야 할지 방향이 정해진다.

② 뜻에 방향이 정해지면 또 무엇을 얻을 수 있을까? '靜', 즉 고요함을 얻을 수 있다. 마음이 이치에 맞지 않게 허황되거나 주책없이 요동하지 않게 된다는 말이다. 정한 방향이 없는 마음은 고요하려야 고요할 수 없다는 것이다.

靜而后, 能安 ①, 安而后, 能慮 ②, 慮而后, 能得 ③.

[정이후(에) 능안(하고) 안이후(에) 능려(하고) 여이후(에) 능득(이니라)]

고요한 이후에 편안할 수 있고, 편안한 이후에 생각할 수 있으며,
생각한 이후에 얻을 수 있다.

---

① 마음에 방향이 정해져 고요해지면 다음은 어떻게 될까? 내 마음과 몸이 언제 어디서나 편안할 수 있다. '能'은 '~할 수 있다'는 뜻인데 옛날 언해본에 보면 꼭 굳이 '능히'라고 해석해 놓은 것을 볼 수 있다. 이 글자가 단순히 '할 수 있다'보다 좀 더 강한 뜻이기 때문이다. '너끈히 할 수 있다' 정도 되려나? 번역할 때는 '~할 수 있다'로 하면 되지만, 어감을 알면 문장을 더 잘 이해할 수 있을 것이다. '편안함'은 거저 얻어지는 것이 아니다. 외부적 조건이 맞다고 얻어지는 것도 아니다. 이만큼의 과정을 거쳐야만 비로소 가능해지는 것이다.

② 몸과 마음이 언제 어디서나 편안해지면 또 그다음은? 그제야 비로소 생각할 수 있게 된다. 여기서 '생각하다'에 해당하는 '慮'는 일을 정밀하고 상세하게 처리하는 것을 말한다. 동요가 없이 고요한 마음으로 언제 어디서든 편안해져야 비로소 내가 해야 하는 일을 제대로 처리하도록 생각을 할 수 있게 된다. 내가 안정된 상태가 아니면 일도 당연히 제대로 처리할 수 없다. 온갖 생각과 불안이 나를 잠식하고 있는데 어떻게 정밀하고 상세하게 생각할 수 있겠는가?

③ 제대로 생각할 수 있게 되면 그 결과는? '能得', 즉 얻을 수 있게 된다. 뭘 얻는다는 것일까? 멈출 곳, 머물러 살아가야 할 곳을 얻게 된다는 말이다. 바로 '지극한 선'의 실천이다. 선한 인간 본성에 대한 '知止'라는 인식이 실제 내 삶에 자리 잡게 되는 '能得'으로 끝나는 것이다.

物有本末①, 事有終始②, 知所先後, 則近道矣③.

[물유본말(하고) 사유종시(하니) 지소선후(면) 즉근도의(리라)]

물건에는 근본과 말단이 있고 일에는 시작과 끝이 있으니,
먼저 하고 나중에 할 것을 알면 도에 가까울 것이다.

---

① '物'은 대개 기본 뜻에 따라 물건, 사물이라고 하는데, 종종 생각보다 크고 넓은 대상에 적용되어 활용되곤 한다. 나를 포함해 세상의 모든 것은 '物'이라 표현할 수 있다. 나를 제외한 바깥의 모든 것을 가리키고 싶으면 '외물'(外物)이라 하면 된다. '本末'은 근본과 말단, 혹은 주된 것과 부차적인 것이란 뜻이다. 여기서의 '物'은 나를 포함한 세상의 모든 존재를 가리킨다. 그럼 거기에서 근본이 되는 건 무엇일까? 나와 외물이라면 '나'일 테지만, 나와 외물을 뛰어넘어 모든 존재에게 부여되어 있는 핵심이 있다면 그게 진짜 근본일 것이다. 바로 '명덕'이 그것이다. 일단 명덕을 바로 세워야 다음이 있을 수 있다. 그래서 타인들의 덕을 바로 세우는 신민(新民)은 상대적으로 부차적인 것이 된다.

② '事'는 일이고, '終始'는 끝과 시작이다. 어떤 일을 하려면 일단 무슨 일을 해야 하는지 알아야 한다. 그래서 일의 시작점은 '知'이다. 알기만 하면 될까? 실천을 통해 실제 삶에서 그 앎이 제대로 된 것인지 확인해야 한다. 그래서 끝점은 앎이 녹아든 '行'이 된다. 즉 '지지'(知止)로 시작해서 '능득'(能得)으로 끝맺는 것이다.

③ '所'는 대명사로 '~하는 것'으로 해석되고, '則'은 접속사로 '~하면', '그러면'으로 해석된다. '近'은 '가깝다'이고, '道'는 구체적으로는 앞서 말했던 바와 같이 바르게 가야 할 길 혹은 방향을 의미한다. '矣'는 문장을 맺는 어기사로 '~할 것이다'라고 해석한다.

古之欲明明德於天下者①, 先治其國②, 欲治其國者, 先齊其家, 欲齊其家者③, 先修其身④,

[고지욕명명덕어천하자(는) 선치기국(하고) 욕치기국자(는)
선제기가(하며) 욕제기가자(는) 선수기신(하고)]

옛날에 명덕을 천하에 밝히고자 한 사람은 먼저 그 나라를 다스리고,
그 나라를 다스리고자 한 사람은 먼저 그 집안을 가지런히 하고,
그 집안을 가지런히 하고자 한 사람은 먼저 그 몸을 닦고,

① 여기서의 '之'역시 '~의'의 뜻이다. 반복적으로 보이는 '欲'은 구절 끝의 '者'와 호응을 이뤄 '~하고 싶은 사람'이 된다. '於'는 'A於B'의 어형으로 'B에 A하다'라는 뜻이니까 '천하에 명명덕하고자 하는 사람'인 것이다. 그런 사람은 어떻게 그것을 이루었는가?

② 먼저 그 나라를 다스렸다. 글자가 가진 뜻 그대로 해석하면 된다.

③ 그 나라를 다스리고자 한 사람은 또 무엇을 했을까? 먼저 그 집안을 가지런히 했다. 여기서 이 '家'라는 것을 그저 '집, 집안'이라고만 보면 너무 좁게 해석한 것이다. '家'는 훨씬 큰 개념으로 제후 아래 있는 대부들의 통치 단위를 말한다. 천자의 통치 단위가 '天下'이고, 제후가 다스리는 통치 단위는 '國'이며, 이보다 작은 단위가 '家'이다. '齊'는 가지런히 한다는 뜻인데, 이는 고르고 평평하게 한다는 의미이다. 공적 영역으로 가기 직전의 가장 큰 사적 치리(治理) 영역을 고르고 평평하게 하지 못한다면 어떻게 공적 영역을 제대로 다스릴 수 있을까? 불가능하다.

④ 그럼 그 집안을 가지런히 하고자 한 사람은 먼저 무엇을 했을까? 자기 자신을 수양하고 바로잡았다. 자, 연쇄법으로 이어지는 이 문장은 또 어떤 내용으로 이어질까?

欲修其身者, 先正其心①**, 欲正其心者, 先誠其意**②**,**
欲誠其意者, 先致其知③**, 致知, 在格物**④**.**

[욕수기신자(는) 선정기심(하고) 욕정기심자(는) 선성기의(하고)
욕성기의자(는) 선치기지(하니) 치지(는) 재격물(하니라)]

그 몸을 닦고자 한 사람은 먼저 그 마음을 바르게 하고, 그 마음을 바르게 하고자
한 사람은 먼저 그 뜻을 진실하게 하고, 그 뜻을 진실하게 하고자 한 사람은 먼저
그 앎을 지극히 하였으니, 앎을 지극히 하는 것은 사물의 이치를 파고드는 데 있다.

---

① 어제 공부한 문형의 반복이다. 글자만 알면 해석은 어렵지 않다.
어제는 외부를 다스리는 데 대한 내용이었다면 오늘은 수신(修身)
을 어떻게 할 것인가에 관한 내용이다. 자기 자신을 수양해서 바로
잡고자 한 이가 먼저 한 것은 자기 마음을 바르게 하는 것이었다.

② 자기 마음을 바르게 하고자 한 사람은 먼저 무엇을 했을까? 자신
의 뜻을 진실하게 했다. '意'는 마음이 일어나 움직이는 혹은 피어나
는 상태를 뜻한다. 그래서 움직임의 역동성이 있는 우리말 '뜻'과 의
미가 잘 통한다. '誠'은 진실함, 진정성, 정성스러움을 뜻한다.

③ 마음에서 일어난 뜻을 진실하게 하고자 한 사람은 또 먼저 무엇
을 했을까? 자신의 앎을 지극히 했다. '致'는 '이르다, 도달하다'의 뜻
도 있지만 '궁구하다, 끝까지 다하다'의 의미도 있다. 그저 앎에 도달
하는 정도가 아니라 궁구해서 그 끝까지 도달하는 경지를 말한다.

④ 그럼 어떻게 해야 앎이 지극해질까? '在格物', 즉 앎이 지극해지는
것은 격물에 달려 있다는 말이다. '格物'은 무엇인가? '格'은 '이르다'
[至]라는 뜻이다. '物'은 앞서 말한 바와 같이 세상의 모든 일과 사물
을 포괄한다. 세상 온갖 일이며 물, 그러니까 사물의 이치를 그 끝까
지 파고드는 것이 치지인 셈이다.

**物格而后, 知至, 知至而后, 意誠, 意誠而后, 心正,
心正而后, 身修, 身修而后, 家齊, 家齊而后, 國治,
國治而后, 天下平.**

(물격이후(에) 지지(하고) 지지이후(에) 의성(하고) 의성이후(에) 심정(하고)
심정이후(에) 신수(하고) 신수이후(에) 가제(하고) 가제이후(에) 국치(하고)
국치이후(에) 천하평(이니라))

사물의 이치가 구명된 뒤에 앎이 지극해지고, 앎이 지극해지고 난 뒤에 뜻이 진실해지며,
뜻이 진실해지고 난 뒤에 마음이 바루어지고, 마음이 바루어지고 난 뒤에 몸이 닦아지며,
몸이 닦아지고 난 뒤에 집안이 가지런해지고, 집안이 가지런해지고 난 뒤에 나라가
다스려지고, 나라가 다스려지고 난 뒤에 천하가 평정된다.

어제 그제 공부한 문장이 역순으로 다시 등장하며 순서를 확실하게
정리해 준다. 아, 글자의 배치 순서가 바뀐 것에 주의하자. 이를테면
앞에서는 '修其身'이라 하여 '그 몸을 닦다'라는 서술어+목적어 형
태였는데, 여기서는 '身修'라 하여 '몸이 닦이다'라는 주어+서술어
형태로 표현되고 있다. 이 점만 알면 해석에는 큰 어려움이 없을 것이
다. '知至'에서 '至'는 '致'와 같은 뜻으로 쓰였다. '至'는 '이르다, 도
달하다'의 뜻과 '지극하다'의 뜻으로 모두 자주 사용되는데, 이번에
는 '지극하다'의 뜻으로 사용되었다.

사흘에 걸쳐 그 유명한 대학의 8조목(八條目)을 정리했다. '格物', '致
知', '誠意', '正心', '修身', '齊家', '治國', '平天下'. 공부하는 사람은 누구
나 청운의 푸른 꿈을 가질 것이다. 자신이 얼마나 큰 인물이 되고 싶
다는 개인적인 바람도 있을 것이지만 사회와 세상을 멋지게 바꾸고
싶은 포부도 있을 것이다. 『대학』은 그 꿈이 엇나가지 않으려면, 잘
못되지 않으려면 어떤 순서를 밟아야 하는지를 차례대로 보여 준다.

自天子, 以至於庶人 ①, 壹是皆以修身爲本 ②.

[자천자(로) 이지어서인(히) 일시개이수신위본(이니라)]

천자부터 서인에 이르기까지 모두 다 수신을 근본으로 삼는다.

---

① 중요한 표현이 나왔다. '自A至B'의 문형. '自'는 '~부터'라는 뜻이고, '至'는 '~에 이르다'라는 뜻이므로, '自A至B'는 'A로부터 B에 이르다'라는 표현이다. 사이에 '以'를 넣어 이동 및 확산 방향을 포함했지만 이는 해석할 때 크게 신경 쓰지 않아도 된다. '於'를 넣어 닿는 점을 분명히 했는데, 생략하는 경우도 많다. 결과적으로 '천자부터 서인에 이르기까지'라는 말이다. 서인(庶人)은 일반 백성을 가리킨다.

② 壹是는 '일체'(一切), 皆는 '모두'라는 뜻이다. 또 중요한 표현이 나왔다. '以A爲B' 문형인데, '以'가 '~로, ~로서(로써)'의 뜻이므로 'A로 B를 삼다'라는 뜻이다. 하지만 번역할 때는 우리말식 표현으로 바꾸어 'A를 B로 삼다'라고 하는 것이 훨씬 읽기 편하다. 앞의 '自A至B' 만큼이나 혹은 그것보다 훨씬 더 한문에 자주 나오는 문형이니 꼭 기억해 두길 바란다.

가장 높은 천자부터 일반 서민에 이르기까지라고 범위를 정한 것은 모든 이를 다 포괄한다는 의미이다. 앞서 '物'에는 근본과 말단이 있고 일에는 시작과 끝이 있다고 하면서 먼저 할 것과 나중에 할 것을 알아야 한다고 말했는데, 여기서 그 종지부를 찍고 있다. 수신, 즉 내 몸을 제대로 수양하는 것, 나 하나 제대로 바로잡는 것이 모든 것의 근본이 된다는 것이다.

其本, 亂而末治者, 否矣^①, 其所厚者, 薄^②, 而其所薄者, 厚, 未之有也^③.

[기본(이) 난이말치자(가) 부의(며) 기소후자(에) 박(이요)
이기소박자(에) 후(는) 미지유야(니라)]

그 근본이 어지러우면서 끝이 다스려지는 경우는 없으며, 후하게 해야 할 것에 박하게
하고 박하게 해야 할 것에 후하게 하는 경우는 있지 않다.

───────────────────

① '其本', 즉 그 근본이라는 것은 '자기 자신'을 가리킨다. '末'은 '말
단', '지엽'을 뜻하는데, 여기서는 '천하(天下), 국(國), 가(家)'를 가리
킨다. '者'는 '~하는 자, ~하는 사람', 혹은 '~하는 것, ~하는 경우'로,
문장에 따라 잘 판단해야 한다. 여기서는 '것, 경우'나 '사람'으로 해
석해도 의미가 통한다. '否'는 부정사로 앞의 문장에서 말한 내용을
부정하는 것이므로 '(그런 경우는) 없다'라는 뜻이다.

② 같은 문형이 접속사 '而'로 연결된다. '其所厚者'를 직역하면 '그
후하게 할 바의 것'이 되겠다. 이런 형태의 문장이 한문에 많이 나온
다. '후하게 해야 할 것'으로 번역하면 된다. 그런 것에 대해 박(薄)하
게 하고, 접속사 '而'는 '그리고'이다. 뒷 문장의 번역은 앞 문장과 같
은 방식으로, '박하게 해야 할 것에 후하게 하다'라고 하면 된다. 후
하게 해야 할 것은 집안[家], 박하게 해야 할 것은 나라와 천하[國, 天
下]이다.

③ 아주 자주 나오는 형태이다. '之'는 대명사로 앞을 다 받는다. '未'
는 '아직~ 않다, 없다'라는 뜻으로, '未有'는 '아직 있지 않다'라고 해
석한다. 그러므로 '앞에서 말한 그런 경우는 아직 있지 않다, 아직까
지 그런 경우는 없다'라는 뜻이 된다.

所謂致知在格物者①,
言欲致吾之知, 在卽物而窮其理也②.

[소위치지재격물자(는) 언욕치오지지(인댄) 재즉물이궁기리야(라)]

이른바 '앎을 지극히 하는 것은 사물의 이치를 파고드는 데 있다'는 것은 나의 앎을 지극하게 하고자 한다면 사물에 나아가 그 이치를 궁구하는 데에 달려 있음을 말한 것이다.

이 부분은 송나라 성리학자 주희가 『대학』에서 빠진 부분을 보충해 넣은 것이어서 '보망장'이라고 부른다. 원래 『예기』 안에 있던 「대학」을 주희가 경(經)과 전(傳)과 장절(章節)로 나누어 주석을 붙이고 본문을 교정하기도 하고 이동시키기도 해서 『대학장구』(大學章句)를 만들었는데, 현재 우리는 바로 이 주희의 본을 『대학』이라고 부르고 배운다. 원문의 '전'에 다른 경문을 풀어낸 장들은 있는데 '격물치지'(格物致知)에 대한 장이 없으므로 주희가 별도로 격물치지장이라 하여 만들어 넣은 것이 바로 이 보망장이다.

① '所謂~者'는 자주 나오는 문형으로 '이른바 ~라는 것'이라고 해석한다. '소위 ~라고 하는'이라는 표현의 소위가 바로 이 '所謂'이다.

② '言'의 해석에 주의해야 하는데, 여기서는 다음 절까지 두 절 전체를 받는 서술어이므로 마지막에 걸어야 한다. 대개 표점 의미절을 나타내는 쉼표 단위 안에서 해석하면 되는데 가끔 이렇게 두 절 이상을 포괄하는 전체 술어가 등장할 때가 있다. '이른바 ~라는 것은 ~을 말한다(말한 것이다)'라고 해석된다. 이 문장은 '致知'에서 '知'에 '吾之'라는 수식어가 붙은 형태이다. '나의 앎'이 되는 것이다. '卽'은 나아가다는 뜻이고 '而'는 순접으로 '그렇게 해서', 窮은 '궁구하다, 끝까지 파고들다'라는 뜻이다.

蓋人心之靈, 莫不有知, 而天下之物, 莫不有理①, 惟於理, 有未窮②, 故, 其知有不盡也③.

[개인심지령(이) 막불유지(요) 이천하지물(이) 막불유리(언마는)
유어리(에) 유미궁(이라) 고(로) 기지유부진야(니라)]

사람 마음의 신령스러움은 앎이 있지 않음이 없고 천하의 사물은 이치가 있지 않음이 없건마는 다만 이치에 대하여 궁구하지 않음이 있기 때문에 그 앎이 다하지 못함이 있는 것이다.

한문 특유의 이중 부정이 많이 나와서 복잡한 느낌을 줄 뿐 어려운 문장은 아니다.

① 이 문장은 접속사 '而'를 중심으로 좌우 문형이 대칭된다. '蓋'는 '대개', '대체로'라는 뜻으로 한문에 자주 쓰이는 글자인데 번역하지 않아도 의미에 별 영향을 주지 않는다. '人心之靈'은 '天下之物'과, '莫不有知'는 '莫不有理'와 대칭이 된다. '莫不'은 이중부정으로 강한 긍정을 드러내는 표현이다. 이중부정을 쓰면 우리말에서는 복잡하게 들리는데 한문은 이중부정을 굉장히 좋아한다. 헷갈리거든 둘 다 없애고 해석하면 된다. 강한 긍정이니까 굳이 두 번 꼬아서 생각할 필요가 없다. '사람의 마음은 매우 신령스럽고 영묘하기 때문에 반드시 앎을, 그러니까 지각을 가지고 있고, 세상의 모든 사물에는 반드시 이치가 담겨 있다'는 뜻이다.

② 그런데 무엇이 문제인가? '惟'는 '오직, 다만'이고 '於'는 '~에 대하여', 그러니까 다만 이치에 대하여, '未窮'하는 점이, 즉 끝까지 파고들지 않는 점이 있다는 것이다.

③ '故'는 '그렇기 때문에, 그러므로', '盡'은 '다하다, 끝나다, 한도에 이르다'이니 '不盡'은 '다하지 못함'이 되어 '인간의 앎이 가다 말게 되는' 문제가 발생한다.

所謂誠其意者①, 毋自欺也②, 如惡惡臭, 如好好色③, 此之謂自謙④, 故, 君子, 必慎其獨也⑤.

[소위성기의자(는) 무자기야(니) 여오악취(하며) 여호호색(이)
차지위자겸(이니) 고(로) 군자(는) 필신기독야(니라)]

이른바 '그 뜻을 진실하게 한다'는 것은 스스로 속이지 말라는 것이니, 마치 악취를
싫어하듯이 하며 아름다운 여인을 좋아하는 것처럼 하는 것이니, 이것을 일러
'스스로 흡족해한다'고 한다. 그러므로 군자는 반드시 그 홀로를 삼간다.

---

① '所謂~者' 문형이 다시 나왔다. 이후로도 계속 나올 것이다. 이 부분은 '誠意'에 대한 설명이다.

② '毋'는 '~하지 말라'라는 뜻이다. '自欺'는 '스스로 속이다'이다. 선을 행하고 악을 제거해야 한다는 것을 알지만 마음에서 일어나는 것이 진실하지 못한 점이 있다는 말이다.

③ '惡惡' 두 글자가 같지만 앞의 것은 '싫어하다, 미워하다'는 뜻의 동사이므로 '오'로 읽고, 뒤의 것은 '臭'를 수식하여 '나쁜 냄새'를 만드는 형용사이므로 '악'으로 읽는다. '如'는 부사로 '마치 ~처럼'으로 해석하면 된다. 자주 나오는 표현이다. '色'은 '얼굴빛, 모습, 예쁜 용모'를 뜻하므로 '好色'을 '아름다운 여인'이라고 번역한 것이다. 악취를 싫어하는 것은 악을 싫어하는 자세를, 아름다운 여인을 좋아하는 것은 선을 좋아하는 자세를 일컫는다.

④ '之'는 목적격조사다. '이것을 일러 '자겸'이라고 한다'라고 풀이한다. '謙'은 '마음에 쾌하다, 흡족하다'라는 뜻의 '慊'과 통용된다. 여기서는 '慊'의 뜻으로 사용되었다.

⑤ 이 문장은 모레 다시 나오니 그때 자세히 설명하겠다.

小人閒居, 爲不善, 無所不至^①. 見君子而后^②, 厭然揜其不善, 而著其善^③.

[소인한거(에) 위불선(하되) 무소부지(하다가) 견군자이후(에)
암연엄기불선(하고) 이저기선(하나니라)]

소인은 한가로이 거할 때에 선하지 않은 짓을 하되 이르지 못하는 바가 없다가 군자를
본 뒤에 겸연쩍어 하여 그 선하지 않음을 가리고 그 선함을 드러낸다.

① '小人'은 '君子'와 대가 되는 인간형으로 제대로 공부하지 않아서
자신의 내면을 함양하지 못한 사람을 가리킨다. '閒居'는 공적인 공
간이 아닌 자기만의 사적 공간에 편안히 있는 것으로 홀로 있는 상
태를 가리킨다. 이럴 때 소인은 불선한 짓, 그러니까 선하지 않은 짓
을 한다는 것이다. 어느 정도로 하느냐면, '이르지 못하는 바가 없
다', 즉 못하는 짓이 없다는 것이다.

② 그러다가 제대로 공부해서 뜻을 진실하게 하고 있는 군자에게 자
신을 비춰 보며 위축되고 부끄러움을 느낀다. '厭然'에서 '厭'은 '겸
연쩍다, 부끄럽다'라는 뜻이고 '然'은 형용사나 명사 뒤에 붙어 어떠
어떠한 모양이란 어감을 만든다. 그러니까 '厭然'은 '겸연쩍어 하는
모양으로, 겸연쩍어하면서'라고 해석한다. '揜'은 '가리다'는 뜻이다.
부끄러우니까 자신의 불선을 가리는 것이다.

③ '而'는 '그렇게 하고서, 그러고서', '著'는 '드러내다'이다. 소인은 그
렇게 자신의 불선을 가리고서 자신들의 선함을 드러낸다.
소인이 소인인 것은 홀로 있는 상태와 뭇사람과 함께하는 상태가 다
르기 때문이다. 자신의 뜻을 진실하게 하지 못했으므로 이중적인 모
습으로 살아가는 것이다.

人之視己, 如見其肺肝然①, **則何益矣**②.
此謂誠於中, 形於外③, **故, 君子, 必愼其獨也**④.
[인지시기 여견기폐간연(이니) 즉하익의(리오) 차위성어중(이면)
형어외(라) 고(로) 군자(는) 필신기독야(니라)]

사람들이 자기 보기를 마치 그 폐와 간을 보는 것처럼 할 것이니, 그렇다면 무슨 유익이
있겠는가! 이것을 일러 '중심에 진실하면 외면에 나타난다'고 하는 것이다. 그러므로
군자는 반드시 그 홀로를 삼간다.

어제와 이어지는 문장이다. 소인들이 군자를 본 뒤에 자신의 불선을
가리고 선함을 드러내려 하지만 뜻대로 되지 않는다. 왜일까?

① '之'는 주격조사다. '肺肝'은 '폐와 간' 즉 '속, 내부'를 뜻한다. '然'은
어기사로 문미에 사용되어 사물에 대한 비유를 표시하는데 '~처럼'
이란 뜻이다. 종종 '若'과 함께 사용된다. 즉 사람들이 몸속 깊은 곳
까지 들여다보는 것처럼 자기를 본다는 말이다.

② '則'은 '그러니', '何益'은 '무슨 유익이 있겠는가'. '矣'는 감탄의 의
미로 어세를 강조하는 효과를 낸다. 아무 유익이 없다는 말이다.

③ '誠於中'과 '形於外'가 같은 문형으로 '中'과 '外'가 대비를 이룬다.
마음속에 진실하면 바깥에 드러난다는 뜻이다.

④ 소인이 잘못하는 예를 말하면서 군자의 바른 행동을 다시 한 번
강조한다. 군자가 해야 할 행동은 '愼其獨'이다. '必'을 넣었으니 꼭
해야만 하는 일인 것이다. '愼其獨'이란 그 홀로를 삼가는 것이다. '홀
로'라는 것은 자기 혼자 있는 상태를 말하지만 자기만 아는 속마음
을 가리키기도 한다. 남과 함께 있을 때뿐만 아니라 나만 아는 내 저
깊은 곳까지도 단속하여 '中'과 '外'가 일치하게 하는 것이다.

富潤屋, 德潤身 ①, 心廣體胖 ②, 故, 君子, 必誠其意 ③.
[부윤옥(이요) 덕윤신(이라) 심광체반(하나니) 고(로) 군자(는) 필성기의(니라)]

> 부유함은 집을 윤택하게 하고 덕은 몸을 윤택하게 하니, 마음이 넓어지고
> 몸이 편안해진다. 그러므로 군자는 반드시 자신의 뜻을 진실하게 한다.

---

① 역시 두 구가 대비를 이뤄서 저자의 뜻을 좀 더 쉽게 잘 드러내고 있다. '潤'은 '적시다, 윤택하다'의 뜻이다. 부유함은 집을 윤택하고 때깔나게 한다. 그런 것처럼 사람에게 덕이 있으면 그 덕이 몸을 보기 좋게 한다는 말이다.

② 몸이 보기 좋아진 모습을 표현하는 말이다. '廣'은 '넓다' '胖'은 '퍼지다'라는 뜻이다. 잘못한 일이 없어 마음에 부끄러움이 없으면 마음이 넓고 커지고 너그러워지고, 그런 상태가 되면 몸도 자연히 위축되고 움츠러드는 일 없이 항상 펴지고 편안해진다. 그래서 덕이 몸을 윤택하게 한다고 말한 것이다. 그러니까 '心廣體胖'은 부끄러운 것도 없고 감출 것도 없이 당당한 내면을 가진 사람의 외적 모습인 것이다. 내 외면이, 내가 바깥에 보이고 있는 자세가 어떤지 살펴보면 내 내면의 덕이 어떤 상태인지를 가늠할 수 있을 것이다.

③ 그러므로 군자는, 그러니까 지성인은 반드시 자기 자신의 뜻을 진실하게 한다. 자신의 뜻을 진실하게 하는 것은 공부하는 사람들에게 선택이 아니라 필수인, 반드시 그래야만 하는 절대 조건이다.

所謂修身, 在正其心者①, 身(心)有所忿懥, 則不得其正②, 有所恐懼, 則不得其正, 有所好樂, 則不得其正, 有所憂患③, 則不得其正.

[소위수신(이) 재정기심자(는) 신(심)유소분치(면) 즉부득기정(하며) 유소공구(면) 즉부득기정(하며) 유소호요(면) 즉부득기정(하며) 유소우환(이면) 즉부득기정(이니라)]

이른바 몸을 닦는다는 것이 그 마음을 바르게 하는 데 있다고 하는 것은, 마음에 화내는 것이 있으면 그 바름을 얻지 못하고, 두려워하는 것이 있으면 그 바름을 얻지 못하며, 좋아하는 것이 있으면 그 바름을 얻지 못하고, 걱정하는 것이 있으면 그 바름을 얻지 못한다는 것이다.

지금까지 다룬 문장 중 가장 긴 문장이다.

① '所謂~者'의 문형으로 앞서 몇 번 다루었다. '이른바 ~라는 것'이라고 해석하면 된다.

② '身(心)'은 원문은 '身'으로 되어 있는데, 이렇게 하면 해석이 되지 않는다. 그래서 송나라 철학자 정이천이 단 주에 따라 '心'으로 고쳐 번역했다. '則不得其正'이 이후로 계속 반복된다. 不得은 '얻을 수 없다, 얻지 못한다'이다. 마음이 어떤 상태일 때, '그러면 그 바름을 얻을 수 없다'라고 하여 마음을 바르게 하는 조건을 부정형으로 나열한 구절이다. 어떤 경우가 있을까?

③ 이것이 모두 마음 상태를 나타낸다. '忿懥'는 성내는 것, '恐懼'는 두려워하는 것이다. '好樂'는 좋아하는 것인데 '좋아하다'라는 뜻이므로 '樂'의 음이 '요'가 된다. '憂患'은 걱정하는 것이다. 모두 좋은 쪽으로든 나쁜 쪽으로든 마음을 흔들어 중심을 잡지 못하고 한쪽으로 쏠리게 하는 것들이다. 이런 감정을 잘 관찰하고 통제하지 못하면 마음은 중심을 잃는다.

心不在焉①, 視而不見, 聽而不聞, 食而不知其味②.

(심부재언(이면) 시이불견(하며) 청이불문(하며) 식이부지기미(니라))

마음이 있지 않으면 보아도 보이지 않고, 들어도 들리지 않으며,
먹어도 그 맛을 알지 못한다.

---

① '焉'은 어조사로 '於之'의 준말이다. 그러니까 직역하면 '마음이 여기(몸)에 있지 않으면'이 된다. 굳이 '焉'을 옮기지 않아도 되지만 의미를 알면 더 정확하게 이해할 수 있다. 여기서 '不'이 구절마다 나오는데, 읽을 때 음이 '불'인 경우도 있고 '부'인 경우도 있다. '不' 다음에 나오는 글자의 자음이 'ㄴ'과 'ㄷ'이면 '부'로 읽는다. 이는 'ㄹ탈락' 현상 때문인데, 발음상의 문제로 이렇게 된 것이니 꼭 이렇게 해야만 한다는 것은 아니고 예외적인 경우도 있다.

② 어려운 글자는 없고 글자 그대로 해석하면 된다. '而'는 역접으로 '그러나, 하지만, ~해도'의 뜻이다. 보는 것은 눈이, 듣는 것은 귀가, 먹는 것은 입이 하는 일이다. 눈이나 귀나 입은 나의 신체의 외면에 있으면서 외부의 것을 내 안으로 받아들이는 일을 하는 기관이다. 여기서는 이런 기관을 통솔하는 것이 마음이라는 점을 분명히 하고 있다. 마음이 제대로 보존되어 있지 않으면 외부의 자극을 제대로 판단하고 받아들일 수가 없다. 결국 내 몸을 내가 제어할 수 없게 되는 것이다. 그래서 공부하는 사람은 먼저 그 마음을 바로잡는 일부터 시작해야 한다. 마음이 곧게 서 있어야 제대로 보고 듣고 맛보며 세상에 반응할 수 있다.

所謂齊其家, 在修其身者[①], 人, 之其所親愛而辟焉[②],

[소위제기가(가) 재수기신자(는) 인(이) 지기소친애이벽언(하며)]

이른바 '그 집안을 가지런히 하는 것은 몸을 닦는 데에 달려 있다'라는 것은,
사람은 자기가 친하게 여기고 사랑하는 대상에 대해 치우치고,

---

① 역시 '所謂~者'의 문형이다. 표점 상으로는 '所謂齊其家在修其身者'이라고 한번에 묶는 것이 좋으나 토를 다는 것 때문에 구두점을 넣었다.

② '之'는 '於'의 용법으로, '~에 대해'라는 뜻으로 사용되었다. 아주 특별한 경우이다. '其'는 '그 자신'을 가리킨다. '而'는 앞항 부사구와 뒷항 동사를 이어주는 수식 관계로 '~(에 대해)서'로 해석하면 된다. '辟'은 '치우치다, 편벽되다'라는 뜻으로 사용되었다. '焉'은 해석하지 않아도 된다. 이는 지난번에 이야기했던 대로 '於之'의 뜻으로, 앞의 내용을 다시 한 번 받아 더 분명히 해 주는 역할을 한다. 이 문장은 '사람은 자신이 친하게 여기고 사랑하는 것에 대해 마음의 중심을 잡아 공정하게 보고 대하지 못하고 치우치고 쏠린다'라는 뜻이다.

이 대목은 '齊家'와 '修身'의 관계를 다루고 있는데, 이후 계속 사람이 마음의 중심을 잃고 한편으로 쏠리게 되는 경우가 열거법으로 등장한다. 집은 혈연으로 연결된 사람들을 중심으로 사적 생활을 함께 하면서 가까이 얽히게 되는 공동체 단위다. 그래서 내 마음이 그들에 대해 공정성이나 객관적인 시선을 갖추지 못한 채로 관계 맺을 때가 많다. 여기서 엇나감이나 상처가 생긴다.

之其所賤惡而辟焉, 之其所畏敬而辟焉,
之其所哀矜而辟焉, 之其所敖惰而辟焉[1].
故, 好而知其惡, 惡而知其美者, 天下, 鮮矣[2].

[지기소천오이벽언(하며) 지기소외경이벽언(하며) 지기소애긍이벽언(하며) 지기소오타
이벽언(하나니) 고(로) 호이지기악(하며) 오이지기미자(가) 천하(에) 선의(니라)]

천하게 여기고 싫어하는 대상에 대해 치우치며, 두려워하고 존경하는 대상에 대해
치우치고, 가엾게 여기고 불쌍히 여기는 대상에 대해 치우치며, 자신이 오만하게 굴고
홀대하는 대상에 대해 치우친다는 것이다. 그러므로 좋아하면서도 그 나쁜 점을 알고
싫어하면서도 그 훌륭한 점을 아는 자가 세상에 드문 것이다.

사람들의 마음이 한편으로 치우쳐 쏠리게 되는 경우로 또 어떤 것들
이 있을까? 어제에 이어 함께 살펴보자. 문형은 어제 공부한 '之其所
親愛而辟焉'와 똑같으니 바뀐 글자의 뜻만 정확히 알면 해석은 어렵
지 않다.

① '賤惡'는 '천하게 여기고 싫어하다'의 뜻으로 '惡'의 음은 '오'이다.
'畏敬'은 '두려워하고 존경하다'의 뜻이다. '哀矜'은 '가엾고 불쌍하게
여기다'이고, '敖惰'는 내가 집안에서 이와 같은 자세로 어떤 이를 대
하는 것이므로 '오만하게 굴고 홀대하다'의 뜻이다.

② '其惡'는 '그 대상의 나쁜 점'이란 뜻이니 '惡'의 음은 '악'이 된다.
'惡而'는 '싫어하면서도'의 뜻이니 '惡'의 음은 '오'가 된다. '其美'는
'아름다운 점, 훌륭한 점, 좋은 점'이다. '鮮'은 '드물다'는 뜻인데 뒤에
의미를 강조하는 '矣'가 붙었다. 세상에 그런 사람이 매우 드물다는
사실을 강조하고 있는 것이다.

정말 맞는 말 아닌가? 사적으로 가까운 집안 식구들에게 나는 얼마
나 공정할까?

故, 諺, 有之, 曰^①, 人, 莫知其子之惡^②, 莫知其苗之碩^③.

[고(로) 언(에) 유지(하니) 왈 인(이) 막지기자지악(하며) 막지기묘지석(이라 하니라)]

> 그러므로 속담에 이러한 말이 있으니, '사람들이 자기 자식의 악함을 알지 못하고,
> 자기 벼 싹이 크다는 것을 알지 못한다'라고 하였다.

어제에 이어 속담을 인용해서 하고자 하는 말에 쐐기를 박는다.

① '諺'은 '속담'이란 뜻이다. '之'는 대명사이다. '曰'은 뒤에 나오는 문장이 직접 인용임을 나타낸다.

② '莫'은 부정사로 '莫知'는 '알지 못한다'는 뜻이다. 뭘 알지 못하는가? '其子之惡'을 알지 못한다. '其'는 앞의 '人'을 가리킨다. '자기 아들의 악함 혹은 나쁜 점'을 알지 못하는 것이다. '人'은 그다음 나오는 절에도 걸린다. 사람은 또 무얼 알지 못하는가?

③ '其苗之碩'을 알지 못한다. '苗'는 벼의 싹을 가리키고, '碩'은 '크다'는 뜻이다. 자기 논에 심은 벼의 싹이 남의 논에 난 싹에 비해 튼실하고 큰데도 사람들은 그 사실을 모른다는 것이다. 왜 그럴까? 욕심 때문이다. 내 욕심 때문에 내 손에 있는 것을 제 크기대로 보지 못한다. 내 것은 남의 것에 비해 작고 부족하게만 보인다.

뼈 때리는 말이다. 우리 사회에서 빈번히 일어나는 학교 폭력, 그 때문에 소환된 부모님들은 항상 말한다. "우리 애가 그럴 애가 아닌데……" "우리 애가 얼마나 착한데!" 잘사는 사람들도 부럽다는 칭찬에 손사래를 치며 말한다. "이것 가지고 뭘~ 애들 학교 보내고 유학 보내고 결혼시키려면 어림도 없어." 내 시선을 교정하지 않으면 집이란 사적 영역의 질서는 엉망이 된다.

所謂治國, 必先齊其家者①, 其家, 不可教②,
而能教人者, 無之③.

[소위치국(이) 필선제기가자(는) 기가(를) 불가교(요) 이능교인자(가) 무지(라)]

이른바 '나라를 다스리는 것은 반드시 먼저 그 집안을 가지런히 하는 것부터
해야 한다'라는 것은, 그 집안을 가르치지 못하고서 능히 다른 사람을
가르칠 수 있는 자는 없다는 것이다.

---

① 여기도 '所謂~者'의 문형을 사용하고 있다. 앞서 이야기한 8조목
간의 상관관계를 밝히면서 '~라고 말한 것은 구체적으로 어떠어떠
한 내용을 말하는 것이다'라는 문형을 반복적으로 활용했다. 이제
'治國'과 '齊家'의 관계를 살펴볼 차례이다. 나라를 다스리려면 집안
을 가지런히 하는 것이 '必先' 즉 '반드시 선행되어야' 한다.

② '其家'와 '不可教'가 도치된 문장이다. '不可教其家'라고 쓰는 것이
문법상 올바르다. 여기서 '不可'는 '~하지 못하다'의 뜻이다. '教'는
'교화'(教化), 즉 '가르쳐서 선하게 변화시킨다'는 의미다.

③ '人'은 '다른 사람, 타인'의 뜻이다. '之'는 대명사다. '其家不可教,
而能教人者' 전체를 받는다. 나를 수양해서 제대로 세우지 못하면
집안을 가지런히 하지 못하고, 집안을 가지런히 하지 못한다는 것은
집안사람들에게 기초적인 윤리를 가르칠 때 내 말이 먹혀들어 집안
사람들이 선한 쪽으로 변화되지 못한다는 뜻이다. 사적인 영역의 친
밀한 이들에게도 호응을 얻지 못하면서 공적 영역에 있는 타인을 제
대로 교화시킬 수 있을까? 불가능할 것이다.

故, 君子, 不出家而成教於國①, 孝者, 所以事君也②,
弟者, 所以事長也, 慈者, 所以使衆也③.

[고(로) 불출가이성교어국(하나니) 효자(는) 소이사군야(요) 제자(는)
소이사장야(요) 자자(는) 소이사중야(니라)]

그러므로 군자는 집안을 벗어나지 않고 나라에 가르침을 이루니, 효(孝)라는 것은
군주를 섬기는 것이요, 제(弟)라는 것은 어른을 섬기는 것이요, 자(慈)라는 것은
뭇 백성을 부리는 것이다.

---

① '出'은 '나가다, 벗어나다'는 뜻이다. '不'은 '出家'에 걸면 된다. '成
教於國'은 '나라에 가르침·교화를 이루다'는 뜻이다. 앞서 집안을 가
지런히 하는 것이 나라를 다스리는 토대가 된다고 했다. 그러므로
학문과 덕을 제대로 닦은 지성인은 자기 집안을 가르친 그 방법으
로 나라에도 가르침을 이룰 수 있는 것이다. 어떻게 그럴 수 있을까?
『대학』의 저자는 '孝'와 '弟'와 '慈' 때문이라고 한다.

② '者'가 이렇게 명사 하나에 붙으면 '~라는 것'이라고 해서 명사를
더 강조하는 효과를 준다. 해석하지 않아도 문제는 없다. '所以'는 전
치사구로 수단이나 방법을 나타내는데 '~라는 것, ~하는 것'으로 해
석하면 된다. '以'가 '孝'를 받아 '효라는 것으로써 군주를 섬기는 것'
이란 의미이다.

③ 바로 앞부분과 같은 문형이니 동일한 방식으로 해석한다. '使衆'
의 '使'는 '부리다, 시키다'라는 뜻이다.

효와 공경과 자애 모두 집안을 다스릴 때 가르치고 행하는 것들로,
이것이 공적인 영역으로 그대로 확장될 때 질서가 잡혀 평화로운 다
스림이 이뤄진다고 보는 것이다.

一家仁, 一國, 興仁^①, 一家讓, 一國, 興讓^②,

[일가인(이면) 일국(이) 흥인(하고) 일가양(이면) 일국(이) 흥양(하고)]

한 집안이 인하면 한 나라가 인을 일으키고, 한 집안이 사양하면
한 나라가 겸양을 일으키며,

오늘과 내일 문장은 한 문장인데 분량상 쪼갰다.

① '仁'은 유가에서 말하는 윤리의 최고봉이다. 사람이 사람으로 태
어나 사람다움을 제대로 실천하는 것, 진짜로 사람답게 사는 것을
말한다. 앞으로 '仁'에 대해서는『논어』와『맹자』등을 다루면서 더
이야기할 것이다. '興'은 한자어로는 '흥기하다'라고 하는데 '떨쳐 일
어나다, 세력이 크게 확장되다'라는 뜻이다. 앞의 '仁'은 동사이고,
뒤의 '仁'은 명사이다. 한문에서는 같은 글자가 다른 문장 성분으로
쓰이는 경우가 아주 많다. 잘 살펴서 해석해야 한다.

이 본문은 어제 다룬 '孝', '弟', '慈'와 이어지는 내용이다. 부모를 사
랑하는 효가 '仁'으로 확장되었다. 한 집안이 인하면 한 나라가 인을
일으킨다. 왜 그럴까? 앞서도 말했듯 여기의 '家'가 요즘처럼 핵가족
중심의 작은 '집'이 아니라 정치 단위라고 말할 정도의 큰 단위라는
점을 떠올리자. 그 작지 않은 단위, 때로는 유력한 단위가 사람답게
사는 윤리 방식에 고무되어 있으면 그것은 나라로 확장되게 마련이
다. 그리고 그 집안을 그렇게 이끈 유력자는 더 큰 단위에도 같은 영
향을 미치게 된다.

② '讓'은 '겸양, 사양, 양보'의 뜻이다. 어른을 어른으로 섬기는 '弟'가
겸양의 덕으로 확장되어 나타난 것이다.

一人, 貪戾, 一國, 作亂①. 其機如此②,
此謂一言, 僨事, 一人, 定國③.

[일인(이) 탐려(하면) 일국(이) 작란(하나니) 기기여차(하니) 차위일언(이)
분사(며) 일인(이) 정국(이니라)]

한 사람이 탐욕을 부리고 어그러지면 한 나라가 난을 일으키니, 그 기틀이 이와 같다.
이것을 일러 '한 마디 말이 일을 뒤엎고 한 사람이 나라를 안정시킨다'라고 하는 것이다.

어제는 한 집안이 한 나라에 미칠 수 있는 영향에 대해 말했다. 오늘
은 한 사람이 나라에 미칠 수 있는 영향에 대해 생각해 볼 것이다.

① '貪'은 '탐하다, 욕심부리다'이고, '戾'는 '어그러지다'는 뜻이다. 정
도(正道), 즉 바른 길에서 벗어난 상태를 말한다. '一人'은 누구일까?
'군주, 최고 지도자'를 가리킨다. 군주가 '慈'를 실천하지 못하는 상
태가 '貪戾'이다. 그렇게 되면 온 나라 사람들이 그것을 본으로 삼아
질서를 망가뜨리기 시작한다. '亂'을 일으키는 것이다.

② '機'는 앞 문장들의 '興'과 '作'이 일어나게 만드는 바탕을 말한다.
'如此'는 '이와 같다'라는 뜻이다.

③ '此謂'는 '이것을 일컬어, 이것을 일러'라고 해석하면 된다. '僨'은
'뒤집어지다, 전복하다'라는 뜻이다. '一言僨事'는 '한 마디 말이 일을
뒤엎다', '一人定國'은 '한 사람이 나라를 안정시키다'이다. 한 사람에
서 더 나아가 '한 마디 말'까지 확대되었다. '定國'은 난을 일으킨 것
을 되돌린다는 말이다. 한 집안에서 한 사람으로, 다시 한 마디 말로
축소시켜 질서의 파괴가 아주 빠를 수 있음과 그것의 회복도 마음먹
기에 달렸음을 강조해서 말하고 있다.

所謂平天下, 在治其國者, <u>上老老而民興孝</u>①,
<u>上長長而民興弟</u>②, <u>上恤孤而民不倍</u>③,
是以, 君子有絜矩之道也④.

[소위평천하(가) 재치기국자(는) 상노노이민흥효(하며) 상장장이민흥제(하며)
상휼고이민불배(하나니) 시이(로) 군자유혈구지도야(니라)]

이른바 '천하를 평정하는 것이 그 나라를 다스리는 데 달려 있다'라고 하는 것은,
윗사람이 노인을 노인으로 대접하면 백성들이 효를 일으키고, 윗사람이 연장자를
연장자로 대접하면 백성들이 공경을 일으키며, 윗사람이 고아를 불쌍히 여기면
백성들이 등 돌리지 않는다는 것이니, 이 때문에 군자는 혈구의 도(絜矩之道)가 있다.

'平天下'와 '治國'의 관계를 다룬다.

① '上'은 '윗사람'이고, 앞의 '老'는 동사로 '노인으로 대접하다', 뒤의
'老'는 명사로 '노인'이라는 뜻이다. '而'는 '則'과 같은 의미로 '~하면',
'民興孝'는 '백성이 효를 일으키다'라는 뜻이다.

② '長長'도 앞의 '老老'와 마찬가지로 앞은 동사, 뒤는 명사로 사용되
었다. 윗사람이 연장자를 연장자로 대접하면 백성이 '弟', 즉 공경을
일으킨다.

③ '孝'와 '弟'가 나왔으면 다음은 예측할 수 있다. 맞다, '慈'에 관한 내
용이다. '恤'은 '불쌍히 여기다, 불쌍히 여겨 돌보다'라는 뜻이다. '孤'
는 '고아'를 가리킨다. '倍'는 '배신하다, 등 돌리다'이다. 윗사람이 고
아를 불쌍히 여겨 돌보면 백성이 서로 저버리지 않는다는 말이다.

④ 여기서 기억해서 할 것은 '絜矩之道'이다. 유학 책을 보다 보면 자
주 나오는 개념이다. '絜'은 '헤아리다, 재다', '矩'는 '직각자'를 말한
다. 사람의 마음은 서로 같다. 그래서 자기 마음을 미루어 다른 사람
의 마음을 헤아리면 세상을 억울하고 상처받지 않게, 그러니까 평
(平)하게 만들 수 있다는 것이다.

所惡於上, 毋以使下①, 所惡於下, 毋以事上②,
所惡於前, 毋以先後, 所惡於後, 毋以從前③.
所惡於右, 毋以交於左, 所惡於左, 毋以交於右④.
此之謂絜矩之道⑤

[소오어상(으로) 무이사하(하며) 소오어하(로) 무이사상(하며) 소오어전(으로)
무이선후(하며) 소오어후(로) 무이종전(하며) 소오어우(로) 무이교어좌(하며)
소오어좌(로) 무이교어우(가) 차지위혈구지도(니라)]

윗사람에게서 싫었던 것으로 아랫사람을 부리지 말고 아랫사람에게서 싫었던 것으로
윗사람을 섬기지 말며, 앞사람에게서 싫었던 것으로 뒷사람을 먼저 하게 하지 말고
뒷사람에게 싫었던 것으로 앞사람을 좇지 말며, 오른쪽에게서 싫었던 것으로 왼쪽과
사귀지 말고 왼쪽에게 싫었던 것을 오른쪽에 사귀지 말 것이니, 이것을 일러
'혈구의 도'라고 한다.

어제 나온 '혈구의 도'[絜矩之道]에 대한 설명이다.

① '惡'는 '싫어하다'의 뜻이므로 '오'로 읽는다. '所'는 '~하는 것', '於
上'은 '윗사람에게서'라는 뜻이다. '毋以'는 '毋'라는 동사와 '以'가 연
결되어 '~하지 말라'라는 뜻이다. '以'는 종종 이렇게 잘 사용된다.
'使'는 '부리다, 시키다'라는 뜻이다.

② 앞과 반대의 내용으로, '使'가 '事'로 바뀌었다는 것만 살피자.

③ '先'은 '먼저 하게 하다', '從'은 '따르다, 좇다'이다.

④ 이번에는 좌우, 즉 내 곁에 있는 사람의 경우에 대한 것이므로 두
경우 모두 '사귀다'라는 뜻의 '交'를 썼다.

⑤ '혈구의 도는 바로 이것이다'로 해석한다. 내가 싫었던 것을 남에
게 시키지 않는 것, 내 마음을 미루어 다른 사람의 마음을 헤아리는
것. 이것이 핵심이다.

君子, 先愼乎德①, 有德, 此有人②, 有人, 此有土③, 有土, 此有財④, 有財, 此有用⑤.

[군자(는) 선신호덕(이니) 유덕(이면) 차유인(이요) 유인(이면) 차유토(요)
유토(면) 차유재(요) 유재(면) 차유용(이니라)]

군자는 먼저 덕을 삼가나, 덕이 있으면 이에 사람이 있게 되고, 사람이 있으면
이에 땅이 있게 되고, 땅이 있게 되면 이에 재물이 있게 되고, 재물이 있으면 이에
쓰임이 있게 되는 것이다.

---

① '愼'는 '삼가다'의 뜻이다. '乎'는 어조사로 '~에, ~에 대해'인데, 때로 여기서처럼 목적격조사로 번역하는 것이 자연스러울 때가 있다. 군자는 열심히 공부해서 지도자의 위치에 설 사람이다. 이런 이가 반드시 갖추어야 할 것은 내 마음을 미루어 타인의 마음을 헤아리는 자세, 즉 '혈구의 도'이다. 이 혈구지도는 좋아하고 싫어하는 것[好惡]을 공정하게 할 수 있게 한다. 이를 갖춘 덕이 바로 밝은 덕[明德]이고, 이를 갖추면 지도자가 되는 것은 시간문제다. 왜 그럴까?

② 덕이 있으면 사람이 모이기 때문이다. '有德', 즉 덕을 갖추는 데서부터 모든 일이 연쇄적으로 일어난다.

③ 사람이 모이면 이들이 살아가는 터전도 갖게 된다.

④ 살아가는 터전을 가지게 되면 또 무슨 일이 생길까? '재물' 즉, 세금을 거두어 재물이 생긴다.

⑤ 세금으로 재물이 생기면 쓰임도 생겨난다. 자, 여기에서 문제가 발생한다. 이익을 추구하는 마음이 발생하는 곳이기 때문이다. 공정을 잃으면 온갖 크고 작은 분란이 생겨나기 시작한다.

德者, 本也, 財者, 末也①, 外本內末, 爭民施奪②.
是故, 財聚則民散, 財散則民聚③.

[덕자(는) 본야(요) 재자(는) 말야(니) 외본내말(이면) 쟁민시탈(이니라)
시고(로) 재취즉민산(하고) 재산즉민취(니라)]

덕은 근본이고 재물은 말단이니, 근본을 밖으로 하고 말단을 안으로 하면 백성을 다투게
하고 빼앗는 가르침을 베푸는 것이다. 이러므로 재물이 모이면 백성이 흩어지고 재물이
흩어지면 백성이 모인다.

어제에 이어 덕과 재물의 관계를 설명하고 있다.

① '者'는 지난 번 설명했던 것처럼 명사 뒤에 와서 '~라는 것은'이라
고 해석하며 좀 더 어세를 강하게 해 주는 역할을 한다. '덕이라는 것
은'이라고 살려서 해석해도 되고 해석하지 않고 '덕은'이라고 해도
된다. '也'는 단정해서 강조하는 어감을 나타내는 어조사이다. 덕은
근본이고 재물은 말단이라고 '本'과 '末'로 대조해서 둘의 관계를 단
정적으로 말하고 있다.

② '外'는 '밖으로 하다' 즉 '뒷전으로 여기다'는 뜻이고, '內'는 '안으
로 하다', 즉 '우선으로 여기다'는 뜻이다. 근본을 뒷전으로 여기고
말단을 우선시하면 어떤 결과가 일어날까? '爭民施奪'이 일어난다.
'施'는 '베풀다. 퍼뜨리다'라는 뜻이다. '施奪'은 '빼앗음을 베푸는 것',
즉 '빼앗는 가르침을 베푸는 것'이다.

③ '聚'와 '散'을 '財'와 '民'의 관계에 대입시켜 이해를 돕고 있다. '聚'
는 '모으다'이고, '散'은 '흩다'이다. 재물과 백성은 반대로 움직이고,
주체는 지도자이다. 지도자가 재물을 모으면 백성이 흩어지고, 지도
자가 재물을 흩으면 백성이 모인다.

長國家而務財用者①, 必自小人矣. (彼爲善之②,) 小人之使爲國家③, 災害幷至④.

[장국가이무재용자(는) 필자소인의(니) (피위선지(하여))
소인지사위국가(면) 재해병지(라)]

나라의 우두머리가 되어 재용(財用)에 힘쓰는 것은 반드시 소인에게서 나온다.
(소인이 그것을 잘한다 여겨) 소인으로 하여금 나라를 다스리게 하면 천재(天災)와
인화(人禍)가 함께 이를 것이다.

『대학』의 마지막 장이다.

① '長'은 '어른이 되다, 우두머리가 되다'로, '나라의 우두머리가 되어'라고 해석하면 된다. '財用'은 '재물', '者'는 '~하는 것'이다. '自'는 '由', 즉 '말미암다, 때문이다'의 뜻으로, '自小人'은 '소인이 재물에 힘을 쏟도록 이끌었기 때문이다'라는 말이다.

② 주희는 구의 앞뒤로 빠진 문장이 있거나 글자가 잘못된 것으로 보인다고 하면서 소인이 '善'을 하는 것은 사리에 맞지 않으니 '彼爲不善之'라고 하거나 '爲善之'를 없애야 한다고 보았다. '彼'를 군주로 '之'를 '仁義'와 '政敎'로 보아서 '군주가 그것들을 잘하고자 하면서'라고 보기도 하고, '之'를 '務財用'으로 '善'을 '능하다'로 보아서 '소인이 재물에 힘쓰기를 잘한다'라고 보기도 하며, '彼'를 소인으로 보아 '저 소인이 스스로 잘한다고 여기는 것'으로 보기도 한다. 한문에는 이렇게 논란이 많은 구절이 종종 등장한다. 해석에 관한 주장이 무궁무진해서 어렵기도 하고 흥미진진하기도 한 것이 한문의 매력이다.

③ '使'은 '~로 하여금, ~에게 ~시키다'는 의미를 나타낸다.

④ '災'는 '천재'(天災)이고 '害'는 '인화'(人禍)이다. '幷'은 '모두, 함께'의 뜻이다.

雖有善者^①, 亦無如之何矣^②,
此謂國, 不以利爲利, 以義爲利也^③.

[수유선자(라도) 역무여지하의(리니)
차위국(은) 불이리위리(요) 이의위리야(니라)]

비록 잘하는 자가 있다 하더라도 또한 어찌할 수 없을 것이다. 이것을 일러 나라는 '利'를
이익으로 여기지 않고 '義'를 이익으로 여긴다라고 하는 것이다.

어제에 이어지는 문장이다.

① '雖'는 '비록, 비록 ~라 하더라도'이다. '善者'는 능력 있고 최고의
길을 아는 대신(大臣)이나 군자를 가리킨다.

② '亦'은 '또한, 역시'이다. '如之何'는 대명사 '之'가 '如何' 사이에 들
어간 구조로 '如何'는 '어찌, 왜, 어떻게'의 뜻이다. 그러므로 '無如之
何'는 '그것을 어떻게 할 수가 없다'라는 뜻이 된다.

③ '以A爲B'의 구조다. 'A를 B로 여기다, 삼다'로 해석한다. 앞 절은
'不'이라는 부정사가 붙었으니 'A를 B로 여기지 않다'라고 부정형으
로 해석해야 한다. '以利爲利'는 '이익을 이익으로 삼다'니까 '以利'는
'이익을 추구하는 것'이다.

'利'와 '義'를 대조하여 무엇이 나라의 근본이 되어야 하는지를 분명
하게 밝히고 있다. 소인은 사적 이익만을 추구하는 사람이다. 그런
사람이 공적 영역을 좌지우지하게 되면 자연재해와 사람이 일으킨
각종 문제로 나라가 쑥대밭이 된다. 일단 쑥대밭이 되면 수습하기
어렵다. 공부하는 이들이 수신을 열심히 해야 하는 까닭이다. '私'에
취하기 쉬운 혼탁한 인간의 마음을 생각하고 행동할 줄 아는 마음
으로 바꾸는 것, 그것이 큰 학문의 목표다.

子曰①, 學而時習之②, 不亦說乎③.

[자왈, 학이시습지(면), 불역열호(아)]

공자가 말했다. "배우고 때로 익히면 또한 기쁘지 않겠는가.

2월이다. 무사히 1월의 공부『대학』을 마쳤다. 이제 사서의 공부 순서에 따라 2월부터 4월까지는 『논어』를 공부할 예정이다. '한문'하면 가장 먼저 떠오르는 것이 누가 뭐래도 공자와 그의 책『논어』일 것이다. 이 유명한 책을 앞으로 석 달 동안 읽어 가면서 그 맛에 빠져 보자.

① 공자가 말했다. '子'는 스승에 대한 존칭이다.『논어』에 나오는 모든 '子曰'은 공자의 말을 가리킨다.

② '而'는 접속사이다. 지난 1월에도 많이 봤지만 '而'는 앞으로도 자주 나올 것이다. 순접과 역접은 물론, 인과 관계와 조건절 등에서도 쓰인다. 해석은 문맥에 달려 있는데, 여기서는 순접으로 쓰였다. 이게 바로 한문의 즐거움이자 어려움이다. '時'의 해석에 대해서는 학자마다 의견이 갈린다. '때에 맞춰'라고 보기도 하고 '때때로, 자주'의 뜻으로 보기도 한다. '習'은 머리로 아는 복습이 아니라 체화해서 완전히 내 것으로 만드는 연습을 의미한다. '之'는 대명사이다.

③ '不'은 어조사 '乎'와 호응해서 '~하지 않겠는가?'라는 반문어투를 만들어 글의 내용을 강조한다. 여기에 '亦'까지 사용해서 더욱 강하게 독자의 동의를 얻어내고 있다. '說'은 '기쁘다'이다. 지금은 주로 '悅'만 기쁘다는 뜻으로 사용되지만 선진(先秦) 시대 등에는 이렇게 혼용하는 경우가 많았다.

有朋自遠方來, 不亦樂乎①. 人不知而不慍, 不亦君子乎②

[유붕(이)자원방래(면), 불역락호(아) 인부지이불온(이면), 불역군자호(아)]

친구가 먼 데서 찾아오면 또한 즐겁지 않겠는가, 남이 알아주지 않아도 화내지 않으면
또한 군자가 아니겠는가.”

『논어』「학이」편 1장 1절의 남은 두 구절이다. 문형은 '~면 ~않겠는 가!'로 똑같으니, 글자만 알면 해석은 금세 된다.

① '有'를 주의해야 한다. 여기서 '有'는 뜻이 없다. 옛 논어본 중에는 이 부분이 '友朋'으로 되어 있는 것도 있다. '友'와 '有'는 모양이 비슷 해서 옮겨 적을 때 오류가 생긴 것이라 보기도 한다. '朋'과 '友' 모두 '친구, 벗'인데, '朋'은 한 스승 아래서 배운 사람, '友'는 같은 뜻을 추구하는 사람을 의미한다. 동문(同門)은 '朋', 동지(同志)는 '友'인 셈 이다. '自'는 '~로부터'인데, 한문에 자주 나오므로 잘 기억할 필요가 있다. '方'은 '지방'이고, '遠'은 '멀다'이다. 둘이 짝을 이뤄 '遠方', 즉 '먼 곳, 먼 지방'이란 뜻으로 쓰였다.

② '人'은 종종 문장에서 '남, 타인'의 의미로 사용된다. 여기서 '而'는 역 접으로 '그러나'의 뜻이다. 유가에서 말하는 대표적인 인간상인 '君子' 는 다양한 의미로 사용된다. 원래 혈연으로 지위를 얻은 귀족을 뜻했 으나 공자에 의해 그 뜻이 바뀌었다. '제대로 배워 사람다운 사람이 된 참 지성인, 그 지성으로 세상을 제대로 다스리는 지도자'로 볼 수 있다. 공부로 타고난 신분을 바꿀 수 있는 세상, 공자의 주장은 파격적이 다. 혈연으로 모든 것이 결정되던 시대에 다른 꿈을 말하고 있다. 공 자는 우리의 생각처럼 고루한 인물이 아니다. 새로운 마음으로 그와 즐거이 만나 보자.

子曰, 十室之邑①, 必有忠信如丘者焉②, 不如丘之好學也③.

[자왈, 십실지읍(에) 필유충신여구자언(이어니와) 불여구지호학야(니라)]

공자가 말했다.
"열 집이 사는 마을에도 반드시 진실함과 미더움이 나와 같은 자가 있을 것이지만
나만큼 배움을 좋아하지는 못할 것이다."

『논어』는 전체가 20장으로 구성되어 있는데, 어떤 목적이나 구조가 없다. 제목도 그 장의 맨 처음에 나오는 글자를 딴 것이다. 그래서 순서대로 마냥 읽어 가다 보면 전체를 파악하기가 쉽지 않다. 이 책에서는 논어를 몇 가지 주제로 나누어 읽어 보고자 한다. 맨 처음으로 다룰 주제는 '배움을 좋아한 공자'이다.

① 열 가구가 모여 사는 마을이니 작은 마을을 가리킨다.

② '必'이 '焉'과 호응하여 '반드시 ~할 것이다'라는 아주 강한 어조를 나타내고 있다. '忠'은 '진실함'이다. 우리는 '忠'에서 대개 '충성'을 떠올리지만 원뜻은 '盡己' 즉, '자기를 다하는 것'이다. 그래서 '진실함'이 된다. '丘'는 공자의 이름이다. 이름을 남들이 함부로 부르지 않는 것이 옛날의 예의이다. 그래서 '字'가 있고, '號'가 있다. 때로 관직명으로 부르기도 한다. 반대로 자기가 자기 이름을 사용하면 겸손한 표현이다.

③ '不如'는 '~만 못하다, ~만 같지 않다'의 뜻이다. '丘之好學'은 '나의 호학' 즉, '내가 배움을 좋아하는 것'이다. 아무리 작은 마을에도 충과 신은 공자 자신만큼 되는 이가 반드시 있겠지만 배움에 있어서만큼은 나를 따라올 자가 없다는 말이다.

葉公, 問孔子於子路, 子路不對①**, 子曰, 女奚不曰**②**, 其爲人也, 發憤忘食, 樂以忘憂, 不知老之將至云爾**③**.**

[섭공(이) 문공자어자로(어늘) 자로부대(한대) 자왈 여해불왈
기위인야 발분망식(하고) 낙이망우(하야) 부지노지장지운이(오)]

섭공이 자로에게 공자에 대해 물었는데, 자로가 대답하지 못했다. 공자가 말했다.
"너는 어째서, 그 사람됨이 분발하면 먹는 것도 잊고 즐거워서 근심을 잊어 늙음이
장차 이르는 것도 모른다고 말해 주지 않았느냐?"

① '葉'은 '섭'으로 읽는다. 섭공은 초나라 섭현(葉縣)의 현윤(縣尹 현지사)인 심저량이다. 그가 공자 제자인 자로에게 공자에 대해 물었다. 그런데 자로는 '不對'했다. '不'은 못한 것인지 안 한 것인지 모르겠다. 물어서는 안 되는 것을 물었으면 대답을 안 한 것이고, 정확히 표현할 말을 알지 못한 경우라면 대답을 못한 것이다.

② '女'는 2인칭 지시대명사로 '너, 그대'이다. '汝'와 같다. '奚不曰'은 '어째서 ~라고 말하지 않았느냐'로 해석한다.

③ '爲人'은 '사람됨'이고 '也'는 주어 뒤에 붙어 뜻을 강조하는 어조사로 해석하지 않는다. '憤'은 '분발하다'로 '發憤'은 터득하지 못한 게 있으면 분발하는 것이다. '忘食'은 '먹는 것을 잊다'이고, '以'는 '하여서'라는 뜻이므로, '樂以'는 '터득하고 나면 즐거워서', 그래서 '忘憂', 즉 '근심을 잊는다'라는 의미다. '老之將至'는 '늙음이 장차 이르다'라고 순서대로 해석하면 된다. '云爾'는 '曰'이 이끄는 인용문 뒤에서 가상의 말을 표시하는 것으로 '~라고 하다'라고 해석하면 된다.

결과적으로 공자가 얼마나 공부를 좋아했는지를 담은 핵심 문장은 '發憤忘食, 樂以忘憂, 不知老之將至'이다. 공부가 좋아 밥도 잊고 근심도 잊고 늙는 것도 잊는다. 아!

子曰, 若聖與仁, 則吾豈敢①. 抑爲之不厭, 誨人不倦,
則可謂云爾已矣②. 公西華曰, 正唯弟子, 不能學也③.

[자왈 약성여인(은) 즉오기감(이리오) 억위지불염(하며) 회인불권(은)
즉가위운이이의(니라) 공서화왈 정유제자(의) 불능학야(로소이다)]

공자가 말했다.
"성(聖)과 인(仁)으로 말하면 내가 어찌 감히 자처할 수 있겠는가? 그러나 배워 행하기를
싫어하지 않고, 가르치기를 게을리하지 않는 것은 그렇다고 말할 수 있을 뿐이다."
공서화가 말했다.
"바로 저희들이 배울 수 없는 점입니다."

---

① '若'은 접속사로 '만약, ~과 같은 경우라면'이라고 해석한다. '與'
는 '~과(와)'이다. '豈'는 의문사로 '어찌', '敢'은 '감히'이다. 위와 같이
해석해도 되고 '만약 나를 성인(聖人)이나 인자(仁者)라고 한다면
내가 어찌 감히 감당하겠느냐'라고 해도 된다. '聖'과 '仁'이 무엇이기
에 감당할 수 없다는 것일까? '聖'은 빛이 드러나 힘쓰지 않아도 저절
로 '道'에 맞는 경지를 말하고 '仁'은 마음의 덕이 온전하고 사람의 도
리가 갖추어진 경지를 말한다. 둘 다 완전한 경지를 말하기 때문에
공자는 감히 자처하지 않은 것이다.

② '抑'은 어세를 반대로 뒤집는 반어사이다. 여기서는 '그러나'로 번
역할 수 있다. '爲之'는 '仁'과 '聖'의 길을 배워 행하는[爲] 것을 말하
고 '誨人'은 그것을 남에게 가르치는 것을 말한다. '云爾'는 지난 시간
에 다뤘고, '已矣'는 '뿐이다'의 뜻이다. 이런 스승의 말에 담긴 뜻을
제자 공서화가 눈치 채고 말한다.

③ '正'은 부사로 '바로'의 뜻으로 사용되었다. 왜 제자들이 배울 수
없다는 것일까? 지속적으로 '不厭'하고 '不倦'하는 자체가 '仁'과 '聖'
에 도달하지 않은 자가 해낼 수 없는 경지이기 때문이다.

子絶四①, 毋意②, 毋必③, 毋固④, 毋我⑤.

[자절사(러시니) 무의, 무필, 무고, 무아(러시다)]

공자는 네 가지가 전혀 없었으니, 억측이 없고, 반드시 옳다고 함이 없고,
고집함이 없고, 이기심이 없었다.

공자의 인품은 어떨까? 공자에 대한 제자들의 평가는 위와 같다.

① '絶'은 '전혀 없다'는 뜻이다. 공자는 네 가지가 전혀 없었다.

② '毋'는 대개 금지하는 말로 쓰이지만 여기서는 없음을 강조하여
'전혀 없다'라는 의미로 '無'와 같은 뜻으로 쓰였다. '意'는 사사로운
뜻이니 미리 억측하는 것을 말한다.

③ '必'은 반드시 꼭 그렇다고 하는 것이다.

④ '固'는 고집하는 것이다.

⑤ '我'는 사사로운 자기이니, 자기부터 앞세우는 이기심이다.

어떤 일에 대해 사사로운 생각으로 억측하는 자세는 내가 절대 옳다
는 생각으로 이어지게 마련이다. 이러면 고집을 부리게 되고, 그러
다 보면 이기적인 자아가 된다. 즉 모두 '私'를 다스리지 못한 상태인
것이다. 지위와 성공을 위한 공부는 세상에서의 나의 위치를 올려
주고 그런 나의 성공과 주변의 찬사는 내 안의 '私'를 더욱 강하게 만
든다. 억측과 반드시 옳다는 주장과 고집과 이기심이 강고해진다.

子曰, 吾有知乎哉. 無知也①,
有鄙夫問於我, 空空如也②, 我叩其兩端而竭焉③.

[자왈 오유지호재(아) 무지야(어니와) 유비부문어아(호되)
공공여야(라도) 아고기양단이갈언(하노라)]

공자가 말했다.
"내가 아는 것이 있는가? 아는 것이 없다. 그러나 무식한 어떤 사람이 나에게 질문을 하면
나는 머릿속이 텅텅 빈 것 같다. 그러나 나는 양쪽 끝을 두드려 모두 쏟아낸다."

당시 공자는 다재다능하다거나 모르는 게 없다는 평가가 많았다.
① '乎哉'를 통해 의문형을 만들었다. '有知'로 질문하고 '無知'라 답했다. 그리고 '知'에 대한 자세에 대해 예를 들어 설명한다.
② '有'은 '어느, 어떤, 웬'의 뜻이다. '鄙夫'는 '무식한 사람'을 가리킨다. '如'는 '~같은, ~인 듯'의 의미로 앞에 나오는 단어를 형용사형으로 바꿔 준다. '空空'에 대해서는 많은 해석이 있다. '空空'은 '성실하다'는 뜻과 '무식하다, 아는 것이 없다'는 뜻이 모두 있다. 이를 공자에게 묻는 '鄙夫'의 자세로 보아 무식하지만 뜻을 성실히 하여 찾아왔다고 해석하는 경우가 있고, '鄙夫'의 상태를 수식하는 말로 보아 '그의 머리가 텅 빈 듯하다'라고 해석하는 경우도 있다. 그러나 앞의 구절에서도 그렇고 공자는 자신이 뭐든 잘 안다는 세간의 평가에 대해 늘 그렇지 않다고 답했다. 그런 맥락에서 보면 '空空'은 공자가 스스로의 상태를 표현하는 말로 보는 것이 맞을 듯하다. '나 역시 텅 빈 듯 잘 모르지만,' 그러나 공자의 특별함은 다음 구절에서 나타난다.
③ '叩'는 '두드리다', '兩端'은 '양쪽 끝', '竭'은 '다하다'라는 뜻이다. 그러니까 양 극단을 살펴서 내가 예상할 수 있는 모든 측면을 다 말해 준다는 것이다.

子曰, 君子, 食無求飽, 居無求安①, 敏於事而愼於言②, 就有道而正焉③, 可謂好學也已④.

[자왈 군자(는) 식무구포(하며) 거무구안(하며) 민어사이신어언(이요)
취유도이정언(이면) 가위호학야이(니라)]

공자가 말했다.
"군자는 음식은 배부르기를 구함이 없고 거처는 편안하기를 구함이 없으며,
일에 민첩하고 말에 삼가며 도가 있는 사람에게 가서 자기를 바로잡으니,
이렇게 하면 배움을 좋아한다고 이를 만하다."

'제대로 된 배움, 혹은 배움에 대한 자세'를 본격적으로 알아보자.

① '君子'는 제대로 된 배움에 뜻을 둔 사람이다. 이런 사람은 어떤 자세를 가져야 할까? 음식은 먹어야 하고, 집은 아늑해야 하는 것이 평범한 인간들의 욕구다. 그러나 이 평범한 욕망이 사욕으로 자라나 바른 공부를 망칠 수 있다. 그래서 '食'에 대해 '飽'를 경계하고 '居'에 대해 '安'을 경계한다. '無求'라 하여 '구하지 않는다'가 아니라 '구함이 없다'라는 표현을 쓴 것에 주의하자. 그 마음 자체가 없는 상태가 되어야 한다는 것이다.

② 그다음에 일에 민첩하고 말에 신경 써서 주의해야 한다. '愼'은 하고 싶은 말을 감히 다 하지 않는 것이다. 문법적으로 어려운 부분은 없으니 글자 뜻만 알면 해석할 수 있을 것이다.

③ '道'는 '도를 지닌 사람'을 가리킨다. '就'는 '나아가다'이고, '正'은 '바로잡다'이다. 어조사 '焉'은 '於之'로 '그에게서'의 뜻을 가지고 있지만 굳이 해석할 필요는 없다.

④ '可謂'는 '~라 할 만하다'이다. '也已'는 '矣'와 비슷하게 확정의 어감을 나타낸다.

子曰, 學而不思則罔^①, 思而不學則殆^②.

[자왈 학이불사즉망(하고) 사이불학즉태(니라)]

공자가 말했다.
"배우기만 하고 생각하지 않으면 얻는 것이 없고,
생각하기만 하고 배우지 않으면 위태롭다."

배움과 생각의 관계에 대해 말한다.

① 배우기만 하고 생각하지 않으면 어떻게 될까? 공자는 '罔'이라고 말한다. '罔'은 '없다'로 보기도 하고, 혹은 '미혹에 빠지다'의 뜻으로 보기도 한다. 배우고서 그 뜻을 찾아 깊이 생각해 보는 자기만의 시간을 갖지 않으면 자기 것으로 얻는 것이 없다. 그리고 스스로 그것이 정말 그런가 따져 보는 시간을 갖지 않으면 지식에 속을 수 있다. 미혹에 빠지는 것이다.

② 반대로 생각은 하는데 생각만 하고 배우지 않으면 어떻게 될까? '殆'라고 말하고 있다. '殆'는 '위태롭다', '피로하다', 또는 '의심되어 결정하지 못한다'의 뜻으로 보기도 한다. 생각만 하고 제대로 배우지 않으면 생각이 잘못 나가면 바로잡을 길 없이 스스로에게 속아 위태롭다. 그리고 배움 없이 생각만 하면 애는 쓰는 데 얻는 것은 없어 피로하고, 지식과 지혜가 부족해서 의심나는 것을 결정할 수 없게 된다. 셋 다 뜻이 통한다. 그러나 무엇보다 자기의 좁은 생각에 갇힌 줄도 모르고 움직이는 위태로움의 폐해가 가장 크다고 하겠다.

배움과 생각, 둘의 균형을 맞추기가 생각보다 어렵다.

子曰, 由, 誨女知之乎①. 知之爲知之, 不知爲不知②, 是知也③.

[자왈 유(아) 회여지지호(인저) 지지위지지(요) 부지위부지(가) 시지야(니라)]

공자가 말했다.
"자로야, 내가 너에게 아는 것을 가르쳐 주겠다. 아는 것을 안다고 하고
모르는 것을 모른다고 하는 것, 이것이 아는 것이다."

① '由'는 공자의 제자인 자로의 이름이다. '女'는 2인칭 대명사로 '너'이다. '知之'에서 '之'는 대명사로 굳이 해석하지 않는다. '乎'는 앞서 '由'를 부른 것과 호응하여 '하겠다'의 의미로 사용된 어조사이다. '誨女知之'에 대해서 색다른 해석도 있다. '知'를 '기억하다'라는 의미의 '志'로 보아서 '誨女, 知之'라 하여, '너에게 가르쳐 주겠으니, 기억하라'라고 해석하는 경우이다. 이 역시 상당히 그럴 듯하다.

② 대구를 이루는 문장이다. 그렇다면 '不知' 뒤에 '之'가 생략된 형태임을 알 수 있을 것이다. 한문에서는 글자 수를 맞춰 형태상으로도 대구를 이루기 위해 중요하지 않거나 누구나 알고 있는 것을 이렇게 생략하는 경우가 종종 있다.

③ '이것이 知이다'라는 뜻이다. 여기의 '知'는 '智'라고 볼 수 있다.

성질이 급한 자로가 어떤 실수를 했기 때문에 공자가 그에게 이런 말을 했다고 보기도 한다. 그러나 배경을 모르더라도 울림이 큰 말이다. 섣피 알기 시작하면 모르는 것과 아는 것 사이의 경계가 모호해져서 우리는 대체로 모르는 것을 안다고 믿는 경우가 많다. 내가 알지 못한다는 사실을 알지 못해 저지르는 잘못이 얼마나 많은가? 진정한 앎은 내가 무엇을 모르는지 아는 데서 시작한다. 스승은 그 경계선을 정확히 일러 주는 사람이다.

哀公問, 弟子孰爲好學①. 孔子對曰, 有顏回者好學②,
不遷怒, 不貳過③. 不幸短命死矣④, 今也則亡⑤,
未聞好學者也⑥.

[애공문 제자숙위호학(이니잇고) 공자대왈 유안회자호학(하야) 불천노(하며)
불이과(하더니) 불행단명사의(라) 금야즉무(하니) 미문호학자야(니이다)]

애공(哀公)이 물었다. "제자 중에서 누가 배움을 좋아합니까?"
공자가 대답했다. "안회라는 이가 배움을 좋아하여 노여움을 옮기지 않고 잘못을
거듭 범하지 않았는데, 불행하게도 목숨이 짧아 죽었습니다. 지금은 없으니 배움을
좋아한다는 자를 듣지 못하였습니다."

① '孰'는 의문사로 '누구'라는 뜻이다. '爲'는 '하다', '好學'은 '배움을
좋아하다' 혹은 '학문을 좋아하다'이다.

② '有顏回者'는 '안회라는 자가 있으니'라고 해석하면 된다.

③ '遷怒'는 '노여움을 옮기다'로, 내가 현재 A에게 화가 난 상태인데
그 화를 B에게 퍼붓는 것이다. '貳'는 '거듭하다'는 뜻으로, '貳過'는
한 번 한 잘못을 되풀이하는 것이다.

④ 안회는 32세에 죽었기에 '短命'이라는 표현을 사용했다.

⑤ '也'는 주어에 붙어 잠깐 호흡을 골라 강조하는 효과를 주는 어기
사이다. 해석에는 영향을 미치지 않는다. '亡'는 '無'의 뜻으로 사용되
었고 독음도 '무'이다.

⑥ '未聞'은 '아직 들어 보지 못하였다'인데, '아직'이란 부사를 굳이
넣지 않아도 된다.

이 문장의 핵심은 '不遷怒, 不貳過'이다. 배움을 좋아한다는 의미는
많은 지식을 가지거나 뛰어난 성적을 올리는 것이 아니라 '타인에게
화풀이하지 않고 잘못을 거듭하지 않는 것'이다. 참으로 낯선 정의
가 아닌가!

子曰, 質勝文則野^①, 文勝質則史^②.
文質彬彬^③, 然後君子^④.

[자왈, 질승문즉야(하고) 문승질즉사(니) 문질빈빈(이라야) 연후군자(니라)]

공자가 말했다.
"본바탕이 잘 꾸며진 외관을 이기면 촌스럽고, 잘 꾸며진 외관이 본바탕을 이기면
피상적이다. 본바탕과 잘 꾸며진 외관이 적당히 균형을 이루고 난 뒤에야 군자이다."

① '質'은 '바탕, 본질이며 소박하여 꾸밈이 없는 것'이다. '文'은 '꾸밈, 겉으로 드러난 꾸밈, 잘 꾸며진 외관'으로 '質'과 반대의 뜻이다. '質'과 '文'은 각각 인성과 교양 레벨이라고도 볼 수 있겠다. '勝'은 '이기다'이니, 본바탕이 잘 꾸며진 외관을 이겼다는 것은 어떤 사람의 전체 중 내면과 외면의 비율을 따져 봤을 때 본바탕이 차지하는 비중이 잘 꾸며진 외관보다 훨씬 높은 것을 말한다. '野'는 '촌스럽다, 비속하다, 소략하다'는 뜻이다.

② 이는 위와 정반대의 경우이다. 어떤 사람이 겉보기로는 아주 있어 보이는데 본바탕, 즉 그의 본질의 수준이 아주 낮은 경우이다. 이런 경우를 '史'라 하고 있다. '史'는 문서를 맡은 사람을 가리키는 말로 견문이 넓고 일에 익숙하지만 내용과 진실성이 부족함을 뜻한다.

③ '彬彬'은 서로 균형 있게 섞여 적당한 모양을 나타내는 형용사이다. 잘 배운 사람이라면 당연히 '質'과 '文'이 균형을 이루어야 한다.

④ '然後'는 '그렇게 한 뒤에야'란 뜻이다. 인성과 교양이 균형 잡혀 있어야만 군자, 즉 제대로 배운 지성인이 된다는 말이다.

인성이냐 교양이냐, 우리는 가끔 논쟁한다. 둘 다 필요하다. 둘이 균형을 이뤄야 한다. 진심도 중요하고 그 진심을 제대로 드러내 보일 수 있는 기술, 즉 교양도 있어야 한다.

子曰, 君子博學於文①, 約之以禮②, 亦可以弗畔矣夫③.

[자왈, 군자박학어문(이요) 약지이례(면) 역가이불반의부(인저)]

공자가 말했다.
"군자가 문(文)을 널리 배우고 예(禮)로써 단속하면 도(道)에 위배되지 않을 것이다."

---

① 여기서 '文'은 '옛 문헌, 인문 학술'을 의미한다. '於'는 전치사로 '~에 대하여'인데 우리말 표현으로 자연스럽게 해석하자면 목적격 조사로 하는 게 좋다. '博學'은 '널리 배우다'이다.

② '約'은 '요약하다, 단속하다, 규제하다'이다. '之'는 대명사로 앞 문장 '博學於文'을 받는다. 널리 배운 것들을 뭘로 요약하여 자신을 단속하느냐 하면 '禮'로 한다. '禮'는 '질서와 규범'이라는 뜻이다. 지금 우리가 사용하는 '禮'라는 말은 의미가 많이 축소되어 있다. 예의범절이라고 해서 '인사하기, 공손하게 말하기, 절하는 방법' 등으로 알고 있으나 사실 '禮'는 의미가 크다. 한 사회 혹은 나라의 공동체를 혼란하지 않게 유지하는 질서와 규범을 가리킨다.

③ '可以'는 '~할 수 있다', '弗'은 '不'과 같고, '畔'은 '어그러지다, 어긋나다, 위배되다'라는 뜻이다. '矣夫'는 강조 역할의 어조사이다.

진짜 지성인이 되려면 일단 널리 배워야 한다. 견문을 넓히고 오늘날까지 쌓여 있는 많은 지혜를 양껏 흡수해야 한다. 그렇게 세상의 이치를 익히고 나면 다음엔 무엇을 해야 할까? 그렇게 안 것들을 공동체와 사회의 질서와 규범들에 비추어 정리하고 그에 맞게 내 행동을 수정해야 한다. 그렇게 될 때 비로소 더불어 함께 사는 세상을 이롭게 할 수 있게 되는 것이다.

子曰, 德之不修, 學之不講①,
聞義不能徙, 不善不能改②, 是吾憂也③.

[자왈, 덕지불수(와) 학지불강(과) 문의불능사(와) 불선불능개(가) 시오우야(니라)]

공자가 말했다.
"덕이 닦아지지 못함과 학문이 익혀지지 않음과 의(義)를 듣고도 옮겨가지 못함과
불선(不善)을 고치지 못함이 바로 나의 걱정거리이다."

---

① '德'이란 내면의 품성이나 소신, 인품을 가리킨다. '之'는 원문 그대로 하면 '德의 不修'와 '學의 不講'으로 주격조사로도 목적격조사로도 해석할 수 있다. '講'은 '익히다'이다.

② '聞'이 '듣다'라는 뜻을 가지고 있다는 것은 누구나 알 것이다. 배우고 아는 것은 듣기에서 출발하기 때문에 '聞'은 '알다'로도 많이 쓰인다. 여기서도 '義'를 들었다는 것은, 옳음 또는 정의에 대해 안다는 뜻이다. '徙'는 '옮기다'이다. 옳음이나 정의에 대해 배워 알았으면 그대로 살아야 하는데 알기만 하고 그쪽으로 삶을 옮겨 가지 못한 것이 '不能徙'이다. '能'은 옮기지 못한 것에 대한 질책의 의미를 강조한다. 뒷 문장 '不善不能改'도 같은 구조이다. '善'하지 못한 점을 알았는데 능히 고치지 못했다는 말이다.

③ '是'는 '이것이 바로 ~이다', '吾憂'는 '나의 근심, 나의 걱정거리'이다.

배우는 자가 돌아보며 스스로 반성해야 할 것, 자신의 걱정거리로 삼아야 할 것은 성적이나 등수, 학업 성취도가 아니다. 내 내면의 품성이, 내 인격이 제대로 닦이고 있는가, 내가 배운 것을 제대로 익혔는가, 내 좋지 못한 점들을 과감히 고치지 못하고 있진 않은가 하는 것이다.

子曰, 三年學, 不至於穀①, 不易得也②.

[자왈, 삼년학(에) 부지어곡(을) 불이득야(니라)]

공자가 말했다.
"3년을 공부하고서 벼슬에 뜻을 두지 않는 자를 쉽게 얻지 못하겠다."

---

① '至'는 '이르다'라는 의미이다. '於'는 어조사, '穀'은 '곡식'으로 '녹봉'(祿俸), 그러니까 '벼슬'을 뜻한다. 글자 그대로 풀이하면 '벼슬에 이르다'가 된다. '至'에 대해 주희는 주를 달며 '志'가 되어야 한다고 보았지만, '至'를 그냥 두어도 해석에 큰 무리는 없다고 본다. 다만 '志'로 바꾸면 뜻이 더 분명해진다. '至'라면 '3년을 공부하고도 벼슬에 나아가지 않는 자'가 되고 '志'로 바꾼다면 '3년을 공부하고서 벼슬에 뜻을 두지 않는 자'가 된다. 공자가 '學'의 의미를 어느 정도로 두었다고 보느냐에 따라 '至'로 둘지 '志'로 바꿔 해석할지가 결정될 것이다. 공자에게는 두 측면이 다 보인다. 안연이라는 제자에게 하는 걸 보면 배우다 말고 녹봉을 기웃거려서는 안 된다고 볼 것 같기도 하고, 당시 인재 배출을 담당하며 나라를 바르게 세우는 데 크게 관심을 기울인 것을 보면 배워서 벼슬하는 것을 좋지 않게 보았을 것 같지 않기도 하다. 그렇다면 3년이라는 시간에 관심을 둘 수 있을 것이다. 3년은 어떤 경지에 도달하는 시간으로 보면 짧다. 그러나 막상 청운의 뜻을 가지고 공부에 뛰어든 사람은 조바심이 있기 때문에 3년이 길게 느껴진다. 무엇을 위한 공부인가가 시간이 긴지 짧은지를 가늠하는 기준이 될 것이다.

② '易'는 '쉽다'라는 뜻이므로 '이'로 읽는다. 그러므로 '不易得'은 '쉽게 얻을 수 없다'로 해석한다.

子曰, 學如不及 ①, 猶恐失之 ②.

[자왈, 학여불급(이요) 유공실지(니라)]

공자가 말했다.
"배움은 따라가지 못할 듯이 하고, 오히려 잃어버릴까 두려워해야 한다."

공부하는 자세에 대해 말하고 있다.

① '如'는 '마치 ~인 양, ~인 듯이'이고, '及'은 '미치다, 도달하다'이다. 배울 때는 아무리 애써 노력해도 목표에 도달하지 못할 것 같은 조바심을 가지고 임해야 한다는 말이다.

② '猶'는 '오히려'라는 뜻인데, 한문에서 자주 나오는 부사이다. '恐'은 '두려워하다, 걱정하다', '之'는 대명사이다.

'되면 좋고 아니면 말고'의 자세로 공부해서는 안 된다는 말이다. 공부는 전전긍긍하는 마음이 있어야 한다. 새로운 것을 배우고 알 때에는 내가 그것을 제대로 알지 못할 것처럼, 열심히 해도 놓치는 것이 있을 것처럼 조바심을 내야 한다. 그렇게 열심히 배웠으면 됐을까? 아니다. 배우고 난 뒤에는 그렇게 열심히 배우고도 배운 그것을 잃어버릴까 봐 다시 전전긍긍해야 한다는 것이다.

주의해야 할 것은 이것은 성적에 대한 이야기가 아니라는 점이다. 성적과 공부는 다르다. 우리가 전전긍긍하는 것은 내가 제대로 배우고 있는 것인가가 아니라 내 성적이 떨어지지는 않았을까 하는 것 아닐까? 그렇다면 그건 진짜 공부가 아니다.

子曰, 譬如爲山^①, 未成一簣, 止, 吾止也^②.
譬如平地^③, 雖覆一簣, 進, 吾往也^④.

[자왈, 비여위산(에) 미성일궤(하여) 지(도) 오지야(며)
비여평지(에) 수복일궤(나) 진(도) 오왕야(니라)]

공자가 말했다.
"비유하면 산을 만드는 데 한 삼태기의 흙을 붓지 않아 완성하지 못하고 그만두는 것도
내가 그만두는 것이고, 비유하면 땅을 고르는 데 비록 한 삼태기의 흙을 부었더라도
나아가는 것도 내가 나아가는 것이다."

---

① '譬如'는 '비유하자면, 예를 들어'이고, '爲'는 '만들다'이다.

② '未成'은 아직 완성하지 못했다는 뜻이다. 왜 '未成'인 상태냐면 '一簣', 즉 흙 한 삼태기 때문이다. '止'는 '멈추다, 그만두다'이다.

③ 이 부분은 '平地' 때문에 해석이 두 가지로 나뉜다. '平'을 동사로 보면 서술어+목적어 구조로 '땅을 고르다'가 된다. '平地'를 하나의 단어로 보면 '평지에'가 된다. 즉 '(산을 만들기 위해) 평지에'가 된다. 그럼 뒤의 한 삼태기를 붓는 동작은 평지를 고르겠다는 행위가 될 수도 있고, 산을 만들겠다고 붓는 것이 될 수도 있다.

④ '雖'는 '비록 ~라 하더라도'이다. '覆'는 '엎다, 뒤집다'의 뜻인 경우는 '복'으로, '덮다, 덮어 숨기다'의 뜻인 경우는 '부'로 읽는다. 여기서는 흙을 가져와서 엎는 동작을 나타내므로 '복'으로 읽는다. '進'은 '나아가다', '往'은 '가다, 나아가다'이다.

공부는, 어떤 일의 성취는, 남의 평가에 달린 것이 아니라 전적으로 스스로의 몫이다. 남이 보기에 멋져도 내가 목표를 다 이루지 못하고 멈췄다면 그건 실패이고, 남이 보기에 심난해 보여도 내가 일단 시작했다면 나는 그만큼 이뤄 가고 있는 것이다.

子曰, 誦詩三百^①, 授之以政, 不達^②, 使於四方^③, 不能專對^④, 雖多, 亦奚以爲^⑤.

[자왈, 송시삼백(하되) 수지이정(에) 부달(하며) 시어사방(에)
불능전대(하면) 수다(나) 역해이위(리오)]

공자가 말했다.
"시 300편을 외우되, 정사(政事)를 맡기면 통달(通達)하지 못하고, 사방에 사신으로 가서
스스로 재량껏 대응하지도 못한다면, 비록 많이 왼다 한들 또한 무엇 하겠는가?"

① 여기서 시(詩)는 『시경』(詩經)의 시이다. 총 305편인데 큰 수를 들어 흔히 300편이라고 한다. 시는 인간의 가장 순수한 감정에 뿌리를 두고 사물의 이치를 포괄하므로, 풍속의 성쇠를 살피고 정치가 제대로 되고 있는지 아닌지를 살필 수 있는 좋은 도구이다. 때문에 지도자 교육을 받는 이의 필수 교재였다.

② '授'는 '주다'이고 '之'는 목적격조사다. '주기를 정사로써 했다'라고 직역할 수 있다. 시를 잘 배워 거의 다 외우고 있다기에 정사, 그러니까 정치를 맡긴 것이다. '達'은 '통하다, 막힘없이 통하다'이니, '不達'은 그 시를 응용해서 정치를 막히는 구석 없이 시원스레 잘해내지 못했다는 뜻이다.

③ '使'는 '사신으로 가다'라는 뜻으로 '시'로 읽는다.

④ '專'은 '獨' 즉, '홀로'의 뜻이므로, '專對'는 혼자서 사신으로 간 나라의 사람들을 만나 재량껏 대응하는 것을 말한다.

⑤ '多'는 시를 많이 외고 있는 것이다. '亦'은 강조의 의미, '奚'는 '어찌, 무엇'이란 뜻의 의문대명사이다.

여기서는 배우는 것은 곧 응용하기 위해서임을 말하고 있다.

子曰, 士而懷居^①, 不足以爲士矣^②.

[자왈, 사이회거(면) 부족이위사의(니라)]

공자가 말했다.
"선비이면서 안일을 생각한다면 선비라 할 수 없다."

---

① '士'는 '지식을 쌓은 사람, 배운 사람'이다. '而'는 여기서 명사에 바로 이어진 주술 구조로 전환 관계를 나타내는데, '어떠한 존재이면서, ~로서'라고 해석되면서 '如'와 같은 뜻인 '만일, 만약'의 의미를 갖는다. '懷'는 '품다, 마음에 품다'이므로 '생각하다'의 뜻이 되고, '居'는 '거처'라는 뜻이지만 여기서는 더욱 구체적으로 마음이 편안하게 여기는 곳을 가리킨다.

② '不足'은 '족하지 혹은 충분하지 않다'라고 풀 수도 있고 말 그대로 '부족하다'라고 해석할 수도 있다. '以爲'는 '~라고 여기다', '矣'는 강조의 뜻을 나타낸다.

지식을 쌓은 사람 혹은 배운 사람이 편안한 거처를 마음에 품는다면, 그런 사람은 배운 사람이라고 할 수 없다는 말이다. 배우는 이유는 편안한 삶을 추구하기 위해서가 아니다. 2월 15일에 공부한, '三年學, 不至於穀, 不易得也: 3년을 공부하고서 벼슬에 뜻을 두지 않는 자를 쉽게 얻지 못하겠다'와 의미가 상통한다.

사람에 따라 '士而懷居'를 보다 직접적으로 남이 나를 알아 주고 찾기 전에 스스로 나서서 남에게 도움이 될 일을 구하라고 보는 경우도 있다. 공자 자신이 배우고 또 제자를 양성한 이유가 시대의 인재를 길러 내기 위한 것이었다는 관점에서 보는 해석이다.

子曰, 吾嘗終日不食①, 終夜不寢②, 以思, 無益③, 不如學也④.

[자왈, 오상종일불식(하고) 종야불침(하야)
이사(하니) 무익(이라) 불여학야(로라)]

공자가 말했다.
"내가 일찍이 종일토록 먹지 않고 밤새도록 자지 않고 생각을 해 보았는데 유익이 없었다.
배우는 것만 못하였다."

① 吾은 1인칭 대명사이다. '嘗'은 '일찍이'로 이전의 경험을 말할 때 자주 쓰이는 부사이다. '終日'은 글자 그대로 하면 '날을 마치다'로, 우리가 흔히 쓰는 '종일'이 바로 이 한자이다. '不食'은 '먹지 않다'이다.

② 종일(終日)은 자주 쓰지만 '終夜'는 쓰지 않는 표현이다. 대신 '밤을 새다'라는 우리말 표현을 자주 쓴다. '不寢'은 '잠자지 않다'로, 잠을 자지 않고 교대로 살피고 지킨다는 뜻의 '불침번'이 이 한자를 쓴다.

③ '以'는 앞 문장 전체를 받는다. '思'는 '생각하다', '無益'은 '이로움·유익이 없다'이다. 그냥 '무익하다'라고도 자주 쓴다.

④ '不如A'는 'A만 같지 못하다, A하는 게 더 낫다'라는 뜻으로 한문에서 매우 자주 사용하는 표현이다. '배우는 것만 같지 못하다', 그러니까 '배우는 게 더 낫다'라는 뜻이다.

종일 먹지도 않고 밤새 자지도 않고 생각을 해 보았는데 아무 유익이 없었고, 배우는 게 훨씬 더 나았다고 공자는 말하고 있다. 배우지 않고 생각만 하면 그 생각에는 연료가 없다. 생각이란 내 안에 쌓인 것을 분해하고 재조합해서 맞닥뜨린 새로운 상황에 응용해서 최선의 답을 찾아내는 과정이기 때문이다.

孔子曰, 生而知之者, 上也①. 學而知之者, 次也②.
困而學之, 又其次也③. 困而不學④, 民斯爲下矣⑤.

[공자왈, 생이지지자(는) 상야(요) 학이지지자(는) 차야(요)
곤이학지(는) 우기차야(니) 곤이불학(이면) 민사위하의(니라)]

공자가 말했다.
"나면서부터 아는 자는 상등(上等)이고, 배워서 아는 자는 그다음이며, 통하지 못하여
배우는 자가 또 그다음이니, 통하지 못하였으면서도 배우지 않으면 백성으로서
하등(下等)이 된다."

① '而'는 접속사로, '生'과 '知之'를 연결하면서 부사적으로 사용되어 '~하면서부터'로 해석된다. '之'는 '知'가 '者'를 수식하기 위한 관형격 조사 또는 대명사로 볼 수 있는데 해석에 차이는 없다. '上'은 '上等', 즉 등급을 나눌 때 맨 위 등급에 해당한다는 뜻이다.

② 앞 문장과 같은 형식이다. 똑같이 해석하면 된다.

③ '困'은 불통(不通), 즉 '통하지 않는 점이 있음'이란 뜻이다. 어려움을 해결하지 못하는 자신을 보며 배움의 필요성을 깨달아 배우게 되는 경우다.

④ 어려움을 겪으며 자신의 한계를 느꼈어도 기어이 배우지 않는 사람도 있다. 그 위기만 넘기면 그걸로 끝인 경우이다.

⑤ '民'은 '백성으로서', '斯'는 '이에', '爲下'는 '하등(下等)이 되다'이다. '下'는 앞서 나온 '上'과 대를 이룬다.

나면서부터 똑똑한 사람도 있겠지만 대개의 사람들은 '學而知之'나 '困而學之'에 해당할 것이다. 순순히 학교에 가서 배움을 시작했거나 인생에 어려움을 맞닥뜨리자 자신의 한계를 보게 되어 배움을 시작한 경우이다. 그러나 기어이 안 배우는 사람도 있다. 공자는 이런 사람을 최악이라고 말한다.

子曰, 由也, 女聞六言六蔽矣乎①. 對曰, 未也.
居. 吾語女②. 好仁不好學, 其蔽也愚,

[자왈, 유야(아) 여문육언육폐의호(아) 대왈, 미야(로소이다)
거(하라) 오어여(하리라) 호인불호학(이면) 기폐야우(하고)]

공자가 말했다.
"유야, 너는 여섯 가지 미덕과 여섯 가지 폐단에 대해 들었느냐?"
대답하였다.
"듣지 못하였습니다."
"앉아라. 내 너에게 말해 주겠다. 인(仁)을 좋아하고 배움을 좋아하지 않으면
그 폐단은 어리석음으로 나타나고,

---

① '由'는 공자의 제자인 자로인데, 공자보다 9살 연하로, 매우 용감하고 성질이 급했다. 이 본문도 행동에는 과감하지만 공부가 부족한 그를 위해 공자가 가르침을 주는 장면이다. '女'는 2인칭 대명사이다. '六言'은 여섯 가지 미덕에 대한 말이고, '六蔽'는 여섯 가지 폐단·폐해를 가리킨다. '矣乎'는 의문을 나타내는 어기사이다.

② 자로와 주고받는 대화이므로 앞에 '子曰'이 생략되었다. '居'는 지난 시간에 '士而懷居'를 배울 때는 '거처'에서 파생된 '편안한 삶'이라는 명사로 사용되었는데 여기서는 '앉다'라는 동사로 쓰였다.

자, 여섯 가지 미덕이 배움이 없으면 어떤 폐단, 즉 문제점이 나타나는지 배워 보자. 오늘과 내일 내용에서는 같은 구조의 문장이 총 6번 반복되므로 해석보다는 단어의 뜻을 아는 것이 중요하다.

인(仁)은 사람을 아끼고 사랑하는 것을 말한다. '蔽'는 '덮다, 숨기다'라는 뜻이지만 여기서는 '弊', 즉 '폐단'의 뜻으로 사용되었다. '也'는 주어 뒤에서 잠시 호흡을 주며 의미를 돕는 어조사로 쓰였다. '愚'는 함정에 빠뜨릴 수 있고 속일 수 있는 어리석음을 가리킨다. 마냥 '사람 좋은' 사람이 보이는 문제점이라 할 수 있다.

**好知不好學, 其蔽也蕩^①, 好信不好學, 其蔽也賊^②,
好直不好學, 其蔽也絞^③, 好勇不好學, 其蔽也亂^④,
好剛不好學, 其蔽也狂^⑤.**

[호지불호학(이면) 기폐야탕(하고) 호신불호학(이면) 기폐야적(하고)
호직불호학(이면) 기폐야교(하고) 호용불호학(이면) 기폐야란(하고)
호강불호학(이면) 기폐야광(이니라)]

지혜[知]를 좋아하고 배움을 좋아하지 않으면 그 폐단은 방탕함으로 나타나며,
성실[信]을 좋아하고 배움을 좋아하지 않으면 그 폐단은 자신을 해치는 것으로 나타나고,
정직을 좋아하고 배움을 좋아하지 않으면 그 폐단은 쌀쌀맞게 말하는 것으로 나타나며,
용기를 좋아하고 배움을 좋아하지 않으면 그 폐단은 혼란을 일으키는 것으로 나타나고, 강
함을 좋아하고 배움을 좋아하지 않으면 그 폐단은 경솔하고 오만방자한 것으로 나타난다."

---

① '知'는 지혜[智]를 가리킨다. '蕩'은 보통 '방탕하다'라고 풀이되는
데, 여기서의 방탕함이란 수직으로 높음의 끝까지 수평으로 넓음의
끝까지 도달하고자 욕심을 부려 멈출 줄 모르는 상태이다. 즉 지식
이 체계 없이 제멋대로인 상태를 말한다.

② '信'은 '성실함·신의'다. '賊'은 '해치다'의 뜻인데, 여기서는 남에게
해침을 당하는 상태를 말한다. 신의만 중시하다 보면 남에게 이용당
해서 자신이 다치는 상황을 마주하게 되는 것이다.

③ '直'은 '정직'이다. '絞'는 '급하다'라는 뜻으로 말이 박하다는 뜻을
나타낸다. 즉 말로 날카롭고 쌀쌀맞게 상대를 지적해서 상처를 주는
것을 가리킨다.

④ 용기·용맹에는 어떤 문제가 있을까? '亂'을 일으킨다. 그러니까
집단이나 사회에 혼란을 일으킨다는 말이다.

⑤ '剛'은 '강함'이다. '狂'은 조급하고 오만방자하며 경솔한 것을 가
리킨다.

子夏曰①, 日知其所亡②,
月無忘其所能③, 可謂好學也已矣④.

[자하왈, 일지기소무(하며) 월무망기소능(이면) 가위호학야이의(니라)]

자하가 말했다.
"날마다 몰랐던 것을 새로 알고 달마다 능한 것을 잊지 않으면 학문을 좋아한다고
이를 만한다."

---

① 자하의 이름은 복상(卜商)으로, 공자보다 44세 어렸던 제자이다.
문학에 재능이 뛰어났고, 공자가 죽은 뒤에 공자학당의 주요 인물
이 되었다.

② '日'은 '날마다'이다. '其'는 자기 자신을 가리키고, '亡'는 '無'의 뜻
으로 '자신이 가지고 있지 못한 것', 즉 '아직 모르고 있는 것'을 가리
킨다. '무'로 읽는다.

③ '月'는 '달마다'이고, '無忘'은 '잊지 않다'이다. '能'은 '능한 것', 그러
니까 '이미 익혀 두어서 잘하는 것'을 가리킨다.

④ '可謂'는 '~라고 말할 만하다, 이를 만하다'이다. '也已矣'는 이상의
내용을 단정하는 기능을 한다.

날마다 해야 할 일은? 모르는 것을 배워 아는 것이다. 달마다 해야
할 일은? 이미 익혀 두어 알고 있는 것을 다시 점검하는 것이다. 이
렇게 하면 일취월장(日就月將)은 하기 싫어도 하게 되지 않을까? 이
정도가 되어야 배우기를 좋아한다고 말할 '만한' 정도가 된다. 배움
이란 이렇게 날마다 애쓰고 달마다 애써야 겨우 놓치지 않고 따라갈
수 있는 것이다. 배움의 가치, 배움의 즐거움을 발견하지 않으면 어
찌 가능한 일이랴!

子曰, 君子, 不可小知而可大受也①, 小人, 不可大受而可小知也②.

[자왈, 군자(는) 불가소지이가대수야(요) 소인(은) 불가대수이가소지야(니라)]

공자가 말했다.
"군자는 작은 일로는 알 수 없으나 큰일을 맡을 수 있고, 소인은 큰일을 맡을 수 없으나 작은 일로 알 수 있다."

---

① '不可'는 '~할 수 없다'이다. '小'는 '작은 일, 특정 분야에 국한된 전문 기술' 등을 가리킨다. '知'는 내가 아는 것, 즉 상대방을 알아보는 것을 말한다. 그러므로 '不可小知'는 특정 분야에 국한된 전문적인 하나의 기술만으로는 학문을 넓고 깊게 제대로 배운 사람의 능력을 알아볼 수 없다는 말이다. '而'는 역접이다. 그럼 무엇으로 그의 능력을 알아볼 수 있을까? '大受'로 가능하다. '大'는 '큰일, 크고 중대한 일'을 가리킨다. '受'는 상대가 받는 것이다. 그러니까 군자가 받아들이는 것을 말한다.

② 소인, 즉 좁고 단순하게 배운 사람은 군자와 반대이다. 전문 기술이 필요한 분야에서 전문인으로 활약하게 할 수는 있다.

'군자불기'(君子不器)를 좀 더 자세하게 설명한 구절이라고 볼 수 있다. 군자불기는 『논어』「위정」편에 나오는 말로, '군자는 그릇이 아니다'라는 뜻이다. 그릇은 반드시 용도가 정해져 있다. 공자가 길러 내려는 인재상은 전문 기술 하나는 가졌지만 분야에 국한된 능력과 시야를 지닌 사람이 아니라, 포괄적으로 전체를 보고 조망할 수 있는 사람이다. 큰 그림을 보고 예상하고 기획하고 설계해서 오차 없이 실행할 수 있는 능력을 지닌 사람을 길러 내려 한 것이다.

子貢問曰, 賜也, 何如①. 子曰, 女, 器也②. 曰, 何器也③. 曰, 瑚璉也④.

[자공문왈, 사야(는) 하여(하니잇고) 자왈, 여(는) 기야(나라)
왈, 하기야(잇고) 왈, 호련야(나라)]

자공이 물었다. "저는 어떻습니까?"
공자가 말했다. "자네는 그릇이다."
"어떤 그릇입니까?"
"아주 화려하고 귀한 제사용 그릇이다."

① 자공은 공자보다 31세 연하였던 제자로, 이름은 단목사(端沐賜)이다. 그래서 본문에서 자기 자신을 '사'(賜)라고 부르는 것이다. 머리가 좋고 말을 잘했으며 외교에 능했고 세상 돌아가는 것을 잘 알았던 인물이다. '何如'는 '어떠하다'이다. 앞에서 공자가 다른 제자인 자천을 군자라고 칭찬했으므로 자공이 자기도 칭찬을 받고 싶은 마음에 "저는요?"라고 물은 것이다.

② 공자는 자공에 대해 '너는 그릇[器]'이라고 말한다. 어제 배운 '군자불기(君子不器)'를 떠올리면 이것이 좋은 답이 아님을 짐작할 수 있을 것이다. 그러나 자공은 포기하지 않고 다시 묻는다.

③ '何'는 의문사이다. 그릇이라면 어떤 그릇이냐고 묻는다.

④ 이에 공자는 호련(瑚璉)이라고 답한다. 호련은 제사에 쓰이는 제수를 담는 그릇으로 '瑚'는 하나라 때의 명칭이고, '璉'은 상나라 때의 명칭이다. 그릇 중에서는 아주 귀하고 화려한 그릇이라 말해 준 것이지만 자공은 아직 더 노력하라는 말로 잘 알아들었을 것이다. 귀하고 화려해도 그릇은 그릇이기 때문이다.

樊遲請學稼①. 子曰, 吾不如老農②. 請學爲圃,
曰, 吾不如老圃③. 樊遲出. 子曰, 小人哉, 樊須也④.

[번지청학가(한대) 자왈, 오불여노농(호라) 청학위포(한대)
왈, 오불여노포(호라) 번지출(커늘) 자왈, 소인재(라) 번수야(여)]

번지가 농사일 배울 것을 청하니, 공자가 말하기를,
"나는 늙은 농부만 못하다."
다시 채마밭 가꾸는 일 배우기를 청하니, 말하기를,
"나는 늙은 채소 농사꾼만 못하다."
번지가 나가자 공자가 말했다.
"소인이로구나, 번수여!"

---

① 번지는 공자 제자로, 이름은 번수이다. '稼'는 '농사'를 뜻한다. 번지는 아마도 당시의 중농주의 학파의 주장에 매력을 느꼈던 것 같다. 그래서 자신의 스승 공자에게 농사일을 가르쳐 달라고 청한다. 공자의 교육 목표를 제대로 이해하지 못했던 것이다. 공자는 이 요청에 우회적으로 답한다.

② '不如'는 '~만 같지 못하다'이고, '老農'은 '늙은 농부', 즉 세월과 함께 농사일에 아주 익숙해진 전문 농사꾼을 가리킨다. 공자는 농사일에 관해서라면 자신이 늙은 농부만 못하다고 답한다.

③ 번지는 이를 논농사에 국한된 답이라 생각한 모양이다. 포기하지 않고 다시 요청한다. '圃'는 '채소밭'이므로, '爲圃'는 '채소밭 가꾸기, 채소 기르기'가 된다. 채소를 심고 가꾸는 일을 가르쳐 달라 청한 것이다. 공자는 같은 답을 들려준다.

④ 번지가 나가니 공자가 탄식했다. '哉'는 감탄을 나타내고, 이 문장은 도치법을 사용해서 공자의 탄식을 더욱 강하게 드러냈다.

上好禮, 則民莫敢不敬[①]**, 上好義, 則民莫敢不服**[②]**,**
上好信, 則民莫敢不用情[③]**. 夫如是, 則四方之民,**
襁負其子而至矣, 焉用稼[④]**.**

[상호례(면) 즉민막감불경(하며) 상호의(면) 즉민막감불복(하며) 상호신(이면) 즉민막
감불용정(이니) 부여시(면) 즉사방지민(이) 강부기자이지의(리니) 언용가(리오)]

"윗사람이 예(禮)를 좋아한다면 백성이 감히 공경하지 않는 이가 없고,
윗사람이 의(義)를 좋아하면 백성이 감히 복종하지 않는 이가 없으며,
윗사람이 신(信)을 좋아하면 백성이 감히 진심으로 대하지 않는 이가 없을 것이다.
이렇게 되면 사방의 백성이 자식들을 포대기에 업고 올 것이니,
어찌 직접 농사를 지을 필요가 있겠는가?"

① '禮'와 '義'와 '信'이 위정자가 되기를 꿈꾸는 자들이 마음을 다해 배워야 할 덕목임을 드러내고 있다. 이 세 단어가 나오는 문장은 구조가 모두 같다. '上'은 '윗사람'이다. '禮'는 '공동체와 사회의 질서, 법규'를 의미한다. '則'은 '~하면'이고, '莫'은 부정사, '敢'은 '감히', '敬'은 '공경하다'이다. 윗사람이 질서와 법규를 지키는 본을 보이면 백성이 공경한다는 것이다.

② '義'를 좋아한다는 것은 일을 옳게 합당하게 정의롭게 처리하는 것을 말한다. 그러면 백성이 복종한다는 것이다.

③ '情'은 성실하게 진정으로 대하는 것을 말한다. 윗사람이 신의를 지키면 백성이 성심으로 그를 대한다는 것이다.

④ '夫'는 어조사로 해석할 필요는 없다. '襁'은 '포대기', '負'는 등에 업는 것을 말한다. '至'는 그런 지도자가 있는 나라로 온다는 뜻이다. '焉'은 '어찌', '用稼'는 '농사를 짓다' 혹은 '농사짓는 것을 쓰다'이다. 지도자가 방향을 잘 설정하고 큰 기둥을 잘 세우면 세부 통치는 그 아래서 정리되니 통치의 선후를 먼저 잘 알 것을 말하는 구절이다.

子夏曰, 百工居肆, 以成其事①, 君子學, 以致其道②.

[자하왈, 백공거사(하야) 이성기사(하고) 군자학(하야) 이치기도(니라)]

자하가 말했다.
"온갖 기술자들은 작업장에 거하면서 그 일을 이루고,
군자는 학문을 해서 그 도(道)를 지극히 한다."

① '百'은 가득 찬 숫자의 상징으로 '모든, 온갖'을 뜻한다. 'エ'은 공인 (工人), 즉 기술자를 말한다. '肆'는 '공장·작업장'을 가리킨다. '以'는 앞 구 전체를 받아 '그렇게 해서, 그렇게 함으로써'의 의미가 되고, '其事'는 기술자의 업(業), 즉 자기 기술을 일컫는다. 작업장은 집중 과 효율을 최대치로 끌어올린다. 그곳에 자신의 기술에 필요한 모든 것이 갖추어져 있고 자기만의 동선이 정해져 있다. 그래서 작업장이 바뀌면 일을 정밀하게 해내는 데 어려움을 겪게 마련이다.

② '百工'과 '君子'를 비교하여 기술한다. '百工'의 '居肆'와 같은 것이 군자의 '學'이다. '學'을 통해 '其道'를 '致'할 수 있다. '致'는 지극[極] 의 의미이다. 즉 지성인은 학문을 통해서만 자신이 걸어야 할 바른 길에 궁극적으로 도달할 수 있다는 말이다. 지성인은 학문을 하지 않으면 자신의 마음을 다잡을 방법이 없다. 내 생각이나 내 마음만 으로는 내가 걸어야 할 길을 바르고도 분명하게 매번 스스로에게 납 득시키며 흔들리지 않고 걸을 수 없는 것이다.

'군자불기'(君子不器), 멀리 보고 전체를 보는 시야는 배움과 떼려야 뗄 수 없다. '내 생각에는'만으로는 그 길에 도달할 수 없다. 지성인 의 작업장은 학문 그 자체인 것이다.

3월

林放①, 問禮之本. 子曰, 大哉, 問②.
禮, 與其奢也, 寧儉; 喪, 與其易也, 寧戚③.

[임방(이) 문예지본(한대) 자왈, 대재(라) 문(이여) 예여기사야(론) 영검(이오)
상(은) 여기이야(론) 영척(이니라)]

임방이 예의 근본에 대해 물었다. 공자가 말했다.
"훌륭한 질문이로다! 예는 사치하기보다 차라리 검소하게 해야 하고,
상(喪)은 순서나 절차를 잘해 내기보다 차라리 슬퍼해야 한다."

공자 하면 역시 '예'(禮)이겠지만 이번에는 '직'(直)을 살펴보려고 한다. 새로운 달을 맞이해서 새롭게 다룰 개념은 직, 즉 '솔직함, 곧이곧대로 들여다보고 표현함'이다. 임방이란 사람이 공자에게 묻고 있는 것도 '예'가 아니라 예의 '근본'이다. 근본원리를 알아야 제대로 예를 구현할 수 있다. 그래서 공자는 훌륭한 질문이라고 칭찬했다. 예는 형식으로 흐르기 쉬우니 사치를 경계한다. 예가 담고 있는 기본 가치부터 질문해야 제대로 표현할 수 있다. 상을 당했다면 1차 감정은 슬픔이다. 이때 내 안에서 곧게 끌어올려진 감정이 슬픔이 아니라면 그보다 어긋난 상례가 또 있을까?

① 정확히 어떤 인물인지 정확히 알 수 없다. 노나라 출신으로 공자의 제자로 보기도 하는데, 『논어』의 내용을 볼 때 노나라 실권자인 계씨를 위해 예를 집행하는 사람으로 추정된다.

② 한문에서는 감탄을 표현할 때 도치법을 많이 사용한다.

③ 같은 구조이다. 여기서 기억해야 할 것은 '與其~, 寧' 용법이다. '~하기보다는 차라리 ~하는 게 낫다(~이 낫다)'의 뜻으로, 한문에서 종종 사용되는 비교급 형태이다.

子夏問曰, 巧笑倩兮, 美目盼兮 ①, 素以爲絢兮 ②, 何謂也.
子曰, 繪事後素 ③. 曰, 禮後乎. 子曰, 起予者, 商 ④也.
始可與言詩已矣

[자하문왈, 교소천혜(여) 미목반혜(여) 소이위현혜(라 하니) 하위야(있고). 자왈, 회사
후소(니라). 왈, 예후호(잇가). 자왈, 기여자(는) 상야(라) 시가여언시이의(로다)]

자하가 물었다.
"'애교 넘치는 웃음에 보조개가 예쁘기도 하지. 아름다운 눈에 눈동자가 선명하도다.
흰 바탕이 그 자체로 채색이어라!'라는 건 무엇을 말한 것입니까?"
공자가 말했다.
"흰 바탕을 먼저 마련한 뒤에 그 위에 색칠을 한다는 말이다."
"예가 뒤의 일이란 말씀입니까?"
"나를 일깨우는 자는 상(商)이로구나! 비로소 함께 시를 말할 수 있겠구나!"

길고 해석도 쉽지 않은데 '繪事後素'(회사후소)라는 사자성어 때문
에 굳이 선택했다. 예는 형식보다 그 근본이 중요하다는 공자의 입
장을 매우 잘 드러내고 있어 종종 인용된다.

① 『시경』「위풍」(衛風)의 '석인'(碩人)이란 시에 나오는 구절이다.
'倩'은 '보조개'이고, '兮'는 어조사로 가벼운 감탄을 나타내는데 해석
은 하지 않는다. '盼'은 눈동자의 흑백이 분명한 것이다.

② 이 구절은 『시경』에 수록되지 않은 시이다. '素'는 '바탕'이고 '絢'은
'채색·무늬'의 뜻이다. 자하는 이 구절을 '以素爲絢', 즉 '바탕으로 채색
을 삼다'라고 보아 무슨 말이냐고 물었고, 공자는 '소하여서' 즉, '바탕
을 마련하여 채색하다'라고 보아 뒤의 회사후소를 말해 준 것이다.

③ '그림 그리는 일은 바탕을 마련하는 일 뒤에 한다'라는 뜻이다.

④ 자하의 이름이다. 자하는 이것을 곧바로 예는 바탕이 먼저 마련
된 뒤의 일이라는 것에 연결시켰다. '함께 시를 말할 수 있다'는 건
공자에게 받을 수 있는 최상급 칭찬이다.

子曰, 人之生也直①, 罔之生也, 幸而免②.

[자왈, 인지생야직(하니) 망지생야(는) 행이면(이니라)]

공자가 말했다.
"사람이 살아가는 이치는 정직이다. 정직하지 않는데도 살아 있는 것은
요행히 화를 면한 것일 뿐이다."

본격적으로 직(直)이 나왔다. 정직이란 안으로는 자기 자신을 속이지 않고, 밖으로는 타인을 속이거나 기만하지 않는 것이다. 옳은 것은 옳다, 그른 것은 그르다, 좋은 것은 좋다, 싫은 것은 싫다, 그렇게 있는 그대로 말하고 표현하는 것이다. 그런데 살다 보면 '솔직'은 생각보다 실천하기 힘든 덕목이다. 그러나 공자는 사람이 살아가는 이치는, 정직을 바탕으로 한다고 말하고 있다.

① '之'는 주격조사로 해석한다. '生'은 살아가는 것이니, 살아가는 이치, 살아가는 본바탕 정도로 해석하면 된다. '也'는 지금까지 자주 나왔던 용법으로, 주어 뒤에서 뜻을 강조하는 역할을 한다.

② '罔'은 '속이다'라는 뜻으로 '直'과 반대되는 개념이다. 정직하지 않은 삶을 가리킨다. 속인다는 의미는 자신에게도, 또 타인에게도 해당될 수 있다. 자신에게 정직하지 않으면서 타인에게 정직할 수 없고, 또 본질적으로 자기 자신에게 정직하면서 타인에게 정직하지 않을 수 없기 때문이다. 부정직하게 자신과 타인을 기만하는 이런 사람도 살다 보면 많이 만난다. 그러나 공자는 이런 삶에 대해 '幸而免', 즉 요행히 면했다고 말한다. '免'은 화를 면하는 것을 가리킨다. 정직한 이들이 더 많기에 세상은 그 숱한 탈을 안고도 이만큼 유지되는 것이다.

子曰, 孰謂微生高直①. 或乞醯焉②, 乞諸其鄰而與之③.

[자왈, 숙위미생고직(고) 혹걸혜언(이어늘) 걸저기린이여지(로다)]

공자가 말했다.
"누가 미생고(微生高)를 정직하다고 하는가? 어떤 사람이 그에게 식초를 빌리러 오자
그 이웃에게 빌려다가 주는구나!"

굉장히 재미있는 본문이다. 공자가 말한 정직이 얼마나 원초적이고 일견 거칠어 보이기까지 한 진짜 정직인지 잘 드러나는 부분이라고 생각한다. 미생고라는 인물이 그 동네에서 정직하다고 유명했던 모양이다. 그러나 공자는 그가 정직하지 않다고 잘라 말한다. 그가 자기에게 식초를 빌리러 온 이웃을 위해 다른 집에서 식초를 빌려다 주는 모습을 보았기 때문이다. 사실 이런 행동은 칭찬할 만하지 않은가? 그러나 공자는 미생고가 그리 정직하지 못한 인물이라고 파악했다. 없으면 없다고 하는 것이 정직이고 솔직함이기 때문이다. 없다고 했는데도 또 다른 부탁을 해 온다면 그건 그때 가서 생각하면 될 일이지, 없다고 말도 하지 않고서 지레 먼저 빌려다 주는 것은 정직이라는 기준으로 볼 때 석연치 못한 행동이다. 이 구절은 우리가 생각하는 정직에 대해 다시 한 번 생각해 보게 한다.

① '微生'은 성이고 '高'는 이름으로, 노나라 사람이다. '孰'은 '누구'라는 인칭 대명사로 '謂'와 쓰여 '누구를 ~라 하다'라는 뜻이다.

② '或'은 '어떤 사람', '乞'은 '구하다', '醯'는 '식초'이다. '焉'은 '於之'의 준말로 '그에게'라는 뜻이다.

③ '諸'는 '~에게'의 뜻으로 음은 '저'이다. '之'는 식초를 빌리러 온 '或'을 받는 대명사이다.

葉公①語孔子曰, 吾黨有直躬者②, 其父攘羊, 而子證之.

[섭공어공자왈, 오당유직궁자(하니) 기부양양(이어늘) 이자증지(하니이다)]

섭공이 공자에게 말했다.
"우리 마을에 정직하게 행하는 자가 있는데, 그 아버지가 양을 훔치자 아들이 아버지를
고발하였습니다."

어제와 마찬가지로 재미있으면서도 많은 논란이 있을 수 있는 구절
이다. 섭공이 공자에게 자랑을 한다. 우리 마을에 정직한 자는 아버
지의 범죄도 숨기지 않습니다! 그래, 범죄에 대해서는 그래야지 하
다가도 꺼림칙하고, 그렇다고 나서서 아버지를 고발한다는 것도 좀
꺼림칙하네 싶다가도 그럼 덮어 줘? 그것도 아니지 싶고…… 공자는
섭공의 저 말에 뭐라고 답했을까?

① 섭공은 2월 4일『논어』「학이」편에서도 나온 인물이다.

② '黨'은 '마을, 고장'으로 해석하면 된다. '直躬'에 대해서는 두 가지
해석이 있다. 글자 그대로 '몸가짐을 곧게 하고서 행하다'라고 할 수
있고, 뒤에 섭공의 말을 그대로 받아 공자가 말할 때 '直躬'이라 하지
않고 단순히 '直'이라고 한 것과 옛날에 '躬'이 '弓'과 통용된 것으로
보아 '정직한 사람으로 이름이 궁(弓)이다'라고 볼 수도 있다. 여기
서는 첫 번째 해석을 따른다.

其父攘羊, 而子證之: '攘'은 '훔치다'로, 이웃집의 가축 등이 내 집에
들어온 것을 숨기고 돌려주지 않는 것이다. '證'은, 오늘날은 증인이
나 증거를 뜻할 때 이 한자를 사용하지만 예전에는 '고발하다, 폭로
하다'의 의미로 사용되었다. '之'는 앞 문장 전체를 받는 대명사이다.

孔子曰, 吾黨之直者, 異於是^①, 父爲子隱, 子爲父隱^②. 直在其中矣^③.

[공자왈, 오당지직자(는) 이어시(하니) 부위자은(하며)
자위부은(하나니) 직재기중의(니라)]

공자가 말했다.
"우리 마을의 정직한 자는 이와 다릅니다. 아버지는 자식을 위해 숨겨 주고 자식은
아버지를 위해 숨겨 줍니다. 정직은 그 가운데 있습니다."

어제 공부하다가 궁금해서 이틀 치 내용을 한꺼번에 살펴본 분들이
분명히 있으리라 생각한다. 어찌 궁금하지 않을 수 있으랴! 공자의
대답은 어제 그 정직한 아들만큼이나 꺼림칙하다. 공자는 아버지의
도둑질을 고발한 아들의 행동은 정직이 아니라고 말한다. 진짜 정직
은 아버지는 아들을 위해, 아들은 아버지를 위해 숨겨 주는 것이란
다. 이 말이 과연 옳을까?

① '異於是'에서 '於'가 비교하는 전치사로 쓰였다.

② '爲'가 '위하다'의 뜻으로 쓰여, 각각 '자식을 위해'와 '아버지를 위
해'로 해석된다. '隱'은 범죄 사실을 숨겨 주는 것을 말한다.

③ '其中'의 '其'는 위 문장 전체를 받는다. 공자가 말하는 정직의 개
념은 '솔직'에 가깝다. 인간이 세상에 존재할 수 있게 되는 가장 기본
적인 관계가 부모 자식 간의 혈연관계로, 피로 맺어져 떼려야 뗄 수
없다. 이런 관계에 대해 '솔직'하자면 자녀는 부모를, 부모는 자녀를
고발할 수 없다. 공자가 그럼 무조건 이것을 기초로 해서 모든 법을
가족 앞에 무력화시켰을까? 그건 모르겠다. 다만 공자의 '直'이란 사
회에 정직한 것이 아니라 인간의 감정, 자기 자신에게 솔직한 것을
뜻한다.

或曰, 以德報怨, 何如①. 子曰, 何以報德②.
以直報怨, 以德報德③.

[혹왈, 이덕보원(이) 하여(하니잇고). 자왈, 하이보덕(고)
이직보원(이요) 이덕보덕(이니라)]

어떤 사람이 물었다.
"덕으로 원한을 갚는 것이 어떻습니까?"
공자가 말했다.
"덕에 대해서는 무엇으로 갚을까요? 정직으로 원한을 갚고 덕으로 덕을 갚아야 합니다."

아주 재미있는 질문이다. 나라면 어떤 답을 할까? 어떤 이는 기독교가 생각난다고 할 수도 있겠다. '원수를 사랑하라'는 말이 생각나서 말이다. 공자의 답이 흥미롭다. 여기에도 '直'이 사용되었다.

① '何如'는 앞에 제시된 내용을 받아서 그 내용의 성질 등을 묻는 의문대명사이다. '어떠한가?, 무엇인가?' 등으로 해석한다. '德'은 '덕·은덕', '怨'은 '원망·원한'이다.

② '何以'는 '무엇으로'라는 뜻으로, '何以報德'은 '무엇으로 덕을 갚겠는가?'이다. 앞의 질문을 다 받아서 역으로 질문한 것이다.

③ 두 문장은 구조가 같다. 정직으로 원한을 갚는다는 것은 대등하게 악을 저지른 자가 저지른 악만큼을 갚는다는 뜻이라고 볼 수 있다. 『노자』63장에 '원한을 은혜로 갚는다'[報怨以德]라는 말이 있어 이 구절을 노자의 말에 대한 공자의 입장이라 보기도 하고, 겸애를 내세웠던 묵가에 대한 공자의 입장이라 보기도 하는데, 둘 다 시대적으로나 정황상으로나 꼭 그런 것 같지는 않다. 다만 악을 저지른 자가 처벌이 아니라 덕으로 갚음을 받았을 때 자신의 잘못을 깨닫고 수정할 수 있을까? 절대 아니라고 본다. 행한 만큼, 즉 '直'하게 대가를 치러야 은덕도 빛을 발할 수 있는 게 세상사 인지상정이 아니던가?

子貢問曰, 鄕人皆好之, 何如①. 子曰, 未可也②.
鄕人皆惡之, 何如. 子曰, 未可也③,

[자공문왈, 향인개호지(면) 하여(잇고). 자왈, 미가야(니라).
향인개오지(면) 하여(잇고). 자왈, 미가야(니라)].

자공이 물었다.
"어떤 사람이 있는데, 마을 사람들이 모두 그를 좋아하면 어떻습니까?"
공자가 말했다. "그 정도로는 안 된다."
"마을 사람들이 모두 그를 미워하면 어떻습니까?"
공자가 말했다. "그 정도로는 안 된다."

제자 자공이 사람을 평가하는 방법에 대해 질문한 장면이다. 인간은 모여 살기 때문에 늘 나도 모르게 누군가를 평가한다. 그게 꼭 나쁜 것은 아니다. 나와 관계도 없는 누군가를 심심풀이로 평가하는 것은 나쁘겠지만 함께 일하거나 영향을 주고받는 사이라면 그가 어떤 사람인지 빨리 알아봐야 올바른 선택을 해서 후에 큰 상처나 피해를 입지 않을 수 있기 때문이다. 공자는 어떤 방법을 알려줄까?

① 여기 어떤 사람이 있다고 설정된 상태의 문장이다. '鄕人'은 '마을 사람들'이고, '之'는 설정한 어떤 사람을 가리키는 대명사이다. '何如'는 앞서 나온 용법과 같다.

② 공자는 '未可'라고 답했다. '未'는 '아직 아니다'로, 아직 '可'하다고 할 만하지 못하다는 뜻이다. '可' 역시 최상의 긍정 표현은 아니고 괜찮다 정도의 의미인데 그 정도도 아직 안 된다는 말인 셈이다.

③ 그래서 이번에는 반대로 질문했다. 답은 역시 똑같이 '未可'이다. 둘 다 아니라면 그럼 어떤 기준으로 어떻게 살펴야 할까?

不如鄕人之善者好之, 其不善者惡之 [①].

[불여향인지선자호(요) 기불선자오지(니라)]

"마을 사람 중에 선한 자가 그를 좋아하고,
선하지 못한 자가 그를 미워하는 것만 못하다."

① '不如'는 '~만 같지 못하다.' 그러니까 '~인 것이 낫다·좋다'의 뜻
이 된다. 위의 두 가지 설정인 마을 사람이 모두 다 좋아하거나 모두
다 미워하는 것은 '鄕人之善者', 즉 마을 사람 중 선한 자가 '好之'하고
(그를 좋아하고), '其不善者', 즉 마을 사람 중에 선하지 못한 자가 '惡
之'하는(그를 싫어하는) 것만 못하다는 것이다.

이것 역시 '直'(정직, 솔직)에 관계된 내용이다. 세상에는 다양한 사
람이 산다. 선한 자도 있고 선하지 못한 자도 있고 악한 자도 있는데,
이들이 세상을 보는 눈과 평가하는 기준은 각기 다를 수밖에 없다.
다르니까 행동의 결과도 달라진 것이다. 그런데 누군가가 이들 모두
에게 좋다는 평가를 받는다면 이 사람은 대체 어떤 사람인가? 선한
가? 악한가? 솔직하지 못한 것이다.

SNS가 보편화되면서 이런 증세가 사실 꽤 심각해지고 있다. '좋아
요'를 많이 받고 인플루언서가 되기 위해 '나' 아닌 나를 만들어 내는
것이 그리 낯설지 않은 일이 되었다. 털털하고 거친 모습을 보이면
우리는 대게 솔직한 사람이라 하곤 하는데, 사실 이것은 솔직과 아
무 상관이 없다. 솔직은 내 마음을 투명하게 들여다보고 그것을 그
대로 길어 올리는 것이다. 공자 철학은 바로 여기에서 시작한다. 남
을 위해, 세상에 섞이기 위해, 자리나 위치를 위해 꾸미지 않은 나,
그런 '直'한 나는 어떤 사람인가?

子曰, 巧言令色①, 鮮矣仁②.

[자왈, 교언영색(이) 선의인(이니라)]

공자가 말했다.
"듣기 좋은 말과 상냥한 표정에는 인(仁)이 드물다."

정말 유명한 구절로, 공자가 정말 싫어하는 교언영색이라는 유명한 사자성어를 배출한 구절이기도 하다.

① '巧'는 '공교롭다·예쁘다·좋다'의 뜻이니, '巧言'은 '듣기 좋은 말', 즉 '입에 발린 말'이라고 할 수 있다. 아, 여기서 한 가지 짚고 넘어가고 싶은 게 있다. 요즘 우리나라 사람들이 '입에 발린 말'과 '입바른 말'을 헛갈려 잘못 사용한다. 둘은 아예 상극으로, '입에 발린 말'은 마음에도 없는데 듣는 사람 좋으라고 겉치레만 가득한 말이고, '입바른 말'은 듣는 사람이 불편할 정도로 옳은 말을 곧이곧대로 하는 것이다. '令色'에서 '令'은 '잘하다, 좋게 하다'라는 뜻이고, '色'은 '빛, 낯빛'으로 겉으로 드러난 모양을 가리키니, 영색은 '상냥한 표정'이라고 하겠다.

② '鮮'은 '드물다'이다. 주어와 서술어가 도치된 표현으로 강조하는 역할을 한다.

공자는 왜 이렇게 교언영색을 싫어했을까? 전형적으로 '直'에 위배되는, 그러니까 정직하지 못한 행동이기 때문이다. 내 마음과 전혀 상관없이 상대를 봐 가면서 하는 행동이 얼굴빛을 좋게 하고 듣기 좋은 말만 주워섬기는 것이다. 이런 사람의 속내는 말이 적은 사람보다 알기 어렵다. 진심이 보이지 않기 때문이다.

子曰, 巧言令色足恭①, 左丘明恥之②, 丘亦恥之③.
匿怨而友其人④, 左丘明恥之, 丘亦恥之.
[자왈, 교언영색주공(을) 좌구명치지(러니) 구역치지(하노라)
익원이우기인(을) 좌구명치지(러니) 구역치지(하노라)]

공자가 말했다.
"듣기 좋은 말과 상냥한 표정과 지나친 공손을 좌구명이 수치스러워하였는데
나 역시 그것을 수치스러워한다. 원한을 감추고 그 사람과 사귀는 것을 좌구명이
수치스러워하였는데 나 또한 그것을 수치스러워한다."

어제와 비슷한 내용으로 또 교언영색이 나온다. 이 교언영색을 비난하는 내용만 『논어』에 세 번 나온다. 「양화」편 17장의 내용은 심지어 어제 것과 완전히 똑같다. 여기에는 다른 내용이 추가되어 있어 함께 살펴보려 한다.

① '足'은 '과하다, 지나치다'의 뜻으로 사용되었고 '주'로 읽는다. 자주 사용되는 용법은 아니다. 이 구절에는 교언영색에 지나친 공손이라는 행동을 하나 더해서 말하고 있다.

② 좌구명은 노나라 사람으로 현인으로 유명했다고 하는데 자세한 인적 사항은 알려져 있지 않다. '恥'는 '부끄럽다, 수치스러워하다'이다.

③ '丘'는 공자의 이름이다.

④ 이는 '巧言令色足恭'에서 한 걸음 더 나아가 보다 적극적으로 자기를 속이는 행위로, 자기 내부에 원한이 있는데 그것을 감추고 원한을 품은 상대와 친구로 지내는 상태이다. 솔직하지 못한 상태가 이 정도면 무섭지 않겠는가?

子曰, 惡紫之奪朱也①, 惡鄭聲之亂雅樂也②, 惡利口之覆邦家者③.

[자왈, 오자지탈주야(하며) 오정성지난아악야(하며) 오리구지복방가자(하노라)]

공자가 말했다.
"나는 자주색이 빨간색의 자리를 뺏는 것을 미워하고, 정(鄭)나라 음악이 아악(雅樂)을
어지럽히는 것을 미워하며, 말 잘하는 입이 나라를 망쳐 놓는 것을 미워한다."

세 개의 구절이 모두 '惡'로 시작한다. 여기서 '惡'는 '미워하다'라는
뜻이고 '오'로 읽는다.

① '紫'는 '자주색'이고, '朱'는 '빨간색'이다. '奪'은 '빼앗다'로, 자주색
이 빨간색의 자리를 빼앗는 것을 말한다. 자주색은 색을 섞어 놓은
간색이고, 빨간색은 색이 섞이지 않은 원색이다. 그런데 색에 예민
하지 않은 사람들은 간색이 다양하게 늘어나면 그것과 원색을 구분
하지 못하고 이것도 빨간색이라고 취급해 버린다.

② '鄭聲'은 정나라 음악으로 '雅樂'과 대비되는 음악인데, 쉽게 말
하면 정나라 음악은 대중음악으로, 아악은 클래식 음악으로 볼 수
있다.

③ '利口'는 말을 상황에 맞춰 재치 있게 잘하는 것이다. '之'는 주격
조사로 해석하면 된다. '覆'은 '전복시키다'로 기울게 하고 망하게 하
는 것이다. '邦家'는 '나라'이다.

공자는 이 세 가지를 미워하고, 이 미움은 거의 증오에 가까운데, 그
까닭은 이들이 모두 '直'(정직)을 흐트러뜨리기 때문이다. 본래의 것
에 비슷한 것이 섞이면 원형 그대로의 것보다 변주가 일어난 것에
사람들은 흥미를 느끼게 마련이다. 비슷하되 아닌 것에 익숙해지면
원래의 것에 거부 반응을 일으키게 된다.

子曰, 鄕愿, 德之賊也①.

[자왈, 향원(은) 덕지적야(니라)]

공자가 말했다.
"향원은 덕의 적이다."

공자가 거의 증오하다시피 싫어한 존재가 바로 이 향원이다.『논어』
에는 한 번 등장하지만 기억해 둬야 할 인간 부류가 향원이다.

① '鄕愿'은 '鄕原'으로도 쓴다. '愿'은 '삼가다, 신중하고 온후하다'라
는 의미로 원래 좋은 뜻을 가지고 있다. 그러나 '비속(鄙俗)하다'의
뜻도 지니고 있는 '鄕'과 함께 쓰이면서 전혀 좋지 않은 단어가 되었
다. 이들에 대해『맹자』「진심 하」(盡心 下)편에서는, '비난하려 해
도 거론할 게 없고, 꼬집어 공격하려 해도 공격할 게 없으며, 유행하
는 세속에 동조하고 더러운 세태에 영합해서 충실하고 미더운 것처
럼 살고, 청렴하고 깨끗한 것처럼 행동하면서 대중이 모두 좋아해
주고 환호하면 스스로 그게 옳다고 생각한다'라고 설명한다. 그러니
까 원칙도 지조도 없이 내면은 텅 비었지만 겉만 꾸며 마을 사람들
의 환심을 사는 교활한 자들인 것이다. 공자는 이들을 향해 '덕의 적'
이라는 표현을 썼다.

어제 공부한 자주색, 정나라 음악, 말 잘하는 입을 격하게 싫어한 이
유와 향원을 싫어하는 이유가 일맥상통한다. 특히 '賊'이란 글자를
쓴 데 주목할 필요가 있다. 그저 개념을 좀 흔들어 놓는 정도가 아니
라 개념 자체를 훼손하여 망가뜨리는 데까지 이르는 것이다. '直'이
지속적으로 손상되면 그 결과는 엄청난 혼란이다.

子曰, 色厲而內荏①, 譬諸小人②, 其猶穿窬之盜也與③.

[자왈, 색려이내임(을) 비저소인(하면) 기유천유지도야여(인저)]

공자가 말했다.

"겉으로는 꽤 위엄차 보이지만 내면은 유약한 것을 소인에 비유하자면 벽을 뚫고
담을 넘어 물건을 훔치면서 들킬까 봐 만날 전전긍긍하는 좀도둑과 같다."

---

① '色'은 겉으로 드러난 모양이고, '厲'는 '사납다, 위엄차다'의 뜻이
다. '而'는 접속사로, 여기서는 역접으로 쓰였다. '色'과 반대되는 것
이 '內', 즉 내면이다. '荏'은 '厲'와 반대되는 '부드럽다, 유약하다'의
의미이다.

② '譬'는 '비유하다', '諸'는 전치사로 '~에', 소인은 서민(庶民)이다.

③ '其'는 '아마도, 대개'의 뜻을 지닌 부사로 '也與'와 호응하여 추측
을 나타낸다. '猶'는 '~와 같다', '穿窬'는 뒤의 '盜'(도둑)을 수식하는
말로, '穿'은 '담을 뚫다', '窬'는 '담을 넘다'의 뜻이다. 그러나 '窬'에도
'뚫다'라는 의미가 있기 때문에 '穿窬'를 하나로 묶어 '담을 뚫다'로
보기도 한다.

외유내강(外柔內剛)을 꿈꾸지만 사실 이건 경지이다. 나이가 들수
록 대개의 사람은 더 나약해진다. 삶에 치여 내 안을 곧게 들여다보
고 부족한 부분을 수습하는 일을 하루 이틀 미루다 보면 점차 수습
할 수 없는 빈 구석이 늘어나게 되고, 그것을 외부에 들킬까 전전긍
긍하게 된다. 그래서 바깥을 더 꾸민다. 더 있어 보이게, 더 멋있게.
그러나 공자는 그것이 남의 집 담을 타 넘고 담장을 뚫어 내 것이 아
닌 것을 훔쳐 나오는 도둑질이라고 말한다.

子曰, 觚不觚①, 觚哉觚哉.

[자왈, 고불고(면) 고재고재(아)]

공자가 말했다.
"모난 고술잔이 모나지 않았다면 고술잔이라고 할 수 있겠는가?
고술잔이라고 할 수 있겠는가?"

재미있는 글이다. 해석도 분분하다. 여기서는 정명론(正名論)에 입각해서 해석하려 한다. '正名'은 '이름을 바르게 하다'는 말로 이름과 실제가 서로 부합하는 상태, 즉 명실상부(名實相符)한 상태를 가리킨다. 실제가 이름과 일치하려면 무엇보다 이름의 정의가 분명해야 한다. 그래야만 이름에 일치하지 않는 실제를 바로잡을 수 있기 때문이다. 그래서 정명은 직(直)과 통한다.

① '觚'는 '모난 그릇'이라는 뜻이다. 술잔이라고도 하고 나무 막대[木簡]라고도 하는데, 모두 기물에 모가 나 있는 것을 가리킨다. 그런데 공자가 살아 있던 당시에 이 물건을 만드는 방법이 변질되어 모나지 않게 되었는데 이름은 여전히 '觚'를 사용했다고 한다. 그 모습을 보고 공자는 이름과 실제가 어긋난 것에 묻고 있는 것이다. 또 고술잔을 술 담는 용량을 나타내는 술그릇 이름으로 보는 경우도 있다. 고술잔은 술을 적게 마시게 하려고 적은 용량의 술잔인데 이 술잔으로 취하도록 마셔 이름과 실상이 어긋나는 점을 지적하는 것이다.

齊景公問政於孔子. 孔子對曰, 君君, 臣臣, 父父, 子子^①.
公曰, 善哉. 信如君不君, 臣不臣, 父不父, 子不子,
雖有粟, 吾得而食諸^②.

[제경공문정어공자(한대) 공자대왈, 군군, 신신, 부부, 자자(니이다). 공왈, 선재(라) 신
여군불군, 신불신, 부불부, 자부자(면) 수유속(이나) 오득이식저(아)]

제나라 경공이 공자에게 정치에 대해 묻자 공자가 대답했다.
"임금은 임금답고, 신하는 신하답고, 아비는 아비답고, 자식은 자식다워야 합니다."
제나라 경공이 감탄했다.
"훌륭한 말입니다! 임금이 임금답지 못하고, 신하가 신하답지 못하며, 아비가 아비답지
못하고, 자식이 자식답지 못하다면, 비록 곡식이 있은들 내가 그것을 먹을 수 있겠소?"

정명론을 분명하게 담고 있는 장이다.

① 한문의 아주 재미있는 특성을 볼 수 있는 구절이다. 똑같은 글자
가 두 개씩 붙어 있는데 각 글자의 문장 성분과 내포하는 뜻이 다르
다. 앞의 글자는 주어이자 개별적 존재이자 현실의 그 위치에 있는
실제를 가리키고, 뒤의 글자는 서술어이자 그 이름이 내포하는 이상
적 개념으로 도달해야 하는 과제를 가리킨다. 그러면 자연스럽게 뒤
에 나오는 '君不君, 臣不臣, 父不父, 子不子'에서 '不君, 不臣, 不父, 不
子'는 그런 이상적인 개념을 현실화시키지 못한 상태를 가리키는 의
미가 된다.

② '粟'은 '곡식'으로 제경공은 군주이니 세금으로 거둔 곡식, 그의 재
산이라고 볼 수 있겠다. '吾'는 1인칭 대명사로 '나'이고, '諸'는 의문·
반문을 나타내는 어조사이다. 명실이 상부해지지 않으면 나라가 혼
란해지기 때문에 재산이 있더라도 마음 편히 쓸 수 없다는 말이다.

子路曰, 衛君待子而爲政①, 子將奚先②.
子曰, 必也正名乎③.

[자로왈, 위군대자이위정(하시나니) 자장해선(이시리잇고). 자왈, 필야정명호(인저)]

자로가 물었다.
"위나라 군주가 선생님을 기다려 정치를 하려 하니,
선생님께서는 장차 무엇을 먼저 하시겠습니까?"
공자가 말했다.
"반드시 명칭을 바로잡을 것이다!"

공자의 정명론이 본격적으로 다루어지고 있는 본문이다. 공자가 명칭을 바루는 것에 대해 이야기한 역사적 배경이 첫 문장에 나온다.

① 공자는 위나라에서 영공(靈公) 때와 출공(出公) 때 두 번 벼슬했는데, 여기서 위나라 군주는 일반적으로 출공이라고 본다. 공자가 정명(正名)을 말했기 때문이다. 영공과 출공은 할아버지와 손자 사이로, 출공의 아버지는 어머니를 단죄하려다가 아버지 영공에게 축출당해 국외로 망명했는데, 영공이 죽은 뒤 손자인 출공은 아버지가 나라에 도로 들어오는 것을 막고 왕위에 올랐다. 또한 출공은 할아버지를 아버지의 자리에 두고 제사를 지냈다. 이름과 실제가 어긋난 것이다.

② '將'은 '장차, 앞으로'이고, '奚'는 '어찌, 무엇'의 뜻을 지닌 의문사이며, '先'은 '먼저 하다'라는 서술어로 쓰였다.

③ '必也~乎'라고 쓰였으니 공자의 확고한 의지를 읽을 수 있다. 반드시 정명을 하고야 말겠다는 것이다. 먼저 해야 할 것도, 반드시 해야 할 것도 명칭을 바로잡는 것이라는 강한 의지이다. 스승님의 이런 강한 의지에 대한 제자 자로의 반응은 어땠을까?

子路曰, 有是哉, 子之迂也①. 奚其正②.
子曰, 野哉, 由也. 君子於其所不知, 蓋闕如也③.

[자로왈, 유시재(라) 자지우야(여) 해기정(이시리잇고).
자왈, 야재(라) 유야(여) 군자어기소부지(에) 개궐여야(니라)]

자로가 말했다.
"선생님께서 현실감각이 없으신 것이 이렇습니다!
어째서 그걸 바로잡으려 하시는 거죠?"
공자가 말했다. "자로, 자네 참 무지하구나!
군자는 자기가 잘 모르는 것에 대해서는 제쳐 놓고 말하지 않는 것이다."

---

① 강조하려고 도치한 문장이다. 여기서 핵심은 '迂'이다. '迂'는 '멀다, 물정(실정)에 어둡다'의 뜻이다. 자로가 보기에 명칭을 바로잡는 것은 정치 생명을 걸 만한 급선무가 아니었던 것이다.

② '奚'는 '어째서'로도, '어떻게'라고도 볼 수 있다. 불러 준 사람이 출공인데 어째서 그 사람과 대놓고 충돌해서 그걸 바로잡겠다는 말씀입니까로 보든, 혹은 불러 준 사람과 충돌해서 어떻게 바로잡겠느냐로 보든 의미가 크게 다르지는 않다. 한 마디로 자로는 천금 같은 기회를 급하지 않은 일로 초장부터 망치겠다는 말씀이냐며 답답해하는 것이다.

③ 공자도 자로의 격렬함만큼이나 격렬하게 자로를 꾸짖는다. '野'는 '거칠다. 비루하고 속되다'라는 뜻이다. 여기서 '君子'는 지성인이다. '於其所不知'는 '알지 못하는 것에 대해서', '蓋'는 '대체로', '闕'은 '빠지다', '如'는 '~인 듯'이므로, '대체로 빠진 듯이 하다', 즉 '제쳐 놓다'의 의미가 된다. 잘 알지도 못하면서 지레 흥분하는 자로의 경솔과 무례와 무지를 곧장 지적한 것이다.

名不正, 則言不順①; 言不順, 則事不成; 事不成, 則禮樂不興; 禮樂不興, 則刑罰不中; 刑罰不中, 則民無所措手足②.

[명부정(이면) 즉언불순(하고) 언불순(이면) 즉사불성(하고) 사불성(이면)
즉예악불흥(하고) 예악불흥(이면) 즉형벌부중(하고) 형벌부중(이면)
즉민무소조수족(이니라)]

"명칭이 바르지 않으면 말이 순조롭지 못하고, 말이 순조롭지 않으면 일이 이루어지지 않는다. 일이 이루어지지 않으면 예악이 일어나지 않고, 예악이 일어나지 않으면 형벌이 합당하지 않게 된다. 형벌이 합당하지 않게 되면 백성들은 손발을 둘 곳이 없게 된다."

공자가 정명을 강조한 까닭이 자세히 나온다.

① 명칭이 바르지 않으면 말이 순조롭지 못하다. 당연하다. 이름과 실제가 다르면 뭐라고 불러야 하는지 헷갈리기 시작하고, 명칭이 그 내용을 담보하지 못하는 상황과 경우가 많아지면 말이 말의 값을 잃는다.

② 연쇄적인 혼란이 야기되는 것을 '名不正'에서부터 같은 문형으로 이어 설명하고 있다. 말이 값을 잃어 순조롭지 못하게 되면 어떤 일도 성사될 수 없다. 각자 하는 말이 다른데 어떻게 하나의 같은 그림을 그릴 수 있겠는가? 예악이라는 것은 사회의 질서와 조화를 의미하는데, 각자 하는 말이 다르면 사회의 합의된 질서와 조화가 무너진다. 그렇게 되면 당연히 형벌이 망가진다. 형벌이 사라지는 게 아니라 형벌의 일관성이 사라지면 국가의 구속 아래 놓인 일반 백성은 손발을 어떻게 놀려야 할지 알 수 없게 된다. 어떻게 해야 법에 걸리지 않을지 알 길이 사라지는 것이다.

故, 君子名之, 必可言也①, 言之, 必可行也②. 君子於其言, 無所苟而已矣③.

[고(로) 군자명지(인댄) 필가언야(며) 언지(인댄) 필가행야(니)
군자어기언(에) 무소구이이의(니라)]

"그렇기 때문에 군자가 명칭을 지을 때는 반드시 말할 수 있어야 하고, 말을 하면 반드시 행해질 수 있어야 한다. 그러니 군자는 자기의 말에 대해 구차한 구석이 없게 할 뿐이다."

---

① 여기서 군자는 '올바른 지도자'를 뜻한다. 지도자가 반드시 해야 하는 일은 이름과 실제가 서로 부합하게 하는 것이다. 그래야 연쇄적으로 일어난 좋지 않은 현상을 다시 바로잡을 수 있기 때문이다. 그러니까 바른 지도자는 명칭을 지을 때 '必可言也', 즉 반드시 그 명칭이 말로 곧이곧대로 표현될 수 있도록 지어야 한다.

② 말을 하면 반드시 행해질 수 있어야 한다. '名'이 '行'까지 제대로 이어져야만 예악이, 즉 사회 질서와 조화가 바로잡히고 형벌이 제자리를 찾아 제대로 시행되어 백성이 당당하게 행동할 수 있다.

③ '於其言'은 '그 말에 대해서', '所苟'는 '구차한 점'으로, 이때는 이렇고 저때는 저렇게 자기 좋을 대로 갖다 붙이는 짓을 말한다. '而已矣'는 '~뿐이다'로 해석한다. 힘과 권력이 있으면 말과 행동을 제멋대로 하고 싶어진다. 그러나 공자는 지도자의 힘과 권력을 오히려 잘못된 말의 값을 되돌려 질서를 세우는 데 써야 한다고 말한다. 그래야 사회 질서가 잡히고 사람들이 조화를 이룰 수 있기 때문이다. 실제로 내로남불의 정의가 우리 사회를 얼마나 병들게 하고 냉소주의에 빠지게 했는지를 생각해 본다면 공자의 주장이 현실감각이 없다고는 말할 수 없을 것이다. 기본이 틀어지면 말단 몇 개 수습하는 것으로는 병든 세상을 치유할 수 없다.

季氏旅於泰山①**. 子謂冉有曰, 女弗能救與. 對曰, 不能**②**.
子曰, 嗚呼, 曾謂泰山, 不如林放乎**③**.**

[계씨여어태산(이러니) 자위염유왈, 여불능구여(아). 대왈, 불능(이로소이다)
자왈, 오호(라) 증위태산불여임방호(아)]

계씨가 태산에 여제(旅祭)를 지냈다. 공자가 염유(冉有)에게 말했다.
"네가 바로잡을 수 없었는가?"
염유가 대답했다.
"할 수 없었습니다."
공자가 말했다.
"아아! 일찍이 태산의 신이 임방(林放)만도 못하다고 여겼더냐?"

---

① 계씨는 노나라의 실권자인 대부이고, '旅祭'는 제사의 이름, '泰山'
은 노나라에 있는 산 이름이다. 노나라는 주나라의 제후국으로, 제
후국 내의 산천에는 제후만이 제사지낼 수 있다. 그러나 그 질서가
깨져 대부가 산천에 제사를 지내는 상황이다.

② 염유는 공자 제자로 이름은 구이고 당시 계씨 집안의 신하였다.
공자는 제자에게 너는 예를 제대로 배웠으니 그걸 말릴 수 있지 않
았느냐고 물었고 염유는 자기 능력 밖이라고 대답했다.

③ '泰山'은 제사를 받는 태산의 신을 가리킨다. 임방은 3월 첫날 예
의 근본에 대해 물었던 인물이다. 태산의 신이 임방만도 못해서 자
기를 속였는데도 그 제사를 무조건 받겠느냐고 공자가 탄식한 것
이다.

이 장에는 정명에 입각한 기본적인 예(禮), 즉 사회질서가 제대로 지
켜지지 않아 문란해진 당시 사회상이 잘 드러난다. 그 질서의 붕괴
에는 알면서도 일신의 영달을 위해 아무 말 안 하는 지식인의 잘못
도 보인다. 염유는 정말 할 수 없었을까?

孔子曰, 天下有道, 則禮樂征伐, 自天子出, 天下無道[①], 則禮樂征伐, 自諸侯出[②].

[공자왈, 천하유도(면) 즉예악정벌(이) 자천자출(하고) 천하무도(면) 즉예악정벌(이) 자제후출(하나니라)]

공자가 말했다.
"천하에 도가 있으면 예악과 정벌이 천자로부터 나오고,
천하에 도가 없으면 예악과 정벌이 제후로부터 나온다."

이 본문은 뒤에 이렇게 이어진다. "이렇게 예악과 정벌이 제후에게서 나오면 10대가 지날 무렵 권병(權柄)을 잃지 않는 경우가 드물고, 대부에게서 나오면 5대가 지날 무렵 권병을 잃지 않는 경우가 드물고, 배신(陪臣 대부의 가신)이 국정을 잡으면 3대가 지날 무렵에 권병을 잃지 않는 경우가 드물다. 천하에 도가 있으면 정치가 대부의 손에 있지 않고, 서민이 정치에 대해 분분한 의견을 내놓지 않는다."

① '天下'는 '세상'을 말한다. '道'가 있다는 것은 나라가 정상적으로 운영되고 있다는 말이다.

② 예악과 정벌이란 내치와 외치를 말한 것이니, 나라에 질서가 바로잡혀 있다면 모든 명령이 합법적 권력에서 체계적으로 나온다는 뜻이다. 실제로 이 질서가 제대로 지켜지지 않은 경우가 역사적으로 상당히 많았다. 권력이 있는 곳에는 그 권력을 탐하는 사람이 모이게 마련이고, 통치권을 쥔 자는 그런 이들의 말에 종종 넘어가곤 한다. 그리고 이렇게 비틀린 권력은 결국 서민의 삶을 괴롭혀 나라를 망친다. '천하에 도가 있으면 서민이 정치에 대해 분분한 의견을 내놓지 않는다'는 말은, 공자가 살던 시대는 왕이 백성을 돌봐야 하는 존재로 여겨야 했기 때문에 나왔다.

古之狂也, 肆; 今之狂也, 蕩①. 古之矜也, 廉; 今之矜也,
忿戾②. 古之愚也, 直; 今之愚也, 詐而已矣③.

[고지광야(는) 사(러니) 금지광야(는) 탕(이요) 고지긍야(는) 염(이러니) 금지긍야(는)
분려(요) 고지우야(는) 직(이러니) 금지우야(는) 사이이의(로다)]

> 옛날의 광인(狂人)은 거리낌이 없었는데, 오늘날 광인은 방탕하기만 하고, 옛날의
> 자긍심을 가진 사람은 원칙이 있었는데, 오늘날 자긍심을 가진 사람은 사납기만 하며,
> 옛날의 어리석은 사람은 솔직했는데, 오늘날 어리석은 사람은 남을 속일 뿐이다.

공자가 옛날에 백성에게 있던 세 가지 병폐를 말하면서 오늘날은 이
마저도 없다고 탄식하며 한 말이다.

① '狂'은 품은 뜻이 너무 높고 커서 좀 제멋대로인 사람이고, '肆'는
'마구 풀어놓다, 방자하다'의 뜻이니, 작은 예절에 구애받지 않고 내
지르는 맛이 있었음을 의미한다. '蕩'은 '방탕하다', 즉 큰 한계, 넘어
서는 안 되는 선을 넘는 것을 말한다.

② '矜'은 자긍심이 있어 자존심이 아주 센 것, '廉'은 '모가 나다(있다)'
를 뜻한다. 자긍심이 센 사람은 엄격하게 원칙을 지켜서 모난 구석이
있다. '忿戾'는 뻑하면 성내고 싸우려는 것을 말한다.

③ '愚'의 매력은 '直'에 있다. 그래서 우리는 어리숙하지만 고지식한
매력이 있는 사람을 우직(愚直)하다고 한다. '詐'는 속이는 것, 속이
려 드는 것을 말한다. '而已矣'는 '~일 뿐이다'로 강조의 뜻을 갖는 어
조사이다. 이 어조사는 세 개의 문장에 모두 걸린다. 그래도 세 경우
모두 매력이 되려면 바른 원칙이 그 안에 있어야 한다. 아무 원칙 없
이 '狂'하고, '矜'하고, '愚'하다면, 문제만 일으키는 인간일 뿐이다.

子曰, 剛毅木訥①, 近仁②.
[자왈, 강의목눌(이) 근인(이니라)]

공자가 말했다.
"강직하고, 굳세고, 질박하고, 어눌한 것이 인(仁)에 가깝다."

공자는 질서가 깨진 혼란한 세상을 수습해서 다시 질서를 세우고 싶어 했다. 그는 혼란의 원인으로 이름이 제대로 된 이름값으로 쓰이지 못하는 점을 꼽았고, 그래서 이름이 바른 이름값을 갖는 것, 즉 정명론을 주장했다. 당연히 사람이란 명칭에도 제대로 된 값이 있다. 사람은 사람다워야 비로소 사람인 것이다. 온전히 사람다운 사람, 공자가 '사람'이란 명칭 안에 내재된 이름값을 한마디로 표현한 것이 '인'(仁)이다.

① '剛'은 '강하다', '毅'는 '굳세다, 의지가 굳다', '木'은 '질박하다' 즉 꾸밈없이 소박하다, '訥'은 '말이 더디고 둔하다'의 뜻이다.

② 위의 네 덕목은 '近', 그러니까 인에 가깝다는 말이다.

이 장의 내용을 보며 혹시 '巧言令色, 鮮矣仁: 듣기 좋은 말과 상냥한 표정에는 인이 드물다'는 내용이 떠올랐을까? 두 구절은 정반대의 내용으로 인을 드러내고 있다. 공자는 항상 '말 잘하는 것'을 경계한다. 말은 행동보다 쉽기 때문이다. 강직하고 굳세게 내면을 지키고, 꾸밈없이 소박해서 자기를 잘 위장하지 못해야 하며, 어눌해야 한다. 어눌해야 한다는 것은 말을 꼭 못해야 한다는 것이 아니라 입 밖으로 쉽게 나가려는 말을 붙잡아야 한다는 뜻이다.

司馬牛問仁. 子曰, 仁者, 其言也訒^①. 曰, 其言也訒,
斯謂之仁矣乎^②. 子曰, 爲之難^③, 言之得無訒乎^④.
[사마우문인(한대) 자왈, 인자(는) 기언야인(이니라). 왈, 기언야인(이면)
사위지인의호(잇가). 자왈, 위지난(하니) 언지득무인호(아)]

사마우가 '인'에 대해 물었다. 공자가 말했다.
"인한 자는 그 말을 참는다."
사마우가 말했다.
"말을 참기만 하면 인하다고 할 수 있습니까?"
공자가 말했다.
"그것을 행하기가 어려우니 말하기를 참지 않을 수 있겠는가?"

사마우는 공자 제자로 이름은 리이다.

① 其는 仁者를 가리킨다. '也'는 '其言'을 강조하기 위해 쓰인 어조사
로 해석하지 않는다. '訒'은 '참다'이다.

② '斯'는 '則'과 같은 뜻으로 앞 문장의 결과를 받아 다음 문장을 잇
는 접속사로 쓰였다. '之'는 대명사로 앞 문장 전체를 받는다. '矣乎'
는 어조사로 어기를 강하게 한다. 여기서는 '그렇게 하면 인이라고
정의할 수 있느냐'고 확정적으로 묻는 어세를 만든다.

③ '爲之'는 그 말을 행하다, 즉 말을 실천하는 것이다.

④ '得無~乎'는 부정적 의미로 반문하는 문장을 만든다.

말하고 난 뒤 반드시 그 말을 행동으로 증명해야만 그 말이 제대로
말의 값을 갖게 된다는 점을 고려한다면, 뱉어도 될 말보다 삼켜야
할 말이 훨씬 많지 않겠는가? 말을 참는다고 인(仁)한 사람이 되는
것은 아니지만 말을 참지 않고 하고 싶은 대로 다 하면서 그 말을 온
전히 실천하는 사람이 되기는 어렵다.

(樊遲)問仁, 曰, 仁者先難而後獲[①], 可謂仁矣[②].

[(번지) 문인(한대) 왈, 인자선난이후획(이면) 가위인의(니라)]

(번지가) 인에 대해 물으니, 공자가 말했다.
"인자는 어려운 일을 먼저 하고 얻는 것을 뒤로한다. 그렇게 하면 인하다고 할 수 있다."

---

① 이 문장은 접속사 '而'를 어떻게 보느냐에 따라 조금 다르게 해석할 수 있다. 대등 접속사로 보면 '先難'과 '後獲'을 같은 문형으로 각각 해석하고, '以'와 같은 용법으로 보면 '先難' 이후 '獲'한다로 해석한다. 여기서는 전자의 방식으로 해석했다.

② '可謂'는 '~라고 말할 만하다'로 해석한다. 앞 문장이 '인자는 ~한다'라고 끝나는데 여기에 앞 문장을 받는 대명사가 달리 없으니 자연스러운 번역을 위해 '그렇게 하면'이라는 조건절을 첨가해 주는 것이 좋다.

이 본문은 어제 공부한 내용에 깊이를 한층 더한다. 행동을 하되 그 행동도 어려운 일을 먼저 하는 행동이어야 한다는 점이다. 어떤 행동을 할 때는 그 결과, 즉 무엇을 얻을 수 있느냐를 미리 생각하게 마련이다. 그러나 공자는 일단 하라고 권한다. 무엇을 얻게 될지는 나중 일이라는 것이다. 쉽지 않은 일이다.

이 본문에서 번지는 인에 대해 묻기에 앞서 지혜로움[知]에 대해 묻는다. 그러자 공자는 '사람으로서 해야 할 도리에 힘쓰고, 귀신이나 신에 대해서는 경외하되 거리를 둘 줄 알면 지혜롭다고 할 만하다'라고 답한다. 귀신이나 신에게 의지하는 까닭은 내가 한 것보다 더 많은, 더 좋은 결과를 얻기를 바라기 때문이다.

樊遲問仁. 子曰, 愛人. 問知. 子曰, 知人.
樊遲未達①. 子曰, 擧直錯諸枉②, 能使枉者直③.

[번지문인(한대) 자왈, 애인(이니라). 문지(한대) 자왈, 지인(이니라).
번지미달(이어늘) 자왈, 거직조저왕(이면) 능사왕자직(이니라)]

번지가 인에 대해 물으니, 공자가 말했다.
"사람을 사랑하는 것이다."
이번에는 지혜에 대해 물었다. 공자가 말했다.
"사람을 아는 것이다."
번지가 이 말을 이해하지 못하자 공자가 말해 주었다.
"곧은 사람을 등용해서 굽은 사람 위에 두면 굽은 사람을 곧게 만들 수 있다."

번지가 또 인에 대해 물었다.

① '達'은 '도달하다. 꿰뚫다'이므로 '未達'은 아직 이해에 이르지 못한 것을 말한다.

② 이 문장은 '錯'에 대해 두 가지 해석이 있다. '버리다'로 보면 '諸'가 '모두'의 뜻이 되어 '곧은 자를 등용하고 모든 굽은 자를 버린다'라고 해석되고, '두다'로 보면 '諸'는 전치사로 '~에'라는 의미가 되어 '곧은 자를 들어 굽은 자 위에 놓다'라고 해석된다. 여기서는 후자의 뜻을 취했다. 목재를 쌓을 때 굽은 목재 위에 곧은 것을 쌓아 두면 그것에 눌려 굽고 휜 목재가 펴지는데 이 방법을 인용해서 설명하고 있다고 보기 때문에 많은 주석가들이 '두다' 쪽의 해석을 지지한다. 그리고 뒤의 문장을 보아도 '두다'로 보는 것이 문맥이 자연스럽다.

③ '能'은 '~할 수 있다', '使'는 '~로 하여금 ~하게 하다'이다.

子夏曰, 富哉, 言乎. 舜有天下, 選於衆, 擧皐陶, 不仁者遠矣[①]. 湯有天下, 選於衆, 擧伊尹, 不仁者遠矣[②].

[자하왈, 부재(라) 언호(여). 순유천하(에) 선어중(하사) 거고요(하시니)
불인자원의(요) 탕유천하(에) 선어중(하사) 거이윤(하시니) 불인자원의(니라)]

자하가 말했다.
"풍부하도다, 말씀이시여! 순이 천하를 소유했을 때 그 많은 사람들 중에서 '고요'를
뽑아 등용하니 불인한 자들이 없어졌고, 탕이 천하를 소유했을 때 그 많은 사람들 중에서
'이윤'을 뽑아 등용하니 불인한 자들이 없어졌다."

번지는 공자의 가르침을 받았지만 실은 이해하지 못했다. 그래서 자하에게 질문했고, 자하가 실례를 들어 답해 준 내용이다.

① 글자의 뜻만 알면 해석이 어렵지 않다. 순은 유학에서 지극히 높이는 전설적인 성군이다. 왕이 된 것을 '有天下', 즉 '천하를 소유했다'고 표현한다. '皐陶'는 '고요'로 읽는다. 고요는 요순시대 법관으로 재판과 형 집행을 관장했는데 아주 공정해서 백성의 원망이 없었다.

② 앞과 똑같은 문형이다. '湯'은 하나라 걸왕을 치고 상나라를 세운 인물이다. '伊尹'은 그런 탕왕을 도운 재상으로 상나라를 세우고 백성을 안정시키는 데 크게 기여했다.

공자는 인(仁)을 사람을 사랑하는 것이라 했고, 지(知)는 사람을 아는 것이라 했다. 제대로 사람을 파악해서 제대로 된 이를 걸맞는 자리에 두어야 그 아래 사람들이 악한 짓을 하지 못하고 더 나아가 교화된다. 백성을 사랑하는 일은 백성이 편안히 살게 해 주는 것이고, 그것이 가능하려면 지도자가 바른 기준을 가지고 사람을 객관적으로 파악할 줄 알아야 한다는 말이다.

仲弓問仁. 子曰, 出門如見大賓[①], 使民如承大祭[②]. 己所不欲, 勿施於人[③]. 在邦無怨, 在家無怨.

[중궁문인(한대) 자왈, 출문여견대빈(하고) 사민여승대제(하며)
기소불욕(을) 물시어인(이니) 재방무원(하며) 재가무원(이니라)]

중궁이 인에 대해 물으니, 공자가 말했다.
"문을 나서면 큰 손님을 만나듯이 하고, 백성을 부릴 때는 큰 제사를 받들듯이 하며,
자기가 하고자 하지 않는 것을 남에게 시행하지 말 것이다.
이렇게 하면 나라에서 원망이 없게 되고 집안에서도 원망이 없게 될 것이다."

제자 중궁이 인에 대해 묻고 있다. 중궁의 이름은 염옹으로 덕이나 능력으로 공자에게 인정받았던 제자다.

① '大賓'은 큰 손님이다. '出門'은 문을 나서는 것이니까 사회생활을 뜻한다. '如'는 '~와 같이 하다',

② 위와 같은 문형이다. 큰 손님과 큰 제사의 '大'자는 의미를 더욱 강조하기 위해 쓰였다. 고대사회에서 손님맞이와 제사는 절대 소홀히 할 수 없고 공경을 다해야 하는 어려운 일이었다. 타인을 만나는 것도, 높은 자리에 올라 타인을 부리는 것도 마음을 다하고 신중에 신중을 기해야 한다는 말이다.

③ '己' '자기'와 '人' '남, 타인'을 대비시켜 말하고 있다. '勿'은 금지사이다. 이것은 '恕', 즉 나를 위하는 마음을 너에게로 확장키는 것으로, 똑같거나 유사한 내용이 「위령공」편의 23장과 「공야장」편의 11장에 나온다. 위의 두 구절과 이 구절은 모두 옛날 속담, 혹은 관용어로 쓰이던 말들이다.

중궁은 군주를 시켜도 좋을 인물이라고 공자가 평했으니 좀 더 공적인 생활에 초점을 맞춰 인을 설명하고 있지만, 뜻은 같다.

子曰, 參乎, 吾道, 一以貫之①. 曾子曰, 唯②.
子出, 門人問曰, 何謂也. 曾子曰, 夫子之道, 忠恕而已矣③.

[자왈, 삼호(아), 오도(는) 일이관지(니라) 증자왈, 유(라).
자출(이어시늘) 문인문왈, 하위야(잇고) 증자왈, 부자지도(는) 충서이이의(시니라)]

공자가 말했다.
"삼아! 나의 길은 하나의 이치로 관통한다."
증자가 "예"라고 대답했다.
공자가 나가고 나니 문인들이 "무슨 말씀입니까?"라고 물었다. 증자가 답했다.
"선생님의 도는 '충'와 '서'일 뿐입니다."

---

① '參'은 증자의 이름이고 '乎'는 부르는 말이다. '道'는 '길'로 보면 가장 무난하고 이해하기 쉽다. 길은 목적과 방향성을 갖기 때문에 개인이나 집단의 목표와 지향을 나타내는 용어로 사용된다. '一以貫之'는 하나, 즉 하나의 이치로 관통한다는 말이다. '之'는 '萬事'의 의미 정도가 되겠다. 이를 줄여 일관(一貫)이라고도 하는데,『주자어류』에서는 일관을 엽전 꾸러미에 비유하여 많은 엽전이 있으면 그것을 노끈 한 가닥으로 꿰는 것이 바로 일관이라고 설명했다.

② 조금의 고민도 없이 즉답하는 것이다.

③ '夫子'는 '선생님', '而已矣'는 '~일 뿐이다'로 강조를 뜻하는 어조사이다. 증자가 너무 빨리 즉답을 하니 선생님이 아무 설명이 없으셨다. 그래서 다른 제자들이 이해할 수가 없었다. 이에 증자에게 물으니, 증자는 공자의 '一'을 충(忠)과 서(恕)로 나누어 설명한다. 충은 내 진심을 다하는 것, 다시 말해 내 진심을 다해 너를 대하는 것, 서는 내 마음으로 미루어 네 마음을 헤아리는 것이다.

子貢曰, 我不欲人之加諸我也^①, 吾亦欲無加諸人^②.
子曰, 賜也, 非爾所及也^③.

[자공왈, 아불욕인지가저아야(를) 오역욕무가저인(하노이다).
자왈, 사야(아), 비이소급야(니라)]

자공이 말했다.
"저는 남이 저에게 가하기를 원하지 않는 일을 저도 남에게 가함이 없고자 합니다."
공자가 말했다.
"사야, 이것은 네가 도달할 수 있는 바가 아니다."

지지난 시간의 '己所不欲, 勿施於人'과 유사한 구절을 소개한다.

① '不欲'은 '~하고자 하지 않다', '之'는 주격조사, '加'는 '가하다'로 어떤 행위를 상대에게 강요하는 것이다. '諸'는 '~에게'라는 전치사이다.

② '亦'은 '또한, 역시', '無'는 부정사로 '欲無'는 '없기를 바란다'인데, '~하지 않으려 하다'라고 풀 수도 있다. 어떻게 푸느냐에 따라 전체 의미가 달라질 수 있다. '없다'로 봐서 '勿施於人'의 '勿'과 차이를 두면, '無'는 애쓰지 않아도 저절로 그렇게 되는 경지를 말하는 것이 되고, '勿'은 아직 노력하는 상태를 의미해서 '無'는 '仁', '勿'은 '恕'의 상태가 된다. 인은 공자가 말한 인간이 도달할 수 있는 최고의 경지고, 서는 인으로 가는 과정에 있는 상태이기 때문에 자공이 인에 도달할 수 있는 수준이 아니라고 한 것이다. 그러나 '無'를 '勿'과 같은 금지사로 보면 말과 행동이 분리된 상태를 지적하는 것이라 볼 수 있다. 자공이 말은 이렇게 하지만, 공자가 볼 때 자공의 행동은 아직 이런 삶을 살 수 있을지 의문이 든다는 것이다.

③ '爾'는 '너'라는 2인칭 대명사, '所及'는 '미칠 바, 도달할 바'로 도달할 수 있는 수준, 경지를 의미한다.

4월

子貢問曰, 有一言而可以終身行之者乎①.
子曰, 其恕乎②. 己所不欲, 勿施於人.

［자공문왈, 유일언이가이종신행지자호(아).
자왈, 기서호(인저) 기소불욕(을) 물시어인(이니라)］

자공이 물었다.
"평생토록 행할 만한 한마디가 있습니까?"
공자가 말했다.
"서(恕)일 것이다. 자기가 원하지 않는 것을 남에게 시행하지 말 것이다."

앞서 자공이 공자에게 했던 말을 떠올리게 하는 구절이다. 아마도 자공이 공자에게 이런 가르침을 들었기 때문에 시간이 얼마간 지난 어느 순간엔가 스승에게 어제 본문과 같은 말을 했지 싶다.

① '有'는 문장 전체에 걸린다. '而'는 접속사로 체언에 곧장 이어지면 '~이면서'라는 전환의 의미를 나타내서 '一言而'는 '한 마디 말이면서 오히려'로 해석된다. '可以'는 '~으로 ~할 수 있다, ~할 만하다', '之'는 대명사, '者'는 '것'이다.

② '其'는 '아마'의 뜻으로 어세를 부드럽게 해 준다.

평생을 품고 실천할 만한 말에 대해 자공이 질문했고, 공자는 '서'(恕)라고 조심스레 답했다. '서'의 가치가 무려 이 정도다. 다만 주목할 것은, 서가 부정형으로 구성된 점이다. 서를 정의하자면 나를 위하는 마음을 너에게로 확장시키는 것인데, 그것이 긍정문의 형태가 아니라 부정문의 형태이다. 내 마음을 헤아려 너에게 행하는 것이 긍정형일 때 그것은 자칫 서와 정반대되는 강요가 될 수 있다. 남이 나에게 가했을 때 나에게 싫은 것은 남도 분명히 싫다. 그러나 나에게 좋은 것이 남에게 꼭 좋은 것은 아닐 수 있기 때문이다.

子曰, 賜也, 女以予爲多學而識之者與①.
對曰, 然, 非與②. 曰, 非也, 予, 一以貫之③.

[자왈, 사야(아), 여이여위다학이지지자여(아).
대왈, 연(하이다) 비여(잇가). 왈, 비야(라). 여(는) 일이관지(니라)]

공자가 말했다.
"사야, 너는 내가 많이 배워서 기억하고 있는 자라 여기느냐?"
자공이 대답했다. "그렇습니다. 아닙니까?"
공자가 말했다. "아니다. 나는 하나의 이치로 꿰고 있다."

며칠 전에 공부한 '일이관지'(一以貫之)가 똑같이 등장한다.

① 女는 '너'라는 2인칭 대명사이다. '以A爲B'의 표현이 사용되었다. 'A를 B로 여기다'의 뜻이다. '識'는 '기억하다'의 뜻으로 사용되어 '지'로 읽는다. 주로 '알다'의 뜻으로 쓰여 '식'으로 읽기 때문에 종종 실수하게 되는 독음이다. 스승 공자가 뭐든 물으면 답해 주니까 자공은 공자가 많이 배우고 외워 기억하고 있는 사람이라고 생각했던 듯하다.

② '然'은 '그렇다', '與'는 의문형을 만드는 어조사이다.

③ '之'는 '모든 것, 만사'를 뜻하는 대명사로 쓰였다.

우리는 뭘 물어도 늘 감탄할 만한 답을 들려 주는 사람을 진짜 많이 알고 있는 사람이라고 생각한다. 여기서 많이 '안다'는 건 어떤 의미일까? 마냥 배우고 외우는 걸까? 먼저 정보가 지식이 되어야 한다. 그러려면 그것을 하나로 꿸 원칙이 필요하다. 그리고 그 지식은 지혜가 되어야 비로소 내 안에서 사라지지 않고 언제 어느 경우든 응용해서 답을 낼 수 있는 근원이 된다. 지식이 지혜가 되려면 지식을 현실에 응용할 수 있게 하는 실제 경험, 즉 실천이 필요하다. 그래서 배움은 실천과 분리될 수 없다.

顔淵問仁. 子曰, 克己復禮爲仁[①]. 一日克己復禮,
天下歸仁焉[②]. 爲仁由己, 而由人乎哉.

[안연문인(한대) 자왈, 극기복례위인(이니) 일일극기복례(면)
천하귀인언(하리니) 위인유기(니) 이유인호재(아)]

안연이 인에 대해 물었다. 공자가 말했다.
"자기를 이겨 예로 돌아가는 것이 인을 하는 것이니,
하루라도 자기를 극복하고 예로 돌아가면 천하가 그를 인한 사람으로 인정할 것이다.
인을 하는 것이 자기에게 달린 것이지 남에게 달린 것이겠는가?"

그 유명한 극기복례가 나온다.

① '己'를 개인의 이기심, 즉 사욕(私慾)이라고 보고 '克'을 '이기다'
로 보아 '사욕을 이기는 것'이라고 볼 수도 있으나, 단순히 '자기'로
보아 '자기를 억제하고 단속하는 것'으로 볼 수도 있다. '復'은 '돌아
오다, 회복하다'는 뜻이다. '爲仁'은 '인을 하다'로도, '인이 되다'로도
볼 수 있다. '爲'를 '하다'의 뜻으로 보면, 극기복례는 인을 하기 위한
전제 조건이 되고, '爲'를 '되다'의 뜻으로 보면 극기복례가 곧 인이
된다.

② '歸'를 '돌아오다'로 보기도 하고 '허여하다, 인정하다'로 보기도
한다. 세상 사람들이 인으로 돌아온다는 것은 '극기복례위인'하는
자를 통해 인의 가능성을 인정한다고 볼 수 있고, '인정하다'는 것은
그 사람이 인하다는 것을 인정한다는 뜻이 된다. 유명한 만큼 해석
도 많아 복잡한 느낌이다. 그러나 가만히 생각해 보면 미묘하게 다
를 뿐이지 큰 의미는 다르지 않다. '己'와 '禮'의 차이만 알면 되기 때
문이다. 둘의 긴장이 가장 바르게 해소되는 곳에 '仁'이 있다는 말이
다.

**顔淵曰, 請問其目. 子曰, 非禮勿視, 非禮勿聽, 非禮勿言,
非禮勿動①. 顔淵曰, 回雖不敏, 請事斯語矣②.**

[안연왈, 청문기목(하노이다) 자왈, 비례물시(하며) 비례물청(하며) 비례물언(하며)
비례물동(이니라). 안연왈, 회수불민(이나) 청사사어의(리이다)]

안연이 말했다. "그 조목을 여쭙습니다."

공자가 말했다. "예가 아니면 보지 말고, 예가 아니면 듣지 말며, 예가 아니면 말하지
말고, 예가 아니면 움직이지 말아야 한다."

안연이 말했다. "제가 부족하지만 이 말씀을 받들겠습니다."

안연은 수제자답다. 공자 선생님이 저렇게 알쏭달쏭한 말씀을 하시
는데 곧장 다 알아듣고 시행 세칙이 뭐냐고 묻는다.

① 문장 구조가 같고 해석이 갈리는 글자도 없다. '勿', 즉 '~하지 말
라'를 넣어 글자 그대로 해석하면 된다. 예가 아니면 보지도 말고, 듣
지도 말고, 말하지도 말고, 움직이지도 말아라.

② 안연은 또 별다른 질문 없이 행하겠다고 답한다. '回'는 안연의 이
름이고, '敏'은 '영민하다, 민첩하다'의 뜻이니, '不敏'은 '부족하지만,
깜냥이 안 되지만' 정도로 해석할 수 있다. 스승님 앞에서 제자들이
종종 사용하는 겸손의 표현이다. '請'은 '~해 보겠습니다'의 뜻이다.
'事'는 '일삼다, 종사하다'의 의미로, '事斯語'는 '이 말을 일삼겠습니
다'이니 '이 말을 받들겠습니다'로 해석된다.

공자의 철학은 자기를 바로 세워 공동체의 질서를 평화롭게 확립하
는 것이다. 그래서 '己'는 수양해서 단속하고 절제해야 하는 대상이
된다. '禮'는 사회질서, 즉 공동체를 평화롭게 할 수 있는 큰 틀이다.
사람들은 대개 자기와 공동체가 대립된다고 본다. 그러나 공자는 인
이란 자기가 공동체 안에 녹아드는 것이라고 말한다.

子張問仁於孔子. 孔子曰, 能行五者於天下, 爲仁矣.
請問之. 曰, 恭寬信敏惠①. 恭則不侮, 寬則得衆,
信則人任焉, 敏則有功, 惠則足以使人.

[자장문인어공자(한대) 공자왈, 능행오자어천하(면) 위인의(니라).
청문지(한대) 왈, 공관신민혜(니) 공즉불모(하고) 관즉득중(하고)
신즉인임언(하고) 민즉유공(하고) 혜즉족이사인(이니라)]

자장이 공자에게 인에 대해 물었다. 공자가 말했다.
"세상에 다섯 가지 덕목을 행할 수 있으면 인이 된다."
자장이 그 내용을 알려줄 것을 청하니, 공자가 말했다.
"공손함, 너그러움, 미더움, 민첩함, 은혜로움이다.
공손하면 남에게 업신여김을 받지 않고, 너그러우면 많은 추종자를 얻을 수 있으며,
미더우면 남들이 의지해 오고, 민첩하면 공이 있게 되며,
은혜로우면 충분히 사람들을 부릴 수 있다."

이번에는 인에 대해 자장이 질문하고 있다. 자장의 이름은 전손사로 공자보다 48세 연하인 제자이다.

① 인한 자가 반드시 행하는 다섯 가지 덕목은 공손함, 너그러움, 미더움, 민첩함, 은혜로움이다.

'恭則不侮' 이하는 모두 같은 형식의 문장으로 다섯 가지 덕목이 '則'으로 이어져 조건절을 이루고 있다. '惠則足以使人'은 은혜로운 사람은 사람들이 잘 따르기 때문에 사람들을 부릴 수 있게 된다는 의미이다. 이 대목에서 인한 자는 '지도자'인 것에 주의해야 한다. 공자가 가르치는 군자는 지도자를 의미함을 잊어서는 안 된다. 이들이 배우는 까닭은 사회에 나가기 위해서이다. 앞서 안연에게 해 주었던 인에 대한 설명보다 더욱 구체적이다. 자기를 단속하고 절제해서 이루어야 하는 성품을 세부적으로 정리하면 저 다섯 가지 덕이라고 할수 있다.

子夏曰, 博學而篤志①, 切問而近思②, 仁在其中矣.

[자하왈, 박학이독지(하며) 절문이근사(하면) 인재기중의(니라)]

자하가 말했다.
"폭넓게 배우고 뜻을 굳건하고 진실하게 하며, 간절한 마음으로 질문을 던지고
현실적인 것부터 구체적으로 생각하면, 인은 그 가운데 있다."

앞의 내용을 다 실천할 수 있는 인한 사람이 되려면 어떻게 해야 할까?

① '博學'은 '배움을 폭넓게 하다'인데, 여기서 『논어』「안연」편에서 공자가 말한 '博學於文, 約之以禮, 亦可以弗畔矣夫: 옛 문헌들을 폭넓게 배우고, 그것을 예로 요약하면, 또한 사람이 걸어야 할 바른 길에서 어긋나는 일이 없게 될 것이다'라는 내용을 떠올리면 좋다. 폭넓게 배우기만 하고 그것을 무엇으로 요약해야 할지 알지 못하면 그 넓게 안 지식이 그저 지식에 그쳐 자신과 세상에 크게 도움이 되지 못한다. 반대로 폭넓게 배우지 않으면 요약할 것이 없다. 몇 개 배우지도 않은 것을 요약하면 그것은 요약이 아니라 편협이 된다. 다음으로 뜻이 굳건하고 진실해야 배우고 요약한 것을 실제로 행할 수 있다.

② '近'은 '가깝다'는 뜻으로 현실에 가까운 것, 현실에 필요한 것이라는 의미가 있다. 절실한 질문과 현실감각은 함께 간다.

인한 사람이 되는 공부란, 폭넓게 배우고 뜻을 굳건히 하고 간절한 마음으로 질문을 던지되 현실감각을 유지해서 이 모든 것들이 현실에 유용하게 펼쳐지게 하는 것이다. 그래서 송나라 때 주희가 성리학의 정수를 모아 편찬한 성리학 해설서의 제목이 『근사록』(近思錄)이었던 것이다.

樊遲問仁. 子曰, 居處恭, 執事敬, 與人忠①.
雖之夷狄, 不可棄也②.

[번지문인(한대) 자왈, 거처공(하며) 집사경(하며) 여인충(을)
수지이적(이라도) 불가기야(니라)]

번지가 인에 대해 물으니 공자가 말했다.
"일상에 거처할 때에 공손하게 하고, 일을 집행할 때에 경건하게 하고,
사람들과의 교제는 진실되게 해야 한다. 설령 문화적으로 낙후된 나라에 갔다고 해도
이런 태도를 버려서는 안 된다."

번지가 또 인에 대해 물었다. 공자는 '恭'과 '敬'과 '忠'을 말했다.

① '居處'는 '거처', 즉 거하는 곳이라는 단어로 쓰이기도 하지만 여기서는 '처에 거함'이라고 해서 '處'가 '편안한 처소'라는 별도의 뜻을 갖는다. 그래서 '居處'가 자기의 처소에서 홀로 거하는 것을 가리키는 말이 되어 뒤에 나오는 '執事', 즉 '바깥에서 일을 집행하는 것'과 대를 이룬다. 홀로 편안히 거할 때에도 태도를 방만하게 하지 않고 공손하게 유지해야 한다. 그리고 일을 할 때는 경건하게 공경을 다해야 한다. 혼자 지낼 때 방만하게 지냈던 사람이 바깥에 나왔다고 즉시 조심스레 정성을 다하는 태도로 자세를 바꾸기는 어렵다. '與人'은 '사람들과 더불다, 함께하다'의 뜻인데, 이때는 '忠'해야 한다. 앞서도 말했지만 충은 '盡己'(진기), 즉 자기를 다하는 것이다. 그러나 『논어』에 나온 '忠'은 자기를 다하는 정도가 아니라 오히려 남을 위한다는 뜻이 더 강하다. 그래서 여기서도 굳이 남과 함께할 때 진실해야 한다고 쓰고 있는 것이다.

② '雖'는 '비록', '之'는 '가다', '夷狄'은 '오랑캐, 오랑캐의 땅', '棄'는 '버리다'이다. 무질서하고 혼란한 곳에서도 '恭'과 '敬'과 '忠'을 반드시 지켜야 비로소 인한 사람이 된다는 것이다.

子曰, 不仁者, 不可以久處約, 不可以長處樂①. 仁者, 安仁, 知者, 利仁②.

[자왈, 불인자(는) 불가이구처약(이며) 불가이장처락(이니)
인자(는) 안인(하고) 지자(는) 이인(이니라)]

공자가 말했다.
"인하지 못한 자는 곤궁한 처지를 오랫동안 견디지 못하며 안락한 생활을 길게 누리지
못한다. 인한 자는 인을 편안해하고 지혜로운 자는 인을 이롭게 여긴다."

① 두 문장 구조가 같다. '久'와 '長'은 뜻은 같은데 글자만 달리한 것
으로 '오랫동안, 길게'라는 뜻이다. '以'는 '不仁'을 받는다. '約'은 '곤
궁하다'의 뜻이다. '處'는 '(어떤 상황에) 처하다'이므로 문맥에 따라
앞쪽은 '견디다'로 뒤쪽은 '누리다'로 옮겼다.

② '利'는 '탐내다'라는 뜻의 '貪'과 같은 의미로 쓰였다. 단순히 이롭
게 여기기만 하는 정도가 아니라 그 가치를 제대로 알고 진심으로
좋아하여 반드시 얻으려 하는 상태를 말한다.

어제 배운 내용처럼 인은 내가 늘 마음속에 중심으로 삼아 스스로
를 수양해서 언제든 어떤 상황에서든 자연스럽게 흘러나오게 익혀
두어야 하는 최고의 가치이다. 나를 바로 세우고 타인을 이롭게 하
는 인간 최고의 덕성이기 때문이다. 반대로 인의 가치를 바로 세우
지 못한 사람은 주변 환경에 따라 자기중심이 변한다. 가난에 조금
만 오래 노출되면 이 상황을 벗어나려고 손을 뻗어서는 안 되는 것
에 손을 뻗고 손잡아서는 안 되는 자와 손잡고, 마찬가지로 안락함
을 조금만 오래 누려도 금세 느슨해져서 지켜야 할 선과 가치를 쉽
게 스스로 놔 버리고 무너뜨린다.

子曰, 志士仁人, <u>無求生以害仁, 有殺身以成仁</u>[①].

[자왈, 지사인인(은) 무구생이해인(이요) 유살신이성인(이니라)]

공자가 말했다.
"뜻있는 선비와 인한 사람은 살기를 위하여 인을 해치는 일이 없고,
자신을 희생하여 인을 이루는 일은 있다."

사자성어 '살신성인'이 나오는 구절이다.

① 두 문장의 구조가 같다. 한문은 같은 문장 구조로 열거하거나 대조하는 문형을 좋아하기 때문에 해석이 헛갈릴 때는 앞뒤 구조를 살펴보면 문장 성분이나 해석의 방식에 도움을 받을 수 있을 때가 많다. 여기서는 '無'와 '有'를 써서 문장을 대조하고 있다. 뜻있는 선비와 인한 사람은 어떻게 행동하는 경우는 없고(無), 어떻게 행동하는 경우는 있다(有)라고 문장을 대조해서 해서 인의 속성을 더욱 강조했다.

목숨을 구하려 한다 해서 반드시 인을 해치게 되논 것도 아니고 자신을 희생한다고 해서 반드시 인을 이루게 되는 것도 아니지만 '以'가 들어가 인과관계를 만들어서 앞의 행동이 뒤의 결과를 낳았다는 문장이 되었다. 그래서 뜻있는 선비와 인한 사람은 인을 해치게(害仁) 된다면 구차히 목숨을 구하려 하지 않고, 인을 이루게(成仁) 된다면 자기 자신을 희생을 받아들인다고 말하고 있는 것이다. 『맹자』「고자」(告子) 상편 10장에 이 생각을 발전시킨 내용이 보인다.

子曰, 民之於仁也①, 甚於水火②. 水火, 吾見蹈而死者矣, 未見蹈仁而死者也③.

[자왈, 민지어인야(에) 심어수화(하니) 수화(는)
오견도이사자의(어니와) 미견도인이사자야(케라)]

공자가 말했다.
"백성이 인에 대해서 (그것을 필요로 하는 것이) 물과 불보다 심하다. 물과 불은 내가
그것을 밟았다가 죽은 자를 보았으나 인을 밟았다가 죽은 자는 아직 보지 못하였다."

---

① '之'는 주격조사고, '於'는 전치사로 '~에 대하여'라는 뜻이다. '也'는 뜻을 강조하는 어조사인데 해석하지 않는다.

② 여기서 '於'는 역시 전치사이지만 '~보다'라는 대상을 비교하는 의미로 쓰였다.

③ 이 문장은 '見'이라는 동사를 두 절에 같이 사용하면서 뒤에는 '未'라는 부정사를 붙여 '~는 봤고, ~는 아직 보지 못했다'라고 대조함으로써 말하고자 하는 바를 효과적으로 강조하고 있다. '蹈'는 '밟다'의 뜻으로 인을 밟았다는 것은 인을 실천했다는 말이다.

백성은 보편적인 사람으로 볼 수 있다. 물과 불은 사람이 생존하는 데 필수불가결한 것이다. 그러나 이것들은 자칫 사람들을 해치기도 한다. 물과 불을 밟았다는 것은 빠져 죽거나 타 죽는 것이다. 공자가 주장하는 인은 개인적으로나 사회적으로 사람이 사람으로 살 수 있는 가장 기본적이고 근본적인 덕성이다. 사람이 짐승처럼 산다면 모르겠지만 사람이 사람답게 살기로 마음먹었다면 필수불가결한 요소인 것이다. 그러나 이것은 사람을 해치는 법이 없다. 세상을 더 평화롭고 살기 좋은 곳으로 만들 뿐이다.

有子曰 ①, 禮之用, 和爲貴 ②.
先王之道, 斯爲美, 小大由之 ③.
有所不行, 知和而和, 不以禮節之, 亦不可行也 ④.

[유자왈 예지용(이) 화위귀(하니) 선왕지도(가) 사위미(라) 소대유지(니라).
유소불행(하니) 지화이화(요) 불이례절지(면) 역불가행야(니라)]

유자가 말했다.
"예의 운용은 조화를 귀하게 여긴다. 선왕의 도가 이것을 아름다운 것으로 여겼다.
큰 일이든 작은 일이든 모두 이것을 따랐다. 제대로 행해지지 않는 경우가 있으니,
조화만 알아서 조화만 하고 예로써 절제하지 않으면 또한 행할 수 없는 것이다."

이제부터는 공자의 핵심 사상인 예(禮)와 악(樂)에 대해 알아보자.

① 유자의 이름은 유약으로 공자보다 43세 연하의 제자이다. 공자
과 생김새가 매우 닮았던 것으로 유명하다.

② 예라는 것은 사회와 공동체의 질서, 혹은 질서를 위한 규범을 의
미한다. 당연히 그 속성이 딱딱하고 엄격하게 마련이다. 그래서 '用',
즉 운용에서는 '和爲貴', 즉 조화를 귀하게 여긴다. '和'가 엄격함을
완화하는 작용을 하는 것이다.

③ '先王之道'의 선왕이란 요순을 대표로 하는, 예전에 선정을 펼쳐
세상을 평화롭게 만들었던 훌륭한 왕들, '道'란 그런 선왕들이 선정
을 베푼 방식이다. '斯'는 '이것'이라는 뜻의 3인칭 대명사로 여기서
는 '和'를 가리킨다. '小大'는 '小事大事', '由'는 '말미암다, 따르다', '之'
는 '斯'와 같이 '和'를 가리키는 대명사이다.

④ '有所不行'은 글자 그대로 해석하면 되므로 해석이 어렵지는 않
은데 앞 문장과 쉽게 잘 이어지지 않는다는 어려움이 있다. '和'가 중
요하기는 하지만 행해서는 안 되는 수준이 있다는 의미로도, 이것만
으로는 잘 되지 않는 경우가 있다는 의미로도 볼 수 있다.

子曰, 恭而無禮則勞, 愼而無禮則葸,
勇而無禮則亂, 直而無禮則絞.
君子篤於親, 則民興於仁, 故舊不遺, 則民不偸.

[자왈, 공이무례즉로(하고) 신이무례즉시(하고)
용이무례즉란(하고) 직이무례즉교(니라).
군자독어친(이면) 즉민흥어인(하고) 고구불유(면) 즉민불투(니라)]

공자가 말했다.
"공손하되 예가 없으면 수고롭고, 조심스레 행동하되 예가 없으면 소심해지고,
용맹하되 예가 없으면 난을 일으키고, 강직하되 예가 없으면 융통성 없이 다그친다.
지도자가 친족에게 돈독하면 백성들이 인에 흥기하고, 친구를 버리지 않으면 백성들이
야박해지지 않는다."

오늘날 사람들은 예를 별로 좋아하지 않는다. 허례허식이라거나, 사람을 괜히 딱딱하게 얽어매는 만드는 장치나 구속이라고 생각하는 듯하다. 그러나 이것은 예를 예의범절로 생각할 때 저지르는 오류이다. 예와 예의범절은 다르다. '禮'는 앞서 몇 번 다루었듯, 개개인이 모여 만든 공동체와 사회에서 서로 평화롭게 서로의 영역을 존중하며 지내기 위해 필요한 질서와 규범을 말하고, 예의범절은 그 세세한 시행 세칙을 말한다. 시행 세칙은 시기, 상황, 사회마다 당연히 달라질 수 있다. 달라지는 세칙의 뿌리가 되는 것은 예이다.

'恭'(공손함), '愼'(삼감, 조심스러움), '勇'(용기, 용맹), '直'(정직, 강직) 모두 좋은 미덕이지만 이것을 예로 조율하지 않으면, 애는 애대로 쓰고 결과적으로는 '勞'(헛된 수고), '葸'(두려움, 소심함), '亂'(사회 혼란), '絞'(빡빡함, 융통성 없음)의 부작용만 일어난다는 것이다.

子曰, 質勝文則野①, 文勝質則史②.
文質彬彬, 然後君子③.

[자왈, 질승문즉야(하고) 문승질즉사(니) 문질빈빈(이라야) 연후군자(니라)]

공자가 말했다.
"바탕이 꾸밈보다 지나치면 촌스럽고, 꾸밈이 바탕보다 지나치면 형식적이다.
꾸밈과 바탕이 적당히 균형을 이룬 뒤에야 군자이다."

개인적으로 좋아하는 사자성어가 바로 문질빈빈이다.

① '質'은 '바탕, 내재하는 본질'이고, '文'은 '꾸밈, 외부로 드러나 보이는 무늬·장식'이다. '文'의 대표적인 뜻이 일반적으로는 '글'로 알려져 있어서 한문을 처음 접할 때 문을 위와 같이 해석하는 것에 조금 당황했었다. 그런데 사실 '文'의 본질적인 뜻은 '꾸밈, 무늬'이다. 그러니까 공부를 하고 인간으로서의 여러 가지 정신적·사회적 활동을 해서 성과를 내고 사람다운 모습을 쌓아 가는 것이 '文'인 것이고, 이렇게 해가는 과정이 '문화'(文化)인 것이다. '勝'은 '이기다, 낫다, 뛰어나다', '野'는 '촌스럽다'의 뜻이다.

② '史'는 문서를 맡은 사람을 가리키는 말로, 보고 들어 아는 것이 많고 일에 능숙하지만 진심은 빈, 그래서 사무적이거나 형식적이 된 상태를 가리킨다.

③ '彬彬'은 물건이 서로 알맞게 섞여 균형을 이룬 모양이다. 여기서 군자는 '제대로 배운 지성인' 정도 되겠다.

'文'에는 여러 가지 내용을 담을 수 있겠지만 예(禮)도 포함된다. 예의범절은 더 말할 필요가 없을 것이다. 본질과 밖으로 드러난 모습은 늘 적당한 균형을 이루어야 한다.

子貢欲去告朔之餼羊①.
子曰, 賜也, 爾愛其羊. 我愛其禮②.

[자공욕거곡삭지희양(한대) 자왈, 사야(아) 이애기양(가) 아애기례(하노라)]

자공이 곡삭에 희생으로 쓰는 양을 폐지하고자 하니, 공자가 말했다.
"사야, 너는 그 양을 아끼느냐? 나는 그 예를 아낀다."

① '告朔'는 '곡삭'이라고 읽는다. '告'는 '아뢰다', '朔'은 '음력 매월 초
하루'를 뜻한다. 매월 초하루가 되면 그달 달력을 꺼내기 전에 먼저
양을 잡아서 제후가 사당에 제사를 지내 알렸다. 이 제사 의식이 '곡
삭'이다. '餼'는 '희생', '餼羊'은 '희생으로 쓰기 위해 기르는 양'을 가
리킨다. 노나라 때는 곡삭 의식을 행하지 않았는데 여전히 양은 잡
았다. 이에 자공이 제사는 지내지 않으면서 양만 잡는 것은 형식만
남은 낭비라고 생각해서 그 희생을 없앴으면 한 것이다.

② '爾'는 '너'라는 2인칭 대명사이고, '愛'는 '아끼다'이다. '其羊'는 곡
삭에 쓰는 희생양이고, '其禮'는 곡삭이라는 의식이다.

형식만 남은 예법은 폐지하는 것이 좋을까 아니면 그 의미의 불씨를
살리기 위해 형식이라도 남겨 두는 게 좋을까? 어떤 예법이었느냐에
따라 다를 것이다. 중요한 것은 『논어』에도 여러 차례 나오지만 그 예
가 품고 있는 근본정신이다. 곡삭의 경우는 제후가 천자와 조상에게
명을 받는 것을 형상화하는 예이기에 공자는 남겨 두는 게 중요하다
고 보았다. 춘추시대의 혼란은 힘의 우열에 의해 기존의 질서를 무시
한 데서 비롯되었기 때문이다. 그러나 곡삭의 양마저도 사라지는 것
이 추세였다. 춘추시대는 옛 질서의 회복이 아니라 더욱 심한 힘의 논
리에 지배받는 전국시대로 이어졌다가 통일 진나라라는 새 질서로
귀결되었다. 결국 공자도 시대의 흐름을 거스를 수 없었던 것이다.

子曰, 麻冕, 禮也, 今也純, 儉, 吾從衆①.
拜下, 禮也, 今拜乎上, 泰也. 雖違衆, 吾從下②.

[자왈, 마면(이) 예야(나) 금야준(하니) 검(이라) 오종중(하리라).
배하(가) 예야(어늘) 금배호상(하나니) 태야(라) 수위중(이나) 오종하(하리라)]

공자가 말했다.
"마포(麻布)로 면관(冕冠)을 만드는 것이 예인데, 지금은 생사로 만드니 검소하다.
나는 대중을 따르겠다. 당 아래에서 절하는 것이 예인데, 지금은 당 위에서 절하니
교만하다. 대중과는 어긋나더라도 나는 당 아래에서 절하는 예를 따르겠다."

어제 공부한 장을 보면 공자는 역시 답답한 사람이구나 하는 생각이
들 수도 있겠다. 그러나 오늘 만나는 공자는 또 좀 다르다.

① '麻冕'은 치포관을 가리킨다. 치포관은 아주 가는 베로 만든 품이
굉장히 많이 드는 관이다. '純'은 '생사'의 뜻으로 '준'이라고 읽는다.
생사는 삶지 않은 명주실인데, 이걸로 천을 만들면 품이 별로 들지
않는다. 그래서 검소하다. 공자는 이것이 기존의 예를 어기는 것이
지만 예의 본뜻에 비추어 볼 때 더 잘 맞기 때문에 요즘 사람들이 하
는 대로 따르기를 선택한다.

② '下'는 당(堂) 아래를 가리킨다. 아랫사람이 윗사람에게 인사를
할 때 존경의 뜻을 보려고 당 아래에서 절을 하는 예가 생겨난 것이
므로 당 위에서 절하는 것을 공자는 '泰', 즉 '교만'하다고 보았다. 그
래서 공자는 대중과는 어긋나더라도 당 아래에서 절하는 기존의 예
를 따를 것을 선택한다. '違'는 '어기다, 위반하다'라는 뜻이다. 근본
정신을 알 때 예는 이렇게 합리적으로 운용될 수 있다.

子曰, <u>禮云禮云, 玉帛云乎哉</u>①.
樂云樂云, 鐘鼓云乎哉.

[자왈, 예운예운(이나) 옥백운호재(아) 악운악운(이나) 종고운호재(아)]

공자가 말했다.
"예가 어떻고 예가 저떻고 하는데 그것이 옥이나 비단 같은 예물을 말하는 것이겠는가?
음악이 어떻고 음악이 저떻고 하는데 그것이 종이나 북 같은 악기를 말하는 것이겠는가?"

의미심장한 구절이다.

① '禮云'은 '예에 이르기를' 이다. 이를 반복한 것은 걸핏하면 '예에 따르며 이렇다 예에 따르면 저렇다'면서 예를 들먹이는 상태를 표현한 것이다. '玉帛'은 옥과 비단으로 예물을 상징한다. '乎哉'는 반문을 나타내는 어조사로 쓰였다. '~이겠는가'로 해석하면 된다. 이 뒤에 나오는 '樂云樂云, 鐘鼓云乎哉'도 똑같은 형식이므로 똑같이 해석하면 된다.

공자는 예와 악을 떼어놓고는 생각할 수 없다. 그가 추구하는 사회는 예로 다스려지는 사회이기 때문이다. 그리고 그 예의 엄격함을 악으로 조화시켜 완화하므로 예와 악은 늘 한 세트로 공자의 철학에서 언급된다. 그러나 예도 악도 왜 필요한지 그 근본정신을 잊고 피상적으로 받아들이면 본문처럼 예물만 남고 악기로 이루어진 음악만 남는다. 이 상태가 되면 공자는 쓸데없는 허례허식으로 관계를 복잡하게 만들고, 먹고살기도 바빠 죽겠는데 음악 타령이나 하고 있는 사람이 돼 버린다.

子曰, 能以禮讓, 爲國乎, 何有①.
不能以禮讓爲國, 如禮何②.

[자왈, 능이예양(이면) 위국호(에) 하유(며) 불능이예양위국(이면) 여례하(오)]

공자가 말했다.
"예와 겸양으로 할 수 있다면 나라를 다스리는 데에 무슨 어려움이 있겠는가?
예와 겸양으로 나라를 다스릴 수 없다면 예가 무슨 소용이겠는가?"

① 이 구절은 전통적인 언해본의 현토에 따라 토를 달았다. 그러나 요즘에는 대개 중간을 떼지 않고 '能以禮讓爲國乎, 何有'로 해석하는 방식을 취한다. 뒤 문장과의 관계를 살펴볼 때도 중간을 떼지 않고 일곱 글자를 한 구로 보는 것이 타당할 것 같다. 이렇게 보면 해석은 '예와 겸양으로 나라를 다스릴 수 있는가'가 된다. 한문을 하는 어려움 중에 하나로, 한문에 원래 띄어쓰기가 없는 데다가 옛 문헌에는 앞뒤 상황을 자세히 기술되어 있지 않아서 의미를 정확하게 규정하기 어려운 경우가 태반이기 때문이다. '禮讓'은 예와 겸양으로, 예에 '讓'을 더한 것은 겸양이 예의 실질이기 때문이다. 『맹자』에서는 겸양지심(謙讓之心)을 예의 단서라고 말한다. '爲國'은 '나라를 다스리다'이다. '何有'는 '何難之有'의 준말이며 한문에서 정말 자주 쓰이는 표현으로 '무슨 어려움이 있겠는가'라고 해석한다.

② 위와 반대로 예와 겸양으로 나라를 다스리지 못하는 경우를 가정한다. '如禮何'는 '如何禮'를 도치한 것으로 '예를 어찌하겠는가?', 즉 '예가 무슨 소용이겠는가?'로 해석한다. 예가 나라를 다스릴 아주 기본적이고 가장 훌륭한 수단임을 말하고 있다.

宰我問^①, 三年之喪, 期已久矣^②.
君子三年不爲禮, 禮必壞, 三年不爲樂, 樂必崩^③.

[재아문, 삼년지상(이) 기이구의(로소이다). 군자삼년불위례(면) 예필괴(하고)
삼년불위악(이면) 악필붕(하리이다)]

재아가 물었다.
"삼년상은 기간이 너무 깁니다. 군자가 3년 동안 예를 하지 않으면 예가 필시 무너지고,
3년 동안 음악을 하지 않으면 음악이 필시 붕괴될 것입니다.

그 유명한 삼년상에 대한 내용이다. 이 내용이 유명하다는 말이 아니라 유교의 상징이 삼년상 아니던가? 그 삼년상을 지키는 이유가 여기 나온다는 말이다.

① 재아의 이름은 재여이고 혹 자아로 불리기도 한다. 말에 능한 것으로 유명한데『논어』에서는 좋은 모습으로 등장하는 일이 거의 없다는 점이 기이하다.

② '期'는 일정하게 정해진 기한을 가리킬 때 주로 사용된다. '已'는 '너무'의 뜻이다.

③ 여기서 '君子'는 지도자를 가리킨다. '爲'는 '익히다'의 의미이다. 지도자가 상례를 치르는 3년 동안이나 나라를 다스리는 가장 중요한 근간이 되는 예와 악을 돌보지 않은 채 내팽개치면 결국 망가질 것이라는 말이다. 여기서도 예와 악이 통치의 틀이지 그저 작은 의미의 예절과 음악이 아님을 알 수 있다.

舊穀既沒, 新穀既升, 鑽燧改火, 期可已矣①.
子曰, 食夫稻, 衣夫錦, 於女安乎②.

[구곡기몰(하고) 신곡기승(하며) 찬수개화(하나니) 기가이의(로소이다).
자왈, 식부도(하며) 의부금(이) 어여안호(아)]

묵은 곡식이 없어지고 새로운 곡식이 자라나며 불씨를 얻을 나무를 바꾸는 것도
1년이면 그만입니다."
공자가 말했다.
"쌀밥을 먹고 비단옷을 입는 것이 네게 편하더냐?"

어제에 이어 삼년상에 불만을 표하는 재아의 이야기를 들어 보자.
그는 기년상, 즉 일년상을 주장한다. 그 이유는 다음과 같다.
① '沒'은 없어지는 것이고 '升'은 등장하는 것이다. '鑽'은 '뚫다', '燧'
는 '부시목', 즉 불씨를 취하는 나무를 가리킨다. 그러니까 '鑽燧'는
나무를 비벼 불씨를 얻는 것을 말하는데, 계절별로 가져다 쓰는 나
무가 다르다. '改火'란 불씨를 피우는 나무를 바꾸는 것을 말한다. 개
화도 1년이면 한 바퀴를 돌게 된다. 여기서 '期'는 '1년'을 가리키고,
'已'는 '그치다'의 뜻이다. 앞쪽과 다른 뜻임에 유의하자.
② '夫'는 대명사로 쌀[稻]과 비단옷[錦]을 가볍게 가리키는데 해석
은 하지 않아도 된다. '於'는 전치사, '女'는 '너'를 지칭하는 2인칭 대
명사이다.
재아가 자연현상과 그에 따른 생활 습관을 들어 1년 주기가 적절하
다고 말했는데, 공자는 조금 다른 이야기를 한다. 일상으로 돌아와
아무 일도 없었던 것처럼 먹고 입고 지내는 것이 네 마음에 편안하
더냐고 물은 것이다. 이에 재아는 "편안합니다"라고 대답했다.

女安則爲之 ①. 夫君子之居喪 ②, 食旨不甘, 聞樂不樂, 居處不安, 故不爲也 ③. 今女安則爲之.

[여안즉위지(하라) 부군자지거상(에) 식지불감(하며) 문악불락(하며)
거처불안(이라) 고불위야(하나니) 금여안즉위지(하라)]

(공자가 말했다.)
"네가 편안하거든 그렇게 하라. 군자가 상중에 있을 때 음식이 맛있어도
맛있는 줄을 모르고, 음악을 들어도 즐겁지 않고 평소의 처소에 있어도 편안하지 않다.
그래서 하지 않는 것이다. 지금 네가 편안하다면 그렇게 하라."

재아가 1년 만에 마치고 일상으로 완전히 복귀해서 먹고 입어도 편안했다고 답하자 공자가 한 말이다.

① '之'는 기년상만 하고 일상으로 완전히 돌아오는 것을 말한다.

② '夫'는 어떤 문제를 논의하려고 할 때 주의를 환기하는 역할을 한다. 해석은 따로 하지 않아도 되지만 약간의 뉘앙스가 있다. 여기서 '君子'는 '덕성을 잘 함양한 지식인' 정도 되겠다. '之'는 주격조사로 해석하면 되고 '居喪'는 '상에 거하다'이니 '상중에 있다'의 뜻이다.

③ '旨'는 '맛난 것'이다. '不甘'은 '달지 않다'이므로 문맥상 '단 줄 모르고, 맛있는 줄을 모르고'라고 해석하면 된다. '聞樂不樂'에서 앞의 '樂'은 '음악'이므로 '악'으로 읽고, 뒤의 '樂'은 '즐겁다'이므로 '락'으로 읽는다. '居處'는 지난 시간에 공부한 것처럼 '자기의 처소에서 홀로 거함'이라는 뜻이다.

공자는 부모의 죽음 앞에 일상을 그대로 누리는 것이 불편하기에 그렇게 할 수 없어 하지 못함을 지적한다. 그래서 재아에게 그런 마음이 없다면 네 이론대로 하라고 말한 것이다.

宰我出. 子曰, 予之不仁也①.
子生三年然後免於父母之懷. 夫三年之喪,
天下之通喪也②, 予也有三年之愛於其父母乎③.

[재아출(커늘) 자왈, 여지불인야(여) 자생삼년연후면어부모지회(하나니)
부삼년지상(은) 천하지통상야(니) 여야유삼년지애어기부모호(아)]

재아가 나가자, 공자가 말했다.
"재아가 인하지 못하구나. 자식이 태어나 삼 년이 지난 뒤에야
부모의 품을 벗어나게 된다. 그러니 삼년상은 온 세상에 통용되는 상례이다.
재아도 부모에게 삼 년의 사랑을 받았을까?"

---

① '予'는 재아의 이름이다. 스승이라 이름을 부른 것이다. 공자는 재아에 대해 '인하지 못하다'고 평가한다. 인은 궁극의 사람다움으로 재아는 이 덕성을 지니지 못하고 있다는 말이다.

② 삼년상을 치르게 된 까닭이 드러난 문장이다. 글자 뜻만 제대로 알면 어려운 문장은 아니다. '子生三年'는 순서대로 해석하면 된다. '免'은 '면하다', 그러니까 벗어난다는 뜻이고, '於'는 전치사, '父母之懷'는 '부모의 품'이다. 앞의 이유를 받아 뒤의 문장이 이어지므로 '그러니, 그러므로'로 연결하면 좋다. '夫'는 어제 배운 용법과 같다. '通'은 '통용되는, 공통의'의 뜻이다.

③ '也'는 뜻을 강조하는 것으로 대개 주격조사로 해석하지만 '~도, 또한'으로 해석할 수도 있다. 여기서 '有'는 '얻다'[得]이다.

유학에서 주장하는 삼년상은 여기에 토대를 둔다. 삼년상은 부모의 품에서 삼 년을 보호받아야 비로소 인간이 죽음을 면하고 성장할 수 있다는 점을 상기한 데 있다. 예의 근본은 이런 것이다. 인간의 솔직하고 바른 감정에 기반한 것.

陳亢問於伯魚曰①**, 子亦有異聞乎**②**.**
對曰, 未也. [⋯⋯] 曰, 學禮乎.
對曰, 未也. 不學禮, 無以立③**. 鯉退而學禮.**

[진항문어백어왈, 자역유이문호(아). 대왈, 미야(라) [⋯⋯] 왈,
학례호(아), 대왈, 미야(로이다). 불학례(면) 무이립(이라 하여시늘) 이퇴이학례(호라)]

진항이 백어에게 물었다.
"그대는 특별한 가르침을 받은 것이 있습니까?"
백어가 대답했다.
"없었다. (아버지께서) '예를 배웠니?' 물으시므로, '아니요. 아직 배우지
못했어요'라고 대답했다. [⋯⋯] 이에 '예를 배우지 않으면 사회에서 제대로 설 수
없단다'라고 하시기에 내가 물러나와서 예를 배웠다."

---

① 진항은 공자 제자로 자는 자금이다. 대개 자를 쓰는데 여기서
는 이름을 써 놓은 점이 특이하다. 백어는 공자의 아들로 이름은 리
이다.

② '亦'은 어기를 강조한다. '그대는 아무래도 아들이니까 역시'의 의
미 정도 되겠다. '異聞'은 '남다른 들음', 그러니까 '특별한 가르침'을
뜻한다.

③ '無以'는 '~할 방법이 없다, ~할 길이 없다'로 해석한다. '立'은 '입
신'(立身), 그러니까 처세를 말한다. 예는 공동체와 사회에서 자신의
위치를 확인하고 타인과 관계를 맺는 기본 원리이다. 그러므로 예를
모르면 사회에서 제대로 설 수 없는 것이다.

아버지 공자에게 '시'와 '예'를 배우라는 두 가지만 들었다는 백어의
대답에 진항은 백어와 헤어지고 나서, 시와 예가 중요하다는 것을
알았으며, 진짜 지성인은 자기 아들을 달리 우대하지 않고 거리를
둔다는 것을 알았다며 기뻐했다.

原壤夷俟①. 子曰, 幼而不孫弟, 長而無述焉, 老而不死, 是爲賊②. 以杖叩其脛③.

[원양이사(어늘) 자왈, 유이불손제(하며) 장이무술언(하며)
노이불사(가) 시위적(이라하시고) 이장고기경(하시다)]

원양이 다리를 벌리고 앉아 공자를 기다리고 있었다. 공자가 말했다.
"어려서 공손하지 못하고 장성해서 칭찬할 만한 것이 없고
늙어서 죽지 않는 것이 바로 도둑이다."
그리고 나서 지팡이로 그 정강이를 툭툭 쳤다.

예에 관한 또 다른 면목도 살필 수 있고 내용 자체도 재미있는 한 대목이다.

① 원양은 공자의 친구이다. 어렸을 때부터 가까웠던 사이로 원양의 어머니가 죽었을 때 공자가 장례를 도울 정도였는데, 이때 원양은 어머니 관 위에 올라가서 노래를 부르는 등 예법과는 전혀 무관하게 제멋대로 사는 사람이었다. 이런 사람과 공자가 내내 친구였다는 점이 신기하다. '夷'는 다리를 쭉 뻗어 앉는 것으로, 기거(箕踞)라고도 한다. '俟'는 '기다리다'이다. 늘 그렇듯 무례한 모습으로 오랜 벗을 맞이한 것이다.

② '幼', '長', '老'로 인간 생을 시간 순으로 배열하고 부정문을 반복적으로써 하려는 말을 강조했다. '孫弟'은 '공경', '述'은 '칭찬'이므로 '無述'은 '칭찬할 만한 것이 없다', '焉'은 '於之'로 '그(원양)에 대해', '是'는 접속사로 '곧, 바로'의 뜻이며, '賊'은 '도적'이다.

③ '杖'은 공자가 지녔던 지팡이다. '叩'는 '두드리다'이며, '脛'은 '종아리'이다.

子語魯大師樂曰①, 樂, 其可知也②.
始作, 翕如也, 從之, 純如也, 皦如也, 繹如也, 以成③.

[자어노태사악왈, 악(은) 기가지야(니) 시작(에) 흡여야(하여) 종지(에)
순여야(하며) 교여야(하며) 역여야(하여) 이성(이니라)]

공자가 노나라 태사에게 음악에 대해 말했다.
"음악은 알 만한 것입니다. 시작할 때는 함께 소리를 내었다가
진행되면서는 조화를 이루기도 하고, 한 음씩 제 소리를 내기도 하며,
연이어 교대로 연주되기도 하면서 곡을 완성합니다."

공자가 음악에 대해 이야기하는 부분이다.

① '大師'의 '大'는 '태'로 읽는다. '태사'인 것이다. 태사는 지금으로 하면 국립국악원장 정도 된다.

② 글자 그대로 보면 '음악은 알 수 있는 것이다, 알 만한 것이다'인데, 이것의 정확한 의미는 규정짓기 어렵다. '음악을 이해할 수 있겠다'일 수도 있고, '음악의 맛을 알겠다'일 수도 있다.

③ '翕'은 오음(五音)이 함께 소리를 내는 것이다. '從'은 '풀어놓다'인데, 연주가 계속 진행되는 것이다. '純'은 오음이 서로 조화를 이루는 것이고, '皦'는 소리가 하나 하나 분명하게 나는 것이며, '繹'은 서로 이어져 끊어지지 않는 것이다. 이렇게 해서[以] 완성된다[成].

공자가 음악을 중요시한 이유는 음악이 조화의 절정을 보여 주기 때문이다. 이 문장은 음악의 그러한 특성과 묘미를 잘 설명한다. 제 각각의 음들이 함께 터져 나와 조화롭지 못한가 싶은데 연주가 진행되는 과정에서 조화를 찾아간다. 세상도 이렇게 된다면 개인도 살고 사회도 아름답지 않겠는가.

子在齊聞韶①, 三月不知肉味②,
曰, 不圖爲樂之至於斯也③.

[자재제문소(하시고) 삼월부지육미(하사) 왈, 부도위악지지어사야(호라)]

공자가 제나라에 있었을 때 '소(韶) 음악'을 듣고는 석 달 동안 고기 맛을 알지 못했다.
그리고 말했다.
"음악이 이런 경지에까지 이를 줄은 생각하지 못했다."

공자가 얼마나 음악에 심취했는지 잘 보여 주는 구절이다.

① 공자가 제나라에서 소 음악을 들은 것은 그의 나이 35세쯤인 기원전 517년쯤으로 추정한다. '韶'는 순임금의 음악으로, 당시에 가장 고상한 작품이라고 알려졌다. 『논어』「팔일」편 25장에 보면, 공자가 소 음악에 대해 '盡美矣, 又盡善也: 더할 나위 없이 아름답고 더할 나위 없이 선하다'라고 칭송한 부분이 나온다. 공자가 왜 이렇게 순임금의 음악을 칭송했을까? 순임금은 무력 없이 선양으로 평화롭게 천하를 얻었기 때문에 그 음악에도 온전히 평화가 깃들었다고 보는 입장이 있다.

② 유명한 구절이다. 삼 개월 동안 '肉味', 즉 고기 맛을 몰랐다. 왜 이런 비유를 썼을까? 예전에는 고기를 먹기가 쉽지 않았기 때문이다. 고기는 고관대작이나 먹는 귀한 음식이었다. 고기 맛을 잊었다는 것은 음악에 얼마나 빠져들었는지에 대한 극한의 비유인 셈이다.

③ '圖'는 '헤아리다'의 뜻이니 '不圖'는 '헤아리지 못했다, 생각하지 못했다'가 된다. '爲'는 '樂之至於斯'를 해석한 뒤에 건다. '之'는 주격 조사, '至'는 '이르다, 도달하다', '於斯'는 '여기에'이다.

子曰, 由之瑟, 奚爲於丘之門①. 門人不敬子路②. 子曰, 由也, 升堂矣, 未入於室也③.

[자왈, 유지슬(을) 해위어구지문(고), 문인(이) 불경자로(한대)
자왈, 유야(는) 승당의(요) 미입어실야(니라)]

공자가 말했다.
"유의 슬이 어째서 나의 문 안에서 들리는가?"
이후 문인들이 자로를 존중하지 않자 공자가 말했다.
"유는 말이다. 당에 올라섰다. 아직 방 안에 들어오지 못했을 뿐이다."

① '由'는 자로이다. '瑟'은 '거문고'로 옮기기도 하는데 정확히는 중국 악기여서 우리나라 거문고와는 다르니 그냥 '슬'이라고 해도 괜찮다. '奚'는 의문사로 '어째서', '丘'는 공자의 이름으로 스스로 지칭하는 것이다. '爲'는 '하다'의 뜻으로 여기서는 슬을 '타다, 연주하다'가 되겠다. 연주에는 연주자의 성정이 비치게 마련이다. 자로는 급하고 욱하는 성미 때문에 늘 공자에게 한 소리를 듣는 제자였다. 연주에도 그런 절제하지 못한 폭력성이 엇비쳤을 것이다. 그래서 공자의 반응은 이렇게 못마땅했다.

② '門人'은 공자학당의 학인들이고, '敬'은 '존경하다, 존중하다'의 뜻이다. 숭어가 뛰면 망둥어도 뛴다고 스승님이 한마디하시니 자기네끼리 자로를 무시하고 나섰다. 그런데 사실 자로는 공자와 매우 가까이 지냈다. 자로는 학당에서 무시받을 연배도 위치도 아니었다.

③ '也'는 어세를 강조한다. 대개 해석하지 않지만 뉘앙스를 살리느라 '유는 말이다'로 옮겨 보았다. '升堂'과 '未入於室'을 통해 자로의 위치를 비유적으로 말하고 있다. 집에는 문밖이 있고, 마당이 있고, 당 아래가 있고, 당 위가 있고, 방 안이 있다. 무려 자로는 당 위까지 올라선 것이다. 한 마디로 다른 학인들에게 나대지 말라고 경고한 것이다.

子之武城①, **聞弦歌之聲**②. **夫子莞爾而笑曰**③,
割雞, 焉用牛刀④. 子游對曰, 昔者, 偃也聞諸夫子, 曰,
君子學道則愛人, 小人學道則易使也⑤. 子曰,
二三者, 偃之言, 是也. 前言, 戲之耳⑥.

[자지무성(하사) 문현가지성(하시다). 부자완이이소왈, 할계(에) 언용우도(리오).
자유대왈, 석자(에) 언야문저부자(하니) 왈, 군자학도즉애인(이요)
소인학도즉이사야(라호이다) 자왈, 이삼자(아) 언지언(이) 시야(니) 전언(은)
희지이(니라)]

공자가 무성에 갔다가 현악에 맞춰 부르는 노래 소리를 들었다.
선생님께서는 빙긋 웃으시며 말했다. "닭 잡는데 어찌 소 잡는 칼을 쓰는가?"
자유가 대답했다. "전에 제가 스승님께 듣기로, '군자가 도를 배우면 사람을 사랑하고,
소인이 도를 배우면 부리기가 쉽다'라고 하셨습니다."
이에 공자가 말했다. "얘들아, 언의 말이 옳다. 아까 한 말은 농담이었다."

---

① '之'는 '가다', '武城'은 노나라 도성인 곡부 근처의 고을이다.

② '弦歌之聲'은 현악기에 맞춰 부르는 노래로 국가를 통치할 때 쓰는 예악을 뜻한다.

③ '夫子'는 공자를 지칭한다. '莞爾'는 빙그레 웃는 모습이다.

④ '焉'은 의문사로 '어찌'이다.

⑤ 여기서 군자는 '지도자', 소인은 '일반 백성'이다. '易使'는 '부리기 쉽다'로 易는 '이'로 읽는다.

⑥ '二三者'는 '얘들아'이고, 자유의 이름이 '偃'이다. '是'는 '옳다'이다. '戲'는 '희롱' 즉 '농담하다'이다.

자유는 작은 고을을 다스리는 데에 국가를 통치하는 데나 적합한 예악을 활용하고 있었다. 그래서 공자는 닭 잡는 데 소 잡는 칼을 쓴다며 웃었다. 그러나 자유는 짐짓 심각하게 대답했고 공자는 금세 자신의 말을 철회했다. 음악으로 예를 가르친 공자, 그 선생에 그 제자다.

子曰, 興於詩①, 立於禮②, 成於樂③.

[자왈, 흥어시(하며) 입어례(하고) 성어악(이니라)]

공자가 말했다.
"시에서 시작하고 예에서 확립하며 악에서 완성한다."

---

① '興'은 '일으키다'이다. 무엇을 일으키는가? 『논어』「위정」편 2장에서 공자는 시에 대해 '詩三百, 一言以蔽之, 曰思無邪'라고 했다. "시 300을 한마디로 하면 '생각에 사악함이 없다'는 것이다"라는 뜻이다. '思無邪'가 핵심이다. 시를 통해 사람은 진정성, 즉 순수하고 맑은 마음을 배운다. 선을 좋아하고 악을 싫어하는 마음을 시를 통해 완연히 흡수하는 것이다.

② 그렇게 마음을 가다듬은 개인은 사회에서 자신이 해야 할 일을 한다. 그러려면 행동의 방법을 알아야 한다. 이 시점에서 예가 필요하다. 예는 제도와 규칙이기 때문에 자신을 어디에 어떻게 풀어놓아야 할지 가르치는 안내자가 된다.

③ 최종적으로 음악을 통해 조화를 이룬다. 내가 서야 할 자리에서 해야 할 행동을 하되 개개인이 날을 세워 서로를 상대하는 것이 아니라 조화를 이루는 방법을 찾아야 질서 있는 사회가 완성된다.

이것은 또한 하나의 음악을 설명한 것이기도 하다. 옛날 의례에 쓰는 음악에는 반드시 가사가 있었다. 가사는 시이다. 시의 내용은 무엇보다 중요하다. 시의 내용에 맞추어 음악이 이루어지는데 음악이 이루어지는 그 모든 절차가 예가 된다. 그리고 시와 예가 완벽한 조화를 이루며 완성된 것이 음악인 것이다. 음악을 이런 측면에서 보면 감상의 깊이와 넓이가 달라지지 않을까?

子曰, 君子之於天下也 ①, 無適也, 無莫也 ②, 義之與比 ③.

[자왈, 군자지어천하야(에) 무적야(하며) 무막야(요) 의지여비(니라)]

공자가 말했다.
"군자는 세상일에 대해서 꼭 해야 한다는 것도 없고 절대 안 된다는 것도 없으며,
의를 따라 행동할 뿐이다."

공자의 학당에서 배운 지성인, 자기를 학문과 덕으로 수양해서 세상에 나가 일할 사람의 자세는 어떠해야 할까?

① 'A之於B'의 문형으로 'A가 B에 대해서'로 해석한다. '之'는 주격조사고 '於'는 전치사이다. 한문에 종종 나오는 문형이니 기억해 두면 좋다. 여기서는 '군자가 천하에 대해서'인데 '군자가 천하의 일(세상일)에 대해서'로 뜻을 더 명확히 해 주면 좋다.

② '適'은 '오로지 주장하다'로 꼭 그래야만 한다고 우기는 것이다. '莫'은 '適'과 반대로 '긍정하지 않는 것, 받아들이지 않는 것'이다. 절대 안 된다고 우기는 것이다. 이 구절은 제대로 배운 사람은 이런 극단적인 자세를 취하지 않는다는 뜻이다. 공자가 유명한 것은 시중(時中), 즉 때에 가장 적절한 선택을 할 수 있었기 때문이다. 세상의 모든 것이 변화하는데 고착된 기준에 매달리는 것은 그 자체로 이미 치우쳤다는 뜻이다. 그렇다면 무조건 세상의 변화에 따라 변화해야 할까? 이 역시 '中'이 아니다. 중심이 있어야 '中'할 수 있다.

③ '義'가 그 기준, 즉 균형점이 된다. '之'는 목적격조사, '與'는 '더불어, 함께', '比'는 '따르다, 짝하다'로, '의와 더불어 따른다', 즉 '의를 따른다'가 된다. 지성인의 기준은 옳음, 즉 정의이다.

子曰, 人而無信^①, 不知其可也^②. 大車無輗, 小車無軏^③, 其何以行之哉^④.

[자왈, 인이무신(이면) 부지기가야(케라) 대거무예(하고)
소거무월(이면) 기하이행지재(리오)]

공자가 말했다.
"사람이면서 신의가 없다면 그래도 괜찮을지 모르겠다. 큰 수레에 끌채가 없고,
작은 수레에 끌채 고리가 없다면 그 수레가 어떻게 움직일 수 있겠는가?"

직접적으로 미더움[信]에 대해 말하고 있는 구절은 이것 하나다. 그러나 의미만은 참으로 강렬하다. 그래서『논어』마지막 문장으로 골라 보았다.

① '而'가 곧장 명사에 이어져서 '~이면서' 구문이 되었다.

② 번역에 따라 조금씩 차이가 있다. '그래도 괜찮을지 모르겠다', '사람이면서 신의가 없는 게 가능한 것인지 모르겠다'로 볼 수도 있고, '그런 사람의 앞으로의 가능성을 모르겠다', 혹은 '그가 자기 말을 실천할 수 있을지 모르겠다'는 뜻으로 보기도 한다. 여튼 신의가 없는 이에게 근본적인 의심의 시선을 던지고 있는 것이다.

③ '大車'는 소가 끄는 짐 싣는 수레이고, '小車'는 말이 끄는 병거나 사냥 수레이다. '輗'와 '軏'은 멍에를 묶고 걸어서 각각 소나 말과 연결하는 부품을 가리킨다.

④ '何以'는 '어떻게, 무엇으로' '行之'는 '그것을 움직이다'이다. 즉 아무리 수레가 있어 봤자 그 부품이 없으면 소나 말에 연결할 수 없으니, 연결하지 못하면 운행할 수 없어 말짱 꽝이다. 신의가 바로 그런 부품 역할을 하는데, 아무리 좋은 지식과 자질을 지녔어도 신의가 없으면 사람 구실을 할 수 없다는 것이다. 무서운 말이다.

5월

孟子見梁惠王 [1], 王曰, 叟不遠千里而來,
亦將有以利吾國乎 [2]?

[맹자견양혜왕(하신대) 왕왈, 수불원천리이래(하시니) 역장유이리오국호(잇가)]

맹자가 양혜왕을 만나 보았다. 왕이 말하기를, "어르신께서 천 리를 멀다 하지 않고
오셨으니, 또한 장차 내 나라를 이롭게 할 방법이 있겠습니까?"

5월부터는 『맹자』를 공부해 보자. 공자는 춘추시대를 살았다. 주나라의 질서가 무너지고 혼란이 시작되는 시기였지만 아직 예라는 것이 지켜지고 있었다. 그러나 그 약간의 질서마저도 무너진 시대가 온다. 전쟁의 시대, 전국시대가 도래한 것이다. 맹자는 이 시기를 살았다. 그는 공자처럼 각국을 돌아다니며 왕을 만나 자신의 이론을 채택해 정치를 바로 세우고 천하를 재패할 것을 요구하며 설득했다.
① 『맹자』는 그가 양혜왕을 만난 장면으로 시작한다. 양혜왕은 '양나라 혜왕'이란 뜻인데, 양나라의 나라 이름은 본래 위나라이다. 그런데 혜왕 때 와서 도읍을 대량(大梁)으로 옮겼기 때문에 이렇게 바꿔 부른 것이다. 그리고 혜왕도 춘추시대로 치면 제후이기 때문에 '公'이라 불러야 한다. '王'이라 부를 수 있는 것은 오직 천자뿐이다. 그러나 전국시대는 천자 중심의 질서가 완전히 끝났으므로 각 제후국의 수장은 저마다 왕이라는 호칭을 썼다.
② '叟'는 노인을 높여 부르는 말로 '어르신, 노인장, 영감님' 등이 되겠다. '不遠'은 '멀지 않다'이지만 뒤에 '千里'가 있으므로 '멀다 하지 않다, 멀게 여기지 않다'로 해석한다. '亦'은 강조 부사이고, '將'은 '장차, 앞으로'이다. '以'는 '所以'의 뜻으로 '방도, 방법'을 가리킨다. '利'는 나라를 부유하고 군대를 강하게 하는 따위를 일컫는다. '乎'는 의문을 나타내는 어조사이다.

孟子對曰, 王何必曰利? 亦有仁義而已矣 ①.

[맹자대왈, 왕(은) 하필왈리(잇고) 역유인의이이의(니이다)]

맹자가 대답했다.
"왕은 하필 이익을 말씀하십니까? 또한 인(仁)과 의(義)가 있을 뿐입니다."

---

① '何必'은 '어찌 굳이'의 뜻인데 우리가 일상적으로 쓰는 '하필'이 바로 이 한자이다. 그냥 '하필'이라고 해석하면 된다. '而已'는 어기사로 '而'가 순접으로 앞을 받아 '그만이다'라는 뜻의 '已'와 연결시키면서 '~뿐이다'의 뜻이 된다. 왕이 '利'에 대해 물었다. 이에 맹자가 답했다. 왕은 왜 하필 '利'를 우선으로 추구하는가? '仁'과 '義'가 있을 뿐이다. 책의 첫 머리에 맹자의 중심 사상이 곧장 등장한다. 맹자는 자신의 책 전반에 걸쳐 사람이 그 마음에 사랑의 원리인 인(仁)을 품고 일을 바르게 행할 행동 원리인 의(義)를 실행하며 살아가는 것의 중요성에 대해 역설한다.

전쟁의 시대에 인과 의라니! 맹자는 당대에도 후대에도 좋은 말이기는 하나 현실과 동떨어져서 실제로 채택하기 어려운 사상이라는 평가를 받았다. 그런데 정말로 그의 주장이 그렇게 현실감 없을까? 무려 2000년 이상을 전해 내려온 사상이다. 그렇게 오랜 세월을 버틴 힘이 있을 것이다. 앞으로 넉 달간 맹자를 공부하면서 그의 주장이 지닌 매력을 직접 읽으며 살펴보자.

『맹자』는 논어처럼 본문이 대화체이기는 하나 논어와 달리 한 구절의 내용이 매우 길다. 그래서 한문 문장을 익히기에 좋다.

王曰, 何以利吾國, 大夫曰, 何以利吾家, 士庶人曰, 何以利吾身 ①, 上下交征利, 而國, 危矣 ②.

[왕왈, 하이리오국(고 하시면) 대부왈, 하이리오가(오 하며) 사서인왈,
하이리오신(고 하여) 상하교정리(면) 이국(이) 위의(리이다)]

"왕이 '어떻게 하면 내 나라를 이롭게 할까'라고 하면, 대부는 '어떻게 하면 내 집안을
이롭게 할까'라고 하며, 사서인은 '어떻게 하면 내 몸을 이롭게 할까'라고 하여,
윗사람과 아랫사람이 서로 이익을 취하면 나라가 위태로워질 것입니다."

① '何以'는 '어떻게, 어떤 방법으로'라는 뜻이다. 앞서 양혜왕은 주나라 질서에서 천자에게 일정한 지역을 떼어 받아 다스리는 제후라고 말했다. 그 제후 아래 있는 신분이 대부이다. 이들은 '家'의 수장이다. '집안'이라고 옮기긴 하지만 1월에 『대학』에서 '齊家'를 설명했듯 우리가 아는 집이라는 소소한 사적 공간보다 훨씬 큰 일종의 정치 단위였다. 그리고 대부 아래가 사(士)와 서인(庶人)이다. '士'는 대부 아래서 여러 벼슬을 하던 이들로 귀족이기는 하나 일반인과 경계가 모호할 정도로 낮은 지위이고, '庶人'은 노예를 제외한 일반 백성을 가리킨다.

왕이 왜 '利'를 우선순위에 두면 안 될까? 연쇄법으로 이야기를 풀어내고 있다. 문장 구조가 같으니 해석은 어렵지 않다. 대부는 '吾家', 즉 자기 집안만 이롭게 하면 그만이라는 생각을 갖게 되며, 사와 서인은 '吾身', 즉 자기 자신만 이롭게 하면 그만이라는 생각을 갖게 되어 '公'이나 대승적 차원의 시야가 사라지기 때문이다.

② '交'는 '서로'이고, '征'은 '취하다, 추구하다'의 뜻이다. '而'는 '~하면'이라는 '則'의 뜻으로, '危'는 '위태롭다', '矣'는 강조의 의미로 쓰였다.

萬乘之國, 弒其君者, 必千乘之家①; 千乘之國, 弒其君者, 必百乘之家②. 萬取千焉, 千取百焉, 不爲不多矣③,

[만승지국(에) 시기군자(는) 필천승지가(요) 천승지국(에) 시기군자(는) 필백승지가(니) 만취천언(하며) 천취백언(이) 불위불다의(언마는)]

> "만승의 나라에서 그 군주를 시해하는 자는 반드시 천승의 집안일 것이고, 천승의 나라에서 그 군주를 시해하는 자는 반드시 백승의 집안일 것입니다. 만승이 천승을 취하고 천승이 백승을 취하는 것이 많지 않은 것이 아닙니다."

① '萬乘之國'에서 '乘'은 수레를 나타내는 단위이니, '萬乘'은 병거(兵車) 만 대를 보유한 것이고, 전차 만 대를 보유한 나라는 천자의 나라, 즉 천하를 가리킨다. '弒'는 아랫사람 혹은 신하가 윗사람 또는 임금을 죽이는 것이다. '千乘之家'는 병거 천 대를 소유한 집안을 말한다. '家'라고 쓴 것은 아예 봉토를 받아 제후국을 이룬 경우가 아니라 천자의 공경(公卿)으로 지내면서 세를 받는 땅에서 나오는 봉록이 병거 천 대를 보유할 수 있는 사람이기 때문이다.

② '千乘之國'은 봉토를 받아 제후국을 이룬 경우를 가리키며 '百乘之家'는 그 제후국 안에 있는 대부를 가리킨다.

③ '焉'은 '於之'로, '거기에서'라는 뜻이다. 그러므로 '만승이 만승에서 천승을 취하고, 천승이 천승에서 백승을 취하다'라는 의미가 된다. 이는 천자국이 1/10을 떼어 제후를 세우고, 제후도 마찬가지로 대부를 세우는 질서를 말한 것이다. '不爲不多'는 이중 부정 형태로 한문에서 즐겨 사용하는 표현이다. 한 마디로 그 정도도 충분히 많은 양이란 뜻이다.

苟爲後義而先利, 不奪, 不饜①. 未有仁而遺其親者也, 未有義而後其君者也②. 王, 亦曰仁義而已矣, 何必曰利③?

[구위후의이선리(면) 불탈(하여는) 불염(이니이다) 미유인이유기친자야(며)
미유의이후기군자야(니이다) 왕(은) 역왈인의이이의(시니) 하필왈리(잇고)]

　　"만일 의(義)를 뒷전으로 하고 이익(利)를 우선한다면 빼앗지 않고서는
만족하지 않게 될 것입니다. 인(仁)하고서 그 어버이를 버리는 자는 있지 않고
의(義)로우면서 그 군주를 뒷전으로 하는 자는 있지 않습니다.
왕은 또한 인과 의를 말씀하시면 그뿐일 것인데, 하필 이익을 말씀하십니까?"

---

① '苟'는 '만일'이고, '爲'는 '하다', '後義'는 '의를 뒤로, 뒷전으로 하는 것'이고, '先利'는 '이익을 앞으로, 앞세우는 것'이다. '奪'은 '빼앗다', '饜'은 '만족하다'이다. '饜'은 재미있게도 정반대의 뜻을 동시에 가지고 있다. 여기서는 '만족하다'로 쓰였는데, '싫증나다, 물리다'의 뜻도 있다. 만족하고 좋아하는 것을 극치로 몰고 가면 일순간 그 기호가 꺾이며 한순간에 물리고 싫어진다는 이치가 한 단어에 담겨 있다.

② '未有'는 '아직 있지 않다', '仁而'는 '인하면서', '遺'는 '버리다', '親'은 '어버이'이다. '也'는 문장과 문장 사이에 쓰여 약간 호흡을 주지만 해석은 하지 않는다. '義而'는 '의로우면서'이다. 인과 의의 효용에 대해 말한다. 이익을 추구할 때는 아무리 많아도 빼앗지 않고서는 만족하지 못하지만, 인과 의를 내면화한 사람은 이익을 따지지 않고 그 어버이와 군주를 자기보다 앞세울 것이니, 인과 의를 선택하는 게 훨씬 지혜로운 일이라는 것이다.

③ 맹자가 처음 대화를 시작할 때 했던 말과 똑같은 표현이다. 수미쌍관으로 자신의 주장을 강조하며 말을 맺고 있다.

梁惠王曰, 寡人之於國也, 盡心焉耳矣[①]. 河內凶, 則移其民於河東, 移其粟於河內[②]. 河東凶, 亦然[③].

[양혜왕왈, 과인지어국야(에) 진심언이의(로니) 하내흉(이어든)
즉이기민어하동(하고) 이기속어하내(하며) 하동흉(이어든) 역연(하노니)]

양혜왕이 말했다.
"과인이 나라에 대해 마음을 다하고 있습니다. 하내 지방이 흉년이 들면 그 백성을
하동 지방으로 이동시키고, 그 곡식을 하내로 옮기며, 하동 지방이 흉년이 들면 또한
그렇게 하고 있습니다."

양혜왕이 본격적으로 나라를 강하고 부유하게 할 방법을 묻는다.

① '寡人'은 임금이 자신을 낮추어 부르는 말이다. 과덕지인(寡德之人)의 준말로 덕이 적은 사람이라는 뜻이다. A之於B는 'A가 B에 대해서'라고 해석한다. '也'는 어조사로 어제 나왔던 용법과 같다. '盡心'은 '마음을 다하다', '焉耳矣'는 모두 어조사로 강조한다.

② '河內'는 황하(黃河) 안쪽 지방으로, 허난성(河南省)의 황하 이북과 산시성(山西省) 동남부 일대를 가리킨다. '凶'은 '흉년이 들다', '則'은 부사로 '~하면'이다. '移其民'은 '그 백성을 옮기다'로 여기서 '그 백성'은 하내의 백성이다. 하내의 백성을 어디로 옮기느냐면, '於河東', 즉 '하동에' 옮긴다. 하동은 황하의 동쪽으로 산시성의 남부 일대에 해당한다. 백성을 이렇게 옮기고서 이동이 불가능한 백성을 위해 곡식도 옮겨 준다. '其粟'은 하동의 곡식을 가리킨다. 하동의 곡식을 하내로 옮겨 주는 것이다.

③ '亦然'은 '또한 그렇게 하다'로 앞 문장의 내용 전체를 받는다. 즉 하동이 흉년이 들면 하내에 흉년이 들었을 때처럼 백성과 곡식을 이동시킨다는 말이다.

察鄰國之政, 無如寡人之用心者^①, 鄰國之民, 不加少, 寡人之民, 不加多, 何也^②?

[찰인국지정(컨대) 무여과인지용심자(로되) 인국지민(이) 불가소(하며)
과인지민(이) 불가다(는) 하야(잇고)]

"이웃 나라의 정사를 살펴보건대 과인이 마음을 쓰는 것처럼 하는 자가 없는데 이웃 나라
의 백성이 더 적어지지 않고 과인의 백성이 더 많아지지 않는 것은 어째서입니까?"

① '察'은 '살피다'이고, '鄰國之政'은 '이웃 나라의 정사·정치'이다. '如'는 '~와 같이, ~처럼'이고, '寡人之用心'은 '과인의 마음씀, 혹은 과인이 마음을 쓰다'이니, '如寡人之用心者'는 '과인이 마음 쓰는 것과 같이 하는 자'이다. 그런데 앞에 부정사 '無'가 붙었으니 그렇게 하는 사람이 없다는 뜻이 되겠다. 양혜왕은 자신이 생각할 때 최선의 흉년 대책을 펼쳤고 주변 나라를 살펴보니 백성을 위해 자기처럼 이렇게 마음 써서 정책을 펴고 있는 임금이 없더라는 것이다.

② '加少'는 '더 적어지다, 줄어들다', '加多'는 '더 많아지다, 늘어나다', '何'는 의문사이다. '鄰國之民'과 '寡人之民'의 상태를 비교해서 말하고 있다. 이웃 나라 백성은 그렇게 보살핌을 받지 못하니 그 나라에서 도망쳐 나의 나라로 와야 할 텐데 그렇게 하지 않아서 그 나라 백성이 줄어들지 않고 내 나라 백성이 늘어나지 않고 있다며 왜 그런 것이냐고 묻는다. 양혜왕은 나름 선정(善政)을 펼치고 있는 괜찮은 군주라고 스스로 생각하고 있었는데 결과가 자신의 기대만큼 나오지 않으니 답답하던 차였다. 맹자의 대답이 참으로 기발하다. 궁금하겠지만 오늘 공부는 여기까지!

孟子對曰, 王, 好戰, 請以戰喻①. 塡然鼓之, 兵刃旣接②, 棄甲曳兵而走③, 或百步而後止, 或五十步而後止④. 以五十步, 笑百步, 則何如⑤?

[맹자대왈, 왕(이) 호전(하시니) 청이전유(하리이다) 전연고지(하여) 병인기접(이어든) 기갑예병이주(호되) 혹백보이후지(하며) 혹오십보이후지(하여) 이오십보(로) 소백보(하면) 즉하여(하니잇고)]

맹자가 대답했다.

"왕이 전투를 좋아하시니, 청컨대 전투를 가지고 비유하겠습니다. 둥둥 북을 쳐서 병기와 칼날이 이미 맞붙었는데, 갑옷을 버리고 병기를 끌고 도망치는데 어떤 자는 백 보를 간 뒤에 멈추고 어떤 자는 오십 보를 간 뒤에 멈추었습니다. 그리고 오십 보를 간 자가 백 보를 간 자를 보고 비웃는다면 어떻습니까?"

① '好戰'은 '전쟁·전투를 좋아하다', '請'은 '청컨대 ~하겠다'인데, 그냥 '~해 보겠다, ~하겠다'라고만 번역해도 된다. '以戰'은 '전투를 가지고', '喻'는 '비유하다'이다.

② '塡然'은 북소리가 울리는 모양이므로 '둥둥'이라는 의성어로 해석하면 된다. 한문에서는 '然'을 붙여 의성어나 의태어를 만드는 경우가 많다. '鼓'는 '북'인데, 옛날 전투에서는 북을 쳐서 전진을 알렸고 징을 쳐서 후퇴를 알렸다. '兵刃'은 '병기와 칼날', '旣'은 '이미', '接'은 '맞붙다'이다.

③ '棄'는 '버리다', '甲'은 '갑옷', '曳'는 '끌다, 바닥에 질질 끌다', '兵'은 '병기·무기'이다. '而'는 순접, '走'는 '달아나다'이다.

④ '或'은 '어떤 자는, 어떤 경우는'이고, '步'는 '걸음', '止'는 '멈추다, 그치다'이다.

⑤ 여기서 '以'는 앞의 '以戰'처럼 해석하면 된다. '笑'는 '웃다'인데, 여기서는 '비웃다'로 해석하면 자연스럽다.

曰, 不可, 直不百步耳, 是亦走也①.
曰, 王如知此, 則無望民之多於鄰國也②.

[왈, 불가(하니) 직불백보이(언정) 시역주야(니이다)
왈, 왕여지차(시면) 즉무망민지다어인국야(하소서)]

왕이 말하였다.
"불가합니다. 다만 백 보가 아닐 뿐이지 이 역시 도망친 것입니다."
맹자가 말하였다.
"왕께서 만일 이것을 아신다면 백성이 이웃 나라보다 많아지기를 바라지 마소서."

① '不可'는 '가하지 않다, 그래서는 안 된다'의 뜻으로 글자 그대로 '불가하다'라고 해도 된다. '直'은 '다만, 오직'이란 뜻으로 '~일 뿐이다'의 뜻인 '耳'와 호응하여 강조의 뜻을 나타낸다. '是亦'은 '이 역시'이다.

② '如'는 '만약, 만일', '此'는 '이것'이라는 지시대명사이다. '無'는 '~하지 마라'라는 뜻의 금지사이다. 주로 '없다'라는 뜻으로 쓰이지만 이렇게 금지의 뜻으로 쓰이는 경우도 적지 않다. '望'은 '바라다'이다. '之'는 주격 조사로 쓰였고, 於는 '~보다'라는 비교급으로 쓰였다. 맹자가 보기에, 양혜왕이 한 지역에 가뭄이 들면 백성을 형편이 조금 더 나은 지역으로 옮겨 주고 이동이 불가능한 백성을 위해 양식을 옮겨 오고서 이 위대한 선정이 소문나기를 바라는 행동은 50보를 도망친 자가 100보 도망친 자를 비웃는 것과 같다. 약간의 선정을 펼치는 양혜왕이나 그것도 못하는 이웃 나라 왕이나 전쟁을 좋아해서 백성을 괴롭게 하는 가장 큰 실정(失政)은 똑같으니 뭘 바라느냐는 것이다.

不違農時, 穀不可勝食也① : 數罟, 不入洿池, 魚鼈, 不可勝食也② ; 斧斤, 以時入山林, 材木不可勝用也③ .

[불위농시(면) 곡불가승식야(며) 촉고(를) 불입오지(면) 어별(을) 불가승식야(며) 부근(을) 이시입산림(이면) 재목(을) 불가승용야(니)]

"농사철을 어기지 않으면 곡식을 이루 다 먹을 수 없고, 촘촘한 그물을 웅덩이와 못에 넣지 않으면 물고기와 자라를 이루 다 먹을 수 없으며, 도끼와 자귀를 철에 따라 산림에 들이면 재목(材木)을 이루 다 쓸 수 없을 것입니다."

---

① '違'는 '어기다, 위반하다'이고, '農時'는 봄에 밭 갈고 여름에 김매고 가을에 수확하는 농사의 적절한 때를 가리키니, 봄·여름·가을은 농사철로 보면 된다. 농경시대에는 전쟁이나 토목 공사를 농사철을 제외한 겨울에 하는 것이 원칙이었다. 그래야만 식량을 확보할 수 있기 때문이다. '勝食'은 끝까지 다 먹는 것을 말하므로 '不可勝食'은 '이루 다 먹을 수 없다'라는 뜻이 된다. '不可勝+동사'는 '이루 다 ~ 할 수 없다'의 뜻으로 종종 사용되는 표현이다. '也'는 문장과 문장 사이에 쓰여 호흡을 주는 어조사로 해석은 하지 않는다.

② '數'은 '빽빽한, 촘촘한'의 뜻이고, 이런 뜻일 경우 음은 '촉'이 된다. '罟'는 '그물', '洿池'는 웅덩이와 연못이고, '魚鼈'은 물고기와 자라이다. 물고기를 잡을 때 촘촘한 그물을 쓰지 않는다는 것은 치어(稚魚), 즉 어린 물고기를 잡지 않는다는 뜻이다.

③ '斧斤'은 도끼와 자귀이다. '時'는 초목의 잎이 떨어지는 때이다. 재목이 울창하게 자라도록 충분히 시간을 지켜 준 것을 말한다.

穀與魚鼈, 不可勝食, 材木, 不可勝用 [1], 是, 使民養生喪死, 無憾也 [2]. 養生喪死, 無憾, 王道之始也 [3].

[곡여어별(을) 불가승식(하며) 재목(을) 불가승용(이면), 시(는) 사민양생상사(에) 무감야(니) 양생상사(에) 무감(이) 왕도지시야(니이다)]

"곡식과 어류를 이루 다 먹을 수 없으며 재목을 이루 다 사용할 수 없게 되면 이는 백성으로 하여금 산 이를 먹여 살리고 죽은 이를 장사지내는 일에 유감이 없게 하는 것이니, 산 이를 먹여 살리고 죽은 이를 장사지내는 데에 유감이 없게 하는 것이 왕도(王道) 정치의 시작입니다."

---

① '與'가 '~와'의 뜻이라는 것만 알면 쉽게 해석할 수 있을 것이다.

② '使'는 '~로 하여금, ~에게 ~하게 하다'라를 뜻의 사역을 나타내는 조동사이다. '養生'은 '산 사람을 봉양하다, 먹여 살리다, 부양하다'이고, '喪死'는 '죽은 이를 장사지내다'이다. '憾'은 '한하다, 서운하다'의 뜻이므로 '無憾'은 '유감이 없게 하다'가 된다.

③ 맹자 사상을 관통하는 중요한 개념인 '왕도'(王道)가 등장한다. 왕도정치란 덕을 베풀어 백성의 마음을 얻어 나라를 다스리는 것을 뜻한다. 그래서 백성이 나라의 운영 방식에 대해 유감이 없는, 원망이 없는 '無憾'의 상태는 왕도정치에서 매우 중요하다. 위에서 말한 것들은 백성이 가족을 꾸려 열심히 일하면 나와 내 가족의 삶을 영위할 수 있다고 믿게 해 주는 가장 기본적인 조건이다. 그러나 전쟁이 시작되면 이 모든 것이 불가능해진다. 전국시대는 이 기본적인 것들이 불가능한 시대였다.

狗彘食人食而不知檢^①, 塗有餓莩而不知發^②, 人死, 則曰,
非我也, 歲也^③. 是何異於刺人而殺之曰, 非我也, 兵也^④.
王無罪歲, 斯天下之民, 至焉.

[구체식인식이부지검(하며) 도유아표이부지발(하고) 인사(어든) 즉왈,
비아야(라) 세야(라하나니) 시하이어척인이살지왈, 비아야(라) 병야(리오).
왕무죄세(하시면) 사천하지민(이) 지언(하리이다)]

"개와 돼지가 사람의 양식을 먹는데도 단속할 줄 모르고, 거리에는 주려 죽은 시체가
있는데도 나라의 창고를 열 줄 모르고서 사람이 죽으면 말하기를, '내가 그런 것이
아니다. 흉년 때문이다'라고 하시니, 이것이 사람을 찔러 죽이고서 '내가 한 것이 아니다.
병기 때문이다'라고 하시는 것과 무엇이 다릅니까? 왕께서 흉년을 탓하지 않으시면
천하의 백성들이 (왕의 나라로) 올 것입니다."

① '狗彘'는 '개와 돼지'이고, 앞의 '食'은 동사, 뒤의 '食'은 명사로 쓰
여 '人食', 즉 '사람의 양식'을 '먹다'가 된다. '檢'은 대개 '단속하다'로
푸는데, 이렇게 하면 앞뒤 문장이 모두 흉년을 가리켜 왕과 귀족의
집에서는 기르는 가축이 사람의 양식을 먹는데도 단속할 줄 모른다
는 뜻이 된다. 그러나 '거두다'[斂]의 뜻으로 보는 경우도 있는데, 이
렇게 하면 뒤에 나오는 문장의 '發'과 대조하여 앞 문장이 풍년이 든
해, 뒷 문장이 흉년이 든 해가 되어 풍년이니까 음식이 지천이어서
개와 돼지도 사람이 먹을 걸 먹는데 그걸 거두어 저장해 흉년을 대
비할 줄 모른다는 뜻이 된다.
② '塗'는 '길, 거리', '餓'는 '굶주리다', '莩'는 '굶주려 죽은 시체'로 '표'
로 읽는다. '發'은 '열다'의 뜻으로 창고를 열어 구휼하는 것이다.
③ '歲'는 농사의 작황 상태, 즉 풍흉을 가리킨다.
④ '何異'는 '무엇이 다른가'라는 뜻으로 문장 전체에 걸린다.
맹자의 비유가 정말 기가 막히지 않는가!

梁惠王曰, 寡人願安承教^①. 孟子對曰, 殺人以梃與刃,
有以異乎^②? 曰, 無以異也. 以刃與政, 有以異乎?
曰, 無以異也.

[양혜왕왈, 과인(이) 원안승교(하노이다). 맹자대왈, 살인이정여인(이)
유이이호(잇가). 왈, 무이이야(니이다). 이인여정(이) 유이이호(잇가).
왈, 무이이야(니이다)]

양혜왕이 말했다. "제가 마음을 가라앉혀 가르침을 받고자 합니다."
맹자가 대답했다. "사람을 죽일 때 몽둥이와 칼을 사용하는 것이 차이가 있습니까?"
"차이가 없습니다."
"칼과 잘못된 정치를 사용하는 것이 차이가 있습니까?" "차이가 없습니다."

양혜왕이 마음을 잡았다. 맹자가 초장부터 꽤 세게 나가기도 했지만 지적한 문제점이 확실히 맞고 천하의 백성이 모두 왕에게 올 방법, 천하를 제패하게 될 방법에 대해 말하자 들어 보기로 한 것이다.

① '寡人'은 제후가 자기 자신을 지칭하는 겸손한 표현이다. 천자는 이런 겸양의 표현 없이 자신을 '짐'(朕)이라 칭한다. 전국시대에 들어서서 제후들이 모두 스스로를 '공'(公)에서 '왕'(王)으로 높이기는 했으나 과민이라는 표현을 쓴 것으로 보아 아직 제후로서의 습성이 남은 것이 아닌가 싶다. '安承教'는 직역하면 '편안히 가르침을 받들다'인데, 편안하다는 것은 마음을 차분히 한다는 의미이다.

② '梃'은 '몽둥이', '刃'은 '칼, 칼날'이니, 때려 죽이는 것과 찔러 죽이는 것이 차이가 있냐고 물은 셈이다. '有以異乎'에서 '以'는 '까닭, 이유, 방법'을 가리키는 '所以'의 준말로, 직역하면 '다를 까닭(다를 것)이 있습니까'가 된다. 당연히 사람을 죽였다는 점에서 둘 사이에는 차이가 없고, 그래서 피할 길 없는 다음 질문이 이어졌다.

曰, 庖有肥肉, 廐有肥馬, 民有飢色, 野有餓莩[①]**,
此, 率獸而食人也**[②]**. 獸相食, 且人惡之, 爲民父母, 行政,
不免於率獸而食人**[③]**, 惡在其爲民父母也**[④]**?**

[왈, 포유비육(하며) 구유비마(하고) 민유기색(하며) 야유아표(면) 차(는)
솔수이식인야(니이다) 수상식(을) 차인오지(하나니) 위민부모(라) 행정(호되)
불면어솔수이식인(이면) 오재기위민부모야(리잇고)]

맹자가 말했다.
"푸줏간에는 살진 고기가 있고, 마구간에는 살진 말이 있는데 백성은 굶주린 기색이
있고 들에는 굶어 죽은 시체가 있으니, 이것은 짐승을 몰아서 사람을 잡아먹게 한
것입니다. 짐승이 서로 잡아먹는 것도 사람이 미워하는데 백성의 부모가 되어 정사를
행하되 짐승을 몰아다가 사람을 잡아먹게 하는 상황을 벗어나지 못한다면 백성의
부모된 점이 어디에 있습니까?"

사람을 죽이는 데는 칼이든 정치든 똑같다. 이제 맹자는 양나라의
현실로 직진한다.

① '庖'는 '푸줏간', '廐'는 '마구간'이다. 이곳의 풍경과 백성의 모습을
대조해서 표현하고 있다. '庖'와 '廐'에는 '살지다'는 뜻의 '肥'가 쓰였
고, '民'과 '野'에는 '굶주리다'는 뜻의 '飢'와 '餓'가 각각 쓰였다.

② '率'은 '거느리다, 몰다'의 뜻이다. 푸줏간 고기와 마구간 말이 살
질 수 있었던 것은 곡식을 넉넉히 먹었기 때문이다. 곡식은 굶주린
사람부터 먹어야 하는 것 아닐까? 그래서 짐승을 몰아다가 사람을
잡아먹게 한 것이라고 표현한 것이다.

③ '且'는 '또, ~도', '惡'는 '미워하다, 싫어하다'이므로 음은 '오'이다.
'爲'는 '되다', '行政'은 '정사, 정치를 행하다', 免은 '면하다, 벗어나다'
이다.

④ '惡'는 의문사로 '어디에'이고, 음은 '오'이다.

孟子見梁襄王^①. 出語人曰, 望之不似人君,
就之而不見所畏焉^②. 卒然問曰^③, 天下惡乎定^④?
吾對曰, 定于一. 孰能一之^⑤? 對曰, 不嗜殺人者能一之^⑥.
孰能與之^⑦? 對曰, 天下莫不與也.

[맹자견양왕(하시고) 출어인왈, 망지불사인군(이요) 취지이불견소외언(이러니)
졸연문왈, 천하오호정(고하여늘) 오대왈, 정우일(이라호라) 숙능일지(오하여늘) 대왈,
불기살인자능일지(라호라) 숙능여지(오하여늘) 대왈, 천하막불여야(니이다)]

　　　　　맹자가 양양왕을 만나고 나와 사람들에게 말하였다.
　　　"바라보아도 임금 같지 않고 그 앞으로 나아가도 두려워할 점을 볼 수 없었다.
　　그런데 갑자기 묻기를 '천하가 어디에 정해지겠습니까?' 하기에, 내가 대답하기를,
　　'한 곳에 정해질 것입니다'하였다. '누가 하나로 할 수 있습니까?' 하여, 대답하기를,
　　'살인을 좋아하지 않는 자가 하나로 할 수 있을 것입니다' 하니, '누가 그에게
돌아가겠습니까?' 하므로, '천하에 돌아가지 않는 이가 없을 것입니다'라고 대답하였다."

---

① 맹자가 이번에는 양양왕을 만났다. 양양왕은 양혜왕의 아들이다.
그런데 만나고 나와 진심 악평을 한 점이 눈에 띈다.

② '望之'는 바라보는 것이고, '就之'는 나아가 가까이서 보는 것인데,
'望之'를 당 아래에서 본 것, '就之'를 당 위에 올라가서 본 것이라 해
석하는 견해도 있다. '不似'는 '~같지 않다', '而'는 '且'와 같이 '게다
가'의 의미를 갖는 조사로 쓰였다. '所畏'는 '두려워할 만한 것'이다.

③ '卒然'은 '갑자기'의 뜻이다.

④ '惡'은 장소를 묻는 의문 부사로 '어디에'이다.

⑤ '孰'은 '누구', '一'은 '하나로 만들다', '之'는 '천하'를 가리킨다.

⑥ '嗜'는 '좋아하다, 즐기다'이다. 살인을 좋아하지 않는 사람이 천하
를 하나로 만들 수 있다고 이야기한다.

⑦ '與'는 '돌아가다, 스스로 와서 복종하다'라는 뜻의 '歸'와 같은 의
미로 쓰였다. '之'는 앞서 말한 살인을 좋아하지 않는 자를 가리킨다.

今夫天下之人牧①, 未有不嗜殺人者也②,
如有不嗜殺人者③, 則天下之民, 皆引領而望之矣④.

[금부천하지목이(이) 미유불기살인자야(니) 여유불기살인자(면)
즉천하지민(이) 개인령이망지의(리라)]

"지금 천하의 임금이 사람 죽이기를 좋아하지 않는 자가 있지 않으니, 만일 사람 죽이기를
좋아하지 않는 자가 있으면 천하의 백성이 모두 목을 늘이고서 바라볼 것입니다."

앞서 맹자가 양양왕을 만나 한 이야기와 이어지는 부분이다.

① '夫'는 어조사로 해석하지 않아도 되고 '~로 말하자면'이라고 해
서 어감을 살려 줘도 된다. '人牧'은 백성을 기르고 다스리는 사람이
란 뜻으로 '임금'을 가리킨다.

② '未有'는 '있지 않다', 즉 '없다'는 뜻이다.

③ '如'는 뒤의 '則'과 호응을 이뤄 '만일 ~한다면 곧'이라는 가정문을
만든다.

④ '領'은 '목'으로, '引領'은 '목을 빼다, 늘이다'이다. 우리말 표현에서
'목을 빼고 바라보다, 기다리다'와 같은 뜻이 된다.

무턱대고 천하를 통일할 마음부터 먹는, 앞뒤 모르는 양양왕에게도
맹자는 친절히 답해 준다. 그러면서 천하 통일의 관건은 '不嗜殺人'
에 달렸다고 말한다. 그런데 정확히 '살인'이 뭘 가리킬까? 전국시대
에 모든 왕이 전쟁으로 통일 욕망을 불태워 백성의 목숨을 파리 목
숨같이 여기니 이런 말을 했을 수도 있다. 그러나 다산 정약용은 이
를 왕도정치를 행하지 않아 나라 행정을 잘못해서 사람들이 생계를
유지할 수 없게 된 상황으로 보았다. 정치경제가 망가지면 백성은
전쟁이 없어도 죽는다.

**齊宣王問曰, 齊桓晉文之事①, 可得聞乎②? 孟子對曰,
仲尼之徒無道桓文之事者③, 是以, 後世無傳焉④.
臣, 未之聞也. 無以則王乎⑤.**

(제선왕문왈, 제환진문지사(를) 가득문호(잇가). 맹자대왈,
중니지도 무도환문지사자(라) 시이(로) 후세(에) 무전언(하니)
신(이) 미지문야(로니) 무이즉왕호(인저))

제선왕이 물었다. "제환공과 진문공의 일을 들을 수 있겠습니까?"
맹자가 대답했다.
"공자의 문도들은 제환공과 진문공의 일을 말한 자가 없습니다.
이 때문에 후세에 전하는 것이 없어 신이 아직 들어 보지 못하였습니다.
그만두지 말라고 하신다면 왕도를 말하겠습니다."

양양왕에게 실망한 맹자는 양나라를 떠나 제나라로 와서 선왕을 만난다. 이 부분이 『맹자』에서 제일 길다. 발췌해서 다루겠지만 호흡이 길 것임을 염두에 두고 공부하면 좋겠다.

① '齊桓'은 '제나라 환공', '晉文'은 '진나라 문공'을 가리킨다.

② 직역하자면 '얻어 들을 수 있겠습니까?'이다. '들을 수 있겠습니까?' 정도로 번역하면 된다.

③ '仲尼'는 공자의 자다. 그러므로 '仲尼之徒'는 '공자의 문도'가 된다. '道'는 '말하다'의 뜻이다. 공자의 문하에서는 진짜 인정(仁政)이 아니라 이런 척하며 실제로는 힘으로 천하를 복종시킨 패도(覇道)에 대해서는 다루지 않는다는 뜻이다.

④ '是以'는 '이 때문에', '焉'은 '於之'의 준말로, '그것[桓文之事]에 대해'이다.

⑤ '無'는 '勿'의 의미로 금지사이며, '以'는 '己'와 같은 용법으로 '그만두다'의 뜻이다. '王'은 '왕도'(王道), '인'으로 하는 정치를 가리킨다.

曰, 德, 何如, 則可以王矣①? 曰, 保民而王, 莫之能禦也②.
曰, 若寡人者, 可以保民乎哉? 曰, 可. 曰,
何由, 知吾, 可也③?

[왈, 덕(이) 하여(면) 즉가이왕의(리잇고) 왈, 보민이왕(이면) 막지능어야(리이다).
왈, 약과인자(도) 가이보민호재(잇가) 왈, 가(하니이다). 왈,
하유(로) 지오(의) 가야(잇고)]

(제선왕이) 물었다.
"덕이 어떠하면 왕(천자) 노릇할 수 있습니까?"
(맹자가) 답했다.
"백성을 보호하여 왕 노릇하면 막을 자가 없을 것입니다."
"과인 같은 자도 백성을 보호할 수 있습니까?"
"가능합니다."
"무슨 이유로 내가 가능한 것을 아십니까?"

제선왕은 맹자의 말에 '왕'(王)이 등장하자 관심을 갖는다. 왕은 천자를 가리키기 때문이다. 제환공과 진문공을 물어본 것도 천하통일에 관심이 있기 때문인데 맹자는 그런 패자 정도가 아니라 무려 왕자가 될 길을 말해 주겠다지 않는가? 관심이 있을 수밖에.

① '德'은 옛 글에 '얻다'는 뜻의 득(得)과 통했다. 대개 내면에 쌓아 둔 것을 의미하지만 여기서는 갖추어야 할 자질을 총체적으로 의미한다고 보면 되겠다. '可以'는 정확히 말하면 '~으로써 ~할 수 있다'의 의미이다. '以'가 가리키는 내용 때문에 어떤 행동을 할 수 있다는 말이다. 그래서 한문에서 '~할 수 있다'라는 문장을 만들 때 '可'만 쓰지 않고 '可以'를 쓴다.

② '保'는 '소중히 여기고 보호하다'는 뜻이다. '莫之能禦'는 '莫能禦之'의 도치 형태고, '之'는 앞 구절을 받는다. '禦'는 '막다'이다.

③ '何由'는 '무슨 까닭으로', '知吾可'는 '나의 가함을 알다'이다.

王說曰^①, 詩云: 他人有心, 予忖度之^②. 夫子之謂也^③.

[왕열왈, 시운, 타인유심(을) 여촌탁지(라하니) 부자지위야(로소이다)]

> 왕이 기뻐하며 말하였다.
> "『시경』에 이르기를, '남의 마음을 내가 헤아린다'라고 하였는데,
> 선생님을 두고 말한 것인가 봅니다."

갑자기 왕이 기뻐했다니 무슨 일일까? 앞서 무슨 까닭으로 내가 왕 노릇할 수 있다는 것을 아느냐고 물었다. 그러자 맹자는 호흘이라는 제선왕의 신하에게 들은 이야기 하나를 말한다. 어느날 왕이 대청에 앉아 있을 때 소 한 마리가 벌벌 떨며 끌려가는 것을 보았다. 어디로 끌고 가느냐 물었더니 새 종을 다 주조해서 그 틈을 바르는 제사 의식에 쓰려고 데려간다 했다. 왕은 소의 모습에서 차마 눈을 거두지 못하다가 양으로 바꾸라는 명을 내린다. 이 사건이 나라에 소문이 났다. 왕이 쩨쩨해서 소는 크고 양은 작으니까 바꾸게 한 것이라는 불명예스러운 소문이었다. 맹자는 이 사건에 대해, 왕은 두려움 속에 죽으러 끌려가는 소를 보며 측은한 마음이 들어 눈으로 보지 못한 양과 바꾸라고 말했을 뿐이라며 이것이 바로 왕이 왕정을 펼칠 수 있다는 증거라고 말한다. 이 해석을 듣고 왕이 기뻐했던 것이다.

① '說'은 '기쁘다'는 뜻의 '悅'과 통용된다. '열'로 읽는다.

② 경서에 나오는 '詩云'은 거의 모든 경우 『시경』을 가리킨다. 제선왕이 인용한 시는 『시경』「소아」(小雅) '교언'(巧言)편의 내용이다. '云'은 책 등에서 말한 것을 가리키고, '曰'은 사람이 직접 한 말을 인용할 때 사용하는 편이지만 혼용된다. '忖度'은 '헤아리다'이다.

③ '夫子'는 상대에 대한 경칭으로 '선생님'으로 번역하면 된다. 'A之謂B'는 'A를 B라 말하다'이다.

夫我乃行之^①, 反而求之^②, 不得吾心^③. 夫子言之^④, 於我心, 有戚戚焉^⑤. 此心之所以合於王者, 何也^⑥?

[부아내행지(하고) 반이구지(호되) 부득오심(이러니) 부자언지(하시니) 어아심(에)
유척척언(하여이다) 차심지소이합어왕자(는) 하야(잇고)]

"내가 행하고서 돌이켜 찾아보았지만 내 마음을 알 수 없었는데, 선생님께서 말씀해 주시니 내 마음에 뭉클한 감동이 있습니다. 이 마음이 왕도에 부합하는 까닭이 무엇입니까?"

① '夫'는 발어사로 해석하지 않는다. 그런데 앞 구절 '夫子之謂也'의 끝에 붙여 감탄문을 만드는 어조사로 보는 해석도 있다. '乃'는 '이미'의 뜻이다. '之'는 '소를 양으로 바꾸게 한 일'을 가리킨다.

② '反而'는 '돌이켜서', '求'는 '구하다, 찾다', '之'는 '소를 양으로 바꾸라고 한 그 까닭'을 가리킨다.

③ 직역하면 '내 마음을 얻을 수 없었다'로 '내 마음을 알 수 없었다'는 뜻이다.

④ 여기서의 '之'는 '反而求之'의 '之'와 같은 내용을 가리킨다.

⑤ '戚戚'은 '마음이 감동한 모양'을 가리키는 말로 '뭉클하다, 뭉클한 감동이 있다' 정도로 번역하면 된다.

⑥ '之'는 주격조사, '所以'는 '까닭', '於'는 전치사로, 'A之所以B者C也' 구문이다. 'A가 B한 것은 C 때문이다'로 해석된다. '王'은 '왕도'(王道) 혹은 '왕 노릇' 둘 다 가능하다.

제선왕은 지금 기분이 좋다. 맹자가 이전에 '내가 뭐에 씌였었나 욕만 먹고 왜 그랬지?' 싶은 사건을 풀이도 해 주고 심지어 그 사건 때문에 천하의 왕 노릇도 할 수 있다 했으니 말이다.

曰, 有復於王者曰①, 吾力足以擧百鈞②, 而不足以擧一羽, 明足以察秋毫之末, 而不見輿薪③, 則王許之乎④? 曰, 否.

[왈, 유복어왕자왈, 오력족이거백균(이로되) 이부족이거일우(하며)
명족이찰추호지말(이로되) 이불견여신(이라하면) 즉왕허지호(잇가) 왈, 부(라)]

맹자가 말했다.
"어떤 사람이 왕에게 아뢰기를, '제 힘은 100균을 너끈히 드는데 깃털 하나를 들기에는
부족하고, 시력은 가을 털의 끄트머리를 충분히 볼 수 있는데 수레에 가득 실린 땔나무는
보지 못합니다'라고 한다면, 왕은 그 말을 인정하시겠습니까?"
제선왕이 대답했다.
"아니요."

---

① '有'는 '있다'의 뜻으로 보아 굳이 해석하지 않기도 하고, '어떤'이라는 대명사로 보기도 한다. '復'은 '아뢰다'이고, '복'으로 읽는다. 여기서 '王'은 제선왕을 가리킨다.

② '足以'는 '충분히 ~할 수 있다', '百鈞'은 3000근(斤)을 가리킨다.

③ '明'은 직역하면 '밝기가'이지만 이것은 한문식 표현이고 해석하자면 '시력'이 적당하다. 이런 경우가 종종 있다. 예를 들어, 한문식으로는 '길이를 알다'라고 할 때 '知長短'(지장단), 즉 '길고 짧은 것을 알다'라는 표현을 쓴다. '秋毫之末'은 '가을 털의 끝'이란 말인데, 이것은 짐승의 털이 가을이 되면 끝이 뾰족해져서 잘 보이지 않게 되는 것을 가리킨다. '전혀 그런 마음을 품은 적이 없다'라고 할 때 '추호도 그런 마음을 먹은 적이 없다' 같은 표현을 쓰는데 여기서 추호가 바로 이 '秋毫'이다. '薪'은 '나무섶, 땔나무', '輿'는 '수레'이다.

④ '許'는 '허여하다, 인정하다'이고, '之'는 앞의 말 전체를 가리킨다.

今, 恩足以及禽獸, 而功不至於百姓者, 獨何與^①?
然則一羽之不擧, 爲不用力焉, 輿薪之不見,
爲不用明焉, 百姓之不見保, 爲不用恩焉^②.
故王之不王, 不爲也, 非不能也^③.

[금(에) 은족이급금수(로되) 이공부지어백성자(는) 독하여(잇고)
연즉일우지불거(는) 위불용력언(이며) 여신지불견(은)
위불용명언(이며) 백성지불견보(는) 위불용은언(이니)
고(로) 왕지불왕(은) 불위야(언정) 비불능야(니이다)]

> "지금, 은혜가 충분히 금수에게 미치는데 공이 백성에게 이르지 못하는 것은 도대체
> 어째서입니까? 그렇다면 깃털 하나를 들지 못하는 것은 힘을 쓰지 않기 때문이고, 수레에
> 실린 땔나무를 보지 못하는 것은 시력을 쓰지 않기 때문이며, 백성이 보호를 받지
> 못하는 것은 은혜를 쓰지 않기 때문입니다. 그러므로 왕께서 왕도를 행하지 않는 것은
> 하지 않는 것이지 할 수 없는 것이 아닙니다."

왕의 동의를 얻어 맹자는 말을 이어 간다.

① '及'은 '미치다, 도달하다'로 뒷 문장의 '至'와 같은 뜻이다. '禽'은
'날짐승'을 '獸'는 '길짐승'을 각각 가리키므로 '禽獸' 짐승 전체를 지
칭한다. '者'는 '것', '獨'은 '도대체'로, '유독'으로, '또'[且]로 보기도 한
다. 도대체가 가장 자연스럽다.

② '然則'은 '그렇다면 그것은'으로 앞의 내용 전체를 받는다. '爲'는
'때문'이고, '焉'은 '於之'의 준말로 '거기에'의 뜻이며, '見保'에서 '見'
은 피동을 만드는 역할을 해서 '見保'는 '보호를 받다'의 뜻이 된다.
연쇄법을 써서 백성이 보호를 받지 못하는 것은 왕이 은혜를 쓰지
않아서임을 인정할 수밖에 없도록 했다.

③ 앞의 왕은 제선왕, 뒤의 왕은 '왕도를 행하다'라는 서술어이다. '不
爲'와 '不能'을 대조해서 말하고 있다. 하지 않는 것과 할 수 없는 것
을 분명히 가른 것이다.

曰, <u>挾太山以超北海</u>[1], 語人曰, 我不能, 是誠不能也.
<u>爲長者折枝</u>[2], 語人曰, 我不能, 是, 不爲也, 非不能也.
故, 王之不王, <u>非挾太山以超北海之類也</u>[3], 王之不王,
是折枝之類也.

[왈, 협태산이초북해(를) 어인왈, 아불능(이라하면) 시성불능야(어니와)
위장자절지(를) 어인왈, 아불능(이라하면) 시(는) 불위야(언정) 비불능야(니)
고(로) 왕지불왕(은) 비협태산이초북해지류야(라) 왕지불왕(은)
시절지지류야(니이다)]

맹자가 말했다.
"태산을 끼고 북해를 뛰어넘는 것을 사람들에게 '나는 할 수 없다'라고 말한다면 이것은
진실로 할 수 없는 것입니다만, 어른을 위해 나뭇가지를 꺾는 것을 사람들에게 '나는 할 수
없다'라고 말한다면 이것은 하지 않는 것이지 할 수 없는 게 아닙니다. 그러므로 왕께서
왕도를 행하지 않는 것은 태산을 끼고 북해를 뛰어넘는 것 같은 류가 아니라 왕께서
왕도를 행하지 않는 것은 나뭇가지를 꺾는 류의 일입니다."

맹자가 왕도 정치를 하지 않는 것은 하지 않는 것이지[不爲] 할 수
없는 것[不能]이 아니라고 하자 제선왕이 '不爲'와 '不能'의 차이를
물었고, 답했다. 비유가 재밌다.

① '太山'은 태산(泰山)이고 '北海'는 '발해'로, 모두 제나라 국경 안에
있다.

② '爲'는 '위하다', '折枝'는 글자 그대로 '나뭇가지를 꺾다', 맹자 지역
의 방언으로 보아 '안마하다', '折'을 '굽히다', '枝'를 사지[肢]로 보아
'(몸을 굽혀) 절하다'의 세 가지로 보는 견해가 있다. 정약용의 경우
'안마하다'에 여러 증거가 있긴 하지만 앞의 비유가 뜬금없으니 나
뭇가지를 꺾는 일이 무슨 의미인지 몰라도 그저 가벼운 일로 치부해
충분히 앞과 대를 이루는 비유로 쓸 수 있다며 '나뭇가지를 꺾다'라
고 해석했다.

③ '類'는 '종류, 부류, 유형'의 뜻이다.

權然後, 知輕重, 度然後, 知長短①.
物皆然, 心爲甚②. 王請度之③.

[권연후(에) 지경중(하며) 도연후(에) 지장단(이니)
물개연(이어니와) 심위심(하니) 왕청탁지(하소서)]

"저울질 한 뒤에 무게를 알고 자질한 뒤에 길이를 알 수 있으니, 사물이 모두 그렇습니다
만 마음은 더욱 심한 점이 있습니다. 왕께서는 이를 헤아리소서."

① '權'은 '저울, 저울질하다'이다. '知輕重'은 '가볍고 무거움을 알다'
이므로 '무게를 알다'라고 옮긴다. '度'는 '자, 자로 재다'는 뜻으로
'도'로 읽는다. '知長短'은 '知輕重'처럼 목적어를 명사로 보아 '길고
짧은 것을 알다', 즉 '길이를 알다'로 번역한다.

② '物皆然'은 '사물은 모두 그러한 속성을 갖는다', 즉 달고 재야 정
확한 무게와 길이를 알 수 있다는 말이고, '心爲甚'은 '마음이 심하다'
로, 마음은 사물보다 측량해 알기 어렵다는 뜻이다. 마음은 실행해
본 뒤에야 그 마음이 어진 것이었는지 아닌지를 알 수 있으니 확실
히 측량이 어렵다. 이 구절에서 '權'과 '度'가 혈구지도(絜矩之道), 즉
자신을 미루어 남을 헤아리는 도에 대해 말하는 것으로 보는 견해도
있다. 끊임없이 저울질하고 자질해도 사물을 정확히 파악하기 어려
운데 사람의 마음이야 오죽하겠는가? 지속적으로 나를 성찰하고 그
것으로 타인을 미루어 이해하고 베풀려는 노력을 멈추면 안 된다는
말이다.

③ '請'은 '청하다, 청컨대'의 뜻이지만 번역할 때는 '~하소서'라고만
해도 된다. 여기서의 '度'는 '헤아리다'는 뜻이어서 '탁'으로 읽는다.
'之'는 앞 문장 전체를 받는다고 보기도 하고, '心', 즉 '왕의 마음'을
가리킨다고 보기도 한다.

**抑王^①, 興甲兵, 危士臣, 構怨於諸侯, 然後快於心與^②?
王曰, 否. 吾何快於是^③? 將以求吾所大欲也^④.**

[억왕(은) 흥갑병(하며) 위사신(하여) 구원어제후연후(에) 쾌어심여(잇가))
왕왈, 부(라) 오하쾌어시(리오) 장이구오소대욕야(로이다)]

"아니면 왕께서는 군대를 일으켜 군사와 신하들을 위태롭게 하고 제후들과
원한을 맺은 뒤에야 마음이 통쾌하시겠습니까?"
왕이 답했다.
"아니요. 내가 어찌 이것을 통쾌해하겠습니까? 앞으로 내가 크게 하고자 하는 바를
이루려고 하는 것입니다."

---

① '抑'은 '아니면'이라는 뜻의 발어사로 말을 전환할 때 사용한다. 왕
도정치가 가능하다고, 왕 자신의 마음을 잘 헤아려 보라고 설득하다
가 맹자는 돌연 어세를 바꾼다. 제환공과 진문공의 패업에 대해 물
은 그 마음을 곧장 찔러 들어가는 것이다.

② '甲兵'은 '무장한 병사, 전쟁'을 가리키니, '興甲兵'이라 하면 군대
를 일으키는 것이 되어 '전쟁을 일으키다'라는 뜻이 된다. '士臣'에서
'士'는 '병사, 군사'를 가리킨다. 그러므로 '臣'은 단순히 '신하'라고 볼
수도 있고 '무신'(武臣)이라고 볼 수도 있다. '快於心'은 '마음에 통쾌
하다', 즉 '속이 시원하다, 후련하다'는 뜻이 되겠다. '與'는 의문사를
만드는 어조사로 쓰였다.

③ 맹자가 직접적으로 물으니까 왕이 말을 돌린다. '何'는 '어찌'라는
의문사, '於'는 전치사로 '~를, ~대해'로 해석한다.

④ '大欲'은 제선왕의 큰 야망을 가리킨다. 실은 부국강병으로 패자
가 되고 싶지만 맹자가 굳이 그걸 전쟁이라 부정적으로 말하니 이렇
게 바꾸어 표현한 것이다.

曰, 然則王之所大欲, 可知已①. 欲辟土地, 朝秦楚, 莅中國而撫四夷也②. 以若所爲, 求若所欲, 猶緣木而求魚也③.

[왈, 연즉왕지소대욕(을) 가지이(니) 욕벽토지(하며) 조진초(하여)
이중국이무사야(로소이다) 이약소위(로) 구약소욕(이면)
유연목이구어야(니이다)]

맹자가 말했다.
"그렇다면 왕이 크게 하고자 하는 바를 알 수 있겠습니다. 영토를 확장하고 진나라와
초나라의 조회를 받으면서 중국에 군림하고 사방 오랑캐들을 어루만지고자 하는
것입니다. 그러나 이와 같은 소행으로 이와 같은 소원을 이루고자 한다면, 이는 나무에
올라가 물고기를 찾는 것과 같습니다."

그 유명한 사자성어, 연목구어가 나오는 대목이다. 제선왕은 앞서
자기에게 대욕(大欲), 즉 크게 하고자 하는 바가 있다고 말했다. 맹
자가 그게 뭐냐고 묻자 왕이 웃으며 답을 안 했다. 이에 산해진미와
재물 욕심 때문이냐, 더 진한 향락의 삶을 위해서냐, 더 많은 권력으
로 사람들 위에 군림하고 싶어서냐며 자세히 물으니, 제선왕이 절대
아니라며 손사래를 쳤다. 그러자 맹자가 오늘의 문장을 말한 것이다.
① '已'는 어조사로 단정하거나 종결하는 문장에 주로 쓰이는데, 대
개 '~일 뿐이다'로 해석하지만 여기서는 '~하다'로 해석한다.
② '欲'은 이 문장 전체에 걸린다. '辟'은 '열다'는 뜻의 '闢'(벽)과 같
다. '辟土地'는 토지를 여는 것이니 영토를 확장하는 것이다. '朝'는
'조회를 받다' '秦楚'는 당시의 강대국이었던 진나라와 초나라를 말
한다. '莅'는 '군림하다', '撫'는 '어루만지다', '夷'는 '오랑캐'이다.
③ '若'은 '如此'(여차)로 '이와 같다'는 뜻이다. '以A求B' 구문으로 'A
를 가지고 B를 구하다, 이루려고 꾀하다'의 의미이다. '猶'는 '같다',
'緣'은 '오르다'이다.

王曰, 若是其甚與①? 曰, 殆有甚焉②. 緣木求魚, 雖不得魚, 無後災③. 以若所爲, 求若所欲, 盡心力而爲之, 後必有災④.

[왕왈, 약시기심여(잇가). 왈, 태유심언(하니)
연목구어(는) 수부득어(나) 무후재(어니와) 이약소위(로) 구약소욕(이면)
진심력이위지(라도) 후필유재(하리이다)]

왕이 말했다.
"이렇게나 심합니까?"
맹자가 말했다.
"그보다도 더 심할 수도 있습니다. 나무에 올라가 물고기를 찾는 것은
물고기를 못 잡아도 뒤따르는 재앙은 없지만 이와 같은 소행으로 이와 같은 소원을
이루고자 한다면 마음과 힘을 다해서 하더라도 나중에 반드시 재앙이 있을 것입니다."

제선왕은 천하를 재패하고 싶었다. 그래서 제환공과 진문공에 대해 물은 것인데, 맹자는 그게 연목구어라고 일갈했다.

① '若'은 '같다'로, '以若所爲'의 '若'과는 살짝 다르게 쓰였다. '其'는 '그 일', '與'는 의문형을 만드는 어조사이다.

② '殆'는 '자못, 상당히'이지만 발어사로 보기도 한다. '焉'은 '於之'의 준말로 '於'는 비교급을 나타내서 '그보다 더'로 풀이한다.

③ '雖'는 '비록~이나', '不得魚'는 '물고기를 얻지 못하다', '後災'는 '뒤따르는 재앙·재난'이다.

④ '盡'은 '다하다, 모두 쏟다', '心力'은 '마음과 힘'이다.

맹자는 제나라가 강하기는 해도 천하의 1/9이니, 이 정도 규모로 섣불리 전쟁을 일으켰다가는 패배는 물론이고 뒷감당에 나라가 남아나질 않을 것이라며 패업에 대한 욕망을 가라앉히라고 제선왕을 설득했다.

今王, 發政施仁 ①, 使天下仕者, 皆欲立於王之朝,
耕者, 皆欲耕於王之野, 商賈, 皆欲藏於王之市, 行旅,
皆欲出於王之塗 ②, 天下之欲疾其君者, 皆欲赴愬於王 ③.
其若是, 孰能禦之 ④?

[금왕(이) 발정시인(하사) 사천하사자(로) 개욕립어왕지조(하며) 경자(로)
개욕경어왕지야(하며) 상고(로) 개욕장어왕지시(하며) 행려(로)
개욕출어왕지도(하시면) 천하지욕질기군자 개욕부소어왕(하리니)
기여시(면) 숙능어지(리오)]

"지금 왕께서 훌륭한 정치를 펴고 인을 베풀어 천하의 벼슬하는 사람들이 모두 왕의
조정에서 벼슬하고자 하게 하고, 농사짓는 자가 모두 왕의 들에서 경작하고자 하게
하며, 상인이 모두 왕의 시장에 물건을 저장하고자 하게 하고, 여행자가 모두 왕의
길로 다니고자 하게 한다면, 천하의 그 군주를 미워하는 자들이 모두 왕에게 달려 나와
하소연하고자 할 것입니다. 이와 같으면 누가 이것을 막을 수 있겠습니까?"

전쟁으로 이루는 패업을 말리면서 맹자는 그에게 정치의 근본을 돌
이키라고 권한다. 정치의 근본, 발정시인(發政施仁)이다.

① '發政'은 정령을 내서 정사를 행하는 것인데, 뒤의 '施仁'과 짝을
이루므로 '훌륭한 정치를 펴다'라고 볼 수 있다. '施仁'은 '인을 시행
하다, 베풀다'이니, '발정시인'은 왕도정치를 가리키는 표현이다.

② '使'는 '~로 하여금'으로 '天下'와 함께 '仕者', '耕者', '商賈', '行旅' 모
두에 걸린다. 그러나 '使'를 단순히 '夫'와 같은 발어사로 보는 풀이
도 있다. 이 네 부류는 세상 사람 전부를 직종으로 대략 나눈 것이다.
'商賈'의 '賈'는 '장사치'란 뜻으로 '고'로 읽는다.

③ 앞쪽의 '欲'은 '有'로 보아 달리 해석하지 않는다. '疾'은 '미워하다',
'愬'는 '하소연하다'이고, '王'은 제선왕을 가리킨다.

④ '孰'은 '누구'라는 의문사, '禦'는 '막다', '之'는 '이러한 형세'이다.

無恒産而有恒心者, 惟士爲能 ①. **若民則無恒産,**
因無恒心 ②. **苟無恒心, 放辟邪侈, 無不爲已** ③.

[왈, 무항산이유항심자(는) 유사위능(이어니와) 약민즉무항산(이면)
인무항심(이니) 구무항심(이면) 방벽사치(를) 무불위이(니)]

"항산이 없어도 항심이 있는 것은 오직 선비만이 능히 할 수 있습니다.
백성과 같은 경우는 항산이 없으면 그에 따라 항심도 없게 됩니다. 만일 항심이 없다면
방탕, 편벽, 사악, 사치 등을 하지 않음이 없을 것입니다."

발정시인하면 천하 사람이 모두 자기에게 온다니 제선왕으로서는
솔깃하지 않을 수 없었다. 본격적으로 그 내용에 대해 물었다.

① '恒'은 '항상, 변함없다, 떳떳하다'이고, '産'은 '생업'이다. 그러므
로 '恒産'은 백성이 살아갈 수 있도록 일정한 수입이 보장되는 생업
을 뜻한다. '恒心'은 외부 상황에 관계없이 떳떳하고 인간다운 마음
이다. '惟'는 '오직', '士'는 '선비'로 학식을 쌓은 계층을 말한다. '爲'는
대체로 '하다'로 해석하지만 '乃'(내)로 보아 '이에, 곧'으로 풀이하는
경우도 있다.

② '若~則'은 '~와 같은 경우로 말하면, ~와 같은 경우는'이다. '因'은
'그것으로 인해'의 뜻으로 인과를 만들 때 사용한다. '若民則無恒産'
에 '하면'의 토가 붙은 것은 이 '因'에서 온 것이다.

③ '放'은 '방탕', '辟'은 '僻'(벽)으로 '치우치다, 편벽되다'의 뜻이다.
중도를 지켜 균형을 잡지 못하고 한쪽으로 쏠리는 것이다. '邪'는 '사
악', '侈'는 '사치'이다.

④ '하지 않음이 없다'이고 '已'는 어조사이다. 항심이 없으면 어떤 형
태로든 문제를 일으키게 된다는 말이다.

及陷於罪然後, 從而刑之[①]**, 是, 罔民也**[②]**.**
焉有仁人在位, 罔民, 而可爲也[③]**?**
[급함어죄연후(에) 종이형지(면) 시(는) 망민야(니)
언유인인재위(하여) 망민(을) 이가위야(리오)]

　　"죄에 빠진 뒤에 그를 빌미로 형벌한다면 이는 백성을 그물질하는 것입니다.
　어찌 어진 사람이 왕위에 있으면서 백성을 그물질하는 짓을 할 수 있겠습니까?"

① '罪'는 어제 공부한 항심이 없어 저지르게 된 방벽사치(放辟邪侈)
가 계속되고 커져 법에 저촉되는 일까지 하게 된 경우이다. '陷'은
'빠지다', '及'은 '(그런 지경에) 도달하다, 미치다', '從'은 '따라서'이므
로 '그것을 빌미로'라고 볼 수도 있고, '쫓아가서'라고 볼 수도 있다.
'刑'은 '형벌하다'이다.

② '罔'은 '그물, 그물질하다'로, '罔民', 즉 백성을 그물질한다는 것은
백성을 속여 법의 그물에 걸려들게 하는 것이다.

③ '焉有'는 문장 전체에 걸려 '어찌 ~함이 있겠는가?'라는 뜻으로 풀
이된다. '在位'는 '왕위에 있다', '罔民而可爲'는 '可爲罔民'을 '而'를 사
이에 두고 도치시킨 형태이므로 '罔民' 다음에 '을'이라는 목적격 토
를 붙여 문장의 형태를 밝혔다.

좋은 나라를 만들려면 좋은 백성이 필요하다. 좋은 백성이란 어떤
상황에도 떳떳하고 인간다운 마음을 간직한 사람들이다. 즉 항심을
간직한 백성인 것이다. 그런데 이 항심은 어떻게 해야 가질 수 있는
가? 삶을 유지할 수입을 얻을 수 있는 변함없는 생업, 즉 항산이 있
어야 한다. 국정 운영의 기본은 나라의 재정이 아니라 백성의 주머
니를 채우는 것이다. 그렇지 못해 민심이 흉흉해지는 것은 백성 탓
이 아니라 위정자 탓이다.

是故, 明君, 制民之産①**, 必使仰足以事父母,**
俯足以畜妻子, 樂歲, 終身飽, 凶年, 免於死亡②**.**
然後, 驅而之善, 故, 民之從之也輕③**.**

[시고(로) 명군(이) 제민지산(호되) 필사앙족이사부모(하며)
부족이휵처자(하여) 낙세(에) 종신포(하고) 흉년(에) 면어사망(하나니)
연후(에) 구이지선(이라) 고(로) 민지종지야경(하니이다)]

"그러므로 현명한 군주는 백성의 생업을 제정해 주되 반드시 위로는 충분히 부모를 섬길
만하고 아래로는 충분히 처자를 기를 수 있어서 풍년에는 종신토록 배부르고 흉년에는
사망을 면하게 하였습니다. 그런 뒤에 인도하여 선으로 나아가게 하였으므로 백성이
따르기가 쉬웠던 것입니다."

드디어 제선왕과의 대화 마지막 편이다.

① '明君'은 '현명한 군주'로, 어제 공부한 '인인재위'(仁人在位)를 떠
올리면 좋다. '制民之産'은 항산의 규모를 정해 주는 것이다. 백성에
게 얼만큼의 항산이 있으면 항심을 유지하라고 요구할 수 있을까?

② '必使'는 '반드시 (백성으로 하여금) ~하게 하다'라는 뜻으로 문장
마지막까지 걸린다. '仰'은 '俯'와 함께 '위로는', '아래로는'으로 대를
이룬다. '樂歲'는 '풍년'이다. '終身'은 의외로 해석이 많은데 평범하
게 '종신토록'으로 풀거나, 풍년이라고 한 해를 지정했으므로 '일년
내내'로 보기도 하고, '풍년이 들 때마다 배불리 먹고 즐기는 것', 혹
은 '終'을 '다함'[極]으로 보아 '몸과 마음의 극한까지 고생하고 즐겨
남김이 없다'로도, '항상 그러하다'로 본다.

③ '驅'는 '몰다, 이끌다', '之'는 '가다', '民' 뒤의 '之'는 주격조사, '從'은
'다음', '之'는 '驅而之善'하게 하는 왕의 명령을 가리킨다. '輕'은 '쉽
다'이다. 제대로 된 항산을 먼저 주고 백성을 가르치면 백성은 쉬이
그 인도를 따라 항심을 갖게 된다는 것이다.

6월

曰, 王, 嘗語莊子以好樂, 有諸①? 王, 變乎色曰②, 寡人, 非能好先王之樂也, 直好世俗之樂耳③.

[타일(에) 현어왕왈, 왕(이) 상어장자이호악(이라하니) 유저(잇가). 왕(이) 변호색왈, 과인(이) 비능호선왕지악야(라) 직호세속지악이(로소이다)]

(맹자가) 말했다.
"왕께서 일찍이 장자에게 음악을 좋아한다고 말씀하셨다는데 그런 일이 있었습니까?"
왕이 얼굴빛을 바꾸며 말했다.
"과인은 선왕의 음악을 좋아하는 것이 아니라 다만 세속의 음악을 좋아할 뿐입니다."

---

① '嘗'은 '일찍이'로 이전에 있었던 일을 언급할 때 사용한다. '莊子'는 제나라 신하로 이름은 '暴'(포)이다. '以'는 '로써'이므로, '語莊子以好樂'은 '好樂(호악)으로써 莊子에게 말하다'가 된다. '諸'가 어구 끝에 쓰이면 감탄이나 의문을 나타낸다. '~합니까?, 인가?, 이구나' 등으로 해석한다.

② '色'은 얼굴색을 가리킨다. 왕의 얼굴색이 변한 것으로 보아 당혹스러워하고 있다는 것을 알 수 있다. 왜 당혹스러워할까?

③ 선왕의 음악[先王之樂]이란 정악(正樂), 그러니까 공자가 좋아했다는 옛 훌륭한 왕들의 음악, 지금으로 말하면 클래식을 가리킨다. '直'은 '다만'이다. 세속의 음악[世俗之樂]은 공자가 문제 삼았던 정나라와 위나라 음악들, 지금으로 말하면 대중가요나 뽕짝이다. '耳'는 어조사로 문장 마지막에 쓰일 때 '뿐이다'로 해석한다. 왕이 들어 마땅한, 정제된 좋은 음악이 아니라 속된 유행가를 좋아하고 있었기에 당혹스러워한 것이다.

曰, 王之好樂, 甚, 則齊其庶幾乎①!
今之樂, 猶古之樂也②. 曰, 可得聞與③?

[왈, 왕지호악(이) 심(이면) 즉제기서기호(인저).
금지악(이) 유고지악야(니이다) 왈, 가득문여(잇가)]

맹자가 말했다.
"왕께서 음악을 매우 좋아하신다면 제나라는 거의 다스려질 것입니다.
지금의 음악이 옛날의 음악과 같습니다."
왕이 말했다.
"들어 볼 수 있겠습니까?"

왕이 '變乎色'한 것은 자신의 저급한 음악 취향을 들켜서라고도 하고, 전에 자신이 농으로 장포에게 자신의 음악 취향을 말했는데 그걸 고자질한 장포에게 화가 나서라고도 한다.

① '王之好樂, 甚則'은 직역하면 '왕의 호악이 심하면'이다. '왕이 매우 음악을 좋아하면'이라고 옮기면 자연스럽다. '其'는 '아마도', '庶幾'는 '거의 ~에 가깝다'이므로 '아마도 거의 잘 다스려지는 데 가깝다', 즉 왕업을 성취하게 될 수 있을 거란 말이다. '乎'는 '其'와 호응을 이뤄 추측을 나타낸다.

② '猶'는 '같다'의 뜻이다. '今之樂'은 '世俗之樂'이고, '古之樂'은 '先王之樂'을 가리킨다. 맹자는 다 똑같은 음악이고 아주 훌륭한 취미라고 말한다. 당연히 왕은 마음이 끌렸을 것이다.

③ 직역하면 '얻어 들을 수 있겠습니까?'이다. '말씀해 주시겠습니까?' 혹은 '들어 볼 수 있겠습니까?' 정도로 번역하면 된다. 궁금하다. 어떤 측면에서 같다는 것일까?

今王, 鼓樂於此 ①, 百姓聞王鐘鼓之聲, 管籥之音,
　　舉疾首蹙頞而相告曰 ②, 吾王之好鼓樂!
夫何使我至於此極也 ③, 父子不相見, 兄弟妻子離散 ④.

[금왕(이) 고악어차(어시든) 백성(이) 문왕(의) 종고지성(과) 관약지음(하고)
거질수축알이상고왈, 오왕지호고악(이여)
부하사아(로) 지어차극야(오) 부자불상견(하며) 형제처자이산(이로다)]

"지금 왕이 여기서 음악을 연주하시면, 백성이 왕의 타악기 소리와 관악기 소리를 듣고
모두 머리 아파하고 이마를 찌푸리면서 서로 말하기를, '우리 왕께서 음악을
좋아하시는구나! 그런데 어찌하여 우리로 하여금 이토록 곤궁한 지경에 이르게
하시는가. 부자가 서로 만나지 못하고 형제와 처자식이 뿔뿔이 흩어져 산다'라고 합니다."

---

① '鼓'는 '치다, 두드리다'로, 악기 연주를 '鼓樂'이라고 한 것은 연주
할 때 북을 쳐서 박자를 맞추기 때문이라는 보기도 하고, 악기 중에
는 부는 것보다 치는 것이 더 많기 때문이라고 보기도 있다.

② '王' 다음에 '之'(~의)가 생략되었다. '鐘鼓之聲'은 '종과 북의 소리'
이므로 타악기 소리이고, '管籥之音'은 '管'이 '생황', '籥'이 '퉁소'이므
로 관악기 소리다. '舉'는 '모두', '疾'은 '아프다'로 '疾首'는 '머리 아파
하다'이고, '蹙'은 '찌푸리다', '頞'은 '이마'로 '이마를 찌푸리다'가 된
다. '相告'는 '서로 말하다'이다.

③ '夫'는 발어사, '何'는 '어찌하여', '使我'는 '우리로 하여금', '至'는
'이르다', '極'은 '곤궁함'이다. '此極', 즉 이런 곤궁한 지경이란 무엇인
가?

④ 너무 가난해서 먹을 것을 구하느라 온 가족이 뿔뿔이 흩어진 상
황을 가리킨다. 그래서 부자는 서로 만나지 못하고, 형제와 처자식
은 뿔뿔이 흩어진[離散] 상태가 된 것이다.

今王, 鼓樂於此, 百姓, 聞王, 鐘鼓之聲, 管籥之音,
擧欣欣然有喜色而相告^①曰: 吾王, 庶幾無疾病與.
何以能鼓樂也^②? [……] 此, 無他, 與民同樂也^③.
今王, 與百姓同樂, 則王矣.

[금왕(이) 고악어차(어시든) 백성(이) 문왕(의) 종고지성(과) 관약지음(하고)
거흔흔연유희색이상고왈, 오왕(이) 서기무질병여(아)
하이능고악야(오하면) [……] 차(는) 무타(라) 여민동락야(니이다)
금왕(이) 여백성동락(하시면) 즉왕의(시리이다)]

"지금 왕이 여기서 음악을 연주하시면 백성이 왕의 타악기 소리와 관악기 소리를 듣고
모두 흔쾌히 기뻐하면서 희색이 만면하여 서로 말하기를, '우리 왕께서 아마도 질병이
없으신가 보다. (그렇지 않다면) 어떻게 음악을 저렇게 잘 연주하시겠는가?'라고 한다면,
[……] 이것은 다름이 아니라 백성과 즐거움을 함께하기 때문입니다. 이제 왕께서
백성과 즐거움을 함께 하신다면 (천하에) 왕 노릇하실 것입니다."

어제 공부한 내용의 반대의 경우를 설정해서 말하고 있다. 왕의 연
주 부분의 문장은 똑같은데 백성의 반응은 다르다.

① '欣'은 '기뻐하다'는 뜻이고 '然'은 상태를 형용하는 말로 만들 때
종종 사용된다. '欣欣然'은 '흔쾌히' 정도로 번역하면 되겠다. '喜色'
은 '기뻐하는 얼굴빛'이다.

② 이 대목의 '庶幾'는 '與'와 호응을 이뤄 '아마도 ~일 것이다'가 된
다. '何以'는 '어떻게'이고, '能'은 지금 하는 것을 아주 제대로 잘해 내
는 것을 말한다.

③ '無他'는 '다름이 아니라', 즉 '다른 이유가 아니라'이다. '與民同樂'
은 글자 그대로 '백성과 더불어 즐거움을 함께 하다'로 해석하면 된
다. 바로 여기에서 세종대왕의 '與民樂'이 나왔다. 어떤 음악을 즐기
느냐가 중요한 것이 아니라 '누구와 즐기느냐'가 중요하다. '누구'가
'백성'이라면 천하의 마음을 얻은 천자가 되는 건 시간문제다.

齊宣王見孟子於雪宮①**. 王曰, 賢者亦有此樂乎**②**?**
孟子對曰, 有. 人不得, 則非其上矣③**. 不得而非其上者,**
非也, 爲民上而不與民同樂者, 亦非也④**.**

[제선왕견맹자어설궁(이러시니) 왕왈, 현자(도) 역유차락호(잇가).
맹자대왈, 유(하니이다) 인부득즉비기상의(니이다). 부득이비기상자(도)
비야(며) 위민상이불여민동락자(도) 역비야(니이다)]

제선왕이 설궁에서 맹자를 만나 보았다. 왕이 말했다.
"현자도 이런 즐거움이 있습니까?"
맹자가 말했다. "있습니다. 사람들이 이것을 얻지 못하면 자기 윗사람을 비난합니다.
얻지 못했다고 자기 윗사람을 비난하는 자도 잘못이고, 백성의 윗사람이 되어
백성과 즐거움을 함께하지 않는 자도 잘못입니다."

---

① 설궁은 이궁(離宮), 즉 별궁(別宮)으로 동산, 누대와 연못 등을 마련하고 동물도 그 안에 풀어서 화려하게 꾸며 놓은 곳이다.

② 양혜왕은 궁 안에 이런 동산을 마련했다. 왕의 부유함과 위세를 보여 주는 시설 같은 것으로, 혹 맹자에게 자랑을 하려는 의도로 물었다는 견해도 있는데, 맹자에게 바른 정치에 대해 듣고 난 이후이므로 자신의 욕망이 드러난 곳에서 이를 누리고 싶은 마음을 어떻게 보면 좋을지 묻는 것이라 볼 수도 있겠다.

③ '人不得'에서 '人'은 '백성', '不得'은 '此樂'이다. '非'는 '비난하다'는 뜻으로 조금 색다르게 쓰였다. '其上'은 '자기 윗사람'이라는 뜻이다. 맹자는 백성의 이야기를 하며 오히려 이런 즐거움은 당연한 것이라 강조한다.

④ '爲'는 '되다', '民上'은 '民之上'이니 '지도자'를 가리킨다. '不'은 '與民同樂' 전체에 걸린다. 바로 이어 그 비난이 옳은 것은 아니라 말하고 자신이 하고 싶은 말을 곧장 이어 간다. '與民同樂'을 못하는 지도자도 잘못된 것이라고.

老而無妻曰鰥, 老而無夫曰寡, 老而無子曰獨,
幼而無父曰孤①, 此四者, 天下之窮民而無告者②. 文王,
發政施仁, 必先斯四者③. 詩云: 哿矣富人, 哀此煢獨④.

[노이무처왈환(이요) 노이무부왈과(요) 노이무자왈독(이요) 유이무부왈고(니),
차사자(는) 천하지궁민이무고자(니이다) 문왕(이) 발정시인(하시되)
필선사사자(러시니) 시운, 가의부인(이어니와) 애차경독(이라하니이다)]

"늙고 아내가 없는 남자를 鰥(홀아비)라 하고, 늙고 남편이 없는 여자를 寡(과부)라 하며,
늙고 자식이 없는 이를 獨(무의탁자)라 하고, 어리고 부모가 없는 이를 孤(고아)라 하니,
이 네 부류의 사람은 세상의 곤궁한 백성으로 하소연할 곳이 없는 자들입니다. 문왕이
훌륭한 정치를 펴고 인을 베풀 때에 반드시 이 네 부류를 우선으로 하였으니, 『시경』에
'부유한 사람들은 그래도 괜찮지만 이 곤궁한 사람들이 가엾다'라고 하였습니다."

① 단어의 정의를 기억해 둘 필요가 있다. 환과고독(鰥寡孤獨)은 여러 책에서 불쌍한 이들의 대명사로 종종 사용되기 때문이다. 그리고 지금 사용하는 고독(孤獨)이란 단어와 본래의 뜻 차이도 흥미롭다.

② 환과고독은 '窮民'[곤궁한 백성]이자 '無告者'[하소연할 곳이 없는 자]이다. 사회의 약자인 것이다.

③ 그래서 성군으로 추앙되는 문왕은 왕다운 정치를 펼칠 때 이 네 부류부터 돌보아 혜택을 누리게 하는 것을 원칙으로 했다. '必'(반드시)이란 부사가 사용되었으니 이를 원칙으로 삼았다고 한 것이다. '先'은 '우선시하다, 먼저 하다'라는 의미다.

④ 이 시는 『시경』「소아」'정월'(正月)편이다. '哿矣富人'은 '富人哿矣'가 도치된 것이고, '哿'는 '괜찮다'이다. '哀'는 '불쌍하다, 애달프다', '煢'은 '외롭다, 곤궁하다'이다.

孟子謂齊宣王曰①, 王之臣,
有託其妻子於其友而之楚遊者②. 比其反也,
則凍餒其妻子, 則如之何③? 王曰, 棄之④.

[맹자위제선왕왈, 왕지신(이)
유탁기처자어기우이지초유자(한대) 비기반야(하여)
즉동뇌기처자(어든) 즉여지하(잇고). 왕왈, 기지(니이다)]

맹자가 제선왕에게 말했다.
"왕의 신하 중에 자신의 처자식을 친구에게 부탁하고 초나라에 간 자가 있었는데,
그가 돌아와 보니 그 친구가 자신의 처자식을 추위와 굶주림에 방치하였다면
어떻게 해야 하겠습니까?"
왕이 대답하였다. "끊어 버려야겠지요."

---

① 'A謂B曰'은 한문에 자주 나오는 직접 인용 표현인데, 직역하면 'A가 B에게 일러 말하기를'이다.

② '有'는 '者'까지 이어져 '~한 자가 있다'는 문장을 이룬다. '託'은 '맡기다, 부탁하다'이고, '其'는 둘 다 '臣', 그 자신을 가리킨다. '之'는 '가다', '遊'는 '유람하다, 여행하다'이다.

③ '比'는 '及'과 같은 뜻으로 '미치다'이고, '其反'은 '그 신하의 돌아옴'이다. '凍'은 '얼다', '餒'는 '굶주림'이고, '如之何'는 '如何之'의 도치 형태이다.

④ '棄'는 '絶'의 뜻으로 쓰여 그 신하가 친구와의 교유 관계를 끊어 버리는 것을 의미한다.

오늘 본문에서 핵심은 '託'에 있다. 부탁받아서 부탁받은 대상에 대한 책임이 있는 상태라는 것이 중요하다. '臣'을 쓴 것으로 보아 '遊'는 공무로 장기간 초나라에 간 상태로 보인다. 맡겠다고 안 했으면 모르지만 했다면 책임을 지는 것이 맞다. 그런데 말만 번드르르하게 해 놓고 책임은 나 몰라라 했다면? 친구 관계는 당연히 끝이다.

曰, 士師不能治士^①, 則如之何? 王曰, 已之^②. 曰, 四境之內不治^③, 則如之何? 王顧左右而言他^④.

[왈, 사사불능치사(어든) 즉여지하(잇고). 왕왈, 이지(니이다).
왈, 사경지내불치(어든) 즉여지하(잇고). 왕고좌우이언타(하시다)]

(맹자가) 말했다. "사사(士師)가 사(士)를 다스리지 못하면 어떻게 해야 하겠습니까?"
왕이 말했다. "그만두게 해야겠지요."
(맹자가) 말했다. "사방 국경 안이 다스려지지 못하면 어떻게 해야 하겠습니까?
왕이 좌우를 돌아보며 딴말을 했다.

① '士師'는 법관의 장(長)이고, '士'는 사사가 관리하는 법관이다. 혹은 '士'를 '옥사(獄事)를 다스리다'로 보아 '不能治士'를 '옥사를 제대로 다스리지 못하다'로 보는 견해도 있다.

② '已'는 '그만두다'이니, 파직하여 그 관직에서 떠나게 하는 것이다.

③ '四境'은 나라 사방의 국경이다. 그러므로 '四境之內'는 '나라 혹은 나라 안'이 되겠다.

④ '顧左右'는 '좌우를 돌아보다', '言他'는 '다른 것을 말하다', 즉 뜬금없는 딴소리를 하는 것이다.

정말 재미있는 장면이다. 세 번째 질문의 답은 무엇이어야 했을까? 이 논리대로라면 "제가 왕위에서 내려와야 합니다"가 맞다. 맹자가 대화를 몰아가는 방식이 기가 막히다. 먼저 예를 하나 설정해서 부담 없이 왕이 자신의 판단을 말하게 하더니 그 논리로 쭉쭉 밀고 나가 세 번째 질문 만에 왕을 KO시킨다. 도망갈 구석이 없다.

齊宣王問曰, 湯放桀①, 武王伐紂②, 有諸③?
孟子對曰, 於傳有之④. 曰, 臣弑其君, 可乎⑤?

[제선왕문왈, 탕방걸(하시고) 무왕벌주(라하니) 유저(잇가).
맹자대왈, 어전(에) 유지(하니이다). 왈, 신시기군(이) 가호(잇가)]

제선왕이 물었다.
"탕왕이 걸왕을 유폐하고 무왕이 주왕을 정벌했다고 하는데, 그런 일이 있습니까?"
맹자가 대답했다.
"옛 책에 그런 기록이 있습니다."
왕이 물었다.
"신하가 자기 군주를 시해하는 것이 가당한 일입니까?"

---

① '放'은 추방하여 유폐시키는 것을 말한다. 탕왕은 상나라를 개국한 군주로, 당시 천자국인 하나라의 걸왕이 폭정을 일삼자 그의 신하였지만 군대를 일으켜 그를 쳤다. 걸왕은 패배하여 남소로 도망하였는데, 탕왕은 그를 그곳에 그대로 유폐시켰다.

② 무왕은 주나라를 세운 군주로, 당시 천자국인 상나라의 주왕이 향락과 폭정을 일삼자 정벌했다.

③ 한문에 자주 나오는 표현으로 '그런 일이 있습니까?'로 해석한다. '諸'는 '之乎'를 축약한 것으로 의문이나 반문을 나타내는 어조사이고, '저'로 읽는다.

④ '傳'은 '전하는 기록'이다.

⑤ 신하가 임금을 죽일 때는 '시해하다'라는 표현을 쓴다. 명분이야 어쨌건 탕왕과 무왕의 행동은 본질적으로 신하가 제 주군을 죽인 것이다. '忠'에서 어긋나도 한참 어긋난 행동이다. 왕이 아무리 잘못한다고 해도 신하의 본분상 절대 해서는 안 되는 일 아니냐고 제선왕이 묻는다. 맹자는 뭐라고 답했을까?

曰, 賊仁者, 謂之賊, 賊義者, 謂之殘.
殘賊之人, 謂之一夫[1]. 聞誅一夫紂矣, 未聞弑君也[2].

[왈, 적인자(를) 위지적(이요) 적의자(를) 위지잔(이니)
잔적지인(을) 위지일부(니) 문주일부주의(요) 미문시군야(니이다)]

맹자가 답했다.

"인을 해치는 자를 '적(賊)'이라 하고, 의를 해치는 자를 '잔(殘)'이라 하며,
잔적한 사람을 '일개 필부[一夫]'라고 합니다. 주(紂)라는 일개 필부를 죽였다는 말은
들어 보았지만 군주를 시해했다는 말은 듣지 못하였습니다."

맹자의 답이 멋지다. 이 구절은 역성혁명의 논리로 종종 활용된다.
① 'A者謂之B'나 'A之謂B'는 글자나 단어의 뜻을 정의할 때 주로 사
용되는 표현이다. 두 문형에서 '之'의 용법이 다른데, 'A者謂之B'에서
는 'A者'를 받는 대명사로 쓰였고, 'A之謂B'에서는 목적격조사로 쓰
였다. '賊'은 '해치다'이고, '殘'은 '훼손하다, 상해하다'의 뜻이다. '賊'
과 '殘'은 비슷한 뜻인데 '賊'이 좀 더 강한 의미를 띠므로 '殘'이 '賊'에
포함된다고 보기도 한다. 인간을 인간답게 하는 가장 기본적인 내면
의 윤리인 '仁'과 그것이 외면의 일로 드러난 것이 '義'인데 그것을 완
전히 부수거나 망가뜨린 사람은 더 이상 혈육도 민중도 왕으로 받들
지 않는다. 그래서 '一夫', 즉 '일개 필부'가 되는 것이다.『서경』(書經)
「주서」(周書) '태서(泰誓) 하편'에서 '紂'를 '독부'(獨夫)라고 하는데,
이는 학정을 해서 백성이 버린 지도자라는 말로, 인의를 해치면 비록
왕공(王公)의 지위에 있더라도 반드시 필부로 떨어진다는 뜻이다.
② '紂'는 이미 인과 의를 저버린 정도가 아니라 아예 적극적으로 해
친 자이니, 왕위에 있으나 일개 필부일 뿐이어서 일개 필부를 죽였
다는 말은 들어 보았지만, '弑君', 즉 '군주를 시해했다'는 말은 '未聞',
즉 '아직(여태) 들어 보지 못했다'라고 했다.

滕文公①問曰, 滕, 小國也, 間於齊楚. 事齊乎? 事楚乎②? 孟子對曰, 是謀, 非吾所能及也③.

[등문공문왈, 등(은) 소국야(라) 간어제초(하니)
사제호(잇가) 사초호(잇가) 맹자대왈, 시모(는) 비오소능급야(로소이다)]

등문공이 물었다.
"등나라는 작은 나라입니다. 제나라와 초나라 사이에 끼어 있으니
제나라를 섬겨야 합니까, 초나라를 섬겨야 합니까?"
맹자가 대답했다.
"이 계책은 제 능력이 감당할 수 있는 것이 아닙니다."

① 등나라는 본문에서도 볼 수 있지만 제나라와 초나라에 낀 작은 나라다. 그래서 모든 제후국이 '公'이라는 칭호를 버리고 스스로 '王'을 칭하는 시대에도 여전히 '公'을 사용하고 있다.

② '間'은 '(사이에) 끼다'이고, '事'는 '섬기다'이다. 『맹자』「양혜왕」하편 3장에 보면 작은 나라로 큰 나라를 섬기는 자[以小事大者]는 하늘의 질서를 두려워하는 자라는 말이 나온다. 등나라도 워낙 작은 나라여서 우선 살길을 도모하려 사대를 생각하는 것이다. 다만 두 강대국 사이에 있으니 어디를 선택해야 할지 선뜻 결정이 안 되는 상황이다.

③ '謀'는 '계책'이다. '所能及'은 직역하면 '능히 미칠 수 있는 바(것)'로, 내 능력이 감당할 수 있는 문제가 아니라는 뜻이지만 맹자가 진짜 이것을 판단할 수가 없어서 한 말이라기보다는 제나 초나 왕업을 달성할 수 있는 괜찮은 강대국이 아니니 언급할 가치가 없는 문제라는 뜻이다.

無已則有一焉①, 鑿斯池也, 築斯城也②, 與民守之, 效死而民弗去, 則是可爲也③.

[무이즉유일언(하니) 착사지야(하며) 축사성야(하여)
여민수지(하여) 효사이민불거(면) 즉시가위야(니이다)]

"뭐라도 말해 보라고 하신다면 한 가지 방법이 있으니, 해자를 파고 성을 쌓고 백성과
함께 지키되 목숨을 바쳐서 백성도 떠나가지 않는다면 이는 해 볼 만합니다."

---

① '無'는 '勿'의 뜻으로 금지사이고, '已'는 '그만두다'로, '無已'는 '그
만두지 말라고 하신다면', 즉 '무엇이라도 말해 보라고 하신다면', '끝
내 말하라고 하신다면'의 뜻이다.

② '斯'는 '여기'로 보기도 하지만 장소를 특정하기 어려우니 뜻이 없
는 어조사로 보아도 무방하다. '鑿'은 '파다'이고, '築'은 '쌓다'이다.
'池'는 성 둘레에 파는 '해자'(垓字)를 말한다.

③ '效死'는 '목숨을 바치다'인데, 앞 구절이 '與民守之', 즉 '백성과 더
불어 지키다'인 것으로 보아 백성이 목숨을 바치는 것으로도, '民'을
굳이 '效死' 뒤에 쓴 것으로 보아 왕이 목숨을 바치는 것으로도 본다.
왕이 백성과 함께 지키면서 자기 목숨을 바쳐 싸우면 백성도 목숨을
바쳐 싸우고 떠나지 않는다고 보는 입장인데, 이편이 더 타당한 것
같다. '是'는 앞의 조건을 다 받는 대명사이고, '可爲'는 글자 그대로
'해 볼 만하다'이다.

나라의 관건은 '국민'이다. 그들이 나라를 '나의 나라, 우리나라'로
인식하지 못한다면 나라는 나라답게 설 수 없고, 그렇게 되면 아무
리 강대국에 붙어도 생명을 보장받을 수 없다. 이 조건을 달성하는
것이 지도자의 일이다.

公孫丑問曰, 夫子當路於齊^①, 管仲·晏子之功, 可復許乎^②?
孟子曰, 子誠齊人也^③. 知管仲晏子而已矣^④.

[공손추문왈, 부자당로어제(하시면) 관중·안자지공(을) 가부허호(잇가).
맹자왈, 자성제인야(로다). 지관중·안자이이의(온여)]

공손추가 물었다.
"선생님께서 제나라에서 요직을 담당하신다면 관중과 안자의 공을
다시 기대할 수 있겠습니까?"
맹자가 말했다.
"그대는 진실로 제나라 사람이로다. 관중과 안자를 알 뿐이로구나!"

'公孫丑'는 맹자의 제자로, '丑'는 '추'로 읽는다.

① '夫子'는 '선생님', '當路'는 '요직을 담당하다'라는 뜻이다.

② '管仲'은 제나라 환공의 재상으로 환공을 춘추시대 패자로 만든
인물로, 이름은 관이오이다. '晏子'는 제나라 경공의 재상으로 경공
을 보좌하여 환공 못지않게 제나라를 강성하게 이끌었다. 이름은 안
영이다. '復'는 '다시'의 뜻으로 '부'로 읽는다. '許'는 대체로 '期'의 뜻
으로 '기대하다'라고 보지만 '興', 즉 '일으키다'라고 보기도 한다.

③ '子'는 '그대'이고, '誠'은 '진실로'이다.

④ 여기서는 '而已矣'만 알면 해석은 쉽다. '而已矣'는 '그리고 그만이
다'라는 의미로 '뿐이다'로 풀이하면 된다.

공손추가 자기 제자이면서도 고작 패업을 이끌었던 정도의 재상을
최상급의 현인으로 알고 있으니 핀잔을 준 것이다. 성현(聖賢)에 대
한 맹자의 기준이 공자보다 더 상향 조정되어 있음을 알 수 있는 대
목이다. 공자는 관중을 꽤 인정했다.

**曰, 管仲, 以其君霸, 晏子, 以其君顯①.
管仲·晏子, 猶不足爲與②? 曰, 以齊, 王, 由反手也③.
曰, 若是則弟子之惑, 滋甚④.**

(왈, 관중(은) 이기군패(하고) 안자(는) 이기군현(하니)
관중·안자(도) 유부족위여(잇가). 왈, 이제(로) 왕(이) 유반수야(니라).
왈, 약시즉제자지혹(이) 자심(케이다))

공손추가 물었다.
"관중은 그 군주를 패자가 되게 하였고, 안자는 그 군주를 드러나게 하였습니다.
이런 관중과 안자도 오히려 따라 하기에 부족합니까?"
맹자가 말했다.
"제나라를 가지고 왕 노릇하는 것은 손바닥을 뒤집는 것과 같이 쉽다."
공손추가 말했다.
"이와 같다면 제자인 저의 의혹은 더욱 깊어집니다."

---

① 앞서 관중과 안자에 대해 설명했던 부분이다. '顯'은 '드러나다'로 당대에 명성을 드날렸다는 뜻이다.

② '猶'는 '오히려'이다. '爲'는 '하다'로, '그렇게 해 보다, 본받아 해 보다'는 뜻이다.

③ '以'는 '~으로, ~을 가지고', '王'은 '왕 노릇하다', 즉 천자가 되는 것을 뜻한다. '由'는 '猶'의 뜻으로 '같다'로 풀이한다. '反手'는 아주 쉽다는 것을 말하는 표현이다.

④ '若是'는 '이와 같다면', '弟子'는 공손추 자신을 가리킨다. '惑'은 '의혹', '滋'는 '더욱', '甚'은 '심하다'이니, '滋甚'은 '더욱 깊어지다, 더 커지다'로 번역하면 된다.

관중과 안자의 공은 대단했고 그래서 유명한 사례였다. 그런데 맹자가 손바닥 뒤집는 것 정도로 별것 아닌 일이라 말하니 공손추로서는 '이게 대체 무슨!?' 하는 생각이 든 것도 당연하다.

**且以文王之德, 百年而後崩, 猶未洽於天下①, 武王·周公,
繼之然後, 大行②. 今言王若易然, 則文王不足法與③?**

[차이문왕지덕(으로) 백년이후붕(하시되) 유미흡어천하(어시늘) 무왕·주공(이)
계지연후(에) 대행(하니이다) 금언왕약이연(하시니) 즉문왕부족법여(잇가)]

> "또 더구나 문왕은 그 큰 덕을 지니시고 100년을 살며 일한 뒤에 돌아가셨는데도
> 오히려 (그 교화가) 천하에 미처 다 무젖지 못하였고, 무왕과 주공이 계승하고 나서야
> 크게 행해졌습니다. 그런데 지금 왕 노릇하는 것을 쉬운 듯이 말씀하시니,
> 그렇다면 문왕은 본받기에 부족합니까?"

그래서 공손추는 유가의 성인으로 불리는 문왕 이야기를 꺼낸다.

① '且'는 '또, 게다가, 더구나'로, 관중과 안자의 '以其君霸, 以其君顯'
을 받아 잇는 말이다. '德'과 '百年'은 큰 덕과 긴 연수로 많은 일을 해
낼 조건이 있었음을 가리킨다. 그래서 '오히려'라는 부사인 '猶'가 이
어지는 것이다. '洽'은 '무젖다'로 여기서는 문왕이 큰 덕으로 오랫동
안 행했던 교화가 천하에 배어 든 것을 가리킨다.

② '武王'은 문왕의 아들로 상나라를 치고 결국 주나라를 건설한 인
물이고, '周公'은 무왕의 동생으로 주나라 건국 이후 나라의 기틀을
마련한 인물이다. '大行'은 비로소 교화가 크게 널리 행해져 '洽於天
下'하게 된 상황을 말한다.

③ '若'은 '이와 같이'이며, '易'는 '쉽다'의 뜻으로 '이'로 읽는다. '然'을
붙여 상태를 형용하는 말이 되었으니 '쉬운 것처럼'으로 풀이한다.
'法'은 '본받다'이다.

문왕은 유가의 대단한 성인으로 큰 덕을 쌓고 긴 수명까지 누렸는데
도 아들 둘이 그 과업을 이어받고서야 겨우 천하에 교화를 행해 볼 수
있었다. 그럼 자기 군주를 그렇게 띄운 관중과 안자도 본받기 부족하
다고 한다면 문왕은 더욱 본받기에 부족한 사람 아니냐는 질문이다.

曰, 文王, 何可當也^①? [……] 齊人有言曰^②, 雖有智慧,
不如乘勢, 雖有鎡基, 不如待時^③. 今時則易然也^④.

[왈, 문왕(이) 하가당야(리오) [……] 제인유언왈, 수유지혜(나)
불여승세(며) 수유자기(나) 불여대시(라하니) 금시즉이연야(니라)]

맹자가 말했다.
"문왕이 어떻게 당해 낼 수 있었겠는가? [……] 제나라 사람들 말에,
'지혜가 있다 해도 시세를 타는 것만 못하고 농기구가 있다 해도 때를
기다리는 것만 못하다'라고 하였다. 지금 시대는 그렇게 하기 쉬운 때이다."

① 이 부분은 '문왕이'로 보느냐 '문왕을'로 보느냐에 따라 뒤의 내용
이 완전히 달라진다. '문왕이'로 보면 문왕이 당시 문왕의 형편에 어
떻게 상나라라는 오래되고 큰 규모의 천자국을 당해 낼 수 있었겠냐
는 뜻이 된다. 그러나 '문왕을'로 보면 바로 앞의 질문, '不足法與'에
대한 답으로 상나라와 같은 거대하고 유구한 나라를 문왕은 작은 땅
으로 시작해서 결국 이겼으니 어떻게 문왕을 후세 사람들이 당해 낼
수 있겠느냐는 뜻이 된다.

② '~人有言曰'은 어떤 공동체에서 떠도는 말이나 속담을 인용할 때
종종 쓰이는 표현이다.

③ '不如'는 '~만 같지 않다, ~만 못하다'이고, '乘勢'는 '시세 혹은 세
를 타다'이고. '鎡基'는 '농기구'이며, '時'는 '밭 갈고 씨 뿌리는 농사
철'이다. 어떤 일을 이루는 데는 능력과 충분한 준비가 필요하지만
그 이상으로 '勢'와 '時'의 영향이 크다는 말이다.

④ 그런 '勢'와 '時'를 가지고 현재를 판단해 봤을 때 지금은 왕업을
달성하기 쉬운 때라는 것이다.

且王者之不作, 未有疏於此時者也 ①. 民之憔悴於虐政,
未有甚於此時者也 ②. 飢者易爲食, 渴者易爲飲 ③.

[차왕자지부작(이) 미유소어차시자야(하며) 민지초췌어학정(이)
미유심어차시자야(하니) 기자(에) 이위식(이며) 갈자(에) 이위음(이니라)]

"왕자가 나오지 않은 것이 지금보다 드문 적이 없었으며, 백성이 학정에 시달려
고달픈 것이 이때보다 심한 적이 없었다. 굶주린 자에게는 어떤 음식도 좋은 먹을 것이
되고, 목마른 자에게는 어떤 음료도 훌륭한 마실거리가 된다."

제나라는 이미 땅도 넓고 인구도 많아서 뭐든 해 볼 만한 나라다.

① '王者'는 제대로 된 천자를 가리킨다. '作'은 '일어나다, 나오다', '疏'는 '성글다', '於'는 비교급을 만드는 어조사로 '~보다', '者'는 '~한 경우', 그러니까 춘추전국시대를 거치며 천하의 혼란이 아주 오래되었다는 말이다.

② '憔悴'는 현재 우리가 사용하는 '초췌'라는 말이 바로 이 글자로, 시달림을 당해 쇠약해져 파리한 모양을 말한다. 위 문장과 같은 구조이므로 해석은 어렵지 않다. 시기적으로는 백성이 간절히 구원만을 기다리는 최악의 상태라는 것이다.

③ 재미있는 표현이다. '易爲食'은 직역하면 '밥 되기가 쉽다'이고, '易爲飮'은 '음료 되기가 쉽다'이다. '시장이 반찬'이라는 속담과 같은 뜻으로, 배고픈 사람은 뭐든 잘 먹고, 목 마른 사람은 뭐든 잘 마신다는 말이다.

현재 제나라는 천자라는 위업을 달성하기 너무 좋은 '勢'와 '時'에 놓여 있다. 일단 나라의 규모가 크니 일을 도모하기 좋은데, 시기적으로도 구원자로 자리매김할 수 있는 적기인 셈이다.

**當今之時①, 萬乘之國, 行仁政②, 民之悅之, 猶解倒懸也③.
故事半古之人, 功必倍之, 惟此時爲然④.**

[당금지시 (하여) 만승지국(이) 행인정(이면) 민지열지 유해도현야(리니)
고(로) 사반고지인(이요) 공필배지(는) 유차시위연(하니라)]

"지금 같은 때에 만승의 나라가 인정을 행한다면 백성들이 기뻐하는 것이 마치 거꾸로
매달린 것을 풀어 주는 것 같으리라. 그러므로 옛 사람의 반만 일하고도 분명히 배의 공을
이룰 것이니, 오직 지금만이 그런 때이다."

① 직역하면 '지금의 때를 당하여'이나 '지금 같은 때에'라고 자연스
럽게 풀어 주면 좋다.

② '萬乘之國'은 수레 만 대를 보유한 나라로 원래 천자국을 가리키
지만 여기서는 강대국인 제나라를 가리킨다. '仁政'은 진짜 천자만
이 베푼다는 인한 정사, 즉 사람을 살리고 보호하는 정사를 말한다.

③ 처음 나온 '之'는 주격조사, 뒤에 나온 '之'는 '萬乘之國, 行仁政'을
받는 대명사로 쓰였다. '猶'는 '같다', '倒懸'은 거꾸로 매달린 것으로
곤궁하고 괴로운 처지를 비유한 표현이다.

④ '事'와 '功'을 절반[半]과 갑절[倍]로 대조하여 주장이 잘 드러났
다. '惟'은 '오직', '爲'는 '되다'이다.

맹자가 관중과 안자를 저평가하는 이유를 알 것도 같다. 관중과 안
자는 '仁政'을 시행할 만한 힘이 있었음에도 끝까지 밀고 나가지 못
하고 어느 선에서 타협했다. 그러나 문왕은 그런 형세도 때도 아니
었으나 자신의 대에 끝을 보지 못하더라도 끝까지 밀고 나갔다. 포
부에 대해 다시 생각하게 된다. 세상의 명성과는 별개로 그 안을 들
여다보면 지레 멈춘 사람이 있고 끝까지 밀고 나간 사람이 있다. 나
는 어떤 사람인가? 지금 세상은 어떠하며, 지도자는 어떤 사람인가?

敢問 何謂浩然之氣①? 曰, 難言也. 其爲氣也, 至大至剛, 以直養而無害, 則塞于天地之間②.

[감문 하위호연지기(잇고) 왈, 난언야(니라) 기위기야 지대지강(하니)
이직양이무해(면) 즉색우천지지간(이니라)]

(공손추가 말했다)
"감히 여쭙겠습니다. 호연지기란 게 무엇입니까?"
맹자가 말했다.
"말로 하기 어렵다. 이 호연지기는 지극히 크고 강하니
정직으로 잘 기르고 해치지 않으면 천지간에 꽉 차게 된다."

앞으로 며칠간 우리는 그 유명한 호연지기를 다룰 것이다.

① '何謂'는 '무엇을 일러 ~라고 합니까?'이다. '浩'는 '크다, 넓다'의 뜻으로, '然'을 붙여 상태를 형용하는 말로 쓰였다. 그러니까 호연지기는 어떤 거대한 기(氣)를 의미한다. 기는 번역이 좀 어렵다. 주로 '기운'이라고 하는데, 이는 모든 우주 만물을 생성하는 기본 요소이자 생명이 있는 모든 것에 깃든 생의 에너지를 가리킨다. 그러므로 기운이란 말이 좀 모호하게 느껴진다면 '생명력'으로 이해하는 것도 좋을 것 같다. 앞서 공손추와 부동심(不動心), 즉 동요하지 않는 마음에 대해 말했는데, 맹자가 자신의 부동심이 당시에 이름이 있던 사상가인 고자보다 낫다고 했다. 이에 어떤 점에서 낫냐고 다시 물었고, 맹자는 답으로 지언(知言 말을 잘 이해하는 것)과 호연지기를 말했다.

② '難言'은 '말로 표현하기 어렵다'는 말이다. 호연지기는 이 말을 창시한 맹자도 한 마디로 정의하기 어려웠던 것이다. 하지만 그래도 정의해 본다면, '至大至剛', 즉 '지극히 크고 지극히 강하며', '以直養', 즉 '정직으로 길러서', '無害', 즉 '해치지 않으면' '(則)天地之間'에(于) '塞'하게 된다, 즉 '가득 차게 된다'.

其爲氣也, 配義與道, 無是, 餒也①**. 是集義所生者,**
非義襲而取之也②**. 行有不慊於心, 則餒矣**③**.**
我故曰, 告子未嘗知義, 以其外之也④**.**

[기위기야 배의여도(하니) 무시(면) 뇌야(나라) 시집의소생자(요)
비의습이취지야(나라) 행유불겸어심(이면) 즉뇌의(니니)
아고왈, 고자미상지의(라하노니) 이기외지야(일새니라)]

　"그 기의 속성은 의(義)와 도(道)에 짝하는 것으로 이것이 없으면 쪼그라들게 된다.
이는 의가 모여서 생겨나는 것이지 의가 밖에서 갑자기 엄습해 들어와 갖게 되는 것이
아니다. 행한 것이 마음에 부족하게 여겨지는 점이 있으면 쪼그라들게 된다. 그래서 내가
'고자는 일찍이 의를 안 적이 없다'라고 말한 것이니, 그는 의를 밖에 있는 것이라고 보기
때문이다."

---

① '其爲氣也'는 직역하자면 '그 기 됨'이다. 호연지기라는 기의 속성
을 설명하는 문장이므로 그에 맞게 번역하면 된다. '配'는 기본적으
로 '짝하다'는 뜻인데 여기서는 '부합하여 도움을 주다'는 뜻으로 쓰
였다. '餒'는 '굶주리다, 쪼그라들다'이다.

② '集義所生'은 '의가 모여서 생기는 바(것)'이다. '襲'은 '엄습하다,
습격하다'이고, '之'는 대명사로 여기서는 호연지기를 가리킨다. '義
襲而取之'는 '의가 엄습해서 그것을 취하다'라는 말로, 어쩌다가 의
를 한 번 실천했을 때 의가 외부에서 엄습하듯 갑자기 들어와 그것
을 갖게 된다는 뜻이다. 호연지기는 충실히 의를 내 안에 쌓아서 생
겨나는 것이지 어느 날 큰 건 한 번 했다고 외부의 의가 갑자기 내 안
에 들어와 기를 만들어서 갖게 되는 게 아니란 말이다.

③ '慊'은 '만족하다'이다. 앞의 '餒'는 의와 도가 쪼그라드는 것이었
는데, 여기의 '餒'는 호연지기가 쪼그라드는 것이다.

④ '未嘗'은 '일찍이 ~한 적이 없다'이다. '以'는 '때문'이고, '外'는 '바
깥으로 하다, 외부로 하다'라는 서술어로 쓰였다.

必有事焉而勿正^①, 心勿忘, 勿助長也^②. 無若宋人然^③.

[필유사언이물정(하여) 심물망(하며) 물조장야(하여) 무약송인연(이어다)]

"반드시 (호연지기를 기르는) 일에 종사하되 효과를 미리 기대하지 말아서 마음에 잊지도 말고 조장하지도 말아야 한다. 송나라 사람이 했던 것 같이 하지 말아야 한다는 것이다."

① '有事'는 '일삼음이 있다', 그러니까 '종사하다'는 뜻이다. '焉'은 '於之'의 뜻으로 '之'는 호연지기를 기르는 일, 즉 집의(集義)하는 일을 가리킨다. '而'는 역접으로 쓰였다. '勿'은 '~하지 말라'는 금지사이다. 오늘 본문에서 기억해야 할 한 단어는 바로 '正'이다. '正'은 여기서 '미리 기대하다'라는 아주 특이한 뜻으로 쓰였다.

② '心勿忘'의 해석은 어렵지 않다. 글자 그대로 '마음에 잊지 말라'이다. 무엇을 잊지 말라는 것일까? 의를 집적해서 호연지기를 키워야 한다는 목적의식을 잊지 말아야 한다는 것이다. 그러나 목적의식에 집중하다 보면 조급증이 생기게 마련이다. 그래서 그것도 주의시킨다. '勿助長也'가 그것이다. '助長'은 글자 그대로 '자라는 것을 돕다'이다. 우리가 흔히 '조장하다'라고 할 때의 '조장'이 여기에서 왔는데, 글자만 봐서는 전혀 나쁜 뜻 같지 않다. 그런데 조장은 어떤 일을 좋지 않은 쪽으로 확대하거나 심해지는 상황에 쓴다. 말 자체는 나쁜 내용이 아닌데 왜 좋지 않은 의미로 쓰이는 것일까? 이유는 다음 구절의 '宋人', 즉 '송나라 사람'에게 있다.

③ '無'는 '勿'과 같은 금지사이다. '若A然'는 '마치 A처럼 하다, A와 같이 하다'의 뜻이다. '宋人'에 대해서는 내일 설명할 것이다.

宋人, 有閔其苗之不長而揠之者①. 芒芒然歸②, 謂其人曰, 今日病矣③, 予助苗長矣. 其子趨而往視之, 苗則槁矣④.

[송인(이) 유민기묘지부장이알지자(러니) 망망연귀(하여) 위기인왈, 금일병의(라). 여조묘장의(라여여늘) 기자추이왕시지(하니) 묘즉고의(러라)]

"송나라 사람 중에 모가 자라지 않는 것을 안타깝게 여겨 그것을 뽑아 놓은 자가 있었다. 그러고는 아무것도 모른 채 돌아와서 집안 사람들에게 말하기를, '오늘은 피곤하구나. 내가 모가 자라는 것을 도왔다'라고 하므로 그 아들이 달려가서 보니 모가 말라 있었다."

---

① '閔'은 '근심하다', 苗는 '모, 벼의 싹', '揠'은 '뽑다'이고, 접속사 '而' 앞의 '之'는 주격조사이고, 뒤의 '之'는 '苗'를 받는 대명사이다.

② '芒'은 '아득하다, 어리석다'라는 말로, '芒芒'은 '무지하다'는 뜻으로 쓰이는데, 주석가에 따라서는 '피곤하다'의 의미로 보기도 한다.

③ '其人'은 자기 집안사람들을 가리킨다. '病'은 '아주 피곤하다'의 의미로 쓰였다. '助苗長'은 '苗之長'을 '助'했다, 그러니까 '모가 자라도록 도왔다'는 말이다.

④ '趨'는 '달리다'이고, '之'는 아버지가 해놓은 일을 가리킨다. '槁'는 '마르다'이다. 이 문장에는 종결 어조사로 모두 '矣'가 쓰였다. '矣'는 주로 동적인 문장 혹은 상황을 서술할 때 쓰인다.

이제 '조장'이 왜 별로 좋지 않은 뜻으로 쓰는 말이 되었는지 감이 올 것이다. 스스로 제 속도로 자라게 두어야 그것이 건강하게 자랄 수 있다. 자라는 걸 돕는답시고 억지로 자라게 하면 오히려 성장을 해친다. 조장은 그래서 나쁜 것이다.

天下之不助苗長者寡矣①. 以爲無益而舍之者, 不耘苗者也②, 助之長者, 揠苗者也③. 非徒無益, 而又害之④.

[천하지불조묘장자과의(니) 이위무익이사지자(는)
불운묘자야(요) 조지장자(는) 알묘자야(니)
비도무익(이라) 이우해지(니라)]

> "천하에 모가 자라도록 돕지 않는 자가 적다. 유익함이 없다 여겨서 버려 두는 자는
> 모를 김매지 않는 자이고, 자라는 것을 돕는 자는 모를 뽑는 자이다. 이는 다만 유익함이
> 없을 뿐만 아니라 도리어 그것을 해친다."

① '寡'는 '적다'이고, '矣'는 강한 단정을 나타낸다. 송나라 사람이 모가 빨리 자라라며 모를 뽑은 것에 대해 바보 같다고 생각하지 않은 사람이 있을까? 그러나 맹자는 그렇게 하지 않는 사람, 즉 '不助苗長' 하는 '者'가 적다고 말한다. 다들 그렇게 하고 있다는 말이다.

② '以爲'는 '여기다, 생각하다', '舍'는 '놔두다, 버려두다'이고, '之'는 호연지기를 가리킨다. '耘'은 '김매다'이다.

③ 반대로 그것의 성장을 돕는 자, 즉 호연지기를 억지로 키우는 자는 모를 뽑는 자이다. '也'는 명사구 뒤에 쓰일 때 대개 판단의 의미를 나타낸다.

④ '非徒'은 '비단'(非但)과 같은 표현으로 '다만 ~일 뿐만 아니라'로 풀이한다. '又'은 가벼운 전환을 나타내므로, '도리어'로 해석한다.

호연지기는 맹자가 말하는 정의로운 세상을 만들 가장 근본적인 힘, 생명력을 뜻한다. 그런데 이는 의를 행하며 조금씩 쌓아 가는 것으로 하루아침에 얻을 수 있는 것이 아니다. 내가 기대하는 만큼 성장시킬 수 없다면 당연히 조바심이 들게 마련이다. 그래서 이런 경계의 말을 남기고 있는 것이다. 포기하지도 말고 조장하지도 말라.

孟子曰, 人皆有不忍人之心①.
先王, 有不忍人之心, 斯有不忍人之政矣②.

[맹자왈, 인개유불인인지심(하니라)
선왕(이) 유불인인지심(하사) 사유불인인지정의(시니)]

맹자가 말했다.

"사람은 모두 사람을 차마 해치지 못하는 마음을 가지고 있다. 선왕이 사람을 차마
해치지 못하는 마음이 있어서, 이에 사람을 해치지 못하는 정사를 행하였다."

오늘부터 며칠간은 맹자의 사상 중 핵심인 '사단'(四端)에 대해 알아
본다.

① '皆'는 '모두'로, '人皆有'는 '사람은 모두 ~을 가지고 있다'이다. 무
엇을 가지고 있는가? '不忍人之心'을 가지고 있다. '不忍人之心'이란
'사람에게 차마 하지 못하는 마음'으로, '사람을 차마 해치지 못하는
마음'을 말한다. 크게는 인간이 인간에게 상해를 입히거나 고통을
주지 못하고, 작게는 위험한 처지에 놓인 모습을 직접 보고 그냥 지
나치지 못하는 인간의 타고난 마음을 가리킨다.

② 선왕은 옛 훌륭한 왕들로 성인(聖人)을 가리킨다. '斯'는 '이에'라
고 해석하는데, '卽'의 의미를 갖는다. 그런 마음이 곧 그런 정사로
나타나는 것이다. 성인이 성인인 까닭은 사적으로 지닌 '不忍人之
心'을 곧장 공적인 존재로서의 자신의 지위에 맞는 역할로 변환시켜
공적인 '不忍人之政', 즉 사람을 차마 해치지 못하는 정사로 펼쳐 보
였기 때문이다. 두 문장 다 '有'가 서술어로 쓰였으니, 직역하자면 '~
이 있어서 이에 ~이 있었다'이지만 자연스럽게 번역하기 위해 뒤따
라 나오는 문장을 활용해서 뒤쪽의 '有'를 '行'으로 번역하였다.

以不忍人之心, 行不忍人之政 ①, 治天下可運之掌上 ②.

[이불인인지심(으로) 행불인인지정(이면) 치천하(는) 가운지장상(이니라)]

"사람을 차마 해치지 못하는 마음으로 사람을 차마 해치지 못하는 정사를 행한다면, 천하를 다스리는 것은 손바닥 위에서 굴리는 듯할 것이다."

① '以A行B'의 구조로, 'A로(A를 가지고) B를 하다'라는 뜻이다. 여러 번 봤겠지만 '以'로 만드는 문장 구조가 워낙 많으니 잘 기억해 두면 좋겠다. 자신의 '不忍人之心'을 가지고 곧장 정치에 적용하여 '不忍人之政'을 행하는 것은 어제 공부했듯 성인이 성인이 된 정치 방식이다. 사람이면 누구나 가지고 있는 마음이지만 살면서 갖게 되는 각종 욕망으로 이 마음을 제대로 보존하지 못한다. 나를 위해 남을 해치게 되는 것이다. 그러나 반대 상황이 되면 달갑게 받아들일 수 없다는 것 또한 누구나 알고 인정하는 사실이다. 이는 『논어』의 '자기가 하고자 하지 않는 것을 남에게 시행하지 말 것이다'라는 '己所不欲, 勿施於人'의 정치적 확장판이다.

② '治天下'는 주어구로 '천하를 다스리는 것'으로 해석한다. '可'는 '~할 수 있다', '運'은 '운행하다', '之'는 전치사 '於'(~에서)로 쓰였다. 그래서 '可運之掌上'은 '손바닥 위에서 굴릴 수 있다, 움직일 수 있다'가 되는데, 그냥 이렇게만 보아도 글을 이해하는 데 어려움은 없지만 더 자세하게 목적어를 추가하여 '구슬을 굴리는 것처럼 쉽다'로 해석하기도 한다. 위와 같은 정사를 한다면 그 어떤 백성이 지도자를 싫어하겠는가? 그러므로 이처럼 말한 것이다.

所以謂人皆有不忍人之心者[①], **今人, 乍見孺子將入於井,**
皆有怵惕惻隱之心[②]. **非所以內交於孺子之父母也**[③],
非所以要譽於鄉黨朋友也[④], **非惡其聲而然也**[⑤].

[소이위인개유불인인지심자(는) 금인(이) 사견유자장입어정(하고)
개유출척측은지심(하나니) 비소이납교어유자지부모야(며)
비소이요예어향당붕우야(며) 비오기성이연야(니라)]

"사람이 모두 사람을 차마 해치지 못하는 마음을 가지고 있다'라고 말한 까닭은,
지금 누군가 별안간 어린아이가 우물에 빠지려는 것을 보면 모두 깜짝 놀라고 불쌍히
여기는 마음을 갖게 되기 때문이다. 이는 어린아이의 부모와 교분을 맺기 위해서도
아니고, 마을 사람들과 친구들에게 칭찬을 받기 위해서도 아니며, 보고도 구해 주지
않았다는 평판을 싫어해서 그런 것도 아니다."

① '所以謂A者'는 'A라고 한 까닭은'이다.

② '乍'는 '별안간, 갑자기'이고, '孺子'는 '어린아이' '將'은 '장차
~하려 하다', '怵惕'은 '두려워하다, 놀라다', '惻隱'은 '측은하다, 불쌍
히 여기다'이다.

③ 뒤의 세 문장 전부 다 '非'를 사용한 '~이 아니다'라는 부정문이다.
'所以'는 '~때문'이다. '內'은 '納'(들이다)의 뜻으로 '납'으로 읽는다.
'內交'는 '교분을 맺다, 사귀다'의 뜻이다.

④ '要'는 '요구하다', '譽'는 '명예, 칭찬'이므로 '要譽'는 '칭찬이나 명
예를 구하다'는 뜻이 된다.

⑤ '惡'는 '미워하다, 싫어하다'의 뜻으로 '오'로 읽는다. '其聲'은 우물
에 빠지려는 어린아이를 못 본 척하면 무자비한 사람이라는 소문이
날 것이니, 바로 그러한 '소문'을 가리킨다. '然'은 깜짝 놀라고 측은
한 마음을 갖는 것이다.

由是觀之 ①, 無惻隱之心, 非人也 ②, 無羞惡之心, 非人也 ③,
無辭讓之心, 非人也 ④, 無是非之心, 非人也 ⑤.

[유시관지(컨댄) 무측은지심(이면) 비인야(며) 무수오지심(이면) 비인야(며)
무사양지심(이면) 비인야(며) 무시비지심(이면) 비인야(니라)]

"이를 통해 보면, 측은지심이 없으면 사람이 아니고, 수오지심이 없으면 사람이 아니며,
사양지심이 없으면 사람이 아니고, 시비지심이 없으면 사람이 아니다."

① '由是'는 '이것으로 말미암아, 이를 통해'이다. '觀'는 '관찰하다, 살피다', '之'는 앞서 들었던 우물에 빠지려는 아이의 예로 살펴본 인간의 보편적인 '怵惕惻隱之心'을 가리킨다.

② 이후로 '無~之心, 非人也'의 구조를 반복하며 그러한 마음이 없으면 인간이 아니라고 규정한다. 인간을 인간이게 하는 마음은 무엇이 있는가? '惻隱之心, 羞惡之心, 辭讓之心, 是非之心'이 있다. 측은지심은 말 그대로 측은히 여기는 마음을 가리킨다.

③ 수오지심의 '羞'는 자신의 좋지 못한 마음과 행동을 부끄러워하는 것이고, '惡'는 남의 좋지 못한 마음과 행동을 미워하는 것이다.

④ 사양지심의 '辭'는 자기에게 과분한 것을 내려놓아 거절하는 것이고, '讓'은 나에게 올 것을 밀쳐서 받을 만한 남에게 주는 것이다.

⑤ 시비지심의 '是'는 그 속성이 선한 것을 알아 그것을 옳게 여기는 것이고, '非'는 그 속성이 악한 것을 알아 그것을 그르다고 여기는 것이다.

惻隱之心, 仁之端也^①, 羞惡之心, 義之端也, 辭讓之心, 禮之端也, 是非之心, 智之端也.

[측은지심(은) 인지단야(요) 수오지심(은) 의지단야(며)
사양지심(은) 예지단야(요) 시비지심(은) 지지단야(니라)]

"측은지심은 인의 단서이고, 수오지심은 의의 단서이며, 사양지심은 예의 단서이고,
시비지심은 지의 단서이다."

이 대목이 본격적으로 그 유명한 사단(四端)이 나오는 부분으로, 측은·수오·사양·시비지심이 각각 인·의·예·지의 단서가 된다는 내용이 담겨 있다.

① 여기서 핵심이 되는 단어는 단서라는 '端'으로, 두 가지 해석이 있다. 흥미로운 점은 이 글자의 해석이 극단적으로 다르다는 것이다. 이 글자에 대해 『맹자』의 대표적인 주석가인 송나라 학자 주희와 한나라 학자 조기가 각각 다른 해석을 내놓았다. 먼저 주희는 '端'을 '실마리, 끝'으로 해석하고 있다. 이는 '사물의 가운데서 밖으로 나온 실마리'라는 의미이다. 이에 대해서는 누에고치의 실로 비유할 수 있는데, 누에고치의 밖에 한 가닥의 실마리가 있거든 그걸 따라 들어가면 한 덩이의 실이 있으리라는 것을 알 수 있는 것과 같다.

반대로 조기는 '端'을 '首'(수), 즉 '시발점, 혹은 첫머리'라 하였다. 이 관점에서 보면 측은·수오·사양·시비지심은 인·의·예·지의 시초이니 이런 마음들이 발현되거든 끌어내어 확장시키는 것이 인·의·예·지를 제대로 행할 수 있는 시작이 된다.

人之有是四端也, 猶其有四體也 [①].
有是四端而自謂不能者, 自賊者也 [②];
謂其君不能者, 賊其君者也 [③].

[인지유시사단야 유기유사체야(니)
유시사단이자위불능자(는) 자적자야(요)
위기군불능자(는) 적기군자야(니라)]

"사람이 이 사단을 가지고 있는 것이 사람이 사체(四體)를 가지고 있는 것과 같으니,
이 사단을 가지고 있으면서도 스스로 선을 행할 수 없다고 말하는 자는 자신을 해치는
자이고, 자기 군주가 선을 행할 수 없다고 말하는 자는 자기 군주를 해치는 자이다."

① '之'는 주격조사로 쓰였다. 앞에 나온 '也'는 주어부 뒤에 나와 강
조하는 역할을 하는데 달리 해석하지는 않는다. '猶'는 '같다'이고,
'其'는 '인간', '四體'는 '사지', 즉 두 팔과 두 다리로 사람이 가지고 태
어나는 몸이다. 그러니까 사람에게 사단이 있는 것은 사람에게 사
지, 즉 몸이 있는 것과 같아서 모두에게 반드시 다 있다는 뜻이다.

② '不能'은 앞의 '有是四端'이 전제 조건이 되므로 '선(善)을 행할 수
없다', 혹은 '인의(仁義)를 행할 수 없다'는 뜻이다. '四端'이 있다면
인간다운 선을 행할 수 있는데, 사단은 인간이면 누구에게나 있으므
로 '自謂不能'은 말이 안 된다. 그래서 '自賊者', 즉 '스스로를 해치는
자'라고 말한 것이다.

③ '其君'은 '자기의 군주·지도자'를 말한다. 앞 문장의 논리는 지도
자를 대하는 자세와 시각에도 적용된다. 모두 인간이기 때문이다.
그러므로 자기 군주가 선을, 인의를 행할 수 없다고 말하는 사람은
'賊其君者', 즉 '자기 군주를 해치는 자'라고 한 것이다.

**凡有四端於我者^①, 知皆擴而充之矣^②, 若火之始然,
泉之始達^③. 苟能充之, 足以保四海, 苟不充之^④,
不足以事父母^⑤.**

[범유사단어아자(를) 지개확이충지의(면) 약화지시연(하며)
천지시달(이니) 구능충지(면) 족이보사해(요) 구불충지(면)
부족이사부모(니라)]

"무릇 나에게 있는 사단을 모두 넓혀 채울 줄 알면, 마치 불이 처음 타오르고 샘물이 막
솟아 나오는 것과 같을 것이다. 진실로 그것을 가득 채울 수 있으면 충분히 사해를
보전할 수 있고, 진실로 가득 채우지 못한다면 부모를 섬기기에도 부족할 것이다."

① 직역하면 '무릇 사단이 나에게 있는 것을'이 되지만 우리말로 자
연스럽게 '나에게 있는 사단을'이라고 풀어 주면 좋다. '凡'은 '대체
로 생각해 보아'로 문맥을 총괄해서 정리할 때 쓴다.

② '擴'은 '넓히다'이고, '充'은 '채우다'이다. '확충하다'는 현재도 자
주 쓰이는 표현인데 낱글자의 뜻을 알면 더 정확하게 쓸 수 있을 것이
다. '之'는 사단을 가리킨다.

③ '若'은 '마치~와 같다', '然'은 '燃'(연)과 같은 쓰임으로 '불타다'의
뜻이다. '達'은 '통하다'의 뜻으로, 샘물이 처음 통하게 되었다는 것
은 비로소 터져 땅 위로 솟아났다는 뜻이다.

④ 같은 문형을 써서 대조의 효과를 높였다. '苟'는 '진실로', 또는 '만
일', '足以'는 '(그것으로써) 충분히~할 수 있다', '四海'는 '천하, 온 세
상'이다. 사단을 제대로 확충시키면 천하도 다스릴 수 있지만 그렇
지 못할 경우 부모도 제대로 섬기지 못한다고 하여 사단의 효용을
극적으로 말하였다. '수신제가치국평천하', 수신은 결국 평천하까지
닿는다.

7월

孟子曰, 天時不如地利①, 地利不如人和②.

[맹자왈, 천시불여지리(요) 지리불여인화(니라)]

맹자가 말했다.
"천시(天時)가 지리(地利)만 못하고, 지리가 인화(人和)만 못하다."

새로운 달이 시작되었다. 다만 여름이라 지치기 쉬운데 맹자의 시원한 변설이 우리의 여름을 조금이나마 달래 주길 기대해 본다.

① '天時'에 대해서는 여러 가지 설이 있다. 음양오행으로 전쟁 직전에 미리 점을 쳐서 언제 어느 방향으로 공격하면 길하다는 것을 아는 것으로 보기도 하고, 공격할 나라의 풍흉이나 민심의 향방, 계절이며 시간 같은 것을 따져 가장 좋은 시기를 고르는 것으로 보기도 하며, 단순히 날씨와 기후 등 전쟁에 적합한 기상 상황을 가리킨다고 보기도 한다. 평범하게는 하늘이 준 좋은 기회나 시기 정도로 보아도 무방할 것 같다. '地利'는 지형상의 이로움, 즉 험준한 지세와 견고한 요새 등을 갖춘 것이다. 'A不如B'는 열등 비교로, 직역하자면 'A는 B와 같지 않다'인데, 'A는 B만 같지 못하다, A는 B만 못하다'로 풀이하면 의미를 살리기 더 좋다.

② '人和'는 민심의 화합으로, 이 문장에서는 지도자가 민심의 화합을 얻은 상태를 가리킨다. 여기서 맹자는 전쟁의 시대에 인기 있었던 병가(兵家)에 상대해서 자신의 병법을 말하고 있다. 맹자는 '人和', 그중에서도 '和'를 핵심에 두고 있다. '和'는 상하 간에 또 서로 간에 화합을 이룬 상태를 말한다. 나라는 무엇으로 지키는가? 결국 사람이고, 그 사람들의 마음이다. 관건은 그 나라 사람들이 서로를 어떻게 생각하며 어떤 관계를 맺고 있느냐에 달렸다는 것이다.

三里之城, 七里之郭①, 環而攻之而不勝②. 夫環而攻之,
必有得天時者矣③. 然而不勝者, 是天時不如地利也④.

[삼리지성(과) 칠리지곽(을) 환이공지이불승(하나니) 부환이공지(에)
필유득천시자의(언마는) 연이불승자(는) 시천시불여지리야(니라)]

"3리 되는 내성과 7리 되는 외성을 포위하고 공격해도 이기지 못하는 경우가 있다.
포위하고 공격하다 보면 필시 천시를 얻은 경우가 있을 텐데 그런데도 이기지 못하는 것은
천시가 지리만 못하기 때문이다."

① '城'은 내성(內城)을, '郭'은 외성(外城)을 가리킨다. 3리의 성과 7리의 곽은 작은 성곽임을 말한 것이다.『춘추좌씨전』에 천자의 성은 9리이고, 제후의 경우 '公'은 7리, '侯'와 '伯'은 5리, '子'와 '男'은 3리라고 한 내용이 있다.

② '環'은 '둘러싸다, 포위하다', '而'는 앞은 순접, 뒤는 역접이다.

③ '夫'는 본격적으로 논의를 전개하려는 어세를 나타내는 기능을 하는데, 달리 번역하지 않는다. 앞서 '環而攻之而不勝'을 말했고, 이제 '環而攻之'와 '不勝'을 떼어 왜 '不勝'하는 경우가 생겨났는가를 가지고 논리를 전개하며 어제 말한 자신의 주장을 확고하게 하고 있다. '得天時者'는 천시, 그러니까 공격하기에 좋은 최상의 기회를 얻는 경우를 말한다. '矣'는 단정이나 추측을 나타낸다. 포위 공격이란 긴 시간 공격하는 것이고, 그러다 보면 좋은 기회를 만날 때가 반드시 있다.

④ '然而'은 '그런데도'이다. '是'는 '이것'이란 지시 대명사로 뒤의 문장과 똑같은 형태를 만드는데 문맥상 여기서는 번역을 해도 되고 안 해도 된다. '天時不如地利'는 천시가 아무리 좋아도 지형적 유리함을 극복하기 어렵다는 말이다.

城非不高也, 池非不深也①, 兵革非不堅利也, 米粟非不多也②, 委而去之③, 是地利不如人和也④.

[성비불고야(며) 지비불심야(며) 병혁(이) 비불견리야(며)
미속(이) 비불다야(로되) 위이거지(하나니) 시지리불여인화야(니라)]

"성이 높지 않은 것이 아니고, 해자가 깊지 않은 것이 아니며, 병기와 갑옷이 견고하고
예리하지 않은 것이 아니고, 군량미가 많지 않은 것이 아닌데 버리고서 도망치는 경우가
있으니, 이는 지리가 인화만 못한 것이다."

① 이번에는 '地利', 지형적 유리함에 대해 말하고 있다. '非不'은 '~이
않은 것은 아니다'로 이중부정이다. 한문에서는 강조하기 위해 이중
부정을 아주 자주 사용한다. 부정어가 여러 번 나오면 해석이 헛갈
릴 수 있지만, 이중부정을 한 쌍으로 묶어 긍정으로 해석하면 쉽다.
본문을 '성이 충분히(매우) 높고 해자가 충분히(매우) 깊은데'로 풀
이하면 더 쉽게 읽힌다.

② '兵革'은 병장기와 갑옷이므로 견고하고 날카롭다는 '堅利'로 서
술했다. '非不堅利'와 '非不多'도 '않은 것이 아닌데'가 계속 반복되니
머리에서 꼬이는 느낌이 들 수 있다. '충분히 견고하고 날카롭다'와
'넉넉하다'로 풀어 주면 읽는 즉시 이해된다.

③ '委'는 '버리다', '去'는 '떠나다 혹은 도망하여 가다'이다. '之'는 지
형적 유리함을 가진 그곳이 되겠다.

④ 사람들이 서로 좋은 관계를 맺어 이 나라 이 땅 이 나라 사람에 대
한 애정이 있지 않으면 조건이 어떠하든 자신이 위태로워지겠으면
곧장 버리고 떠난다는 말이다. 맹자가 보기에 '人和'가 병법의 끝판
왕인 것이다.

故曰 ①, 域民, 不以封疆之界 ②, 固國, 不以山谿之險 ③,
威天下, 不以兵革之利 ④.

[고(로) 왈, 역민(호며) 불이봉강지계(하며) 고국(호되) 불이산계지험(하며),
위천하(호되) 불이병혁지리(라)]

"그러므로 '백성을 경계 지어 한정하되 국경의 경계선으로 하지 않고, 나라를 튼튼히
지키되 지형의 험준함으로 하지 않으며, 천하에 위엄을 떨치되 병장기와 갑옷의
예리함으로 하지 않는다'라고 하였다."

---

① 누구의 말인지 확실하지 않다. 예로부터 있는 말이라는 설도 있
고 맹자의 말이라는 설도 있다.

② '域民'은 대개의 경우 '백성을 경계 지어 한정하다'로 보지만 '域'
을 '居'로 보아 '거주하는 백성'으로 풀이하기도 한다. 둘 다 백성을
국경선으로 잡아 둘 수 없다는 말이므로 큰 뜻에서 볼 때 의미가 서
로 통한다. '封疆之界'는 '국경의 경계'를 말한다.

③ '固'는 '견고하게 하다, 튼튼히 하다'이다. '險'은 '험하다'로 '山谿之
險'은 산과 골짜기가 깎아지른 듯 높고 깊어 적이 쳐들어 오기 어렵
게 하는 험준함을 말한다.

④ '威'는 '위엄을 떨치다, 두렵게 하다'이다. '兵革之利'는 어제 공부
한 문장대로라면 '兵革之堅利'라고 하겠지만 여기서는 '利' 하나로
축약해서 썼다. 세상이 경외할 대상이 되는 것은 확보하고 있는 병
장기로 위협해서 될 일이 아니라는 말이다.

영토의 경계가 아니라 자신의 덕으로 백성을 붙들어야 하고, 나라의
경계가 험준한 산과 골짜기라는 지형에 의지하지 말고 제대로 인정을
베풀어 백성이 자신을 믿고 따르게 해야 하며, 무기가 아니라 도와
덕으로 존경하게 하는 것이 안전한 나라의 토대임을 말하고 있다.

得道者, 多助, 失道者, 寡助①. 寡助之至, 親戚畔之,
多助之至, 天下順之②. 以天下之所順, 攻親戚之所畔,
故, 君子有不戰, 戰必勝矣③.

[득도자(는) 다조(하고) 실도자(는) 과조(라) 과조지지(에는) 친척반지(하고)
다조지지(에는) 천하순지(니라) 이천하지소순(으로) 공친척지소반(이라)
고(로) 군자유부전(이언정) 전필승의(니라)]

"올바른 도를 터득한 자에게는 돕는 이가 많고, 올바른 도를 잃은 자에게는
돕는 이가 적다. 돕는 이가 적은 것이 최악에 이르면 친척이 배반하고,
돕는 이가 지극히 많은 것이 최상에 이르면 천하가 순종한다. 천하가 순종하는 경우로
친척도 배반하는 경우를 공격하는 것이므로 군자는 전쟁하지 않음이 있을지언정
전쟁하면 반드시 승리하는 것이다."

---

① 어제 '域民', '固國', '威天下'를 어떻게 할 것인가 말할 때 결국 세상
이 알고 있는 뻔한 방법으로 불가능함을 말했다. 그렇다면 어떡해야
하는가? '得道'가 답이다. 이는 '도를 터득함'을 말한다. '道'란 또 무
엇인가? 지도자의 올바른 도, 즉 인정(仁政)을 시행해서 백성의 마
음을 얻는 왕도(王道)를 가리킨다. 마음을 얻었기 때문에 이 올바른
도를 얻은 사람에게는 '多助', 즉 돕는 이가 많다. 그럼 반대로 '失道',
그러니까 올바른 도를 잃으면? '寡助', 즉 돕는 이가 적게 된다.

② '至'는 '지극함'이다. 무언가가 끝까지, 극점까지 간 경우를 말한
다. 그러므로 '寡助之至'와 '多助之至'는 '寡助'와 '多助'가 각각 정점
에 이른 상태를 가리킨다. 돕는 이가 적은 것이 정점에 다다르면 피
를 나눈 혈연지간도 배반한다. 반대로 돕는 이가 많은 것이 정점에
다다르면 천하가 순종한다.

③ 천하가 마음을 준 사람이 친척과 가족도 등을 돌린 사람을 공격
하면? 결과는 안 봐도 비디오다. '君子'는 '得道者'를 가리킨다. 군자
는 반드시 이긴다. 왜? 그가 '人和'를 가졌기 때문이다.

孟子致爲臣而歸①. 王就見孟子②曰, 前日願見而不可得, 得侍同朝, 甚喜③. 今又棄寡人而歸, 不識, 可以繼此而得見乎④?

[맹자치위신이귀(하실새) 왕취견맹자왈, 전일(에) 원견이불가득(이라가)
득시동조(하여는) 심희(러니) 금우기과인이귀(하시니) 불식(케이다)
가이계차이득견호(잇가)]

맹자가 신하의 자리를 내놓고 돌아가니 왕이 맹자를 찾아가 만나서 말하였다.
"지난날에 뵙고자 하였으나 그렇게 하지 못하다가 모시고 함께 조정에 있게 되어 매우
기뻤습니다. 그런데 지금 또 과인을 버리고 돌아가시니, 이 이후로도 계속 뵐 수
있을까요?"

---

① '致'는 '그만두다, 반납하다'의 의미로 벼슬을 내놓을 때 쓰는 표현
이다. '致爲臣'은 '致仕'(치사)라고도 할 수 있는데, 벼슬을 스스로 내
놓았다는 말이다. 여기서 '爲臣'은 제나라의 객경(客卿) 자리를 가리
킨다.

② '就'는 '나아가다'로, 맹자의 사직 소식에 왕이 직접 맹자를 찾아가
만났음을 알 수 있게 하는 단어이다.

③ '甚喜'의 주체를 누구로 보느냐에 따라 해석이 갈린다. '得侍同朝,
甚喜'라 하면 왕이 맹자와 군신 관계로 조정에서 함께 만날 수 있게
되어 매우 기뻤던 것이 된다. 그러나 '得侍, 同朝甚喜'로 보면 '甚喜'의
주체가 '同朝'가 되어 '모실 수 있게 되어 온 조정이 매우 기뻐하였다'
가 된다.

④ '棄'는 '버리다'이다. '不識'은 '모르겠습니다'인데, 완곡하게 청할
때 종종 사용하는 표현이다. '可以~乎'는 '~할 수 있겠습니까'이고,
'繼此'는 '이를 이어 계속'이므로 '이후로도 계속하여', '得見'은 '見을
得하다'이니, '만나 볼 수 있다'가 된다.

對曰: 不敢請耳, 固所願也 ①. 他日, 王謂時子曰: 我欲中國而授孟子室 ②, 養弟子以萬鍾, 使諸大夫國人皆有所矜式 ③. 子盍爲我言之 ④?

[대왈, 불감청이(언정) 고소원야(니이다). 타일(에) 왕위시자왈,
아욕중국이수맹자실(하고) 양제자이만종(하여)
사제대부국인(으로) 개유소긍식(하노니) 자합위아언지(리오)]

맹자가 대답했다.
"감히 청할 수는 없었습니다만 진실로 제가 바라는 바입니다."
며칠 후에 왕이 자신의 신하인 시자에게 말했다.
"내가 도성에 맹자에게 집을 마련해 주고 만 종의 녹으로 제자들을 기르게 하여
여러 대부와 나라 사람들로 하여금 공경하고 본받을 대상이 있게 하고자 한다.
그대는 어찌 나를 위해 말해 주지 않는가."

① 내 가려운 곳을 상대가 확 긁어 주었을 때, 원한다고 먼저 말하지는 못했지만 내심 바랐다고 너털 웃음 지으며 상대에게 말할 때 곧잘 사용하는 표현이다. '不敢'은 '감히 ~하지 않다', '耳'는 '~뿐이다', '固'는 '진실로'이다.

② '欲'은 '~하고자 하다, 하려 하다'로 '使諸大夫國人皆有所矜式'에까지 걸린다. '中國'의 '中'은 전치사, '國'은 국도(國都), 즉 도성으로 '도성 가운데'라 해석한다. '而'는 접속사로 '~에', '授'는 '주다'.

③ '養A以B'는 'B로써 A를 기르다', '萬鍾'은 녹봉의 크기로 '1種'은 '6斛(곡)4斗(두)'이다. '使A有B'는 'A로 하여금 B가 있게 하다'인데, 앞의 '欲'이 여기까지 걸린다고 했으니까 전체적으로 해석하면 'B가 있게 하고자 하다'가 된다. '矜'은 '공경하다'이고 '式'은 '본받다'이다.

④ '子'는 2인칭 대명사로 '그대', '盍'은 '何不'로 어찌 ~하지 않겠는가?', '爲'는 '위하다'이며, '之'는 앞의 왕의 말 전체를 받는다.

然. 夫時子惡知其不可也^①? 如使予欲富, 辭十萬而受萬, 是爲欲富乎^②?

[연(하다). 부시자오지기불가야(리오) 여사여욕부(인댄)
사십만이수만(이) 시위욕부호(아)]

(맹자가 말했다.)
"그러하다. 저 시자가 그것이 불가함을 어찌 알겠는가? 가령 내가 부자가 되고 싶었다면,
십만 종의 녹을 사양하고 만 종의 녹을 받는 것이 부자가 되고 싶어 하는 사람이 할
행동이겠는가?"

왕의 말을 듣고 시자는 좋은 소식이라 생각해서 진자라는 맹자의 제자를 통해 왕의 뜻을 전했다. 오늘 문장은 이 말을 들은 맹자의 반응이다.

① '夫'는 지시 대명사로 '저', '惡'는 의문사로 '어찌'이니 '惡知'는 '어찌 알겠는가?'이다. '其'는 왕의 뜻 전체를 받는 대명사이다.

② '如使'는 '가령'으로 가정법을 만든다. '辭'는 '사양하다', '十萬'은 '十萬種'으로 녹봉의 크기를 의미한다. 십만 종이라고 한 것은 '卿'으로 있을 때의 녹봉이다. '是'는 '이것', '爲'는 '하다', '乎'는 설의법을 만든다. 결국 돈으로 나를 붙들어 둘 수 없다는 말이다. 돈이 탐났으면 십만 종의 녹을 받으면서 '卿' 자리에 머물러 있었을 테지 왕과 뜻이 맞네 아니네 하며 떠났겠느냐는 것. 시자가 문제의 핵심을 간파하지 못하고 있음을 지적한 것이다.

제선왕은 맹자의 뜻을 펼칠 의지가 없었지만 '이후로도 계속 뵐 수 있을까요?'라는 질문에 맹자가 '불감청이언정 고소원입니다'라고 대답하자 뭔가 제스처를 취해야 했다. 하여 정치 참여 없이 제자만 키우는 선생으로 나라에 붙들어 두고자 한 것이다. 맹자로서는 상당히 모욕적인 제안이었다. 이 제안에 맹자는 뭐라 답했을까?

**季孫曰, 異哉, 子叔疑^①! 使己爲政, 不用則亦已矣,
又使其子弟爲卿^②. 人亦孰不欲富貴?
而獨於富貴之中, 有私龍斷焉^③.**

[계손왈, 이재 (라) 자숙의 (여) 사기위정 (호되) 불용즉역이의 (어늘)
우사기자제위경 (이로다) 인역숙불욕부귀 (리오마는)
이독어부귀지중 (에) 유사농단언 (이라하니라)]

"계손씨가 말하기를, '자숙의는 참 기이하구나! 자기에게 정사를 하게 하다가
쓰이지 않으면 또한 그만두어야 하는데, 또 자기 자식과 형제를 경(卿)이 되게 하는구나.
사람이면 또한 그 누가 부귀를 바라지 않겠는가. 그런데 그는 홀로 부귀한 중에도 농단에
올라가 이익을 독점하듯 함이 있다'라고 하였다."

맹자는 자숙의라는 사람의 예를 들어서 자기 주장을 펼친다.

① '季孫'과 '子叔疑'는 누구인지 확실치 않다. '異哉, 子叔疑'에는 도
치법이 사용되었다. 한문에서는 도치법이 자주 쓰인다.

② '使'는 사역의 의미로, '~로 하여금 ~하게 하다'이니, '使己爲政'
은 '자기로 하여금 정사를 하게 하다'이고, '已'는 '그치다, 그만하다'
이다. 그러니까 자기가 등용되어 쓰이다가 쓰이지 않으면 그만두면
그만이란 뜻이다. 그런데 자숙의는 그렇게 하지 않고 '使其子弟爲卿'
을 한 것이다. 즉 그 자제로 하여금 경이 되게 하여 또 녹봉을 받게
한 것이다. 이를테면 관직 대물림을 한 셈이다.

③ '亦'는 강조의 의미, '孰'은 의문사로 '누군들', '而'는 역접이다. 여
기서 중요한 단어는 '농단'(龍斷)이다. 자숙의는 이미 부귀한데도 사
사로이 농단하고 있다고 말한다. 그렇다면 농단은 무엇일까?

古之爲市者①**, 以其所有易其所無者**②**, 有司者治之耳**③**.**
有賤丈夫焉, 必求龍斷而登之, 以左右望而罔市利④**.**

[고지위시자 이기소유(로) 역기소무자(어든) 유사자치지이(러니)
유천장부언(하니) 필구농단이등지(하여) 이좌우망이망시리(어늘)]

"옛날의 시장이란 것은 자기가 가진 것을 가지고 자신에게 없는 것을 바꾸는 곳으로,
유사는 이를 단지 다스릴 뿐이었다. 그런데 어떤 천장부가 나타나 꼭 비탈진 언덕
꼭대기를 찾아 올라가서 좌우를 둘러보면서 시장의 이익을 망라하니,"

---

① '市'를 '물건을 교역하다'라는 동사로 보면 '爲市者'는 '교역을 하는 자'가 되고, '시장'이라는 명사로 보면 '爲'는 '되다'의 뜻으로 기능을 밝히는 의미가 되고 '者'는 '것'이 된다.

② 'A로써(를 가지고) B하다'라는 '以A爲B' 구문이다. 다만 여기서는 '爲'가 아니라 '易'이 서술어로 쓰였을 뿐이다. '其所有'로 '其所無'를 바꾸는(易) 것이 시장이다.

③ '有司'는 '관리'이다. '治'는 '다스리다'로, 교역자 사이의 분쟁을 다스린다는 뜻이다. '~일 뿐이다'란 뜻의 '耳'를 쓴 것은 관리의 일이 '治'에 한정되어 있음을 강조하는 것이다.

④ 그런데 이 질서에 이질적인 인물이 뛰어든다. 바로 '賤丈夫'이다. '賤'을 쓴 것으로 봐서도 그를 얼마나 천박하게 여기는지 알 수 있다. '焉'은 '於之'로, '거기에' 즉 '시장에'의 뜻이다. '必求'는 '반드시 구했다(찾았다)'인데, 뭘 찾았느냐면 '농단'(龍斷)을 찾았다. '龍斷'의 '龍'은 '壟'으로 '언덕'을 뜻하고, '斷'은 깎아지른 절벽을 뜻한다. 그러니까 비탈진 언덕 꼭대기를 일컫는 말이다. 바로 시장 전체를 살필 수 있는 곳이다. 천장부는 그런 언덕을 찾아 올라가 시장의 교역 상황을 조감(鳥瞰)해서 '市利', 즉 시장의 이익을 그물질한[罔] 것이다.

人皆以爲賤①, 故從而征之②. 征商, 自此賤丈夫始矣③.

[인개이위천(이라) 고(로) 종이정지(하니) 정상(이) 자차천장부시의(니라)]

"사람들이 모두 천하게 여겼다. 그래서 쫓아가 그에게 세금을 거뒀으니,
상인에게 세금을 징수한 것이 이 천장부로부터 시작되었다."

물건을 사다 보면 이익을 얻을 때도, 손해를 볼 때도 있다. 그러나 이 사람은 이익을 다 차지하고 싶었다. 그래서 시장이 잘 보이는 높은 언덕을 찾아가 시장의 모든 상황을 다 파악한 후 시장의 이익을 독점했다. 사람들은 이 방법을 몰라서 하지 못한 것일까?

① '以爲'는 '여기다', '賤'은 '천하다, 천박하다'. 사람들은 그 남자의 행동이 천박하다고 생각했다는 것이다. 그래서 그를 천장부(賤丈夫)라고 불렀다.

② '從'은 '따라가다', '征'은 '세금을 부과하다', 즉 그가 시장의 이익을 망라했으니 그냥 다 가지게 해서는 안 된다 생각해서 그를 따라가 그의 이익에 세금을 부과했다는 것이다.

③ '征商'은 '상인에게 세금을 징수하다', '自 ~ 始'는 ' ~ 로부터 시작하다'이다. 원래 상인에게 세금을 징수하지 않았는데 이 천장부의 농단 사건으로 세금 징수가 시작되었다는 말이다.

암암리에 설정한 공정한 게임의 규칙을 누군가 자기만 지혜로운 양 무시하면 잠깐은 득을 보는 것 같다. 그러나 사람들이 몰라서 안 하는 게 아니다. 질서의 오염이 훨씬 더 무섭다는 것을 알기 때문에 하지 않는 것이다. 권력 농단, 시장 농단 등 우리가 흔히 쓰는 '농단'이란 말이 이 『맹자』에서 나왔다. 사사로이 이익을 독점하면 잠깐의 즐거움 뒤에 결국 더 큰 재앙으로 돌아온다.

陳相見孟子, 道許行之言^①曰, 滕君則誠賢君也.
雖然, 未聞道也^②.

[진상견맹자(하고) 도허행지언왈, 등군즉성현군야(어니와)
수연(이나) 미문도야(로다)]

진상이 맹자를 만나 허행이 한 말을 맹자에게 했다.
"등나라 군주는 진실로 현명한 군주입니다.
비록 그렇기는 하지만 아직 도(道)를 듣지는 못했습니다.

등나라는 노나라와 송나라 사이에 그리고 강대국 초나라 위에 자리 잡고 있던 작은 나라다. 군주들 중에서 맹자의 생각을 가장 적극적으로 받아들이고 실천해서 어느 정도 성과도 거두었다. 맹자는 등문공과 많이 교류했지만, 이 나라를 통해 자신의 꿈을 펼칠 생각은 하지 못했다. 사라지지 않게 버티는 것만도 힘에 겨울 정도로 작은 나라였기 때문이다. 맹자에게도 등문공에게도 안타까운 점이다.

① '許行'은 당시 제자백가 중 농가에 속하는 인물로 신농씨의 가르침을 받드는 이였다. 초나라에 살다가 등문공이 맹자의 가르침을 따라 사람을 위하는 정치를 펼치고 있다는 소문을 듣고 등나라로 옮겨왔다. '陳相'은 유학자이지만 허행의 가르침에 반해서 그의 문하로 들어간 인물이다. '道'는 '말하다'이다.

② '誠'은 '진실로'이다. '賢'은 '어질 현'자로 알려져 대개 '어질다'로 해석하지만 이렇게 해석하면 '仁'과 우리말 뜻이 충돌한다. '賢'은 '仁'보다 아래 등급으로 '뛰어나다, 현명하다'의 뜻이다. '未聞'은 '아직 듣지 못했다', 즉 '아직 ~에 대해 모른다'는 뜻이고, 여기서 '道'는 말 그대로 '도', 즉 '제대로 된 올바른 길'의 뜻이다. 진상은 왜 등문공을 이렇게 평가한 것일까?

賢者, 與民並耕而食, 饔飱而治[①].
今也, 滕有倉廩府庫, 則是厲民而以自養也, 惡得賢[②]?
孟子曰: 許子必種粟而後食乎? 曰: 然[③].

[현자(는) 여민병경이식(하며) 옹손이치(하나니)
금야(에) 등유창름부고(하니) 즉시려민이이자양야(니) 오득현(이리오)
맹자왈, 허자필종속이후(에) 식호(아) 왈, 연(하다)]

현명한 군주는 백성과 함께 농사지어 먹고살고 아침과 저녁을 직접 지어 먹으면서
나라를 다스립니다. 그런데 지금 등나라에는 곡식 창고와 재물 창고가 있습니다.
이는 백성을 괴롭혀서 자기 배를 불린 것이니, 어찌 현명하다고 할 수 있겠습니까?"
맹자가 물었다.
"허자는 반드시 스스로 곡식을 재배해서 그것을 먹는가?"
진상이 대답했다.
"그렇습니다."

---

① '與民'은 '백성과 더불어', '並'은 '나란히, 함께하다', '而'는 순접, '饔'은 '아침밥', '飱'은 '저녁밥'으로, 饔飱而治는 식사를 제 손으로 지어먹고서 정치를 한다는 의미다. 허행의 이론에 따르면 등문공은 제 손으로 농사지어 먹고살아야 한다.

② '倉廩'은 곡식 창고이고 '府庫'는 재물 창고이다. '厲'는 '괴롭히다, 학대하다'이고, '而'는 순접, '以'은 '厲民'을 받는다. '惡'는 의문사로 '어찌', '得'은 '~할 수 있다'이다. 무엇이 문제인가? 창고가 있는 것이 문제다. 창고가 있다는 것은 군주가 백성으로부터 거두어들였다는 뜻이고, 거두어들였다는 것은 백성을 괴롭혀 호의호식했다는 뜻이다.

③ 해석이 어려운 점은 없다. '許子'는 허행을 가리킨다. 맹자의 반격이다. 이후 맹자는 허행이 밥도, 옷도, 그릇도, 각종 도구도 직접 만들어 쓰는지 묻는다. 세상 누구도 온갖 걸 혼자 만들어 쓰는 사람은 없다. 자연스레 진상은 궁지로 몰린다.

且許子何不爲陶冶. 舍皆取諸其宮中而用之①?
何爲紛紛然與百工交易②? 何許子之不憚煩③?
曰, 百工之事, 固不可耕且爲也④.

[차허자하불위도야(하여) 사개취저기궁중이용지(오)
하위분분연여백공교역(고) 하허자지불탄번(고)?
왈, 백공지사(는) 고불가경차위야(니이다)]

"허자는 어째서 옹기장이와 대장장이 일을 하여 다만 모두 자기 집 안에서 취하여
사용하지 않고 어째서 번잡스럽게 백공과 교역을 하는가?
어째서 허자는 번거로움을 꺼리지 않는 것인가?"
진상이 말했다.
"백공의 일은 진실로 농사를 지으면서 또 거기에 더하여 할 수는 없습니다."

---

① '何不'은 '어째서~하지 않는가?'로 이 문장 전체에 걸린다. '爲'는
'하다', '陶'는 '옹기장이의 일'이고 '冶'는 '대장장이의 일'이다. '舍'는
대개 '단지, 다만'으로 보는데, 학자에 따라서는 '집, 장소'의 뜻으로
앞의 구에 붙여 '陶冶하는 곳'으로 보기도 하고, '무엇'의 뜻으로 보아
'어떤 물건이든'으로 해석하기도 한다. '諸'은 전치사로 '~에' '其宮中'
은 '그(허자)의 집 안'이다. 허자가 그릇과 농기구는 직접 만들어 쓰
지 않고 자신이 농사지은 곡식과 교환해서 쓴다고 진상이 말하자 맹
자가 이렇게 물은 것이다.

② '何爲'는 위와 같은 문형이나 다만 부정문이 아닐 뿐이다. '紛'은
'어지럽다'는 뜻으로 '紛紛然'은 '번잡스럽게, 성가시게'라는 의태부
사가 된다. '百工'은 '여러 장인 혹은 공인'이다.

③ '之'는 주격조사, '憚'은 '꺼리다', '煩'은 '번거롭다'이다.

④ '固'는 '진실로', '且'는 '또, 그리고, 게다가'의 뜻이고, '爲'는 백공의
일을 하는 것을 가리킨다.

然則治天下, 獨可耕且爲與①? 有大人之事, 有小人之事②. 且一人之身而百工之所爲備③. 如必自爲而後用之, 是率天下而路也④.

[연즉치천하(는) 독가경차위여(아) 유대인지사(하고) 유소인지사(니라)
차일인지신이백공지소위비(하니) 여필자위이후용지(면)
시(는)솔천하이로야(니라)]

맹자가 말했다.
"그렇다면 천하를 다스리는 것은 유독 농사를 지으면서 또 할 수 있다는 말인가?
대인이 하는 일이 있고 소인이 하는 일이 있다. 그리고 한 사람의 몸에 백공이 만든 것을
두루 갖추고 있으니, 만일 반드시 스스로 만든 이후에 그것을 쓴다면,
이는 천하 사람들을 이끌어 길로 내몰아 쉬지 못하게 하는 것이다."

---

① '獨'은 '유독'으로 '治天下만은'의 뜻이다. '與'는 어조사로 문장 끝에 쓰여 의문형이나 감탄형을 만든다. 맹자는, 진상의 말대로 하자면 다른 모든 일은 농사일과 병행할 수 없어 각자 맡은 일을 해서 서로의 결과물을 바꾸어 생활을 영위하는데 정치와 행정만은 농사와 병행할 수 있느냐고 묻는다. 그러고서 자신의 논리를 펼친다.

② 해석은 어렵지 않다. '大人'은 '다스리는 사람, 정치가', '小人'은 '다스림을 받는 사람, 백성'이다.

③ '而'는 역접 접속사로 '~이면서'라는 뜻인데 이 문장에서는 '一人'과 '百工'을 대비시키는 역할을 한다. '所爲'는 '하는 바, 한 것', '備'는 '갖추어져 있다, 구비되어 있다'이다. 이 문장을 보면 "어린아이 하나가 자라는 데에 온 마을이 필요하다"는 말이 떠오른다. 한 사람이 살아가는 데는 온갖 것이 다 필요하다.

④ '自爲'는 '스스로 하다, 스스로 만들다', '率'은 '거느리다, 이끌다', '路'는 '길로 내몰다'로, 일상생활의 편안함을 누리지 못하도록 지칠 때까지 분주하게 일하게 하는 것을 의미한다.

故曰, 或勞心, 或勞力[1]. 勞心者, 治人, 勞力者, 治於人;
治於人者, 食人, 治人者, 食於人[2], 天下之通義也[3].

[고(로)왈, 혹노심(하며) 혹노력(이니) 노심자(는) 치인(하고), 노력자(는) 치어인(이
라 하니) 치어인자(는) 사인(하고) 치인자(는) 사어인(이) 천하지통의야(니라)]

그러므로 옛말에 이르기를, "마음을 수고롭게 하는 이도 있고 또 몸을 수고롭게 하는
이도 있으니, 마음을 수고롭게 하는 자는 남을 다스리고 몸을 수고롭게 하는 자는 남에게
다스려진다. 남에게 다스려지는 자는 남을 먹여 주고 남을 다스리는 자는 남에게
먹을 것을 제공받는 것이 천하의 공통된 이치이다."

맹자가 계속 말을 이어 간다.

① 이 문장은 노동을 '勞心'과 '勞力'으로 나누어 말한다. 앞서 모든
사람은 각각 노동의 한 분야를 맡아 전적으로 그것을 생산해 다른
노동을 하는 이와 교역한다고 말했기 때문이다. '勞心'은 마음을 수
고롭게 하는 사람으로 정신노동자를 가리킨다. '勞力'은 힘을 수고
롭게 하는 사람, 즉 몸 쓰는 일을 하는 육체노동자이다.

② 그렇다면 '勞心者'와 '勞力者'는 무엇을 교역할까? '勞心者'는 '治'
를 제공하고 '勞力者'는 '食'를 제공한다. 문장도 '治人'과 '治於人', '食
人'과 '食於人'을 데칼코마니처럼 정확히 똑같은 구조로 써서 맹자
의 의도를 정확히 전달한다. '食'은 '먹이다'의 뜻으로 '사'로 읽어서
'食人'은 '남을 먹이다', '食於人'은 '남에게 먹여지다'가 된다.

③ '通'은 '공통된, 통하는'의 뜻이고, '義'는 '원칙, 이치'이다. 정신노
동을 육체노동과 같은 '노동'의 영역으로 끌어들인 점이 흥미롭다.
교역이 제대로 이루어지려면 제대로 된 물건이 필요하다. 즉 장인
정신이 필요한 것이다. 정치 역시 지배와 피지배의 영역이 아니라
교역의 영역으로 본다면 필요한 것은 장인 정신, 즉 전문성이다.

孟子謂戴不勝曰[1]: 子欲子之王之善與? 我明告子[2].
有楚大夫於此, 欲其子之齊語也[3], 則使齊人傳諸,
使楚人傳諸[4]? 曰: 使齊人傳之[5].

[맹자위대불승왈, 자욕자지왕지선여(아) 아명고자(호리라)
유초대부어차(하니) 욕기자지제어야(인댄) 즉 사제인부저(아)
사초인부저(아) 왈, 사제인부지(니이다)]

맹자가 대불승에게 말하였다.
"그대는 그대의 왕이 선해지기를 바라십니까? 내가 분명하게 그대에게 말해 주겠습니다.
여기에 초나라 대부가 있는데 그 아들이 제나라 말을 하기를 바란다면 제나라 사람이
그를 가르치게 하겠습니까, 초나라 사람이 가르치게 하겠습니까?"
"제나라 사람이 가르치게 할 것입니다."

---

① '戴不勝'은 송나라 신하이다. 본편의 뒤쪽에 나오는 송나라 대부 대영지라고 보는 견해도 있는데 정확하지는 않다.

② '子'는 2인칭 대명사로 '그대'이다. 앞쪽의 '之'는 전치사로 '~의', 뒤쪽은 조사로 '~을'이다. '與'는 이 문장을 의문사로 만드는 어조사이다. '明'은 '분명하게', '告'는 '고하다, 말하다'이다.

③ '於'는 전치사로 '~에'이니, '於此'는 '여기에'가 된다. '其'는 초나라 대부를 가리킨다. '之'는 목적격 조사로 쓰였다.

④ '則'은 앞 문장을 가정법으로 만들어 받는다. '使'는 사역의 뜻으로 '~로 하여금'이고, '傳'는 대개 '스승'으로 쓰이지만 여기서는 '敎', 그러니까 '가르치다'라는 의미로 쓰였다. 그러나 '선생으로 삼다'라고 해서 안 될 것은 없다. '諸'는 '之乎'가 축약된 것이며, '之'는 초나라 대부의 아들을 가리키고 '乎'는 의문 종결사로 쓰였다.

⑤ 당연히 대불승의 선택은 제나라 사람이 가르치게 하는 것이다.

曰, 一齊人傅之, 衆楚人咻之 ①, 雖日撻而求其齊也, 不可得矣 ②. 引而置之莊嶽之間數年 ③, 雖日撻而求其楚, 亦不可得矣 ④.

[왈, 일제인부지(어든) 중초인휴지(면) 수일달이구기제야(라도)
불가득의(어니와) 인이치지장악지간수년(이면)
수일달이구기초(라도) 역불가득의(리라)]

맹자가 말했다.

"제나라 사람 한 명이 그를 가르치는데 초나라 사람이 떼로 떠들어 댄다면 매일 회초리를 치며 제나라 말을 하라고 하더라도 하지 못할 것입니다. 그러나 그를 데려다가 장악 땅에 몇 년간 둔다면 매일 회초리를 치며 초나라 말을 하라고 해도 하지 못할 것입니다."

그러나 맹자가 다시 허를 찌른다.

① 선생을 누구로 할 것인가에 빠져 놓쳤던 '一'과 '衆'의 문제를 거론한다. 불특정 다수가 학생이 배우는 언어와 다른 언어를 말하면 외국어 회화의 결과가 어떻게 될까? '傅'는 일정 시간 각 잡고 가르치는 것이고, '咻'는 아무 때에 아무 말이나 떠들어 대는 것이다.

② 위의 상황이라면 어떻겠는가? 학습이 될 리 없다. '日'은 '매일', '撻'은 '회초리 치다', '求'는 '구하다, 요구하다'로 아이가 제나라 말하기를 요구하는 것을 가리킨다. '不得'은 그 결과를 얻을 수 없는 거니까 '~할 수 없다'로 번역하면 된다.

③ 그럼 환경을 반대로 만들어 보자. '引'은 '끌다, 이끌다', '置'는 '두다', '莊嶽'은 제나라의 번화가인데, '莊'은 거리의 이름, '嶽'은 마을 이름이라고 세분한 학자도 있다. 앞의 '之'는 제나라 말을 배우려는 학생을 가리키고, 뒤의 '之'는 '~의'의 뜻이다.

④ 이렇게 되면 앞과 정반대의 결과가 나온다. '亦', 즉 '또한'으로 문장을 강조한 점이 재미있다.

<u>子謂薛居州善士也, 使之居於王所①.</u>
<u>在於王所者, 長幼卑尊, 皆薛居州也, 王誰與爲不善②?</u>
<u>在王所者, 長幼卑尊, 皆非薛居州也, 王誰與爲善?</u>
<u>一薛居州, 獨如宋王何③?</u>

[자위설거주선사야(라 하여) 사지거어왕소(하나니)
재어왕소자 장유비존(이) 개설거주야(면) 왕수여위불선(이며)
재왕소자 장유비존(이) 개비설거주야(면) 왕수여위선(이리오)
일설거주 독여송왕하(리오)]

"그대는 설거주가 훌륭한 선비라 해서 그를 왕이 처소에 거처하게 하였습니다.
그런데 왕의 처소에 있는 자가 나이가 많든 어리든 지위가 낮은 사람이든 높은 사람이든
모두 설거주라면 왕이 누구와 함께 좋지 못한 일을 하겠습니까? 왕의 처소에 있는 자가
나이가 많든 어리든 지위가 낮은 사람이든 높은 사람이든 모두 설거주가 아니라면 왕이
누구와 함께 선한 일을 하겠습니까? 설거주 한 명이 홀로 송나라 왕에게 어찌할 수
있겠습니까?"

완벽한 예시였다. 이제 앞의 예시와 딱 떨어지는 본론으로 들어가 보자.
① '薛居州'는 송나라 신하이다. '善'은 '좋다'와 '잘하다'의 뜻을 갖는
다. 그러므로 '善士'란 심성이나 능력 면에서 모두 뛰어난, 선비다운
선비를 가리킨다. '也'는 판단의 어감을 나타내는 어조사이다. '使'는
사역의 의미가 있고, '之'는 설거주를 가리킨다.
② '在於王所者'는 '王所에 있는 자'이고, '長幼'는 그들을 나이로, '卑
尊'은 지위로 각각 나눈 것이다. '皆'는 '모두', '也'는 문장과 문장 사이
에서 살짝 시간을 주는 어조사인데 해석은 하지 않는다. '誰'는 의문
사로 '누구', '爲'는 '하다'의 뜻이다. 뒤에 나오는 문장도 이와 완전히
같은 문형으로 뜻만 정반대이다.
③ '一'은 '한 명', '獨'은 '홀로', '如~何'는 '~에 대해(을) 어떻게 하겠는
가?'이다. 한 명의 전문가보다 중요한 것이 환경, 즉 전체적인 분위
기이다.

戴盈之曰, 什一, 去關市之征, 今茲未能①. 請輕之, 以待來年然後已, 何如②?

[대영지왈, 십일(과) 거관시지정(을) 금자미능(이란대)
청경지(하여) 이대래년연후이(하되) 하여(하니잇고)]

대영지가 말하였다.
"10분의 1을 거두는 세금 제도를 시행하고 관문과 시장의 세금을 철폐하는 것을
금년에는 시행할 수 없습니다. (우선) 세금을 경감하고 내년을 기다렸다가
폐지하려고 합니다만, 어떻습니까?"

① '戴盈之'는 송나라 대부(大夫)이다. '什一'은 주나라 정전법(井田法)에서 나온 세제의 기본 원칙으로 철법(徹法)이라고도 한다. '徹'은 '통하다' 혹은 '균등하다'는 뜻으로, 여덟 농가가 한 단위가 되어 한 집 당 토지 100무(畝)를 받아서 공동으로 경작한 뒤 수확을 균등하게 계산하여 수확한 뒤 백성은 각각 10분의 9를 가져가고 나라는 그 1을 가져가기 때문에 철법이라 한 것이다. 세제의 원칙이지만 이는 전국시대 군주의 입장으로 볼 때 너무 적게 거두는 것이었으므로 현실적으로는 제대로 시행되지 않고 있었다. '去'는 '제거하다, 없애다'이고, '關市之征'은 상인들에게 부과하는 세금으로 '關'은 관세이고, '市'는 점포세이다. '今茲'는 '지금'으로 해석하기도 하고, 학자에 따라서는 '茲'를 '年'으로 보아 '금년'으로 보기도 한다. '未能'은 '아직 할 수 없다', 즉 당장은 시행할 수 없다는 뜻이다.

② '請'은 '청컨대', '輕'은 '가볍게 하다', 그러니까 낮춘다는 의미이다. 그리고 '之'는 세금 전체를 가리킨다. '以'는 앞 구를 받고, '待'는 '기다리다'는 뜻이며, '來年'은 우리가 잘 알고 있는 '내년'이다. '已'는 '그만두다, 그치다'이다.

이 변명 같지 않은 변명을 들은 맹자는 무어라 했을까?

孟子曰, 今有人日攘其鄰之雞者①, 或告之曰,
是非君子之道②. 曰, 請損之, 月攘一雞,
以待來年然後已③. 如知其非義, 斯速已矣, 何待來年④?

[맹자왈, 금유인일양기린지계자(어늘) 혹고지왈,
시비군자지도(라한대) 왈, 청손지(하여) 월양일계(하여) 이대래년연후이(로다).
여지기비의(인댄) 사속이의(니) 하대래년(이리오)]

맹자가 말하였다.

"여기 날마다 이웃의 닭을 훔치는 자가 있는데, 어떤 사람이 그에게 말하기를,
'이것은 군자의 도리가 아니다'라고 하니, 그가 말하기를, '(우선) 줄여서 달마다
한 마리를 훔치고 내년를 기다렸다가 그만두도록 하겠다'라고 하는 것입니다. 만일
이것이 의롭지 않은 줄을 안다면 속히 그만두어야지 어째서 내년을 기다린단 말입니까?"

그래서는 안 된다고 직설적으로 말하지 않고 맹자는 예부터 든다.
그 예시가 정말 재밌다.

① '日'은 '매일, 날마다', '攘'은 '훔치다', '鄰'은 '이웃', '雞'는 '닭'이다.

② '或'은 '或者', 그러니까 '어떤 사람'이다. '是'는 양을 매일 훔치는
행위를 가리킨다. '君子'라고 한 것으로 보아 양을 훔치는 사람이 일
자무식한 사람이 아니라 알 만한 사람인 듯하다. 누구라도 나무랄
상황이다. 게다가 그가 그런 도리를 알 만한 사람이라면 더더욱 기
가 찰 노릇이지 않겠는가?

③ '月攘一雞'만 빼놓고 어제 다룬 문장과 똑같다. '日', 즉 '매일'을,
'月' 즉, '매월'로 바꾸었을 뿐이다. 일단 훔치겠다[攘]는 입장은 동일
하다. 괜찮은가? 그럴 리가! 여전히 잘못된 행동이라는 점은 똑같다.

④ '如'는 '만일', '其'는 앞의 말을 가리키고, '非義'는 '원칙이 아니다,
옳은 것이 아니다', '斯'는 '이에', '速'은 '속히, 빠르게', '何待'는 '어찌,
어째서 기다린다는 것인가'이다. 이보다 더 직설적일 수 없다. 예시
가 단도직입적으로 말하는 것보다 더 뼈를 때린다.

孟子曰, 自暴者, 不可與有言也; 自棄者, 不可與有爲也^①. 言非禮義, 謂之自暴也^②;

[맹자왈, 자포자(는) 불가여유언야 (요), 자기자(는) 불가여유위야(니)
언비예의(를) 위지자포야 (요)]

맹자가 말했다.
"스스로 해치는[자포] 자와는 더불어 말을 할 수 없고,
스스로 버리는[자기] 자와는 더불어 일을 할 수 없으니,
말마다 예와 의를 비방하는 것을 '자포'라고 하고,"

그 유명한 자포자기(自暴自棄)의 출전이 여기다. 그런데 우리가 흔히 알고 있던 자포자기의 뜻과는 조금 다르다는 게 함정이다.

① '暴'는 '해치다'라는 의미일 때는 '포'로 읽는다. '自暴'는 '스스로(를) 해치다'는 뜻으로 자기 학대, '棄'는 '버리다'이니 '自棄'는 '스스로(를) 버리다'는 뜻으로 자기 방치라고 할 수 있겠다. '不可'는 '~할 수 없다'라는 뜻인데, 이런 자들과 뭘 할 수 없느냐면 '有言, 有爲'를 할 수 없다. 그냥 '言'과 '爲'가 아니라 굳이 '有'를 붙였다. 한문에서 대개 '有爲'가 나오면 평범한 행위가 아니라 '좋은 의도를 가지고 의미 있게 하는 행위'를 가리킨다. 그러므로 '有言'도 그냥 말이 아니라 '좋은 말, 가치가 있는 훌륭한 말'을 의미한다.

② '言'은 '말할 때마다', '非'는 '비방하다'. '謂之'는 '그것을 일러 ~라 한다'이다. '禮'는 인간이 개인 및 사회와 맞닥뜨려 바르게 관계 맺는 것, '義'는 인간으로 태어나 마땅히 살아야 할 삶을 사는 것을 가리킨다. 그러나 자포자는 이를 늘 비방한다. 그럼 자기자는 어떤 사람을 가리킬까?

吾身不能居仁由義, 謂之自棄也①. 仁, 人之安宅也; 義, 人之正路也②. 曠安宅而弗居, 舍正路而不由, 哀哉③!

[오신불능거인유의(를) 위지자기야(니라). 인(은) 인지안택야(요) 의(는)
인지정로야(라) 광안택이불거(하며) 사정로이불유(하나니) 애재(라)]

> "내 몸은 인에 거할 수 없고 의를 따를 수 없다고 말하는 것을 '자기'라고 한다.
> 인은 사람의 편안한 집이요, 의는 사람의 바른 길이다. 편안한 집을 비워 놓고
> 거하지 않고, 바른 길을 버려두고 그리로 다니지 않으니, 안타깝구나!"

① '吾'는 1인칭 대명사 '나'다. 굳이 몸[身]을 붙여 '吾身'이라고 쓴 까
닭은 '居'(거하다)와 '由'(말미암다, 따르다)도 몸으로 행하는 것이기
때문이다. 이것을 '할 수 없다'[不能]고 말하는 것을 스스로를 버리
는 행위, 즉 '자기'라고 한다.

② 풀이는 어렵지 않다. '仁'와 '義'의 개념만 알고 넘어가면 된다. 앞
서 왜 '居仁由義'을 말했을까? 인은 편안한 집[安宅]이므로 '居'와 만
나고 의는 바른 길[正路]이므로 '由'와 만난다. 집의 최고의 미덕은
편안함이다. 맹자는 내 몸을 둘 때 가장 이상적으로 편안한 곳이 '仁',
거기서 세상을 향해 나아가는 길은 '義'라 말한다.

③ '曠'은 '비다, 비워두다', '而'은 순접, '弗'은 '不'과 같다. '舍'는 '놓다,
놔두다, 버려두다'이다. '仁'은 사람이기에 사람만 할 수 있는 '사람
다움'이다. 그래서 사람이 편안하게 여긴다. '義'는 사람이라면 혹은
사람이니까 당연히 걸어야 할 길이다. 그런데 사람들은 애먼 데 살
고 애먼 길을 걷고 있단다. 그래서 맹자는 탄식한다.

자포자기는 단순한 절망 상태를 가리키는 말이 아니다. 사람이 사람
으로 태어나 살아가는 데 가장 기본이 되는 토대에 대한 거부와 방
치, 즉 사람으로 살아가기를 포기하는 절망을 가리킨다.

苟爲無本, 七八月之間, 雨集, 溝澮皆盈①; 其涸也, 可立而待也②. 故聲聞過情, 君子恥之③.

[구위무본(이면) 칠팔월지간(에) 우집(하여) 구회개영(이나)
기학야(는) 가립이대야(라) 고(로) 성문과정(을) 군자치지(니라)]

"만일 근본이 없다면 7, 8월 사이에 비가 내릴 때에는 빗물이 모여 도랑이 모두 차지만 그 마르는 것은 서서도 기다릴 수 있다. 그러므로 명성이 실제보다 지나친 것을 군자는 부끄러워한다."

---

① '苟'는 '만일', '爲'는 '되다', '七八月之間'은 비가 많이 내리는 시기 이다. 그래서 '雨集', '빗물이 모인다'란 표현을 사용했다. '溝'는 '도 랑', '澮'는 '봇도랑'으로 '溝澮'라 하면 그냥 '도랑, 물웅덩이' 정도로 해석하면 된다. 비가 많이 내리면 당연히 도랑에 빗물이 가득 찬다.

② '其'는 도랑을 가리킨다. '涸'은 '마르다'이고 '학'으로 읽는다. '可' 는 '~할 수 있다', '立而待'는 '서서 기다리다'로 그리 길지 않은 시간 을 의미한다. 근원 없이 빗물로 채워진 도랑은 아무리 가득 차더라 도 순식간에 다시 마른다는 뜻이다.

③ 어제 오늘 공부한 문장의 핵심은 바로 이 구절이다. '聲聞'은 '명 성, 명예'를 가리키고, '過'는 '지나다, 지나치다', '情'은 '실정, 실제'이 니, '聲聞過情'은 명성이 실제를 지나친 것, 그러니까 실제보다 높은 상태이다. '君子'는 진짜 지식인, '之'는 '聲聞過情'을 가리킨다. 실제 가 '原泉', 즉 근원이 있는 샘이 되지 않으면 명성을 받쳐 줄 수 없다. 근원이 있어야만 나의 부족한 부분, 즉 웅덩이[科]를 다 채우고, 전 진해서 바다까지 가닿을 수 있는 것이다. 가득 찬 도랑처럼 보이지 만 근원이 없다면 그 명성이 마르는 것은 순식간이고 이후로 오는 건 치욕뿐이다. 그래서 진짜 지식인은 헛된 명성을 부끄러워한다.

萬章曰, 堯以天下與舜, 有諸①? 孟子曰,
否. 天子不能以天下與人②. 然則舜有天下也, 孰與之③?
曰, 天與之④.

[만장왈, 요이천하여순(이라하니) 유저(잇가)? 맹자왈,
부(라) 천자불능이천하여인(이니라) 연즉순유천하야(는) 숙여지(잇고)?
왈, 천(이) 여지(시니라)]

만장이 물었다
"요임금이 천하를 순에게 주었다 하니, 그런 일이 있었습니까?"
맹자가 말했다.
"아니다. 천자는 천하를 남에게 줄 수 없다."
"그렇다면 순이 천하를 소유한 것은 누가 준 것입니까?"
"하늘이 준 것이다."

왕은 어떻게 왕이 되느냐에 관한 이야기가 펼쳐진다.

① 만장은 맹자의 제자이다. '以A與B' 구문으로, 'A를(가지고) B에게 주다'이다. '諸'는 '之乎'가 합해진 것으로 '之'는 앞 구를 받아 '그런 일이 있습니까?'의 뜻이다.

② 맹자가 아니[否]라고 대답한다. 천하를 다스리는 천자이지만 천하를 자기 마음대로 남[人]에게 주지는 못한다는 것이다.

③ 전해지기를 요임금이 순임금에게 왕위를 선양(禪讓)했다고 하니까, 만장은 요임금이 순에게 천하를 주어 순임금이 천하를 갖게 된 것이라 생각한 것이다. 그런데 스승인 맹자가 아니라고 하자 순은 어떻게 천하를 소유하게 된 것인가 궁금해졌다. 여기서는 '孰'이 '누구'라는 의문사라는 것만 알면 해석은 어렵지 않다.

④ 맹자가 하늘이 그에게 천하를 주었다고 하니 만장의 의문은 더 커졌다. 하늘이 '네가 갖도록 해라'라고 말을 하나? 그럴 리가…… '天與之'에 대한 맹자의 설명이 이어진다.

曰: 天子能薦人於天, 不能使天與之天下[①];
諸侯能薦人於天子, 不能使天子與之諸侯;
大夫能薦人於諸侯, 不能使諸侯與之大夫.
昔者堯薦舜於天, 而天受之[②]; 暴之於民, 而民受之[③].
故曰: 天不言, 以行與事, 示之而已矣[④].

[왈, 천자능천인어천(이언정) 불능사천여지천하(며)
제후능천인어천자(언정) 불능사천자여지제후(며)
대부능천인어제후(언정) 불능사제후여지대부(니)
석자(에) 요천순어천이천수지(하시고) 폭지어민이민수지(라)
고(로)왈, 천불언(이라) 이행여사(로) 시지이이의(라하노라)]

맹자가 말했다.

"천자가 사람을 하늘에 천거할 수 있을지언정 하늘로 하여금 그에게 천하를 주게 할
수는 없고, 제후가 사람을 천자에게 천거할 수는 있을지언정 천자로 하여금 그에게
제후를 주게 할 수는 없으며, 대부가 사람을 제후에게 천거할 수는 있을지언정 제후로
하여금 그에게 대부를 주게 할 수는 없는 것이다. 옛날 요임금이 하늘에 순을
천거하였는데 하늘이 받았고, 백성에게 드러내었는데 백성이 받았다. 그러므로
'하늘은 말씀하지 않고 행실과 일로 보여 주실 뿐이다'라고 한 것이다."

---

① 똑같은 문형이 '大夫'의 경우에까지 계속된다. '能'과 '不能'을 가
지고 문장을 만들었다. 할 수 있는 것은 '薦人', 즉 사람을 천거하는
것이고, 할 수 없는 것은 '使天', 즉 하늘더러 어찌어찌 하라고 시키는
것이다. 낮은 존재는 높은 존재를 부리지 못하기 때문이다.

② 위의 원리로 옛날에[昔者] 요가 순을 하늘에 천거했다. 그런데
[而] 하늘이 '受之', 즉 '그것을 받았다'.

③ 이 부분이 재미있다. 갑자기 '民'이 나온다. '暴'은 '드러내다'이고
'폭'으로 읽는다. '天'을 '民'으로 곧장 연결하고 있다.

④ '以A爲B' 구문인데 다만 '爲'가 '示'로 바뀌어 나왔다. '與'는 '~와',
'而已矣'는 '~일 뿐이다'이다.

曰. 使之主祭而百神享之 ①, 是天受之 ②.
使之主事而事治, 百姓安之, 是民受之也 ③.
天與之, 人與之. 故曰, 天子不能以天下與人 ④.

[왈, 사지주제이백신향지(하니) 시(는) 천수지(요)
사지주사이사치(하여) 백성안지(하니) 시(는) 민수지야(라)
천여지(하며) 인여지(라) 고(로)왈, 천자불능이천하여인(이라하노라)]

맹자가 말했다.

"그로 하여금 제사를 주관하게 하자 온갖 신이 흠향하였으니 이는 하늘이 받아 준 것이고,
그로 하여금 일을 주관하게 하자 일이 다스려져서 백성이 편안히 여겼으니 이는
백성이 받아 준 것이다. 하늘이 그에게 주고 백성이 그에게 준 것이니, 그러므로
'천자가 천하를 다른 사람에게 줄 수 없다'라고 말한 것이다."

---

① '使'는 사역, 즉 '~로 하여금 ~하게 하다'이고, '之'는 순이다. '百'은 한문에서 가득 찬 수를 가리킬 때 흔히 쓰이므로 '百神'는 '온갖 신'이 된다. '享'은 '흠향하다', '之'는 그가 주관하는 제사를 가리킨다.

② '이것이 天受之이다', 그러니까 어제 공부한 문장에서 나온 '天受之'가 바로 이 뜻이라는 의미이다.

③ 앞과 같은 문형인데 앞처럼 접속사 '而' 뒤에 '百姓安之'가 바로 오지 않고 순이 일을 주관한 결과로 '일이 제대로 다스려졌다(행해졌다)'라는 '事治'가 사이에 들어갔다는 점이 살짝 다르다.

④ '天受之'하고 '民受之'한 상태가 바로 앞서 나온 하늘이 준 것, 즉 '天與之'한 것이 되는데, 여기서 '天與之'의 동급으로 '人與之'를 나란히 썼다는 점이 흥미롭다. 이런 상태가 되어야 천자가 되기 때문에 천자가 자신이 지목한 사람에게 마음대로 나라를 주고 말고 할 수가 없다. 백성의 힘을 인식하고 중요시하고 있는, 당시로서는 파격적인 맹자의 생각이 드러난 부분이다.

孟子曰: 民爲貴, 社稷次之, 君爲輕①. 是故, 得乎丘民, 而爲天子, 得乎天子, 爲諸侯, 得乎諸侯, 爲大夫②.

[맹자왈, 민위귀(하고) 사직차지(하고) 군위경(하니라). 시고(로), 득호구민(이) 이위천자(요) 득호천자 위제후(요) 득호제후 위대부(니라)]

맹자가 말했다.
"백성이 귀중하고, 사직이 그다음이고, 군주는 가볍다.
그러므로 일반 백성의 마음을 얻으면 천자가 되고, 천자의 마음을 얻으면 제후가 되며,
제후의 마음을 얻으면 대부가 된다."

앞과 이어지는 맹자의 특별한 사상, 즉 민본 사상을 볼 수 있고, 그로 인해 혁명을 옹호하는 그의 생각을 볼 수 있는 장이다.

① '貴'로 시작해서 '輕'으로 끝난다. 중요도에 순서를 매긴 것이다. '爲'는 '되다', '次'는 '다음, 그다음'이다. '社稷'은 농사의 신을 가리킨다. 이때는 농업을 근간으로 삼는 시대였기 때문에 농업을 관장하는 신은 나라의 근본이 된다. 그래서 이전 시대에 나라의 왕통을 밝힌 종묘와 나라 경제 구조를 밝힌 사직이 나라 그 자체를 일컫는 말로 사용되었던 것이다.

② 앞서 천자는 하늘이 그에게 그 지위를 주는 것인데, 하늘이 그에게 지위를 준 것은 백성의 반응을 보고 알 수 있다며 '天'과 '民'을 동일시하는 시각을 보였다. 여기에서도 역시 그와 비슷한 생각을 밝힌다. '是故'는 '이 때문에'로 앞 문장 전체를 받는다. '丘民'은 들에서 일하며 살아가는 백성으로, '일반 백성'이라고 보면 된다. '得乎丘民'은 '백성을 얻는다'로 백성의 마음을 얻는 것이다. '而'는 '則'과 같은 용법으로 쓰였고, '爲'는 '되다'이다. 신분제 사회에서 지위는 천자, 제후, 대부, 일반 백성 순인데 맹자는 이것을 완전히 뒤집는다.

諸侯危社稷, 則變置①. 犧牲旣成, 粢盛旣潔, 祭祀以時②, 然而旱乾水溢, 則變置社稷③.

[제후위사직(이면) 즉변치(하나니라) 희생기성(하며) 자성기결(하여) 제사이시(로되)
연이한건수일(이면) 즉변치사직(하나니라)]

"제후가 사직을 위태롭게 하면 갈아 치운다. 희생이 이미 이루어지고 제물이 이미
정결해서 제사를 제때에 지냈는데도, 가뭄이 들고 홍수가 나면 사직을 갈아 치운다."

---

① '危'는 '위태롭다. 위태롭게 하다', '變'은 '바꾸다', '置'는 '놓다, 두
다'이므로 '變置'는 '바꾸어 놓다'가 된다. 사직을 위태롭게 한다는 것
은 제후가 나라 관리를 잘못한 것을 말한다.

② '犧牲'은 제사에 사용되는 소나 돼지 양과 같은 산 짐승을 가리키
고, '粢'는 '곡식' '盛'은 '담다'로, '粢盛'은 제사에서 그릇에 담아 바치
는 곡식 제물이다. '旣'는 '이미', '成'은 짐승이 잘 자란 것, '潔'은 제수
가 정결한 것이다. '以時'는 제때에 지냈다는 말이다. 세 구절은 제사
가 예(禮)를 잃지 않고 잘 치러졌다는 뜻이다.

③ '然而'는 '그럼에도, 그런데도', '旱'은 '가물다', '乾'은 '마르다'로 '旱
乾'은 '가뭄이 들다'이고, '溢'은 '넘치다'로 '水溢'은 물이 넘치는 것,
즉 홍수가 난 것이다.

사실 제후는 천자가 임명하고, 이후로 세습된다. 그러나 맹자는 나
라의 운영에 주목한다. 나라는 백성의 세금으로 운영된다. 그런데
운영을 잘못했으면 책임은 누구에게 있나? 운영자인 왕에게 있다.
사직도 마찬가지다. 할 일을 못하고 공밥을 먹은 것들은 갈아 치워
야 한다. 천하에 공밥을 먹지 않는 존재는 그 땅에 뿌리내리고 살며
땅을 일구는 백성뿐이다. 땅의 주인은, 나라의 주인은 백성이다.

公都子曰, 告子曰, 性無善無不善也①.
或曰, 性可以爲善, 可以爲不善②.
是故, 文武興, 則民好善; 幽厲興, 則民好暴③.

[공도자왈, 고자왈, 성(은) 무선무불선야(라하고),
혹왈, 성(은) 가이위선(이며) 가이위불선(이니),
시고(로) 문무흥(하면) 즉민호선(하고) 유려흥(하며) 즉민호포(라하고)]

공도자가 말했다.
"고자가 말하기를 '성은 선함도 없고 불선도 없다'라고 하였고, 어떤 이는 말하기를,
'성은 선을 할 수도 있고 불선을 할 수도 있다. 이 때문에 문왕과 무왕이 일어나면 백성이
선함을 좋아하고 유왕과 려왕이 일어나면 백성이 포악함을 좋아한다'라고 하며,"

그 유명한 맹자의 성선설(性善說)이 나오는 대목이다.

① 공도자는 맹자의 제자이다. 공도자는 당시 가장 보편적으로 퍼져 있던 인간 본성에 관한 세 가지 설을 맹자에게 말하며 성선에 대해 질문한다. 고자는 6월에 호연지기를 다룰 때도 나왔던 인물로 당시 사상가이고 유가와 묵가를 겸하여 배웠다고 알려져 있다.

② 두 번째 본성론으로 딱히 주장한 사상가를 거론하지는 않았다. '可以'는 '~할 수 있다', '爲'는 '하다'이다.

③ '是故'는 '이 때문에', '文武'는 '문왕과 무왕'이다. 앞서도 나왔지만 성왕(聖王)들이다. 문왕은 무왕의 아버지로, 무왕이 주나라를 건국 했으니 당연히 살아생전에는 '왕'이 아니었으나 무왕이 건국 후 아버지를 추존했다. '幽厲'는 '유왕과 여왕'으로, 이는 왕이 죽은 후 그의 국정을 평가해서 붙이는 시호를 들어 말한 것인데, '幽'와 '厲'는 대표적으로 폭정을 저지른 왕들에게 붙이는 나쁜 시호이다. 인간의 본성은 정해진 바가 없어서 어떤 왕이 지도자가 되느냐에 따라 백성이 선을 행할 수도 있고 포악을 저지를 수도 있다는 것이다.

或曰, 有性善, 有性不善①. 是故, 以堯爲君而有象, 以瞽瞍爲父而有舜②, 以紂爲兄之子, 且以爲君, 而有微子啓·王子比干③. 今日性善, 然則彼皆非與④?

[혹왈, 유성선(하고) 유성불선(하니) 시고(로) 이요위군이유상(하며) 이고수위부이유순
(하며) 이주위형지자(요) 차이위군(이로되) 이유미자계·왕자비간(이라하나니)
금왈 성선(이라하시니) 연즉피개비여(잇가)]

"또 누구는 말하기를, '성이 선한 이도 있고 성이 불선한 이도 있다.
이 때문에 요가 군주인데도 상이 있었고, 고수가 아버지인데도 순이 있었으며, 주가 형의
아들이고 또 군주였으나 미자 계와 왕자 비간이 있었다'라고 합니다. 그런데 지금
말씀하시기를, '성은 선하다'라고 하시니 그렇다면 저들은 모두 잘못된 것입니까?"

---

① 본성에 관한 세 번째 의견이다. 본성이 선하게 태어나는 경우도 있고 불선하게 태어나는 경우도 있다는 것이다.

② '以A爲B'의 용법으로 'A로 B를 삼다'로 풀이하면 된다. '堯'는 성인의 대표 주자로 알려진 요, '象'은 바로 뒤에 나오는 순의 동생으로 자기에게 잘해 주는 형을 끊임없이 죽이려 했던 악한 인물이다. '瞽瞍'는 순의 아버지로, 효성이 지극한 아들을 계속 죽이려 한 나쁜 아버지의 대표 인물이다.

③ '紂'는 은나라 마지막 왕으로 여자에 빠져 국정을 돌보지 않고 매우 포악했던 것으로 이름이 높다. '微子 啓'와 '王子 比干'는 모두 은나라 충신이다. 여기서는 두 사람 다 주왕의 숙부로 보고 있으나 미자 계를 주왕의 이복 형이라고 보는 경우도 있다. 미자 계는 충언이 받아들여지지 않자 은나라를 떠났고 왕자 비간은 간하다가 죽임을 당했다.

④ 맹자는 위의 세 입장과 다르게 '性善'을 주장한다. '彼'는 3인칭 지시대명사로 '저, 저들'이고, '皆'는 '모두', '非'는 '그르다, 잘못되다'이다.

孟子曰: 乃若其情則可以爲善矣, 乃所謂善也[①].
若夫爲不善, 非才之罪也. 惻隱之心, 人皆有之; 羞惡之心,
人皆有之; 恭敬之心, 人皆有之; 是非之心, 人皆有之[②].
惻隱之心, 仁也; 羞惡之心, 義也; 恭敬之心, 禮也;
是非之心, 智也[③].

[맹자왈, 내약기정즉가이위선의(니) 내소위선야(니라)
약부위불선(은) 비재지죄야(니라) 측은지심(을) 인개유지(하며) 수오지심(을)
인개유지(하며) 공경지심(을) 인개유지(하며) 시비지심(을) 인개유지(하니)
측은지심(은) 인야(요) 수오지심(은) 의야(요) 공경지심(은) 예야(요)
시비지심(은) 지야(니)]

맹자가 말하였다.
"그 정으로 말하면 선을 할 수 있으니, 이것이 내가 말한 '선하다'는 것이다.
불선을 하는 것으로 말하면 타고난 재질의 죄가 아니다. 모든 사람이 측은지심을
가지고 있고, 모든 사람이 수오지심을 가지고 있으며, 공경지심도 시비지심도
모두가 가지고 있다. 측은지심은 인이고, 수오지심은 의이며, 공경지심은 예이고,
시비지심은 지이다."

---

① '乃若'은 다음 문장의 '若夫'와 대를 이루는 발어사이다. '情'과 다음 문장의 '才'는 '타고난 자질·성질'을 말한다. '爲善'과 다음 문장의 '爲不善'의 '爲'는 모두 '하다'이다. '乃'는 바로 앞을 받는 지시대명사로 '이것'이다. '所謂'는 '이른바'이다. '非才之罪'는 '자질 탓이 아니다'라고 번역하면 이해가 쉽겠다.

② 그 유명한 사단이 다시 나온다. 다만 '예'의 실마리가 앞쪽에서는 사양지심(辭讓之心)으로 나왔는데 여기서는 공경지심으로 바뀌어 있다. '人皆有之'는 '사람은 모두 그것을 가지고 있다'이니, 측은지심, 수오지심, 공경지심, 시비지심이 앞서 말한 '情'이며 '才'가 되는 것이다.

③ 해석은 전혀 어렵지 않다.

仁義禮智, 非由外鑠我也, 我固有之也, 弗思耳矣①.
故曰, 求則得之, 舍則失之②.
或相倍蓰而無算者, 不能盡其才者也③.

[인의예지 비유외삭아야(라) 아고유지야(언마는) 불사이의(라)
고(로)왈, 구즉득지(하고) 사즉실지(라하니)
혹상배사이무산자(는) 불능진기재자야(니라)]

"인의예지는 밖으로부터 나에게 침투해 오는 것이 아니라 내가 본래 소유하고 있는
것인데 다만 생각하지 않을 뿐이다. 그러므로 말하기를, '구하면 얻고 버리면 잃는다'라고
하는 것이니, 혹 서로 갑절, 혹은 다섯 갑절이나 차이가 나서 계산할 수 없이 멀어지는
것은 그 재질을 다하지 못했기 때문이다."

---

① 어제 공부한 문장대로 생각하면, 사단을 사람이 모두 가졌다 했
으니 사단에서 비롯되는 사덕, 즉 인의예지도 당연히 사람이면 모두
가진 자질이다. '由外'는 '밖으로부터', '鑠'은 '녹이다'이니 '鑠我'는 녹
여서 내 안으로 침투해 들어온다는 뜻이다. '固有'는 '본래부터 가지
고 있다'이고, '之'는 인의예지를 받는다. '弗'은 '不'과 같고, '耳矣'는
'~일 뿐이다'이다.

② '求'는 '구하다', '舍'는 '놓다, 버리다'이며, 之는 인의예지를 가리킨다.

③ '或'은 '더러, 사람(경우)에 따라', '蓰'는 '다섯 갑절'로, '倍蓰'는 둘
사이 격차가 여러 배 차이가 나는 경우에 종종 사용되는 표현이다.
'盡'은 '다하다, 다 쓰다', '其才'는 앞서 말했던 사람마다 타고나는 자
질을 가리킨다.

인의예지라는 본성은 인간에게 고유하지만 자신이 스스로 구해야
발현될 수 있다. 그래서 타고난 자질을 다하느냐 아니냐에 따라 그
결과로 나타나는 선악의 행위가 사람마다 크게 차이가 난다고 말하
고 있다.

詩曰, 天生蒸民, 有物有則. 民之秉夷, 好是懿德①.
孔子曰, 爲此詩者, 其知道乎②!
故有物, 必有則, 民之秉夷也, 故好是懿德③.

[시왈, 천생증민(하시니) 유물유칙(이로다) 민지병이(라) 호시의덕(이라하여늘)
공자왈, 위차시자 기지도호(인저)
고(로) 유물(이면) 필유칙(이니) 민지병이야(라) 고(로) 호시의덕(이라하시니라)]

　"『시경』에 말하기를, '하늘이 만백성을 내시니 사물이 있으면 법칙이 있도다.
사람들이 떳떳한 본성을 가지고 있으므로 이 아름다운 덕을 좋아하는 도다'라고
하였는데, 공자께서 말씀하시기를, '이 시를 지은 사람은 아마도 도를 알았을 것이다!
그러므로 사물이 있으면 반드시 법칙이 있는 법이니, 사람들이 떳떳한 본성을 가지고
있으므로 이 아름다운 덕을 좋아하는 것이다'라고 하셨다."

---

① 『시경』 「대아」의 '증민'(烝民)이란 시에 나오는 구절이다. '蒸'은
'무리'이고, '則'은 '법칙'으로 '칙'으로 읽는다. '秉'은 '잡다'이고, '夷'
는 '떳떳하다'로 『시경』에는 '彝'(이)로 되어 있는데, '常'과 같은 뜻으
로, 불변하는 법칙·규율을 가리킨다. '懿'는 '아름답다'이다.

② '孔子曰' 이후 문장 전체가 공자의 말을 인용한 부분이다. '爲'는
'作' 즉 '짓다'의 의미로 쓰였다. '其'는 '아마도'의 뜻이고, '乎'는 감탄
을 나타내는 어조사이다.

③ 시의 내용을 그대로 인용하되 '有物'과 '有則' 사이에 '반드시'[必]
라는 부사를 넣어 의미를 강조했고, '民之秉夷'와 '好是懿德'을 인과
관계를 나타내는 접속사 '그러므로'[故]로 이어 하고자 하는 말을 정
확히 한 재미있는 문장이다.

확실히 사람들에게는 이득과 상관없이 배웠든 못 배웠든 공통적으
로 동의하는 도덕 혹은 윤리 같은 게 있다. '懿德'을 좋아하는 그런
보편성을 보건대 인간이라는 '物'이 '必'히 '秉夷'하고 있는 '則'이 '善'
이라는 것이다.

孟子曰, 牛山之木, 嘗美矣^①,
以其郊於大國也, 斧斤伐之, 可以爲美乎^②?
是其日夜之所息, 雨露之所潤, 非無萌蘖之生焉^③,

[맹자왈, 우산지목(이) 상미의(러니)
이기교어대국야(라) 부근(이) 벌지(어니) 가이위미호(아)
시기일야지소식(과) 우로지소윤(에) 비무맹얼지생언(이언마는)]

맹자가 말했다.
"우산의 나무숲이 일찍이 아름다웠는데, 대도시의 교외에 있기 때문에 도끼와 자귀가 늘
그 나무를 베니 아름답게 될 수 있겠는가? 밤낮으로 자라나는 바와 비와 이슬이 적셔 주는
바에 싹이 나지 않는 것은 아니다."

우산장이라는 별칭으로 불리는 장이다.

① 우산은 제나라 도성의 동남쪽에 있는 산이다. '嘗'은 '일찍이'로 과거의 어떤 때를 가리켜 문장을 과거형으로 만든다. 나무숲이 아름답다는 것은 무성하다는 뜻이니 '美'는 '무성하다'로 번역해도 좋겠다.

② 왜 현재는 아름답지 못할까? '以'는 원인을 나타내는 '~때문'으로 쓰였다. '其'는 우산의 나무숲을 가리키고, '郊'는 서술어로 쓰여 '교외에 있다', '大國'은 대개 '큰 나라'로 쓰이지만 여기서 '國'은 국도(國都), 즉 도성을 가리킨다. '斧'는 '도끼'이고 '斤'은 '자귀'이지만 두 가지를 굳이 다 번역할 것 없이 '도끼'라고만 해도 된다. '伐'은 '벌목하다, 나무를 베다'이다.

③ '日夜'는 '밤낮으로', '息'은 '자라다', '雨露'는 '비와 이슬'이다. '非無'는 이중부정으로 한문에서 강조할 때 많이 사용한다. '萌蘖'은 '싹, 움'이고, '焉'은 '於之'로, 그 우산의 숲에서 싹이 나지 않는 것은 아니다, 즉 싹은 항상 자라난다는 뜻이 된다. 그런데 무엇이 문제일까?

牛羊又從而牧之, 是以若彼濯濯也①.
人見其濯濯也, 以爲未嘗有材焉②, 此豈山之性也哉③?

[우양(이) 우종이목지(라). 시이(로) 약피탁탁야(하니)
인(이) 견기탁탁야(하고) 이위미상유재언(이라하나니) 차기산지성야재(리오)]

"그런데 소와 양이 또 따라서 방목된다. 이 때문에 저렇게 민둥민둥하게 벌거숭이가
되었다. 사람들은 그 민둥민둥한 모습만 보고서 일찍이 훌륭한 재목이 있은 적이 없다고
여기는데, 이것이 어찌 산의 본성이겠는가?"

① 이 문장은 원래 '又從而牛羊牧之'가 되어야 하는데, '牛羊'을 앞으
로 빼서 강조한 것이다. '牧'은 말이나 소를 놓아기르는 것을 말한다.
나무는 이미 건축 자재든 땔감이든 다 베어 갔고 싹이 좀 자라자 득
달같이 그 싹을 먹는 동물들을 우산에 풀어놓은 것이다. '若彼'는 '저
와 같이, 저처럼'이고, '濯濯'은 민둥민둥한 모양을 나타내는 의태어
로 민둥산인 상태를 형용한 것이다.

② '以爲'는 '여기다, 생각하다', '未嘗'은 '일찍이 ~한 적이 없다', '焉'
은 '거기에', 그러니까 '우산의 숲에', '材'는 '재목', 즉 훌륭한 나무를
가리킨다.

③ '豈~也哉'는 반문 혹은 감탄을 나타내며 '어찌 ~이(하)겠는가!'로
풀이한다.

산의 숲을 계속 벌목하더라도 늘 새싹은 자라난다. 자랄 수 있게 조
금만 기다려 주면 성장할 것이다. 그러나 내 산 아니라고 소와 양을
얄량하게 싹이 난 산에 풀어놓는다. 이 정도 되면 민둥산이 아닌 게
더 신기하지 않을까?

雖存乎人者, 豈無仁義之心哉^①? 其所以放其良心者, 亦猶斧斤之於木也, 旦旦而伐之, 可以爲美乎^②?

[수존호인자 기무인의지심재(리오마는) 기소이방기량심자
역유부근지어목야(에) 단단이벌지(어니) 가이위미호(아)]

"사람에게 보존된 것도 어찌 인과 의의 마음이 없겠는가? 그러나 그 양심을 놓쳐
잃어버리는 것이 또한 도끼와 자귀로 나무를 아침마다 베어 대는 것과 같으니
아름답게 될 수 있겠는가?"

민둥산이라 손가락질 받는 우산을 이야기하다가 이제 본론인 인간
의 본성에 대한 이야기로 들어간다.

① '雖'는 '人'을 어떻게 보느냐에 따라 두 가지로 해석될 수 있겠다.
'人'을 우산의 나무숲 같은, 즉 현재 민둥산처럼 아름다운 구석이라
고는 없는 상태에 놓인 사람으로 본다면 '비록'이 될 것이고, 인간에
대한 범칭으로 본다면 '惟'와 같은 쓰임으로 해석하지 않는 글자로
보아야 할 것이다.

② '所以'는 '~것', '放'은 '놓다, 놓쳐 잃어버리다'이고, '良心'은 우리가
흔히 쓰는 '양심', 즉 선한 마음으로 앞 문장에 나오는 '仁義之心'을
가리킨다. '亦'은 '또한', '猶'는 '~와 같다'로 '伐之'까지 걸린다. 'A之於
B'는 'A가 B에 대해서'로 풀이한다. '旦旦'은 '아침마다'로 시간을 나
타내는 글자를 연거푸 사용하면 매번이라는 뜻이 된다.

사람마다 인의의 마음이 다 있다. 그런데 왜 아름답지 않은 사람이
있는가? 우산의 나무숲이 민둥산이 된 이유와 같다는 것이다. 즉 기
르고 보존되어야 할 것이 날이면 날마다 마구잡이로 베어지니 어떻
게 버틸 수 있겠느냐는 말이다.

**其日夜之所息, 平旦之氣, 其好惡與人相近也者幾希①,
則其旦晝之所爲, 有梏亡之矣②.
梏之反覆, 則其夜氣不足以存③.**

[기일야지소식(과) 평단지기(에도) 기호오여인상근야자기희(는)
즉기단주지소위 유곡망지의(나니)
곡지반복(이면) 즉기야기부족이존(이요)]

"밤낮으로 자라는 것과 새벽의 맑은 기운이 있는데도 그 좋아하고 미워하는 것이 여느
사람들과 비슷한 점이 거의 없는 것은 낮 동안 하는 소행이 이것을 얽어매고 망쳐 버렸기
때문이다. 얽어매어 망치기를 반복하면 밤사이의 맑은 기운은 보존될 수 없다."

① '日夜之所息'은 앞에서 우산에 대해 이야기할 때 나왔다. '平旦'은
새벽으로, '平旦之氣'란 이른 아침 아직 어떤 사물과도 접하지 않아
서 조금도 손상되지 않은 상태의 청명한 기운이다. '好惡'는 선을 좋
아하고 악을 미워하는 것이다. '與人'은 '남과 더불어', '相近也者'은
'서로 가까운 것', '幾'는 '거의, 얼마', '希'는 '드물다'이다. 그러니까
나무처럼 인간도 밤낮으로 양심이 자라나서 새벽녘 맑은 기운일 때
는 양심이 최상인 상태가 되어 인의지심이 발현되는데도, 우산처럼
선과 악에 대한 자세가 여느 사람들과 같지 못하다. 왜 그럴까?

② '旦晝'는 해가 떠 있는 동안, 즉 '낮 동안'을 말한다. '所爲'는 '하는
바, 하는 짓', 有는 '(어떠어떠한 점이) 있다', '梏'은 '형틀, 쇠고랑', '亡'
은 '망치다, 잃다, 죽이다'이다.

③ 형틀로 얽어매는 일이 반복되면 어떻게 될까? '夜氣'는 밤사이에
생물을 생장시키는 맑은 기운이다. 밤은 쉼과 성장의 시간이자 본연
의 선함을 기르는 시간이다. 그런데 밤에 생장한 것보다 낮 동안 얽
어맨 것이 더 크면 어떻게 될까? '不足以存', 즉 보존될 수 없게 된다.

夜氣不足以存, 則其違禽獸不遠矣①. 人見其禽獸也, 而以爲未嘗有才焉者, 是豈人之情也哉②?

[야기부족이존(이면) 즉기위금수 불원의(니) 인견기금수야(하고)
이이위미상유재언자(라하나니) 시기인지정야재(리오)]

"밤사이의 맑은 기운이 보존될 수 없으면 그는 금수와 다를 바가 없게 되는 것이다.
사람들은 그가 금수와 같은 것을 보고 일찍이 훌륭한 자질이 있지 않았던 자라고
여기지만, 이것이 어찌 사람의 타고난 본성이겠는가?"

---

① 밤사이에 자라난 맑은 기운이 보존될 수 없게 되면 어떻게 될까? '違'는 '거리', '禽'은 '날짐승', '獸'는 '길짐승', '不遠'은 '멀지 않다'이다. 짐승과의 거리가 멀지 않다는 건 짐승과 다를 바 없다는 뜻이다. 인간이 인간답지 못하다는 건 무슨 뜻일까? '良心', 즉 '仁義之心'이 없다는 말이다.

② 사흘 전에 배웠던 '人見其濯濯也, 以爲未嘗有材焉, 此豈山之性也哉?'와 똑같은 문장 구조다. 그래서인지 앞서 '材'와 유사하게 여기서는 '才'를 사용하고 있는 점도 흥미롭다. '人'은 일반적인 사람, '其'는 나무가 없어 산이되 산으로 기능하지 못하는 우산처럼 사람의 본성이 남지 않은 사람을 가리킨다. '以爲'는 '여기다, 생각하다', '情'은 '타고난 본성, 본질적인 모습'을 말한다.

사람들은 지금 자신과 부딪히는 상대방의 현재만 보고 평가한다. 그러나 맹자는 인간은 다 똑같이 선함을 가지고 태어나며, 다만 그 타고난 선한 본성을 제대로 보호받으며 자라날 기회를 얻었는지 여부에 따라 그의 오늘이 달라질 뿐이라고 말한다. 맹자 덕분에 우리는 인간에 대해 새로운 안목을 가지게 되고, 교육의 중요성에 대해 다시 한 번 생각하게 된다.

**故苟得其養, 無物不長; 苟失其養, 無物不消①. 孔子曰:
操則存, 舍則亡. 出入無時, 莫知其鄕, 惟心之謂與②!**

[고 (로) 구득기양(이면) 무물부장(이요) 구실기양(이면) 무물불소(니라). 공자왈,
조즉존(하고) 사즉망(하여) 출입무시(하며) 막지기향(은) 유심지위여(인저하시니라)]

"그러므로 만일 제대로 된 양육을 받으면 자라지 않을 생명체는 없고,
제대로 된 양육을 받지 못하면 소멸되지 않을 생명체는 없다. 그래서 공자는,
'잡으면 보존되고 놓으면 잃어서 나가고 들어옴이 일정한 때가 없는 것은 오직
사람의 마음을 두고 한 말일 것이다'라고 하셨다."

---

① '苟'는 '만일, 혹은 진실로', '其養'은 '其'가 붙어서 '제대로 된 양육'
을 의미한다. '其'는 영어의 정관사 'the'와 같은 용법으로 종종 쓰인
다. '物'은 대체로 '사물, 물건'으로 알려져 있지만, 한문에서 '物'은 나
를 제외한 모든 것을 가리키기도 하고 생명체 전체를 가리키기도
한다. 똑같은 문장 형태에 '得(얻다)'과 '失(잃다)', '長(자라다)과 '消
(소멸하다)'란 정반대의 글자를 사용해서 '其養'의 중요성을 드러냈
다. 한문은 이런 형태로 문장을 구성하는 경우가 굉장히 많다. 글자
수를 특정할 수 있기 때문에 눈으로 보는 데서부터 일단 의도를 확
실히 드러내는 글의 형태가 발달해서 그런 것 같다.

② 앞의 두 구 역시 대조이므로 앞과 뒤의 글자를 비교하면 재미있
다. '操'는 '잡다', '舍'는 '놓다', '存'은 '보존되다', '亡'은 '잃다, 잃어버
리다'이다. '無時'는 '때가 없다'이므로 일정한 혹은 정해진 때가 없다
는 뜻이 된다. '莫'은 부정사이고, '鄕'은 '향하다'라는 뜻이며, '之'는
목적격, '與'은 감탄을 나타내는 어조사이다.

'其養'만 제공할 수 있다면 인간은 아름다울 것이라는 희망과 함께
타인에 대한 책임감을 일깨우는 것이 바로 이 우산장이다.

孟子曰, 舜發於畎畝之中①, **傅說舉於版築之間**②,
膠鬲舉於魚鹽之中③, **管夷吾舉於士**④, **孫叔敖舉於海**⑤,
百里奚舉於市⑥.

[맹자왈, 순(은) 발어견묘지중(하시고) 부열(은) 거어판축지간(하고)
교격(은) 거어어염지중(하고) 관이오(는) 거어사(하고) 손숙오(는) 거어해(하고)
백리해(는) 거어시(하니라)]

맹자가 말했다.
"순임금은 밭고랑 사이에서 입신하였고, 부열은 공사장에서 등용되었으며,
교격은 어물과 소금 장사를 하다가 등용되었고, 관이오는 옥관에게 잡혀 있다가
등용되었으며, 손숙오는 바닷가에서 등용되었고, 백리해는 시장에서 등용되었다."

---

① '畎'은 '밭두둑', '畝'는 '밭이랑'이다. '發'은 순임금이 역산에서 서른까지 평범한 농부로 살다가 요임금에게 발탁되어 천자 자리를 물려받게 된 것을 뜻한다. 나머지 사례는 모두 신하로 등용된 경우이므로 전부 '擧'를 사용했다.

② '說'은 '열'로 읽는다. 부열은 부암의 들판에서 토담을 쌓고 있었는데, 당시 왕이던 상나라 고종에게 등용되었다.

③ 교격은 상나라 말기에 세상이 어지러워지자 은둔하여 살았는데 주나라 문왕에게 발탁되었다.

④ 관이오는 관중으로 이오는 그의 이름이다. 그는 원래 제환공의 형인 공자 규를 섬겼으나 규가 환공과의 싸움에서 패하고 죽음을 당한 뒤에 관중은 함거에 갇혀 제나라로 들어왔다가 포숙아의 천거로 등용되었다.

⑤ 초나라 장왕 때 영윤, 즉 재상을 지낸 인물이다.

⑥ 우나라 사람으로 후에 진나라 목공을 섬긴 현명한 신하인데 일흔 살에 등용되었다.

故天將降大任於是人也①, 必先苦其心志, 勞其筋骨, 餓其體膚, 空乏其身, 行拂亂其所爲②.

[고(로) 천장강대임어시인야(인댄) 필선고기심지(하며) 노기근골(하며)
아기체부(하며) 공핍기신(하여) 생불란기소위(하나니)]

"그러므로 하늘이 장차 이 사람에게 큰 임무를 내리려 할 때에는 반드시 먼저 그 심지를
괴롭게 하고, 그 힘줄과 뼈마디를 수고롭게 하며 그 육신을 굶주리게 만들고 그 몸을
빈궁하게 하여 하는 일마다 다 어그러지고 잘못되게 한다."

① '故'는 앞으로 할 말이 어제 열거했던 사례들로 얻은 결론임을 나타낸다. '將'은 '앞으로 ~하다'의 의미를 나타낸다. 그래서 '장차'나 '앞으로'라고 번역하기도 하고 어미만을 미래형으로 처리하기도 한다. '降'은 하늘이 맡기는 것이므로 '내리다'라는 표현을 쓴 것이다. '大任'은 '큰 임무, 큰 책임'이다. '也'는 문장 사이에서 잠시 정지하는 어기를 나타내는 어조사이다.

② '必'은 '반드시'로 예외가 없다는 뜻인데, '先' 즉 '먼저' 큰 임무를 내리기에 앞서 이후로 나오는 내용들을 먼저 시킨다는 것이다. '苦'는 '괴롭게 하다', '勞'는 '수고롭게 하다', '餓'는 '굶주리게 하다', '空乏'은 '궁핍하게 하다', '拂'은 '어긋나다'로 '拂亂'은 '어긋나게 하다, 뒤틀리게 하다'이다. 죄다 좋지 않은 동사들로 어려움을 겪게 한다는 뜻이다. '筋'은 '근육', '骨'은 '뼈'로 '筋骨'은 '육체'를 뜻하고, '體'는 '몸', '膚'는 '피부'로, '體膚'도 '몸, 육체'를 가리키며, '其身'은 그 자신 전체를 의미한다. '行'은 직역하면 '행함에'로, '일을 행함에 있어'의 의미이다. 동사로 해석하면 안 된다. 한문에는 이런 표현이 종종 나온다. '其所爲'는 직역하면 '그 하는 바'이므로 '그가 하는 것(일)'이 되겠다. 하늘은 왜 이런 고생을 시키는 것일까? 답은 내일 공개하겠다!

所以動心忍性, 曾益其所不能[1]**. 人恒過然後, 能改**[2]**,**
困於心, 衡於慮而後作; 徵於色, 發於聲而後喻[3]**.**

[소이동심인성(하여) 증익기소불능(이니라). 인항과연후(에) 능개(하나니)
곤어심(하며) 횡어려이후(에) 작(하며), 징어색(하며) 발어성이후(에) 유(니라)]

"이는 그 마음을 흔들어서 성질을 참게 하여 그 능하지 못한 것을 할 수 있도록 힘을 보태 주기 위해서이다. 사람들은 항상 잘못한 뒤에야 고치니, 마음에 어려움을 겪고 생각에 순탄치 못한 뒤에야 분발하며, 얼굴빛에 드러나고 목소리에 나타난 뒤에야 깨닫는다."

① 어제 질문에 대한 답이다. 이것 때문에 고생을 시킨다. '所以'에서 '以'는 앞의 그 모든 괴로운 상황을 받는다. 그런 상황들을 가지고 뭘 하느냐면 '不能'까지의 내용을 성취시키는 것이다. 그래서 '~을 위해서이다'로 풀이한다. '動心'은 '마음을 격동시키다, 흔들어 분발시키다', '忍性'은 '성질을 참다', 즉 '참을성을 기르다'이다. '曾'은 '增(더하다)'의 뜻으로 쓰였으므로 '曾益'은 '더해 주다'가 된다.

② '人'은 보편적인 사람 전체를 가리킨다. '恒'은 '항상', '過'는 '잘못, 허물'이다. '能改'는 '고칠 수 있다'이므로, '能'으로 보아 잘못하기 전에는 잘 고치지 못한다고 말하려는 의도가 담겨 있음을 알 수 있다.

③ 앞 문장과 이어 이해할 수 있다. '困'은 '어려움을 겪다', '衡'은 '橫(걸리다. 위배되다, 어긋나다)'의 뜻으로 쓰였고, '作'은 '분발하다'이다. '徵'은 '징험되다, 드러나다, 나타나다'로, '徵於色, 發於聲'은 남의 (상대의) 얼굴과 목소리에 질책이 드러나는 것을 뜻한다. '喻'는 '깨닫다'이다.

조금만 성공해도 사람은 쉽게 기고만장해진다. 그렇게 기고만장해지는 순간 넘어진다. 다듬어지지 않은 재능에 폭주하는 인격이 더해지면 스스로 몰락한다.

入則無法家拂士, 出則無敵國外患者, 國恒亡^①. 然後知生於憂患, 而死於安樂也^②.

[입즉무법가필사(하고) 출즉무적국외환자(는) 국항망(이니라).
연후(에) 지생어우환(하고) 이사어안락야(니라)]

"나라 안에 본받을 만한 세신(世臣)과 보필하는 선비가 없고, 나라 밖에는 적국과 외환이 없는 경우에는 나라가 항상 망한다. 그런 뒤에야 사람은 우환에서 살고 안락에서 죽는다는 것을 알게 된다."

① 개인에서 나라로 확장된다. 개인이나 국가나 모두 마찬가지라는 말이다. '入'은 '나라 안', '出'은 '나라 밖'을 가리킨다. '無~者'는 '~이 없는 경우'로, 이렇게 되면 '國恒亡', 즉 나라가 항상 망한다는 뜻이다. 무엇이 없는 경우에 나라가 항상 망할까? 안으로는 '法家拂士'가, 밖으로는 '敵國外患'이 없는 경우이다. '法家'는 법도 있는 집안, 그러니까 대대로 벼슬하며 나라와 운명을 같이하는 신하인 세신을 가리키고, '拂士'는 '보필하는 훌륭한 신하'[賢士]이다. '敵國'은 적대하는 나라, 말 그대로 '적국'이고, '外患'은 '나라 밖의 문제 상황 혹은 근심거리'이다.

② '然後'는 '이상의 내용으로 보건대' 정도가 되겠다. 교훈은 '生於憂患而死於安樂'이다. 而는 '그리고'이다. '憂患'에서 살고[生] '安樂'에서 죽는다[死]. 안락에서 살고 우환에서 죽는다가 되어야 맞을 것 같은데 맹자는 그 반대라고 말한다. 우리는 늘 편하고 안락한 삶을 행복하고 잘 사는 것이라 믿는데 맹자는 그렇게 살면 죽는다고 한다. 쭉쭉 잘나가기만 하는 사람은, 그런 나라는 곧 망하게 된다는 것이다. 왜냐하면 잘나가는 현재 상황을 믿고 자신의 부족을 전혀 돌아보고 메우지 않았기 때문이다. 시련은 그릇을 키운다.

孟子曰, 伯夷, 目不視惡色, 耳不聽惡聲. 非其君不事,

非其民不使①. 治則進, 亂則退②.

橫政之所出, 橫民之所止, 不忍居也③. [……]

故聞伯夷之風者, 頑夫廉, 懦夫有立志④.

[맹자왈, 백이(는) 목불시악색(하고) 이불청악성(하며) 비기군불사(하고)

비기민불사(하며) 치즉진(하고) 난즉퇴(하며)

횡정지소출(과) 횡민지소지(에) 불인거야(라) [……]

고(로) 문백이지풍자(는) 완부렴(하고) 나부유입지(하나니라)]

맹자가 말했다.

"백이는 눈으로는 나쁜 색을 보지 않았고, 귀로는 나쁜 소리를 듣지 않았으며,

올바른 군주가 아니면 섬기지 않았고, 합당한 백성이 아니면 부리지 않았으며,

세상이 다스려질 때는 나아가 벼슬하고 어지러울 때는 물러났다. 포악한 정사가

나오는 곳과 포악한 백성이 머무는 곳에는 차마 거하지 못하였다. [……] 그러므로

백이의 풍모를 들은 자들은 탐욕스런 자가 청렴해지고 나약한 자가 뜻을 세우게 되었다."

① '伯夷'는 '백이숙제'로 유명한 그 '백이'이다. '惡色'은 눈으로 볼 수 있는 좋지 않은 모든 것, '惡聲'은 귀로 들을 수 있는 나쁘고 불유쾌한 말과 소리 일체를 가리킨다. '其君'과 '其民'는 '군주다운 군주', '백성다운 백성'을 말한다.

② 벼슬길에 나오고 물러나는 것을 대개 '進退'로 표현한다. '治'는 법도가 있어 질서가 바로 잡힌 세상, '亂'은 '治'의 반대로 혼란한 상태이다.

③ '橫'은 주로 제멋대인 무질서한 행동이나 상태를 표현한다. 군주가 '其君'이 아닐 때 '橫政'이 나오고, '其民'이 아닌 자들이 '橫民'이다. '不忍'은 '차마 ~하지 못하다'이다.

④ '風'은 '풍모, 기풍', '頑'은 대개 '완고하다'의 뜻으로 쓰이지만 여기서는 '廉'[청렴하다]의 반대인 '탐하다, 욕심 많다'의 의미이다. 夫는 '사내, 남자', '懦'는 '나약하다'이다.

**伊尹曰, 何事非君, 何使非民? 治亦進, 亂亦進①. 曰,
天之生斯民也, 使先知, 覺後知, 使先覺, 覺後覺, 予,
天民之先覺者也②, [⋯⋯] 其自任以天下之重也③.**

[이윤왈, 하사비군(이며) 하사비민(이리오하고) 치역진(하며) 난역진(하여) 왈,
천지생사민야(는) 사선지(로) 각후지(하며) 사선각(으로) 각후각(이시니) 여(는)
천민지선각자야(라) [⋯⋯] 기자임이천하지중야(니라)]

　　"이윤은 말하기를, '누구를 섬긴들 임금이 아니겠으며, 누구를 부린들 백성이
아니겠는가?'라고 하면서 세상이 다스려져도 나아가 벼슬하고, 세상이 어지러울 때도
나아가 벼슬하였다. 그러고는 말하기를, '하늘이 이 백성을 내실 적에 먼저 안 자로
하여금 뒤에 아는 자를 깨우쳐 주게 하고, 먼저 깨달은 자로 하여금 뒤에 깨닫는 자들을
깨우쳐 주게 하였으니, 나는 하늘이 내신 사람들 중에서 먼저 깨달은 자이다.
[⋯⋯] 그는 천하를 다스리는 무거운 책임을 자임하였던 것이다."

① 이윤은 출신은 미천하지만 하나라를 무너뜨리고 상나라를 세우
는 데 큰 공을 세운 재상이다. '何事非君'은 '내가 섬기는 이가 곧 군
주'라는 것을 말한다. 위와 같이 번역하는 것이 가장 보편적이지만,
백이의 사례에 잇대어 '非君'을 '그릇된 군주'로 보고 '何事'를 '何不
事'로 보아 '그릇된 군주인들 어찌 섬기지 못하겠는가?'로 풀이하는
경우도 있다.

② '斯民'은 '이 백성(들)', '使'는 사역의 의미이고, '覺'은 '깨닫게 하
다, 일깨우다'의 뜻이다. '先知'와 '先覺'이 '後知'와 '後覺'을 일깨우는
것이 반드시 해야만 하는 일임을 말하기 위해 문장을 하늘[天]로 시
작했다. '선각자'(先覺者)라는 표현이 여기서 유래했다.

③ '其'는 이윤을 가리킨다. '天下之重'은 '천하를 다스리는 무거운 책
임'[重責], '自任'은 '스스로 맡았다'는 말이다.

柳下惠, 不羞汙君, 不辭小官①**. 進不隱賢, 必以其道**②**.
遺佚而不怨, 阨窮而不憫**③**. [……] 故聞柳下惠之風者,
鄙夫寬, 薄夫敦**④**.**

[유하혜(는) 불수오군(하며) 불사소관(하며) 진불은현(하여) 필이기도(하며)
유일이불원(하며) 액궁이불민(이라) [……] 고(로) 문유하혜지풍자(는)
비부관(하며) 박부돈(하니라)]

"유하혜는 더러운 군주를 부끄러워하지 않고 낮은 관직을 사양하지 않았으며,
벼슬길에 나아가서는 현명함을 숨기지 않았고 반드시 올바른 도를 따라 일했다.
버림을 받아도 원망하지 않았고 곤경에 처해도 걱정하지 않았다. [……] 그러므로
유하혜의 풍모를 들은 자들은 비루한 자가 너그러워지고 각박한 자가 후하게 되었다."

① 유하혜는 춘추시대 노나라 대부이다. '汙君'은 '더러운 군주'로 앞
의 '非君'과 의미가 상통한다. '羞'는 '부끄러워하다', '辭'은 '사양하다'
이다.

② 위와 같은 생각을 했다면 나라에서 부르면 무조건 나갔을 것이
다. 그리고 어떻게 일했을까? '隱'은 '숨기다, 감추다'이고, '賢'은 '뛰
어남, 탁월함'을 뜻한다. '以其道'는 '그 도로써 하다'로, '道'에 '其'를
붙여 '올바른 도, 제대로 된 방법'이란 의미로 사용했다. 언제든 무슨
일이든 불러만 주면 나아갔으나 있는 그대로의 자기를 다 드러내 보
이고 어느 경우에도 삿된 방법과 타협하지 않았다는 뜻이다. 당연히
많이 부딪혔을 것이다.

③ 그래서 '遺佚'되고, '阨窮'에 처한다. '遺佚'은 버림받아 등용되지
못하는 처지에 놓이는 것이고, '阨窮'은 '곤경, 곤궁'이다. 여기서 '而'
는 역접으로 쓰였다.

④ '鄙'는 '좁고 누추하다, 소견이 촌스럽고 꽉 막혔다', '薄'은 '얇다. 각
박하다', '敦'은 '도탑다'로 '후하다'고 할 때의 '후'(厚)와 같은 뜻이다.

孔子之去齊, 接淅而行. 去魯, 曰, 遲遲, 吾行也①, 去父母國之道也. 可以速而速, 可以久而久, 可以處而處, 可以仕而仕, 孔子也②.

[공자지거제(에) 접석이행(하시고) 거노(에) 왈, 지지(라) 오행야(여하시니)
거부모국지도야(라) 가이속이속(하며) 가이구이구(하며) 가이처이처(하며)
가이사이사(는) 공자야(시니라)]

> "공자께서는 제나라를 떠날 때는 밥 지으려 담궈 둔 쌀을 건져서 가지고 갔고,
> 노나라를 떠날 때에는, '내 걸음이 더디기만 하구나!'라고 하셨으니,
> 부모의 나라를 떠나는 바른 자세이다. 속히 떠날 만하면 속히 떠나고 오래 머무를 만하면
> 오래 머무르며 은둔할 만하면 은둔하고 벼슬할 만하면 벼슬한 것은 공자이시다."

마지막으로 공자의 경우다.

① '去齊'할 때와 '去魯'할 때의 다른 모습을 통해 공자의 시의적절함을 드러내고 있다. '之'는 주격조사, '去'는 '떠나다', '接'은 '받다', '淅'은 '쌀을 물에 담근 것'이니, '接淅而行'은 '밥을 하려고 불려둔 쌀을 물에 손으로 급히 건져서 떠난 것'으로 얼마나 급히 떠났는지를 묘사한 말이다. '遲遲, 吾行也'은 도치문이다. 짧게 탄식·감탄 등을 표현할 때 도치가 종종 사용된다. '遲'는 '더디다'이다. 공자의 모국은 노나라이다. 그래서 노나라를 떠날 때는 차마 떨어지지 않는 발걸음으로 더디게 가는 것으로 도리를 다하였다. 그러나 제나라는 모국이 아니지만 강대국이므로 미적거리면 미련이 남은 것처럼 비칠까봐 이곳을 떠날 때 지나치게 서두른 것이다.

② '可以'는 '~ 할 만하다'로 상황에 대한 판단을 드러낸다. '速'과 '久'는 '떠남'과 '머무름'이고, '處'와 '仕'는 '은둔'과 '출사'이다. 하나의 기준에 고착되지 않고 각기 다른 상황에서 '道'에 입각한 바른 판단을 내리고 행동하는 공자의 품성이 드러나는, 굉장히 유명한 구절이다.

孟子曰, 伯夷, 聖之淸者也; 伊尹, 聖之任者也; 柳下惠, 聖之和者也 ①; 孔子, 聖之時者也. 孔子之謂集大成 ②.

[맹자왈, 백이(는) 성지청자야(요) 이윤(은) 성지임자야(요) 유하혜(는)
성지화자야(요) 공자(는) 성지시자야(시니라) 공자지위집대성(이시니)]

맹자가 말했다.

"백이는 성인 가운데 맑았던 분이고, 이윤은 성인 가운데 세상에 대한 책임을 자임한 분이
며, 유하혜는 성인 가운데 조화를 이루는 분이며, 공자는 성인 가운데 시중(時中)인 분이
시다. 그래서 공자를 집대성(集大成)한 분이라 일컫는 것이니,"

---

① 앞서 말한 백이, 이윤, 유하혜, 공자 모두 성인(聖人)이라 말하고 있는데, 다만 분야를 나누었다. 백이는 절개와 청렴의 대명사이다. 그래서 성인이지만 그중에서도 '淸'(맑음, 깨끗함)을 상징하는 이로 지목했고, 이윤은 세상에 대해 스스로 책임을 진 위대함을 들어 '任'(자임)을 상징하는 이로, 유하혜는 넓은 품을 지녀 다른 이들과 조화를 이루었던 탁월함을 들어 '和'로 각각 지목했다. 그리고 공자에 대해서는 '時'라는 단어로 묘사했다. '時'는 '時中', 즉 '모든 일을 때에 맞게 했다'는 의미이다. '時'는 고정된 기준이 아니므로 '淸'과 '任'과 '和'를 모두 아우를 수 있는 개념이다.

② '集大成'은 옛날 음악 용어이다. 아악은 거대한 한 곡 안에 짧은 악장들이 모여 있는 구조였는데, 그 짧은 악장 하나의 연주를 마치는 것을 소성(小成)이라 하고, 그 소성들이 모여 악곡을 완성하는 것을 대성(大成)이라 한다. 이 비유에 따르면 백이, 이윤, 유하혜는 한 분야에 특출났으니 소성에 해당하고, 공자는 그 모든 것을 아울러 '時' 안에 담았으니(물론 '時' 안에는 더 많은 것들이 담길 수 있다) 소성을 모아 완성한 집대성이 되는 것이다.

集大成也者, 金聲而玉振之也①.
金聲也者, 始條理也; 玉振之也者, 終條理也②.
始條理者, 智之事也; 終條理者, 聖之事也③.

[집대성야자(는) 금성이옥진지야(라)
금성야자(는) 시조리야(요) 옥진지야자(는) 종조리야(니)
시조리자(는) 지지사야(요) 종조리자(는) 성지사야(니라)]

"집대성이라는 것은 종을 쳐 소리를 펼치고 옥을 쳐 소리를 거두는 것이다.
종을 쳐 소리를 펼친다는 것은 연주를 시작하는 것이고, 옥을 쳐 소리를 거둔다는 것은
연주를 끝맺는 것이다. 조리를 시작하는 것은 지혜의 일이고, 조리를 끝내는 것은
성(聖)의 일이다."

---

① 앞서 공자를 집대성이라 정의한 뒤 그에 대한 설명을 하고 있다.
'也者'는 어조사로 어떤 대상을 설명하거나 정의할 때 쓰인다. '~라
는 것은, ~란'으로 풀이한다. '金'은 '쇠로 만든 종'으로 '金聲'은 종을
쳐 소리를 내는 것을 말한다. '玉'은 옥으로 만든 '특경'(特磬)이라는
악기다. '振'은 '떨치다, 드날리다, 거두다'인데, 연주 상황의 설정에
따라 해석을 달리 하기도 한다. 대개 '거두다'로 보지만, 옛 음악이
한 장 안에 두 절이 있어 종을 쳐 한 절이 시작하고 마치면 특경을 쳐
두 번째 절을 시작하고 마쳐 한 장을 완성한다는 원리로 미루어 '떨
치다, 드날리다'의 뜻으로 풀기도 한다. '之'은 연주를 가리킨다.
② '始'는 '시작하다', '終'은 '마치다'이고, '條理'는 갈피를 잡아 하나
의 체계를 세우는 것이므로 여기서는 하나의 흐름 안에서 합주를 진
행함을 뜻한다.
③ 여기서 이 글의 흐름이 또 한 번 변한다. '智'와 '聖'을 '金聲'과 '玉振
之'에 이어 붙인 것이다. 연주를 제대로 시작하게 하는 것은 지혜의 일
이고, 연주를 제대로 끝맺는 것은 성(聖)의 일이란다. 무슨 말일까?

智, 譬則巧也; 聖, 譬則力也①. 由射於百步之外也②,
其至, 爾力也; 其中, 非爾力也③.

[지(를) 비즉교야 (요) 성(을) 비즉력야(니) 유사어백보지외야(하니)
기지(는) 이력야(어니와) 기중(은) 비이력야(니라)]

> "지혜는 비유하자면 기교이고, 성은 비유하자면 힘이니, 백보 밖에서 활쏘기 하는 것과
> 같다. 화살이 과녁에 도달하는 것은 네 힘으로 하는 것이지만 과녁에 적중하는 것은
> 힘으로 되는 것이 아니다."

'智'와 '聖'에 관한 설명이 이어진다.

① 譬는 '비유하다', 巧는 '기교'이다.

② 이전 문장을 설명하려고 상황을 설정해 예로 들었다. 활쏘기 상황이다. '由'는 '猶'의 뜻으로 쓰여 '~ 와 같다'로 풀이한다. '射'는 '활을 쏘다, 활쏘기를 하다', '於'는 전치사로 '~ 에서'이다.

③ '其'는 화살이고, '至'는 과녁에 도달하는 것이다. '爾'는 2인칭 대명사로 '너', '中'은 과녁에 적중하는 것을 말한다. 활쏘기의 기본은 화살을 과녁 근처까지 보내는 것이고 이는 내 힘으로 가능하다. 과녁 근처까지는 쏠 수 있어야 궁사(弓師)가 될 수 있다. 그러나 더욱 중요한 것은 '적중'시킬 수 있느냐 여부다. 맹자는 백이, 이윤, 유하혜 모두를 성(聖)이라 표현했다. 일단 궁사까지는 된 사람들이라는 것이다. 그러나 결국 명중이 중요하다. 기술이 필요한 것이다. 그 기술이 바로 지혜다. 흥미로운 것은 맹자는 지혜를 시작점으로 놓고 있다는 점이다. 화살은 일단 쏘고 보는 것이 아니다. 조준부터 해야 한다. 음악도 시작부터 하고 음을 맞추고 길을 찾는 것이 아니다. 어떻게 연주할 것인지 구상부터 해야 한다. '時中'은 완성이기도 하지만 시작의 방향이기도 한 것이다.

孟子曰: 楊子取爲我 [①], 拔一毛而利天下, 不爲也 [②].

[맹자왈, 양자(는) 취위아(하니) 발일모이리천하(라도) 불위야(하니라)]

맹자가 말했다.
"양자는 위아(爲我)를 취하였으니 털 하나를 뽑아 천하를 이롭게 하더라도
그렇게 하지 않았다."

앞서 공자가 시중(時中)이기 때문에 여러 현인 중 가장 뛰어나다고 말했다. 그렇다면 '中'은 무엇일까? '中'을 이해하기 위한 또 다른 이야기가 펼쳐진다.

① 양자는 맹자 시대에 유명했던 사상가 양주인데 도가 계열로 분류할 수 있다. 현재 남아 있는 저서는 없고 『열자』 중의 한 편 「양주」와 『장자』 외편에 산발적으로 그와 관련된 내용이 등장한다. 양주는 자기 존재를 중시하는 사상을 펼쳤다. 전국시대라는 전쟁의 시대에 사람들, 특히 백성의 목숨이 파리 목숨처럼 다루어질 때 양주는 자신의 생을 소중히 여기라고 말했으니 인기가 높을 수밖에 없었을 것이다. 그러나 맹자의 입장에서는 양주의 이런 생각을 자신만을 위하는 철학, 즉 위아주의(爲我主義)로 보고 배척했다. 그래서 이 철학은 나보다 큰 세상을 돌보지 않으므로 맹자는 양주를 일러 '無君'(무군), 즉 군주를 무시하는 자라고 했다. '爲'는 '위하다', '我'는 '나, 나 자신'을 뜻한다.

② '拔'은 '뽑다', '而'은 순접으로 기능하고 있고, '利'는 '이롭게 하다', '不爲'는 '하지 않다'이다. 여기서는 자신의 털 하나를 뽑아서 그것으로 세상을 이롭게 할 수 있다고 하더라도 하지 않는 사상으로 보지만 사실 『열자』 「양주」에 보면, 이런 비난에 대해 양주 측에서는 '세상은 털 하나로 구할 수 있는 곳이 아니다'라는 지혜로운 말로 응수한다.

墨子兼愛 ①, 摩頂放踵, 利天下, 爲之 ②.

[묵자(는) 겸애(하니) 마정방종(이라도) 이천하(인댄) 위지(하니라)]

> "묵자는 겸애(兼愛)하였으니 정수리를 갈아 발꿈치에 이르더라도
> 천하를 이롭게 하면 하였다."

세상 그 무엇보다 자기 삶, 자기 생을 소중히 하는 양주가 있다면 이 극단의 반대편도 있을 것이다. 그가 바로 묵자이다.

① 묵자는 묵적으로, 그의 근본 사상은 한마디로 '兼愛'(겸애)라 할 수 있다. 겸애란 '겸하여 사랑하다' 즉, 더 가깝고 더 멀고를 따져 사랑에 차등을 두지 않고 누구든 똑같이 사랑하는 것이다. 유학의 사랑은 '親親而仁民 仁民而愛物'로, '親親'은 혈연으로 맺어진 아주 가까운 이를 제대로 친하게 대하는 것이다. 그 관계를 확장시켜 백성을 사랑하고, 더 확장시켜 세상의 모든 것을 사랑하는 데까지 이르는 것이다. 묵자는 결국 팔이 안으로 굽는 이 개념이 세상에 차별을 만들고, 그 차별로 세상이 이렇게 아비규환의 상태가 되었다고 여겼다. 그래서 모든 사람, 모든 백성을 똑같이 사랑하며 자신을 부르는 곳이면 어디든 달려가서 도움을 아끼지 않았다. 당연히 백성들은 묵자에게 열광했다. 하지만 맹자는 그것이 현실적으로 가능한 사랑이냐고 물었다. 그러면서 이 겸애는 '無父', 즉 나를 낳은 부모를 무시하는 사상이라고 보아 배척했다.

② '摩'는 '갈다', '頂'은 '정수리, 이마', '放'은 '이르다, 도달하다', '踵'은 '뒤꿈치'이다. 그러므로 '摩頂放踵'은 자신을 전혀 돌보지 않고 남을 위해 희생하는 상태를 말한다. '爲之'에서 '爲'는 '하다', '之'는 '摩頂放踵'을 가리킨다.

子莫執中^①, 執中爲近之, 執中無權, 猶執一也^②.
所惡執一者, 爲其賊道也, 擧一而廢百也^③.
[자막(은) 집중(하니) 집중(이) 위근지(나) 집중무권(이) 유집일야(니라)
소오집일자(는) 위기적도야(니) 거일이폐백야(니라)]

> "자막은 중간을 잡았으니, 중간을 잡은 것이 도에 가까우나 중간을 잡기만 하고
> 저울질함이 없는 것은 한쪽을 잡는 것과 같다. 한쪽을 잡는 것을 미워하는 까닭은 도를
> 해치기 때문이니, 하나를 들고 백 가지를 폐하는 셈이다."

앞서 나온 양자와 묵자는 맹자에 따르면 이기와 이타의 양 극단에 있다고 할 수 있다. 그러면 이 양극단을 피할 방법은 무엇일까?

① 자막은 노나라의 현자였다. 그는 양주와 묵적이 잘못되었다는 것을 알고 자신만의 다른 방법을 선택했다. 바로 '執中'(집중)이다. '執'이 '잡다'이므로 '執中'은 '중간을 잡다'이다. 두 사람 사이를 헤아려 그 중간을 선택한 것이다.

② 맹자는 여기에도 의문을 표한다. '近道', 즉 '도에 가깝다'는 의미이고, '之'는 실제적인 뜻이 없다. '權'는 '저울질하다', '猶'은 '(~와) 같다'이다. 맹자는 '執中'한 후 반드시 '權', 즉 저울질을 해야 한다고 보았다. 그렇지 않으면 가운데를 잡은 줄 알았는데 '執一', 즉 한 편만 잡은 것과 같게 된다. 한 편만 잡는 것은 결국 극단이다.

③ '惡'는 '미워하다'이므로 '오'로 읽는다. '所A者爲B也'는 'A하는 것은 B 때문이다'의 구문이다. '賊'은 '해치다', '擧'는 '들다', '廢'는 '폐하다, 폐기하다'이다. 맹자는 자막의 태도에 대해 '惡'와 '賊道'라는 표현을 썼다. 양주와 묵적처럼 차라리 드러내어 주장을 펼치면 백일하에 토론이 가능한데 자막의 자세는 '中'인 양 하지만 실은 '執一'의 극단으로 사람을 속이기 때문이다.

孟子曰, 孔子不得中道而與之, 必也狂獧乎①!
狂者進取, 獧者有所不爲也②.
孔子豈不欲中道哉? 不可必得, 故思其次也③.

[맹자왈, 공자부득중도이여지(인댄) 필야광견호(인저).
광자(는) 진취(요), 견자(는) 유소불위야(라하시니),
공자기불욕중도재(시리오마는), 불가필득(이라), 고(로) 사기차야(시니라)]

맹자가 말했다.
"공자께서는, '중도를 행하는 자를 얻어 함께 못한다면 반드시 광자(狂者)나
견자(獧者)와 함께 할 것이다. 광자는 진취적이고 견자는 하지 않는 바가 있다'라고
하였으니, 공자께서 어찌 중도를 행하는 자를 얻고자 하지 않으셨겠는가?
그러나 반드시 얻을 수는 없으므로 그 차선을 생각하신 것이다."

앞으로 며칠 동안 광자와 견자 그리고 향원(3。13 참조)에 대해 다룰 것이다. 이 역시 '中'을 또 다른 각도에서 다루는 내용이다.

① '不'은 '與之'까지 걸린다. '與'는 '함께하다', '之'는 '중도를 행하는 자'를 가리킨다. '狂'은 '미치다, 과격하다', '獧'은 '고집스럽다'이고 '견'으로 읽는다. 공자가 함께 일하고 싶은 사람은 '中道'를 알고 그에 따라 행하는 사람이다. 그러나 그런 사람은 경지에 오른 사람이므로 당연히 얻기 쉽지 않다. 그렇다면 공자의 차선책은 무엇일까. 광자와 견자이다. 둘은 일종의 양 극단이다. 어떤 양 극단일까?

② '狂'은 뜻이 크고 거칠 것이 없다. 그래서 일단 적극적으로 나서고 본다. 한 마디로 진취적이다. '狂'의 반대가 '獧'이다. 샌님처럼 깐깐한 것이다. 그래서 그에게는 꼬장꼬장한 기준에 맞춰 '所不爲', 즉 '하지 않는 바'가 있다.

③ '豈不欲'은 '어찌 ~하려 하지(하고자 하지) 않겠는가?'이다. '次'는 '버금, 다음'이고, '其次'의 '其'는 '중도의 사람'이므로, '其次'는 '狂者'를 가리킨다.

曰, 其志嘐嘐然, 曰, 古之人, 古之人①**!**
夷考其行而不掩焉者也②**. 狂者又不可得**③**,**
欲得不屑不潔之士而與之, 是獧也, 是又其次也④**.**

[왈, 기지효효연(하여) 왈, 고지인, 고지인(이여하되)
이고기행이불엄언자야(니라). 광자(를) 우불가득(이어든),
욕득불설불결지사이여지(하시니), 시견야(니), 시우기차야(니라)]

맹자가 말했다.
"그 뜻이 높고 커서 말하기를, '옛 사람이여, 옛 사람이여!'라고 하지만
평소에 그 행실을 살펴보면 행실이 말을 가리지 못하는 자이다. 광자를 또 얻지 못하거든
불결한 것을 좋게 여기지 않는 선비를 얻어 함께하고자 하셨으니, 이것이 견(獧)이니,
이는 또 그 다음이다."

광자와 견자에 대한 좀 더 자세한 설명이 이어진다.

① 앞서 '其次'가 광자였으므로, 광자에 대한 내용부터 펼쳐진다. '其 志'는 광자의 뜻을 가리킨다. '嘐'는 '큰소리치다', '嘐嘐'는 '큰 소리, 말의 내용이 큰 것'을 의미하고, '然'은 형용사를 만드는 기능을 한 다. '古之人'은 '옛 사람'인데 이것을 연거푸 부르는 것은 이들이 걸핏 하면 옛 사람을 들먹이며 인용한다는 것을 뜻한다. 옛 사람은 옛 성 현을 가리킨다. 유학에서는 최상급의 훌륭함을 과거에 두고 있기 때 문에 이렇게 말하는 것이다.

② '夷'는 '평소', '考'는 '살피다, 고찰하다', '而'는 '則'의 뜻으로 쓰였 다. '掩'은 '덮다'로, 행실이 말을 덮는 것을 가리킨다.

③ 해석이 전혀 어렵지 않은 문장이다. 광자도 얻지 못하면?

④ '又其次', 즉 '또 그다음'에 대해 말하고 있다. '不屑不潔之士'는 '不 潔'을 '不屑'하게 여기는 '士'[선비]라는 말이다. '潔'은 '깨끗하다', '屑' 은 '달갑게 여기다'이다. 이 '不屑不潔之士'가 '獧'이다. 견을 '又其次' 라 했으니 앞서의 '其次'는 확실히 '狂'이 맞다.

孔子曰, 過我門而不入我室, 我不憾焉者, 其惟鄉原乎^①! 鄉原, 德之賊也^②. 曰, 何如, 斯可謂之鄉原矣^③?

[공자왈, 과아문이불입아실(이라도) 아불감언자(는) 기유향원호(인저).
향원(은) 덕지적야(라하시니) 왈, 하여(면) 사가위지향원의(니잇고)]

(만장이 물었다.)

"공자가 말씀하시기를, '내 문 앞을 지나면서 내 집에 들어오지 않아도 내가 유감스레 여기지 않을 자는 오직 향원(鄉原)일 것이다. 향원은 덕의 적(賊)이다'라고 하셨으니, 어떠해야 향원이라 이를 수 있습니까?"

여기까지 맹자의 말을 들은 제자 만장이 공자의 말을 인용하여 질문을 던진다.

① '過'는 '지나다, 지나치다', '憾'은 '서운해하다, 유감으로 여기다', '焉'은 '於之'로 '그것에 대해', '惟'는 '오직'이며, '其'는 해석하지 않는다. '原'은 '愿'과 같은 뜻으로 '삼가다, 성실하다, 공손하다'이다. '鄉原'은 풀이하면 '마을의 성실한 사람'이지만 명사로 사용한다.

② '德之賊'은 '덕의 적, 덕을 도적질하는 자'이다. 향원은 글자 그대로 하면 조금도 나쁠 게 없는 뜻인데, 공자는 무려 덕의 적, 덕을 도적질하는 자라고 하고 있으니 이러한 적의에 대해 궁금증이 생길 수밖에 없다.

③ 그래서 만장이 또 질문한다. '何如'는 '어떠하여야'로 이것이 이 문장을 의문문으로 만든다. '斯'는 '이에', '可謂之A'는 '(이것(그것)을) 일러 A라 이를 만하다(이를 수 있다)'이다. 한마디로 향원이란 어떤 사람이냐고 묻는 것이다.

曰, 何以是嘐嘐也, 言不顧行, 行不顧言, 則曰, 古之人 ①,
古之人! 行何爲踽踽凉凉? 生斯世也, 爲斯世也,
善斯可矣 ②. 閹然媚於世也者, 是鄕原也 ③.

[왈, 하이시효효야(하여) 언불고행(하며) 행불고언(이요), 즉왈, 고지인,
고지인(이여하며) 행하위우우량량(이리오) 생사세야(라) 위사세야(하여)
선사가의(라하여) 엄연미어세야자 시향원야(니라)]

맹자가 답했다.

"(향원이 광자를 비난하기를) '어째서 이처럼 말과 뜻이 커서 말은 행실을 돌아보지 않고
행실은 말을 돌아보지 않고, 말하기를, '옛 사람이여, 옛 사람이여!'라고 하는가?'라고
하며, (견자를 비난하기를) '행실을 어째서 이처럼 외롭고 쓸쓸하게 하는가? 이 세상에
태어났으면 이 세상을 위하여 살다가 사람들이 훌륭하다고 인정하면 그만이다'라고
하면서 제 속을 감추고 세태에 아첨하는 자가 향원이다."

① 향원이 광자를 바라보는 시선이다. '何以'는 '어째서, 어찌하여',
'是'는 '이렇게, 이처럼', '顧'는 '돌아보다'이다. 향원은 광자가 말과
행동이 일치하지 못하면서 늘 커다란 포부를 지니고 말하는 것을 비
웃는 것이다.

② 다음으로 견자에 대한 향원의 시선이다. '踽'는 '홀로 걷다', '踽踽'
는 혼자 걸어서 앞으로 잘 전진하지 못하는 모양이고, '凉'은 '엷다',
'凉凉'은 대인관계에서 친밀하고 후한 대우를 받지 못해서 쓸쓸한
모양이다. '斯世'는 '이 세상', '善'은 '이 세상 사람들이 모두 선하다고
하다'의 의미이고, '斯'는 '이에'이다.

③ '閹'은 '가리다, 닫고 감추다', '然'은 '閹'하는 모양새를 만든다. '媚'
는 '아첨하다, 사랑을 구하다'이다. 향원을 설명하는 핵심 구절이다.
그들이 바라보는 것은 '이 세상에서의 칭찬'뿐이므로 자신을 '감추
고' 세상에 '아첨한다'.

萬子曰, 一鄕皆稱原人焉<u>①</u>, 無所往而不爲原人<u>②</u>,
孔子以爲德之賊, 何哉<u>③</u>? 曰, 非之無擧也, 刺之無刺也<u>④</u>.

[만자왈, 일향개칭원인언(이면) 무소왕이불위원인(이어늘)
공자이위덕지적(은) 하재(잇고) 왈, 비지무거야(하고) 자지무자야(하며)]

만장이 물었다.
"한 지방이 모두 성실한 사람이라고 한다면 어디를 가든 성실한 사람일 텐데,
공자께서 덕의 적이라고 하신 것은 어째서입니까?"
맹자가 답했다.
"비난하려 해도 이렇다 하게 들출 것이 없고,
공격하려 해도 이렇다 하게 공격할 것이 없다."

---

① '鄕'은 '지방, 고을, 시골', '稱'은 '칭하다, 칭찬하다', '原'은 지지난 시간에도 했지만 '愿'과 같이 쓰여 '삼가다, 성실하다, 공손하다'의 의미이고, '焉'은 '於之'로 '그에 대해'이다.

② 접속사를 사이에 두고 앞도 부정문 뒤도 부정문인 이중부정의 형태로 강한 긍정을 나타내므로 앞쪽 문장에 '~ 마다'를 붙인다. 이 문장의 경우 직역하면 '가는 곳마다 원인(성실한 사람)이 되지 않음이 없다'가 된다.

③ 만장은 모두가 칭찬한다면 진실로 그러한 사람 아니겠냐고 묻고 있다. 그런데 공자는 그저 좀 싫어한 것도 아니고 무려 '德之賊', 즉 '덕의 적(도적)'이라고 했다. '以爲'는 '여기다, 말하다'이다.

④ '非'는 '비난하다, 지적하다', '之'는 앞서 말하고 있는 '原人'을 가리키고, '擧'는 '들다, 들추다, 거론하다', '刺'는 '찌르다, 공격하다, 풍자하다'이다. 재밌는 기준이 등장한다. 꼬집어 뭐라 할 게 없는 게 가장 큰 문제라는 것이다. 꼭 집어 뭐라 할 게 꼭 있어야 할까?

同乎流俗, 合乎汚世①, 居之似忠信, 行之似廉潔②, 衆皆悅之, 自以爲是③, 而不可與入堯舜之道, 故曰, 德之賊也.

[동호류속(하고) 합호오세(하여) 거지사충신(하며) 행지사염결(하여)
중개열지(어든) 자이위시(하여) 이불가여입요순지도(라) 고(로) 왈,
덕지적야(라하시니라)]

"세상 습속과 한통속이 되고, 더러운 세태에 영합해서, 처신은 충직하고 믿음직한 것 같고 행위는 청렴하고 깨끗한 것 같아서 대중이 모두 열광하고 스스로도 옳다고 여긴다. 그러나 그와 함께 요순의 도에 들어갈 수는 없다." 그렇기 때문에 '덕의 적'이라고 하신 것이다.

---

① 꼭 집어 비난하고 공격할 게 없는 이유가 나오는 대목이다. '同'은 '함께하다, 동화하다', '乎'는 전치사로 '~에', '流俗'은 '물이 아래로 흐르는 것처럼 풍속이 무너져 쇠락한 상태인데 대중도 모두 그 상태에 있는 것'을 가리킨다. '汚'는 '더럽다, 탁하다'이다. 이 문장을 사자성어로 줄이면 '同流合汚'로, '더러운 세속에 동화되고 영합하다, 나쁜 물이 들다'의 의미로 사용한다.

② '居'는 '거하다, 처신하다', '之'는 목적격, '似'는 '~와 같다, ~처럼 하다, 비슷하다', '廉'은 '청렴하다', '潔'은 '깨끗하다'이다. 여기서 핵심 글자는 '似'이다. 처신이며 행동을 실제로 '忠信廉潔'하게 하는 게 아니라 '似', 즉 그런 것'처럼' 한다는 것이다.

③ '衆'은 '무리, 대중', '悅'은 '기뻐하다, 좋아하다', '自'는 '스스로, 자기 자신', '以爲'는 '여기다, 생각하다', '是'는 '옳다'이다. '忠信廉潔'한 것처럼 하는 행동을 대중은 좋아하고, 스스로도 옳게 여긴다. 내 행동을 봐 주는 사람이 기준이 되다 보니 진짜 기준을 지키려고 모난 행동을 할 일이 전혀 없어서 내 의견과 다른 사람과 부딪힐 일이 없다. 그러니 누구에게나 칭찬 받는 사람이 된다.

孔子曰, 惡似而非者[①]**, 惡莠, 恐其亂苗也**[②]**;**
惡佞, 恐其亂義也[③]**; 惡利口, 恐其亂信也**[④]**;**

[공자왈, 오사이비자(하노니) 오유(는) 공기난묘야(요)
오녕(은) 공기난의야(요), 오이구(는) 공기난신야(요)]

"공자께서 말씀하시기를, '비슷해 보이지만 실제로는 아닌 사이비를 미워한다.
가라지를 미워하는 것은 그것이 벼를 혼란시킬까 걱정해서이고, 말재주를 미워하는 것은
그것이 의를 혼란시킬까 걱정해서이며, 내용 없이 말만 많은 것을 미워하는 것은 그것이
신의를 혼란시킬까 해서이며,"

그 유명한 '사이비'란 단어가 나오는 대목이다.

① '惡'는 '미워하다'이므로 '오'로 읽는다. '似而非'는 '비슷한데 아닌 것'으로, '사이비 종교'의 용례로 굉장히 유명한 단어가 되었다. '者'는 '것'이다.

② 이후로는 '似而非'의 사례가 계속 이어진다. 모두 같은 문형이므로 글자만 알면 해석은 어렵지 않다. '莠'는 '가라지', '其'는 3인칭 지시대명사로 '그것', '恐'은 '걱정하다, ~할까 해서이다', '亂'은 '어지럽히다, 혼란시키다'이다.

③ '佞'은 재주와 지혜가 있는 채로 말을 잘하는 것이다. '義'라는 건 '원칙'이다. 그런데 재주도 지혜도 있는 자가 원칙을 말하는 듯하다가 교묘히 비틀어 왜곡시키면 그것을 간파할 능력이 없는 사람은 그 말이 계속 이치에 닿는 듯하여 받아들이기 때문에 원칙(義) 자체가 흔들리게 된다.

④ '利口'는 말만 많고 성실하지 못한 것이다. 행동이 말을 따라가지 못하는 일이 반복되면 어떻게 될까? 신의[信]가 흔들린다. 약속은 말로 하지만, 행동으로 옮겨질 때 비로소 진짜 '信'이 완성된다.

惡鄭聲, 恐其亂樂也 ①; 惡紫, 恐其亂朱也 ②;
惡鄉原, 恐其亂德也 ③. 君子反經而已矣 ④.
經正, 則庶民興, 庶民興, 斯無邪慝矣 ⑤.

[오정성(은) 공기난악야(요) 오자(는) 공기난주야(요)
오향원(은) 공기난덕야(라하시니라) 군자(는) 반경이이의(니)
경정(이면) 즉서민흥(하고) 서민흥(이면) 사무사특의(리라)]

"정나라 음악을 미워하는 것은 그것이 정악(正樂)을 혼란시킬까 걱정해서이고, 자주색을 미워하는 것은 그것이 붉은색을 혼란시킬까 걱정해서이며, 향원을 미워하는 것은 그가 덕을 혼란시킬까 걱정해서이다'라고 하셨다. 군자는 원칙(경도 經道)를 회복할 따름이다. 원칙이 바로서면 보통 사람들이 선을 행하려 분발하고, 보통 사람들이 선을 행하려 분발하면 사특함이 없어질 것이다."

---

① '鄭聲'은 정나라 음악으로 지금으로 치면 대중가요이고 '樂'은 '正樂'으로 클래식 혹은 아악(雅樂)이 되겠다(3∘12 참조). 대중가요는 '지금 듣기 좋은 것'을 추구하지만 정악은 지금 듣기 좋은 것 이상으로 음악이 갖추어야 할 체계와 질서에 집중한다는 차이가 있다.

② '紫'는 간색이고 '朱'는 정색이다.

③ 덕이란 인간으로서 살아야 할 원칙과 관계된 것이지 사람들의 칭찬과 관계된 것이 아니라는 말이다. 사이비는 기준을 흔든다. 그래서 공자가 질색한 것이다. 둥그런 세상에서 둥글둥글 살아가는 건 '中'의 자세가 전혀 아니다. 인간으로서 살아야 할 원칙에 딱 맞는 것, '中'은 여기서 출발한다.

④ 그래서 지성인[君子]은 '經', 즉 원칙을 회복할[反] 뿐이다[而已矣].

⑤ 연쇄법이 사용되었다. 원칙이 바루어지면[經正] 보통 사람들[庶民]이 흥기하고[興], '庶民興'하면, 이에[斯] 사특(邪慝)함이 없어지게 된다. 興은 '일어나다'인데, 여기서는 선에 대해 분발하는 것을 의미한다.

9월

中者, 不偏不倚, 無過不及之名①, 庸, 平常也②.

[중자(는) 불편불의, 무과불급지명(이요) 용(은) 평상야(라)]

중(中)이란 편벽되지 않고 치우치지 않고, 지나치거나 미치지 못함이 없음의 이름이요,
용(庸)은 일상적인 것이다.

이번 달에는 『중용』을 공부하려고 한다. 사서 중의 마지막 책이다.
『중용』역시 『대학』처럼 원래 『예기』에 속해 있는 한 편이었으나 송
나라 주희를 전후로 개별적인 하나의 책으로 독립되었다. 사마천이
『사기』에 공자의 손자인 자사가 저자라고 기록했으나, 송나라를 기
점으로 그렇지 않다는 이견이 많이 제기되었다. 그러나 정확히 전부
다 그의 저작이 아니라고 부정할 근거도 없으므로 '전(傳) 자사' 저
작이라고 정리하기로 하자. 오늘 문장은 주희가 도입부에 중용의 의
미에 대해 밝힌 부분이다.

① '者'는 제시하거나 정의할 때 종종 쓰이는데, '~란'이라고 풀이하
면 된다. '偏'은 '치우치다', '倚'는 '기대다, 기울다'이다. '過'는 지나치
는 것이고, '不及'은 도달하지 못한 것이다. '無'는 '過不及'에만 걸린
다. '不偏不倚'는 마음이 아직 움직이지 않은 상태, 즉 이론적으로 균
형을 잡고 있는 것이고, '無過不及'은 마음이 움직여 밖으로 드러났
을 때, 즉 실제에서 적절하게 균형을 이루는 것이다.

② '平常'은 일상적인 것, 평시를 가리킨다.

'중용'이란 이름을 풀어놓고 보니 별 것 아니지 않는가? 유학에서 추
구하는 것은 대단하고 고원한 무언가가 아니다. 그러나 그래서 힘들
다. 일상은 꾸준한 훈련이 아니고는 흐트러짐 없이 살아갈 수 없는
것 아니던가?

天命之謂性 ①, 率性之謂道 ②, 修道之謂敎 ③.
[천명지위성(이요) 솔성지위도(요) 수도지위교(니라)]

하늘이 명한 것을 성(性)이라 하고, 성을 따르는 것을 도(道)라고 하며,
도를 닦는 것을 교(敎)라고 한다.

이제 본격적으로 『중용』 본문으로 들어간다. 송나라 때 다시 부흥한 유학을 '신유학'이라고 한다. 한나라 이후 도교와 불교가 맹위를 떨쳤다. 이들에 비해 유학은 매우 현실중심적이었기 때문에 많은 학자들이 깊이가 얕다고 생각했다. 유학에 새로운 전기를 마련하려면 형이상학적인 철학의 가능성이 필요했다. 이 문제에 대해 『중용』의 첫 구절이 새로운 활로를 열어 준다. 주희는 불교에 잠시 몸담고 나온 뒤 불교철학의 일부를 유학에 적용했는데, 현실과 거리를 둔 종교 차원이 아니라 인간 내면과 본질의 문제를 사회의 윤리 질서로 연결하는 실천적 철학으로 발전시켰다. 그것이 성리학(性理學)이다. 오늘의 구절은 이 원리가 잘 담긴 구절로 『중용』을 대표하는 핵심 구절로 꼽힌다.

① '天命'은 '하늘이 명한 것'이고, 'A之謂B'은 'A를 일러 B라고 하다'라는 문형이다. '性'은 '본성'이다. 주희는 이것이 곧 '理'라고 했는데, 이에 대해서는 이견이 많다. '性'은 하늘이 각각에 맞게 처음부터 부여한 조화롭고 바른 덕 혹은 이치인 것이다.

② '率'은 '따르다'이다. '性'을 따라 마땅히 행해야 할 길이 '道'다.

③ '修'는 '닦다'이다. '性'에 따라 마땅히 행해야 할 것을 행하는 길[道]을 가야 하는데, 모든 사람과 사물은 능력과 기질, 처지가 다르다. 그러니까 그 길을 상태와 상황과 인물에 맞게 정비해 주어야 한다. 그것이 '修'이고, 이런 작업을 해주는 것이 '敎', 즉 '가르침'이다.

道也者, 不可須臾離也, 可離, 非道也①.
是故, 君子戒慎乎其所不睹, 恐懼乎其所不聞②.
莫見乎隱, 莫顯乎微. 故君子慎其獨也③.

[도야자(는) 불가수유리야(니) 가리(면) 비도야(라)
시고(로) 군자(는) 계신호기소부도(하며) 공구호기소불문(이니라)
막현호은(이며) 막현호미(니) 고(로) 군자(는) 신기독야(니라)]

도라는 것은 잠시도 떠날 수 없으니, 떠날 수 있으면 도가 아니다.
이 때문에 군자는 그 보이지 않는 곳에서도 삼가고, 그 들리지 않는 곳에서도
두려워하는 것이다. 숨겨진 곳보다 더 잘 드러나는 곳이 없고,
미세한 일보다 더 잘 드러나는 것이 없으니, 그러므로 군자는 그 홀로를 삼가는 것이다.

---

① '也者'는 설명하려는 대상이 있을 때 '~라는 것은'의 의미로 사용되는 어조사이다. '須臾'는 '잠시, 잠깐 동안', '離'는 '떨어지다'이다. 잠시라도 분리되어 떨어질 수 있다면 그건 가짜 도이다.

② 도의 성격이 그렇다면, 제대로 배운 지성인은 어떻게 살아야 할까? '戒'는 '경계하다', '慎'은 '삼가다', '乎'는 전치사로 '~을, ~에 대해'이다. '其所'에서 '其'는 '자기 자신'을 가리키고, '睹'는 '보다', '恐懼'는 '두려워하다'이다.

③ '莫'은 부정사이고, '見'은 '드러나다'의 의미로 쓰여 '현'으로 읽는다. '乎'는 비교급 전치사로 '~보다'이고, '顯'은 '나타나다', '微'는 '작다'이다. 역설적 표현을 사용해서 강조하고 있다. 숨겨진 곳과 아주 작은 일을 남은 모른다. 그러나 그 일을 행한 '나'는 안다. '獨'자가 '隱'과 '微'를 포괄하고 있는 것이다. 내 안에 싹이 자라면 결국 밖으로 드러나게 마련이다. 그래서 진짜 배운 사람은 남들과 함께 있을 때뿐만 아니라 홀로 있을 때 더욱 스스로를 경계하는 법이다. '慎獨', 즉 홀로를 삼가는 것이 공부의 핵심이다.

**喜怒哀樂之未發, 謂之中①, 發而皆中節, 謂之和②,
中也者, 天下之大本也, 和也者, 天下之達道也③.
致中和, 天地位焉, 萬物育焉④.**

[희노애락지미발(을) 위지중(이요) 발이개중절(을) 위지화(니)
중야자(는) 천하지대본야(요) 화야자(는) 천하지달도야(니라)
치중화(면) 천지위언(하며) 만물육언(이니라)]

　희노애락이 아직 발하지 않은 때를 중(中)이라 하고, 발했는데 모두 절도에 맞는 것을
화(和)라 하니, 중이라는 것은 천하의 큰 근본이고, 화라는 것은 천하의 공통된 도(道)이
다. 중과 화를 지극히 하면 천지가 제자리에 편안히 자리 잡고 만물이 잘 자라난다.

---

① 전체적으로 'A謂之B' 구문이다. '喜'는 '기쁘다', '怒'는 '성나다', '哀'
는 '슬프다', '樂'은 '즐겁다', '之'는 주격, '未發'은 '아직 일어나지 않다'
인데, 성리학 용어로 쓴다.

② '發'은 희노애락 등 일련의 감정이 일어난 상태이다. '中'은 '맞다,
들어맞다', '節'은 '절도'(節度), 즉 각각의 적절한 한도를 가리킨다.
감정이 일어났는데 절도에 맞게 된 상태를 '和'라 한다. 위의 '中'은
미발 상태, '和'는 이발(已發) 상태를 가리킨다.

③ '也者' 용법이 또 나왔다. 그만큼 이 책에는 정의하고 설명하는
내용이 많다. '本'은 '근본', '達'은 '공통되다, 통하다, 통용되다'이다.
'中'은 미발 상태로 원리에 해당하고 '和'는 이발 상태로 적용에 해당
한다.

④ '致'는 '지극히 하다', 즉 끝까지 파고들어 궁극의 경지를 이루는
것이다. '位'는 '자리하다'로, 편안히 자리잡다의 뜻이다. '焉'은 '於之'
로 '거기에', 그러니까 '중화에', '育'은 '생육하다, 자라다'이다. 근본
원리도 나타난 실체도 하늘이 부여한 본성을 제대로 이루면 어찌 되
겠는가? 당연히 최상의 상태가 될 것이다.

子曰, 道之不行也, 我知之矣, 知者, 過之, 愚者, 不及也①.
道之不明也, 我知之矣, 賢者, 過之, 不肖者, 不及也②.
人莫不飮食也, 鮮能知味也③.

[자왈, 도지불행야(를) 아지지의(로니) 지자(는) 과지(하고) 우자(는) 불급야(일새니라)
도지불명야(를) 아지지의(로니) 현자(는) 과지(하고) 불초자(는) 불급야(일새니라)
인막불음식야(언마는) 선능지미야(니라)]

공자가 말했다.
"도가 행해지지 않는 이유를 내가 안다. 지혜로운 자는 지나치고 어리석은 자는
미치지 못하기 때문이다. 도가 밝아지지 않는 이유를 내가 안다. 현명한 자는 지나치고
불초한 자는 미치지 못하기 때문이다. 사람이 모두 먹고 마시지만 제대로 맛을 아는
사람은 드물다."

---

① 앞의 '之'는 주격조사, '也'는 뜻을 강조하는 어조사인데 해석하지
않는다. '知之'의 '之'는 '道之不行'의 이유를 가리킨다. '知者'는 '지혜
로운 자'로 '智'의 의미로 쓰였다. '過之'는 앎이 지나친 것을 말한다.
'愚者'는 '어리석은 자', '不及'은 앎에 미치지 못하는 상태이다. '知者'
는 '道'가 행할 것이 못된다고 생각하고, '愚者'는 도를 어떻게 행해야
하는지를 모른다. '中'을 벗어나면 '道'가 행해질 수 없다.

② 위와 같은 문장 구조다. '明'은 '밝아지다', '賢者'는 '현명한 자', '不
肖者'는 글자 그대로 하면 '어버이를 닮지 못한 자'로 '못난(모자란)
사람'이란 뜻이다. 역시 이들도 '中'에서 벗어난 '過不及'이다. 현자는
행함이 지나쳐 '道'를 알 필요 없다고 하고, 불초자는 미치지 못해 어
떻게 도를 행해야 할지 알지 못한다.

③ '莫不'은 이중부정이니 그대로 옮겨도, 강한 긍정으로 옮겨도 된
다. '飮食'은 말 그대로 '음식' 혹은 '음식을 먹고 마시다'이다. '鮮'은
'드물다', '能'은 '능히'로 '제대로'의 의미쯤 된다. 사람은 원래 하늘이
부여한 길을 따라야만 제대로 살 수 있다.

子曰, 舜其大知也與<u>①</u>! 舜好問而好察邇言, 隱惡而揚善<u>②</u>, 執其兩端, 用其中於民<u>③</u>, 其斯以爲舜乎<u>④</u>!

[자왈, 순(은) 기대지야여(신저) 순호문이호찰이언(하고) 은악이양선(하시며)
집기양단(하여) 용기중어민(하시니) 기사이위순호(신저)]

공자가 말했다.
"순임금은 크게 지혜로우시다! 순임금은 묻기를 좋아하고 평범한 말 살피기를
좋아하셨으며, 악한 것을 숨기고 선한 것을 드러내셨다. 일의 양 끝을 잡아 그 중(中)을
백성에게 쓰셨으니, 이것이 순임금이 된 까닭일 것이다!"

① 여기서는 순임금을 중용의 원리를 써서 세상을 평화롭게 다스린, 중용을 가장 잘 체화하고 활용한 인물로 소개한다. '其'는 '아마도', '也與'는 감탄을 나타내는 어조사이다. 앞서 나온 그리고 아래 나오는 '其~乎'와 같은 의미이다. 이 문장 역시 '其'가 '아마'이기는 하지만 추측보다는 겸손한 표현을 써서 단정하는 의미가 강하다. '知'는 '智'의 뜻으로 '지혜'를 나타낸다.

② '好問'는 '묻기를 좋아하다', '好察'은 '살피기를 좋아하다', '邇'는 '가깝다'는 뜻으로 '邇言'은 일상에서 쉽게 접할 수 있는 말, 깊이 없이 얕고 속된[淺近(천근)] 말을 가리킨다. 평범한 사람들의 평범한 일상 속에 진리가 녹아 있다는 것을 순임금이 놓치지 않았음을 알려주는 부분이다. '隱'은 숨기는 것이고 '揚'은 드날리는 것으로, 그의 포용력과 선에 집중한 판단력을 드러낸다.

③ '兩端'은 '양쪽 끝, 양 극단'을 가리킨다. '執'이란 어떤 일에 대한 여러 견해의 극단을 파악하는 것이고, '其中'이란 그 균형점이다. 백성들에게 시행할 일에 대한 중론을 취합해서 그 양 극단의 의견을 파악해 가장 합리적인 균형점을 찾아내서 시행했다는 것이다.

④ '斯'는 '이, 이것', '以'는 까닭, 이유를 의미하고, '爲'는 '되다'이다.

子曰, 人皆曰予知, 驅而納諸罟擭陷阱之中而莫之知辟也^①.
人皆曰予知, 擇乎中庸而不能期月守也^②.

[자왈, 인개왈여지(로되) 구이납저고화함정지중이막지지피야(하며)
인개왈여지(로되) 택호중용이불능기월수야(니라)]

공자가 말했다.
"사람들이 모두 말하기를 '내가 지혜롭다'라고 하나 그를 몰아다가
그물과 덫과 함정 가운데로 넣어도 피할 줄을 알지 못하고, 사람들이 모두 말하기를
'내가 지혜롭다'라고 하나 중용을 택하여 한 달 동안도 지켜 내지 못한다."

① 두 문장 모두 큰 구조는 같다. 『중용』의 '知'가 대개 그렇지만 여기의 '知' 역시 '智'(지혜)의 뜻이므로, '予知'는 '내가 지혜롭다'이다. '驅'는 '몰다', '納'은 '들이다', '諸'은 '～에', '罟'는 '그물'이고, '擭'는 '덫'으로 '화'로 읽는다. '陷阱'은 '함정'이다. '罟擭陷阱之中'을 한 덩어리로 보고 풀어야 한다. '而'는 앞쪽은 순접, 뒤는 역접이다. '莫'은 부정사로 '不'과 같고, '之'는 원래 '辟' 뒤에 있는 것을 도치한 것으로, 앞 문장 전체를 받는다. '辟'는 '피하다'로 '避'와 같다. 문장이 길긴 한데 글자 뜻을 파악하고 차분히 들여다보면 복잡한 구조는 없어서 해석이 어렵지 않다.

② '擇'은 '고르다, 택하다', '乎'은 목적격이고, '而'는 역접, '期'는 '돌, 한 주기'를 의미하는 말로 '期月'이라고 하면 '꽉 채운 한 달, 만 한 달'을 가리킨다. '守'는 '지키다'로 스스로 고른 중용을 지키는 상태이다. 사람들은 조금만 배우고 깨달아도 스스로를 지혜롭다고 여기고 떠벌리지만 제대로 판단해서 치우치지 않고 균형점을 찾는 사람은 드물다. 그래서 함정인 줄 모르고 빠지고 설사 바른 길을 택했다 해도 한 달도 채 지켜 내지 못한다.

子曰, 天下國家可均也<u>①</u>, 爵祿可辭也<u>②</u>, 白刃可蹈也<u>③</u>, 中庸不可能也<u>④</u>.

[자왈, 천하국가(를) 가균야(며), 작록(을) 가사야(며)
백인(을) 가도야(로되) 중용(은) 불가능야(니라)]

공자가 말했다.
"천하와 국가를 고르게 다스릴 수 있고, 작록을 사양할 수 있으며,
흰 칼날을 밟을 수도 있으나 중용은 능히 해내지 못한다."

어제 중용을 제대로 택했다 하더라도 한 달도 채 다 지키지 못한다고 말했다. 『논어』에서 공자의 수제자이자 애제자로 소개되는 안연이 아주 뛰어나다는 평가를 받은 까닭이 바로 만 한 달을 인(仁)에 머무를 수 있는 자였기 때문이다.

① '天下國家'란 규모별로 나눈 정치의 단위를 가리키는 말로, 주어처럼 보이지만 '可均' 뒤에 올 것이 도치된 형태라 목적어로 해석한다. '國家'는 국가로 통칭할 수도 있고 '國'과 '家'로 나눌 수도 있다. '均'은 '고르게 하다', 즉 한쪽으로 치우침 없이 조화를 이루어 모두가 제자리에서 잘 살 수 있도록 균평하게 다스리는 것을 말한다. 이것은 다스림의 극치로 지혜[智]의 영역이다.

② '爵祿'은 관작과 녹봉이고, '辭'는 '사양하다'이다. 관작과 녹봉을 탐하지 않을 수 있는 덕은 인(仁)의 영역이다.

③ '白刃'은 '날이 번뜩이는 칼날'이고, '蹈'는 '밟다'이다. 이는 매우 용맹한 것이니 용(勇)의 영역이다.

④ 앞에서 예시를 들어 설명한 지, 인, 용을 다 섭렵해도 중용은 능히 해내지 못한다는 말이다. 일상을 지키는 평범한 길이 얼마나 넓고 멀고 깊고 험한지 짐작해 볼 수 있는 대목이다.

子路問強①, 子曰, 南方之強與? 北方之強與? 抑而強與②?
寬柔以敎, 不報無道, 南方之強也, 君子居之③.
袵金革, 死而不厭, 北方之強也, 而強者居之④.

[자로문강(한대) 자왈, 남방지강여(아) 북방지강여(아) 억이강여(아)
관유이교(요) 불보무도(는) 남방지강야(니) 군자거니(라)
임금혁(하여) 사이불염(은) 북방지강야(니) 이강자거지(라)]

　　　자로가 강함에 대해 묻자 공자가 말했다.
"남방의 강함인가, 북방의 강함인가? 아니면 그대의 강함인가?
너그러움과 부드러움으로 가르치고 무도함에 대해 앙갚음하지 않는 것이
남방의 강함이니, 군자가 거기에 거한다. 무기와 갑옷을 깔고 자고 죽게 되더라도
싫어하지 않는 것이 북방의 강함이니, 강한 자가 거기 거한다."

---

① 공자의 제자인 자로가 강함에 대해 물었다.

② '與'는 의문문을 만드는 어조사로 쓰였다. '抑'은 어조사로 문장의 어세를 바꾸는 기능을 하며, '아니면'이라고 풀이한다. '而'는 조금 색다르게 2인칭 대명사인 '너'의 뜻으로 쓰였다. '너(그대)의 강함'이란 '네가 힘써야 할 강함'을 말한다.

③ '寬'은 '너그럽다', '柔'는 '유순하다, 부드럽다', '以'는 접속사로 순접이다. '報'는 '되갚다, 보복하다, 보답하다'이다. '君子居之'의 '之'는 '南方之強'을 가리킨다. 남쪽 지방은 풍토와 기운이 유순하기에 참는 힘이 강한 것을 강함으로 인식했다. 이는 군자의 도에 가깝다.

④ '袵'은 '요, 깔개, 깔다', '金'은 '창 등의 병기', '革'은 '갑옷'이다. 그러니까 '袵金革'은 무장한 채로 사는 것이다. '而'는 역접, '厭'은 '싫어하다'이다. 이 역시 북방의 풍토와 기운 탓에 생긴 습성이다. '而強者居之'의 '而'는 대체로 해석하지 않으나 맨 앞처럼 '너'로 보아 자로를 가리키는 말로 보기도 한다.

故君子, 和而不流, 强哉矯^①! 中立而不倚, 强哉矯^②! 國有道, 不變塞焉, 强哉矯^③! 國無道, 至死不變, 强哉矯^④!

[고(로) 군자(는) 화이불류(하나니) 강재교(여). 중립이불의(하나니) 강재교(여). 국유도(에) 불변색언(하나니) 강재교(여). 국무도(에) 지사불변(하나니) 강재교(여)]

"그러므로 군자는 조화로우면서도 휩쓸리지 않으니, 강하다 꿋꿋함이여!
중립하여 치우치지 않으니, 강하다 꿋꿋함이여! 나라에 도가 있을 때에는 곤궁할 때의
뜻을 바꾸지 않으니, 강하다 꿋꿋함이여! 나라에 도가 없을 때에는 죽더라도 지조를
변치 않으니, 강하다 꿋꿋함이여!"

① '故君子', 즉 '그러므로 군자는'이라고 시작된다. 그렇다면 이것이 남방도 북방도 아닌 진짜 지성인이 거해야 할 강함이다. 군자의 강함이란 이후에 나올 네 가지 덕목을 갖추는 것이다. 먼저 네 문장 모두에 반복되는 '强哉矯'부터 살펴보자. '哉'는 감탄을 나타내는 어조사이고, '矯'는 '꿋꿋하다, 굳세다'이며, 도치문이다. 네 문장이 두 문장씩 짝을 이룬 형태이다. '和'는 사람들과 조화롭게 지내는 것이고, '而'는 역접, '流'는 군중심리에 휩쓸리는 것이다.

② '而'는 역시 역접이고, '倚'는 '기대다, 치우쳐 붙다'이다. 가운데 중심을 잡고 서서 어느 한쪽에 의지하지 않는 것이다.

③ '國有道'는 '나라에 도가 있을 때', 즉 '나라가 바른 길로 운영되고 있을 때'를 말한다. '塞'은 '막히다'로 성공하지 못하고 옹색한 처지에 있는 상태를 가리킨다. 다만 이 옹색한 것을 이전의 일로 보아 '곤궁했던 때 가졌던 뜻을 바꾸지 않는다'로 볼지, 현재 상태로 보아 '잘못나가서 곤궁한 처지에 있더라도 그 뜻을 바꾸지 않는다'로 볼지 학자에 따라 의견이 조금 다르다.

④ '至'는 '이르다, 도달하다'이므로 '至死'는 '죽게 되더라도'가 된다.

子曰, 素隱行怪, 後世有述焉, 吾弗爲之矣①.
君子遵道而行, 半塗而廢, 吾弗能已矣②.
君子依乎中庸, 遯世不見知而不悔, 唯聖者能之③.

[자왈, 색은행괴(를) 후세(에) 유술언(하나니) 오불위지의(로라)
군자준도이행(하다가) 반도이폐(하나니) 오불능이의(로라).
군자의호중용(하여) 둔세불견지이불회(하나니) 유성자능지(니라)]

공자가 말했다.
"숨어 있는 것을 찾아내고 괴이한 짓을 행하는 것을 후세에 칭술하는 경우가 있는데
나는 이런 짓을 하지 않겠다. 군자가 도를 따라 행하다가 중도에 그만두는데 나는
그만두지 못한다. 군자는 중용을 따라 세상을 피해 숨어 살면서 인정받지 못하더라도
후회하지 않으니, 오직 성인이라야 그렇게 할 수 있다."

① 앞서 '中'을 주로 다뤘다면 이 본문은 '庸'에 관한 내용이다. '素'는 '찾다'는 뜻의 '索'이 잘못 표기된 것으로 보는 것이 가장 보편적인 시각이다. 따라서 '색'으로 읽는다. '隱'은 '어느 구석에 숨어 있는 것', '怪'는 '괴이하고 이상한 것'이다. '隱'과 '怪'는 한 마디로 일상적으로 보기 힘든 특이하고 기이한 것을 가리킨다. '述'은 '기술하다, 칭술하다'이고, '焉'는 '於之'로 '그것에 대해'이다. '弗'은 '不'과 같고, '爲'는 '하다'이고, '之'는 '述'하는 것을 가리킨다. 공자는 『논어』에서 자신의 일에 대해 '술이부작'(述而不作 기술하기만 하고 창작하지 않는다)이라고 말한 바 있는데, 이곳의 '述'과 일맥상통한다.

② '遵'은 '따르다', '半'은 '절반', '塗'는 '길'로 '途'와 같은 뜻이고, '廢'는 '폐하다, 그만두다'이다. '半塗而廢'는 '중도이폐'(中道而廢)와 같은 뜻으로 중간에 그만두는 것을 말한다. '已'는 '그치다, 그만두다'이다.

③ '依'는 '따르다', '乎'는 '~에', '遯'는 '숨다', '見'는 피동의 뜻으로 '見知'는 '알아줌을 받다'가 된다. '唯'는 '오직', '之'는 앞 문장 전체를 받는다.

君子之道, 費而隱①**. 夫婦之愚, 可以與知焉**②**, 及其至也, 雖聖人, 亦有所不知焉**③**, 夫婦之不肖, 可以能行焉**④**, 及其至也, 雖聖人, 亦有所不能焉**⑤**,**

[군자지도(는) 비이은(이니라). 부부지우(로도) 가이여지언(이로되) 급기지야(하여는) 수성인(이라도) 역유소부지언(하며) 부부지불초(로도) 가이능행언(이로되) 급기지야(하여는) 수성인(이라도) 역유불능언(하며)]

군자의 도는 넓으면서도 은미하다. 부부의 어리석음으로도 참예하여 알 수 있으나 그 지극함에 이르러서는 성인이라도 알지 못하는 바가 있고, 부부의 불초함으로도 행할 수 있으나 그 지극함에 이르러서는 성인이라도 할 수 없는 것이 있으며,

---

① 진짜 지성인이 걸어야 할 삶의 길은 '費而隱'하다. '費'는 '넓다'로 도의 쓰임에 대한 말이고, '隱'는 '은미하다'로 도의 원리에 대한 말이다. 군자의 도는 활용이 넓고 크고 보편적이어서 어렵지 않지만 그 원리는 아주 미묘하고 미세하여 정확히 알기 어렵다.

② '愚'는 '어리석다'로 '夫婦之愚'는 '부부의 어리석음'이란 말이지만 평범한 남자와 여자 모두를 포괄한다. '與'는 예전에는 '참예하다'라고 해서 '예'로 읽었으나 굳이 그렇게 읽지 않고 '여'로 읽어도 무방하다. '與知'는 '도에 참여하여 아는 것'을 말한다.

③ '及'은 '이르다, 미치다', '其至'는 '그 지극함'으로 도의 미세하고 미묘하여 알기 어려운 부분이고, '雖'는 '비록', '亦'은 '또한'이다.

④ '不肖'는 앞서 공부했듯이 '못난 사람'이다. 역시 평범한 남자와 여자를 가리키는 말이다. '能行'은 '도를 행할 수 있는 것'을 가리킨다.

⑤ 마찬가지로 '其至'에 '及'하여서는 경지에 오른 '聖人'이라도 할 수 없는 바가 있다. 모두 '君子之道'의 '費而隱'한 특성으로 인해 생기는 현상이다.

天地之大也, 人猶有所憾^①, 故君子語大,
天下莫能載焉^②, 語小, 天下莫能破焉^③.

[천지지대야(에도) 인유유소감(이니) 고(로) 군자어대(인댄)
천하막능재언(하며) 어소(인댄) 천하막능파언(이니라)]

천지가 아무리 크더라도 사람이 섭섭하게 여기는 것이 있다. 그러므로 군자가 큰 것을
말하면 천하의 어떤 것도 그것을 실을 수 없고, 작은 것을 말하면 천하의 어떤 것도
그것을 깨뜨릴 수 없다.

---

① '也'는 의미를 강조하는 어조사로 해석하지 않는다. '猶'는 '오히
려'이고, '憾'은 '유감으로 여기다'이다. 천지는 춥기도 하고 덥기도
하며 좋은 일이 닥치기도 하지만 재앙이 덮치기도 한다. 그래서 사
람들은 천지의 큼을 이해하지 못하고 자연을 만족스럽게 여기지 못
하여 불안해한다.

② '大'는 도의 큰 작용, 즉 '費'를 말하고, '載'는 '싣다'의 뜻이다. 도에
대해 제대로 아는 군자가 도의 커다란 작용에 대해 말하면 세상은
그것을 다 실을 수 없다는 말이다.

③ '小'는 도의 미세함, 즉 '隱'을 말하고, '破'는 '깨다'의 뜻이다. 도의
근원은 미세하고 정묘하여 무엇으로도 깰 수 없다는 뜻이다.

군자의 도는 중용의 도와 같은데, 이 도는 평범하고 일상적인 것이
어서 빈부귀천을 따질 것 없이 모두 그 가운데서 살며 그것에 참여
할 수 있다. 그 실제 활용이 그렇게 크다. 하지만 그 원리는 아주 미
세하고 정묘하다. 공자와 순임금이 누구의 의견에나 귀를 기울여 신
중하게 들은 까닭이 이것이고, 끊임없이 공부를 해 나간 이유다. 도
는 평범한 생활에도, 우주의 섭리에도 내재해 있다. '費而隱'하므로
그 쓰임이 무궁무진하고 언제 어디에나 있는 것이다.

子曰, 道不遠人, 人之爲道而遠人, 不可以爲道①.
詩云, 伐柯伐柯, 其則不遠②.

[자왈, 도불원인(하니) 인지위도이원인(이면) 불가이위도(니라).
시운, 벌가벌가(여) 기칙불원(이라하니)]

공자가 말했다.
"도가 사람에게서 멀리 있지 않으니 사람이 도를 하다가 사람을 멀리하는 것은
도라고 할 수 없다. 『시경』에 말하기를, '도끼자루를 베고 도끼자루를 벰이여.
그 법칙이 멀리 있지 않다'라고 하였으니,"

---

① '遠'은 '멀다'이고, '遠人'은 '사람에게서 멀다(멀리 있다)'으로 '遠 於人'의 의미이다. '之'는 주격, '爲'는 '하다', 그러니까 '爲道'는 도를 공부하고 추구하여 행하는 것이다. 두 번째 '遠人'은 '사람을 멀리하 다'이다. 여기서 '人'은 '자신을 포함한 모든 사람'을 가리킨다. '以爲' 는 '~라 하다, 이르다'이다. 앞서 공부한 것처럼 도가 그런 것이라면 당연히 도는 내 가까이 나의 일상 안에 있다. 그런데 어떤 심원하고 고원한 것으로 여겨 일상으로부터 멀어져 점점 사람을 멀리하게 되 면 오히려 도로부터 멀어진다.

② 여기서 말하는 시는 『시경』 「빈풍」 '벌가'(伐柯)의 제2장이다. '伐'은 '베다, 벌목하다', '柯'는 '도끼자루', '則'은 '법칙'으로 '칙'으로 읽는다. 도끼자루를 베러 산에 갔다. 나무를 골라 베기 시작한다. 그 법칙, 그러니까 도끼자루의 본이 어디 있나? 바로 자기가 들고 있는 도끼에 있다.

執柯以伐柯, 睨而視之, 猶以爲遠①, 故君子, 以人治人, 改而止②.

[집가이벌가(호되) 예이시지(하고) 유이위원(하나니) 고(로) 군자(는)
이인치인(하다가) 개이지(니라)]

"도끼자루를 잡고 도끼자루를 베면서 비스듬히 보고 오히려 멀리 있다고 생각한다.
그러므로 군자는 사람의 도리로써 사람을 다스리다가 고치면 그만둔다."

어제 말한 시를 왜 인용하는 것일까?

① '執'은 '잡다', '睨'는 '흘겨보다', 그러니까 눈을 가늘게 뜨고 비스듬히 가늠해 보는 것을 가리킨다. '之'는 자기가 베는 도끼자루를 말한다. '猶'는 '오히려', '以爲'는 '생각하다, 여기다', 그러니까 '以爲遠'은 자기가 만들 도끼자루의 본이 먼 곳에 있다고 생각한다는 말이다. 시에서 나온 목수는 현재 도끼자루를 베어 만들려고 산에 갔는데, 아차차, 도끼자루 본을 깜박한 것이다. 그래도 갔으니 베기 시작하면서 '이 정도면 됐나?'하고 눈을 가늘게 뜨고 비스듬히 이리 보고 저리 보면서 제대로 되고 있나 가늠한다. 그러면서 도끼자루의 법칙, 그러니까 본이 멀리 있다고 아쉬워한다. 도끼자루 본은 지금 내 손에 쥔 도끼에 달린 자루에 있는데 말이다. 손에 도끼자루를 쥐고 도끼자루 본을 찾고 있는 우스운 상황. 사실 도는 바로 자기 주변에 자기 일상에 있는데 사람들은 대개 도를 특별하고 대단한 것이라 여겨 자기로부터 멀리 있다고 생각하는 점을 지적한 것이다.

② 도끼자루로 도끼자루를 만든다. 그러므로 '以人治人'하는 것이다. 앞의 '人'은 '사람의 도리', 뒤의 '人'은 '사람'이다. '改'는 '고치다', '止'는 '그치다'이다. 그렇게 다스려서 사람다운 사람이 되거든 거기서 멈추는 것이다.

忠恕違道不遠, 施諸己而不願, 亦勿施於人①.
君子之道四, 丘未能一焉②, 所求乎子, 以事父, 未能也③,
所求乎臣, 以事君, 未能也④,

[충서위도불원(하니) 시저기이불원(을) 역물시어인(이니라).
군자지도사(에) 구미능일언(이로니) 소구호자(로) 이사부(를) 미능야(하며)
소구호신(으로) 이사군(을) 미능야(하며)]

"충(忠)과 서(恕)는 도와 거리가 멀지 않으니 자기에게 베풀어 보아서 원하지 않는 것을
나 또한 남에게 베풀지 말아야 한다. 군자의 도가 네 가지인데 나는 그중에 하나도 능하지
못하니, 자식에게 바라는 것으로 어버이를 섬기는 것을 능히 하지 못하고, 신하에게
바라는 것으로 군주를 섬기는 것을 능히 하지 못하며,"

───────────────────────────

① 앞의『시경』의 '벌가'가 바로 충서(忠恕)를 담고 있다.『논어』에서도 중요하게 다루었지만 유학의 인간관계 윤리 원칙이 바로 이 '충서'이다. '忠'은 '자기 자신을 다하는 것, 그 진실함'이고, '恕'는 '자기 자신을 미루어 남을 대하는 것'이다. '違'는 '거리', '施'는 '베풀다', '諸'는 전치사로 '~에게', '勿'은 금지사, '人'은 '남, 타인'이다.

② '丘'는 공자의 이름이다. 본인이 스스로의 이름을 말하는 것은 자기를 낮추는 겸손의 표현이다. '未能'은 '(아직) 능하지 않다', '焉'는 '於之'로, '一焉'은 '그중에서 하나'이다. 이어 나오는 네 가지 군자의 도를 살펴보자.

③ 첫 번째는 부자관계에 관한 도이다. '乎'는 '於'의 뜻으로 '~에게', '求'의 대표적인 뜻은 '구하다'인데 여기서는 '責'과 같은 뜻으로 쓰여 '바라다'의 의미이고, '以'는 '~로써'이다. 대개 이런 문형의 경우는 '以A事(동사)B'가 되겠으나 이 문장의 경우는 '以'를 뒤로 돌려 앞 구 전체를 받게 하였다. 네 경우 모두 같은 문형이다.

④ 두 번째는 군신관계에 관한 도이다.

所求乎弟, 以事兄, 未能也①**, 所求乎朋友, 先施之,
未能也**②**, 庸德之行, 庸言之謹, 有所不足, 不敢不勉**③**,
有餘, 不敢盡**④**, 言顧行, 行顧言, 君子胡不慥慥爾**⑤**!**

[소구호제(로) 이사형(을) 미능야(며) 소구호붕우(로) 선시지(를) 미능야(로니),
용덕지행(하며) 용언지근(하여) 유소부족(이어든) 불감불면(하며) 유여(어든)
불감진(하여) 언고행(하며) 행고언(이니) 군자호불조조이(리오)]

"아우에게 바라는 것으로 형을 섬기는 것을 능히 하지 못하고,
친구에게 바라는 것을 내가 먼저 베푸는 것을 능히 하지 못한다.
평상시에 지켜야 할 덕을 행하고 평범한 말을 삼가서 부족한 바가 있으면
감히 힘쓰지 않음이 없고, 남은 말이 있어도 감히 다 하지 않는다.
말은 행실을 돌아보고 행실은 말을 돌아보아야 하니,
군자가 어찌 독실하지 않을 수 있겠는가!"

---

① 세 번째는 장유관계, 즉 연장자와 연소자에 관한 도이다. '弟'는
'아우'이고, '兄'는 '형'이지만 꼭 혈연의 형제만을 상정하지는 않는다.
② 네 번째는 친구관계에 관한 도이다. 문형이 위의 셋과 살짝 다르
다. '先施之'에서 '之'가 앞 구를 받는다.
③ '庸'은 '평상·평소의, 일상적인'이다. '謹'는 '삼가다, 조심하다'이
다. 행해야 할 덕을 꼭 행하고 말은 조심해서 옳은 것을 선택해야 한
다는 것이다. '有所不足'은 '부족한 점이 있으면', 즉 '앞의 두 가지를
충분히 해내지 못했으면'이란 뜻이다. '不敢不勉'는 이중부정으로
매우 강조하는 용법이다. '敢'는 '감히', '勉'은 '힘쓰다'이다.
④ '有餘'는 '남음이 있다'로, 대개 말이 남은 것을 의미한다고 보는데,
문장 구성으로 볼 때 '行'과 '言' 모두에 걸리는 것으로 볼 수도 있다.
⑤ '顧'는 '돌아보다', '胡'는 '어찌'로, 부정어 '不'과 어조사 '爾'와 호응
을 이뤄 '어찌 ~ 하지 않겠는가'라는 감탄문을 만들었다. '慥'는 '독실
하다, 착실하다', '慥慥'는 '착실한 모양'이다.

君子素其位而行, 不願乎其外①. [······]
在上位, 不陵下, 在下位, 不援上②,
正己而不求於人則無怨③, **上不怨天, 下不尤人**④.

[군자(는) 소기위이행(이요) 불원호기외(니라). [······]
재상위(하여) 불릉하(하고) 재하위(하여) 불원상(이요)
정기이불구어인(이면) 즉무원(이니) 상불원천(하며) 하불우인(이니라)]

　군자는 현재 자기가 처한 자리에서 행하고, 자기가 처한 자리 밖의 것을 바라지 않는다.
[······] 윗자리에 있을 때는 아랫사람을 업신여기지 않으며, 윗자리에 있을 때에는
윗사람을 의지하여 출세하려 하지 않고, 자기를 바루어서 남에게 요구하지 않으면
원망이 없게 될 것이니, 위로 하늘을 원망하지 않고 아래로 사람을 탓하지 않는다.

---

① 유학은 자기 현실에 집중하여 합리적으로 살아가기를 요구한다.
'素'의 대표적인 뜻은 '평소'로, 여기서는 '현재'의 의미로 쓰였다. '其
位'는 '자기 자리, 자기 지위(위치)', '乎'는 '於'와 같은 용법이고, '其
外'는 '其位'의 바깥, 그러니까 자기 현재 지위를 벗어난 것을 말한다.
② '陵'은 '능멸하다, 업신여기다'이다. '援'은 '당기다'로 두 가지 의미
로 볼 수 있다. 아래에서 위를 잡아당겨 끌어내리는 것, 혹은 '잡다'
로 보아 윗사람을 부여잡고 매달려 출세하려 하는 것이다.
③ '正己'는 '자기를 바루다(바르게 하다)', '而'는 순접, '求'는 '(자기
가 잘 되기 위해 남에게) 요구하다'도 되고 '(잘못된 일의 결과에 대
해 남을) 책망하다'도 된다, '人'은 '남, 타인'이다. '無怨' 역시 '남이 자
기를 원망하는 일이 없다' 혹은 '자기가 원망이 없다'로 해석될 수 있
다. 하지만 아래 문장과의 호응과 바탕이 되는 『논어』의 내용으로
볼 때 자기가 원망이 없는 쪽이 더 타당해 보인다.
④ '上'은 '위로', '下'는 '아래로'로 한문에 자주 등장하는 표현이다.
'尤'은 '탓하다'이다.

故君子居易以俟命①, 小人行險以徼幸②.
子曰, 射有似乎君子③. 失諸正鵠, 反求諸其身④.

[고(로) 군자(는) 거이이사명(하고) 소인(은) 행험이요행(이니라).
자왈, 사유사호군자(하니) 실저정곡(이어든) 반구저기신(이니라)]

그러므로 군자는 평이하게 살면서 천명을 기다리고 소인은 위험하게 행하면서
요행을 바란다. 공자가 말했다.
"활쏘기는 군자와 비슷한 점이 있으니, 정곡을 못 맞히면 그 자신에게서 원인을 찾는다."

---

① 현재에 충실하고 문제를 오롯이 자기의 힘으로 헤쳐 나가는 사
람의 삶의 자세는 어떨까? '易'는 '평이하다'의 뜻으로 '이'로 읽는다.
'居易'는 '평이하게 거하다(살다)'로 처지에 맞게 자연스럽게 행동하
는 것을 말한다. '以'은 순접이고, '俟'는 '기다리다', '命'은 '천명'이다.
② 소인은 군자와 반대되는 개념이니 행동도 당연히 정반대이다.
'險'은 '험하다', '徼'는 '바라다', '幸'은 '행운, 요행'이다. 소인은 위험
한 일을 하면서 좋은 일이 생기기를 바란다는 것이다.
③ '射'는 '활쏘기', '似'는 '비슷하다', '乎'는 비교하는 문장에서 전치
사로 쓰이고 '~와'로 해석한다. 공자도 맹자도 활쏘기를 군자가 할
만한 신체 활동으로 꼽았다. 활쏘기의 특성 때문이다.
④ '鵠'은 '과녁'인데, '正鵠'은 우리가 아는 그 단어 '정곡'으로 써도 되
고 과녁의 정중앙으로 풀어도 된다. '諸'는 '之於'가 합쳐진 형태로 전
치사, '反求諸其身'은 '反求諸己'(반구저기)와 같은 뜻으로 '其身'은
'자기 자신'을 가리킨다. 활쏘기의 실패는 누구를 탓할 수가 없다. 내
가 어디가 흐트러져서 과녁 맞히기에 실패했는지 스스로 돌아봐야
만 그 원인을 찾아 바로잡을 수 있다. 늘 '正己'해야 하는 군자의 과업
과 닮았다.

子曰, 鬼神之爲德, 其盛矣乎①! 視之而弗見, 聽之而弗聞,
體物而不可遺②. 使天下之人, 齊明盛服, 以承祭祀③,
洋洋乎如在其上, 如在其左右④.

[자왈, 귀신지위덕(이) 기성의호(인저) 시지이불견(하며) 청지이불문(이로되)
체물이불가유(니라) 사천하지인(으로) 제명성복(하여) 이승제사(하고)
양양호여재기상(하며) 여재기좌우(니라)]

공자가 말했다.
"귀신의 덕 됨이 성대하도다! 보려 해도 보이지 않고, 들으려 해도 들리지 않지만,
만물의 체(體)가 되어 빠뜨릴 수 없다. 천하 사람들로 하여금 재계하고 깨끗이 하며
성대히 의복을 갖추어 제사를 받들게 하고서는 스스로 움직여 충만하게 그 위에 있는
듯하며 그 좌우에 있는 듯하다."

---

① 『중용』에 왜 있는지 난해하다고 꼽히는 귀신장을 공부해 보자.
'鬼神'에서 '鬼'는 땅의 영으로 음(陰)을, '神'은 하늘의 영으로 양(陽)
을 각각 상징한다. 천신지귀(天神地鬼)라고 하는 이유가 이것이다.
'爲'는 '되다'이고, '其'는 '乎'와 호응을 이루어 '아마 ~일 진저!'의 뜻
인데 추측보다는 어세를 공손하게 해서 단정하는 표현으로 쓰였다.
'盛'은 '성대하다, 대단하다'이다.

② '之'는 귀신, '弗'은 '不'과 같다. '體'는 '본체'를 의미한다. '遺'는 '빠
뜨리다'이다. 귀신을 보고 듣는 것은 불가능하지만 세상에 존재하는
모든 것의 근간이 되기에 그것을 빠뜨릴 수 없다고 한다.

③ '使'는 '하여금'으로 사역의 의미이다. '齊'는 '재계(齋戒)하다', '明'
은 '깨끗함'이다. '盛服'은 '의복을 성대히 갖추다'로 제사 때 예복을
갖추어 입는 것이다. '以'는 앞 구를 받는다.

④ '洋洋'은 귀신의 작용이 가득 차 있는 모양을 형용한 것이다. '如
在'는 '~에 있는 듯하다'로 가득 차 위에 있는 것 같기도 하고 좌우에
있는 것 같기도 한 느낌을 나타낸다.

子曰, 武王·周公, 其達孝矣乎①!
夫孝者, 善繼人之志, 善述人之事者也②. [……]
踐其位, 行其禮, 奏其樂, 敬其所尊, 愛其所親③,
事死如事生, 事亡如事存, 孝之至也④.

[자왈, 무왕·주공(은) 기달효의호(신저).
부효자(는) 선계인지지(하며) 선술인지사야(니라)) [……]
천기위(하여) 행기례(하며) 주기악(하며) 경기소존(하며) 애기소친(하며)
사사여사생(하며) 사망여사존(이) 효지지야(니라)]

공자가 말했다.
"무왕과 주공은 모두가 인정하는 효자이다! 효라는 것은 선조의 뜻을 잘 계승하고
선조의 사업을 잘 이어 나가는 것이다. [……] 그의 자리를 밟아 그 예를 행하고
그 음악을 연주하고 그가 존경하던 것을 공경하고 그가 가까이했던 이를 사랑하며
죽은 이를 섬기는 것을 산 사람을 섬기는 것처럼 하고 없는 사람 섬기기를 마치
존재하고 있는 사람 섬기는 것처럼 하는 것이 효의 지극함이다."

---

① '其'는 어제 공부한 문장과 같은 용법이다. '達'은 '공통되다, 통용되다'로, 세상 모두가 인정한다는 의미이다.

② '夫'는 무언가를 말하려 하는 때 사용하는 어조사로 해석은 하지 않지만 읽는 사람이 '아, 무슨 논의를 하려 하는구나' 정도로 눈치 채 주면 좋다. '者'는 뒤의 '者也'와 호응을 이뤄 '~라는(하는) 것은 ~라는(하는) 것이다'로 정의를 내릴 때 종종 쓴다. '繼'는 '잇다, 계승하다', '述'도 '繼'와 비슷한 뜻으로 '잇다'이다.

③ 이 문장에서 '其'는 모두 '선왕, 선조'를 의미한다. '踐'은 '밟다', '奏'는 '연주하다', '敬'은 '공경하다'이다.

④ '事'는 '섬기다', '死·亡·生·存'은 모두 '~한 사람[者]'으로 번역한다. '如'는 '~처럼 하다', '至'는 '지극함', 즉 최상급을 뜻한다.

**郊社之禮, 所以事上帝也①, 宗廟之禮, 所以祀乎其先也②,
　明乎郊社之禮·禘嘗之義③, 治國, 其如示諸掌乎④!"**

[교사지례(는) 소이사상제야(요) 종묘지례(는) 소이사호기선야(니)
명호교사지례(와) 체상지의(면) 치국(은) 기여시저장호(인저)]

교제(郊祭)와 사직(社稷) 제사의 예는 상제를 섬기는 것이고, 종묘의 예는 그 선조에게
제사 지내는 것이다. 교제와 사직 제사의 예와 체제(禘祭)·상제(嘗祭)의 의미에 밝으면
나라를 다스리는 것은 손바닥에 놓고 보는 것처럼 쉬울 것이다.

① '郊'는 하늘에 제사 지내는 것이고, '社'는 땅에 제사 지내는 것이
다. '所以'는 '也'와 호응을 이뤄 판단의 뜻을 나타내는데 '~(하는) 것'
으로 풀이하면 된다. '事'는 '섬기다'이다.

② '宗廟'는 우리가 잘 아는 그 종묘로 '宗'는 혈통의 계승을 나타내는
말이고, '廟'는 사당이다.

③ '明'은 '밝다, 잘 알다'는 뜻이다. '禘'는 천자가 5년에 한 번 종묘에
지내는 큰 제사를 말하고, '嘗'은 가을에 선조에게 지내는 제사로 원
래 사계절에 모두 제사 지내는데 그중에 하나를 들어 말한 것이다.

④ '其'는 '아마'로 '乎'와 호응을 이룬다. '如'은 '~와 같다', '諸'는 '之於'
로 '之'는 '治國'이고, '掌'은 '손바닥'이다. '如示諸掌'은 자기 손바닥을
들여다보는 것처럼 매우 쉽다는 뜻이다. '禮'는 한 사회의 체제와 질
서이다. 그것을 상징적으로 구현한 것이 제사이다. 이 제사라는 '禮'
의 '義'를 제대로 알고 있다는 것은 사회의 체제를 정확히 이해하고
있다는 뜻이 된다. 그래서 '治國'으로 이어지는 것이다. 또한 '人'은
하늘과 땅 사이에 위치하고, 선조에 대한 제사는 과거와 현재를 잇
는 중간 시점이다. 균형자로서의 교량의 역할을 제사에서 찾아볼 수
있다. 제사는 그래서 중요하다.

**哀公問政①. 子曰, 文武之政, 布在方策②, 其人存,
則其政舉; 其人亡, 則其政息③. 人道敏政, 地道敏樹④,
夫政也者, 蒲盧也⑤.**

[애공(이) 문정(한대), 자왈, 문무지정(이) 포재방책(하니) 기인존(이면)
즉기정거(하고) 기인망(이면) 즉기정식(이니라). 인도(는) 민정(하고)
지도(는) 민수(하니) 부정야자(는) 포로야(니라)]

애공이 정사에 대해 물으니, 공자가 말했다.
"문왕과 무왕의 정사가 방책에 펼쳐져 있으니, 그런 사람이 있다면 그런 정사가 거행되고,
그런 사람이 없다면 그런 정사가 종식됩니다. 사람의 도(道)는 정사에 빠르게 나타나고
땅의 도는 나무에 빠르게 나타나니, 정사라는 것은 갈대와 같습니다."

매우 길고 중요한 문장이다.

① 애공은 노나라의 군주로, 이름은 '장(蔣)'이다. 『논어』에도 등장하는데, 어떻게 해야 백성이 복종하냐고 묻는다.

② '文武'는 '문왕과 무왕'을 가리킨다. '布'는 '펴다, 펼치다', '方'은 '널, 판자'[版]이고, '策'은 죽간(竹簡)이나 목간(木簡)과 같은 '나무쪽'으로, 둘 다 종이가 발명되기 전에 기록물을 남기는 방식이었다. 그러므로 '布在方策'은 '책에 기록되어 있다'는 의미이다.

③ '其人'은 '문왕이나 무왕 같은 훌륭한 사람'을 뜻하고, '其政'은 '그들이 펼쳤던 훌륭한 정사'를 뜻한다. '舉'는 '거행되다', '息'은 '종식되다, 사라지다'이다. 결국 사람, 즉 인재가 중요하다는 말이다.

④ '敏'은 '빠르다'로 보기도 하고 '勉'(힘쓰다 면)의 뜻으로 보기도 한다. 여기서는 전자의 뜻이다. '樹'는 '심긴 나무, 초목을 성장시키다'이다.

⑤ '夫A也者'는 'A라는 것은'으로 풀이한다. '蒲'는 '부들', '盧'는 '갈대'로, 성장이 빠른 식물이다. 정치의 효과가 매우 빠르게 나타난다는 의미로 쓰였다.

故爲政在人 ①, 取人以身, 修身以道, 修道以仁 ②.
仁者人也, 親親爲大 ③; 義者宜也, 尊賢爲大 ④.
親親之殺, 尊賢之等, 禮所生也 ⑤.

[고(로) 위정재인(하니) 취인이신(이요) 수신이도(요) 수도이인(이니라).
인자(는) 인야(니) 친친(이) 위대(하고), 의자(는) 의야(니) 존현(이) 위대(하니),
친친지쇄(와) 존현지등(이) 예소생야(니라)]

그러므로 정사를 하는 것이 사람에게 달렸으니, 사람을 취하되 몸으로써 하고,
몸을 닦되 도로써 하며, 도를 닦되 인(仁)으로써 해야 한다. 인이라는 것은 사람다움이니,
친한 이를 친히 하는 것이 큼이 되고, 의라는 것은 마땅함이니 현명한 이를 높이는 것이
큼이 된다. 친한 이를 친히 하는 데 차이가 있고 현명한 이를 높이는 데 등급이 있는 데서
예가 생겨난 것이다.

---

① '爲'는 '하다', '在'는 '달렸다'이다.

② '取'는 '취하다, 골라 뽑다'이고, '人'은 현명한 인재, '身'은 군주 자신을 가리킨다. 군주 자신이 먼저 수양되어 있어야 인재를 바르게 취할 수 있다. 그 수양은 '道', 즉 온 세상이 인정하는 올바른 도로 해야 한다. 그 도의 핵심은? '仁', 즉 사람다움이다.

③ 앞서도 종종 나왔던 설명 혹은 정의 내리는 문장에서의 '者' 용법이 나왔다. '仁'이란 '人', '사람다움'이다. 그중에서 가장 큰 것이 '親親'이다. 앞의 '親'은 동사로 '친히 하다, 가까이하다', 뒤의 '親'은 명사로 '친한 이'인데, '혈연의 가까움'이란 뜻이 내재돼 있다.

④ 다음으로 '義'라는 것은 '宜', 즉 '마땅함'이다. 여기서는 '尊賢'이 가장 중요한 덕목이 된다. '尊'은 '높이다', '賢'은 '현명한 이'이다. '義'는 '仁'이 사회로 확장된 개념이다.

⑤ '殺'는 '줄어들다'로 '쇄'로 읽는다. 혈연은 부모로부터 시작해 피의 진하기가 줄어들고, '尊賢'에는 등급이 있게 마련이다. 이것을 정리하는 질서가 바로 '禮'이다.

故君子不可以不修身①. 思修身, 不可以不事親②. 思事親, 不可以不知人③. 思知人, 不可以不知天④.

[고(로) 군자(는) 불가이불수신(이니) 사수신(인댄) 불가이불사친(이요),
사사친(인댄) 불가이부지인(이요), 사지인(인댄) 불가이부지천(이니라)]

　　그러므로 군자는 자신을 수양하지 않을 수 없으니, 자신을 수양할 것을 생각한다면
어버이를 섬기지 않을 수 없고, 어버이를 섬길 것을 생각한다면 사람을 알지 않을 수 없고,
사람을 알 것을 생각한다면 하늘을 알지 않을 수 없다.

---

① 이중부정이 나왔다. '~하지 않을 수 없다.', 즉 '반드시 ~해야 한다, ~할 수밖에 없다'로 풀이한다. 어제 공부한 내용에 따르면 군자라면 '修身'할 수밖에 없다.

② 수신을 생각한다면? '事親'해야만 한다. 여기서 '親'은 '어버이'이다. '仁'의 핵심은 '親親'이고 '親'의 시작은 부모이기 때문이다.

③ 어버이를 제대로 섬기려면? '知人'해야만 한다. 어버이를 섬기는 것이 왜 사람(넓게는 타인, 좁게는 인재)를 아는 것으로 이어지는가? '仁'은 사적인 개념뿐만 아니라 사회 전체에 미치는 공적인 개념이기 때문이다. 그래서 '仁'에 이미 '義'가 내재해 있다. 가족을 벗어나지 못한다면 그건 제대로 된 유학이 아니다.

④ 사람을 제대로 알려면? '知天'해야만 한다. 하늘의 이치가 인간에게 담긴 것이 '仁'이고, '仁'의 공적인 확장은 '知人'을 넘어 하늘의 마음처럼 만물이 모두 제자리에서 그 생을 누리게 하겠다는 마음으로 이어지기 때문이다. 문장은 '事親-知人-知天'의 역방향으로 진행되고 있다. 이로 이해 오히려 '仁'의 마음은 특별한 성인만 갖는 것이 아니라 하늘이 부여한 인간 보편의 마음임을 알 수 있다. 수신을 통해 발견하고 끊임없이 확장하며 실천해 나가는 차이가 있을 뿐이다.

天下之達道五, 所以行之者三[①], **曰, 君臣也, 父子也, 夫婦也, 昆弟也, 朋友之交也, 五者, 天下之達道也**[②]. **知仁勇三者, 天下之達德也**[③], **所以行之者一也**[④].

[천하지달도오 (에) 소이행지자삼 (이니) 왈, 군신야 (와) 부자야 (와) 부부야 (와) 곤제야 (와) 붕우지교야 (의) 오자 (는) 천하지달도야 (요), 지인용 (의) 삼자 (는) 천하지달덕야 (니) 소이행지자일야 (니라)]

천하에 공통된 도가 다섯 가지인데, 이것을 행하는 근거가 되는 것은 세 가지이다. '군주와 신하, 아버지와 아들, 남편과 아내, 형과 아우, 벗들간의 사귐'이라는 다섯 가지가 천하에 공통된 도이고, 지(知)·인(仁)·용(勇)의 세 가지가 천하에 공통된 덕인데, 그것을 행하는 원리는 한 가지이다.

---

① '達'이란 온 세상에서 예나 지금이나 모두가 인정한다는 의미이므로, '達道'는 천하와 고금이 공통적으로 인정하는 인간의 길, 즉 윤리를 뜻한다. '所以行之者'에서 '之'는 '天下之達道'인 '五'를 가리키고, '所以'는 '所'(~하는 바)와 '以'(~로써)가 결합된 형태로 '以'가 '行之'하게 하는 근거를 나타낸다. 이를 행하게 하는 근거는 세 가지이다.

② '達道'은 군신, 부자, 부부, 장유, 붕우 관계의 오륜을 말한다. 이것이 인간이 실천해야 할 보편적인 도리라는 말이다.

③ '知'는 '智'의 뜻으로 '지혜'이고, '達德'은 천하와 고금이 모두 인정하는 덕목이란 뜻이다. 이 다섯 가지 달도가 실행되려면 무엇이 필요한가? 먼저 이런 달도가 있고 이것이 인간이 바르게 사는 길이라는 것을 알아야 하고[知], 알았으면 직접 실천해야 하고[仁], 지속적으로 어떤 상황에서도 계속 해내려고 애써야 한다[勇]. 이 내면의 힘들이 오륜을 지탱한다.

④ 그런데 다시 달덕을 실행하는 바탕을 하나로 압축한다. 무엇일까? 성(誠)이다.

或生而知之, 或學而知之, 或困而知之 ①, 及其知之, 一也 ②, 或安而行之, 或利而行之, 或勉强而行之 ③, 及其成功, 一也 ④.

[혹생이지지(하며) 혹학이지지(하며) 혹곤이지지(하나니) 급기지지(하여는)
일야(니라) 혹안이행지(하며) 혹리이행지(하며) 혹면강이행지(하나니)
급기성공(하여는) 일야(니라)]

어떤 사람은 나면서부터 그것을 알고, 어떤 사람은 배워서 그것을 알며,
또 어떤 사람은 애를 써서 그것을 아는데, 그 아는 데 이르러서는 똑같다.
어떤 사람은 편안하게 그것을 행하고, 어떤 사람은 이롭게 여겨서 그것을 행하며,
또 어떤 사람은 억지로 힘써서 그것을 행하는데, 그 공을 이루는 데 이르러서는 똑같다.

---

① 『논어』「계씨」편에도 비슷한 구절이 등장하지만 약간 다르다. 이 문장에서 '之'는 달도(達道)를 가리킨다. '或'은 '어떤 사람, 혹자', '困'은 '괴롭다, 곤하다'로 어렵고 곤란한 일을 당해서도 제대로 깨닫지 못해 노력하느라 힘겨움을 겪는 것을 말한다. '生而知之'는 최상급으로 나면서 아는 것, '學而知之'는 배워서 아는 것, '困而知之'는 애써 노력해서 아는 것이다.

② '及'은 '이르다, 도달하다', '一'은 '동일하다, 매한가지이다'이다.

③ 앞이 '知'에 대해 말했다면, 이번에는 '行'에 대해 말한다. '安而行之'는 그렇게 하는 게 가장 편안하기 때문에 힘들이지 않고 달도를 행하는 것이다. '利而行之'는 '安而行之'처럼 자연스럽게 행하지는 못하지만 그렇게 하는 게 결과적으로 이롭다는 것을 알기 때문에 행하는 것이고, '勉强而行之'는 알긴 알지만 몸이 잘 안 따라주니 억지로 애써서 행하는 것이다.

④ '成功'은 '공을 이루다'라고 해도 되고 '성공하다'라고 해도 된다. 결국 행함에 성공했느냐의 차원에서 보면 동일하다는 말이다. 위로도 되고 도전 정신을 불러일으키는 말이다.

(子曰)① 好學近乎知②, 力行近乎仁③, 知恥近乎勇④.

[자왈, 호학(은) 근호지(하고) 역행(은) 근호인(하고) 지치(는) 근호용(이니라)]

(공자가 말했다.)
배우기를 좋아함은 지혜로움에 가깝고, 힘써 행함은 인에 가까우며,
부끄러움을 아는 것은 용에 가깝다.

---

① 이에 대해 『중용장구』를 정리한 주희는 연문(衍文 잘못하여 들어간 군더더기 글귀)이라고 보았다. 그런데 이 20장은 본문이 770자 가량 되는 상당히 긴 글로, '哀公問政. 子曰'로 시작하나 맺은 곳이 없어서 어디까지가 공자의 말인지를 정확히 알 수가 없다. 전체를 공자의 말로 보기도 하지만 『논어』의 편집 상태를 볼 때 이렇게 긴 글을 하나로 묶는 것은 무리가 있어 보여 학자마다 인용 범위가 제각각이다.

② 세 구절 모두 '~에 가깝다'인 '近乎'만 알면 된다. 어리석은 자는 자신과 세상의 문제를 파악할 줄 모른다. 이를 파악할 만큼의 지식과 지혜가 필요하니 배우기를 좋아해야 한다. 그래서 '好學'은 그 자체로 '知'는 아니지만 어리석음을 깨뜨릴 수 있으니 '知'에 가깝다.

③ '仁'은 관계의 언어다. 내가 사람다운지 여부는 사람들과의 관계로만 확인 가능하다. 나에게 매몰된 이가 '仁'하다는 건 형용 모순이다. 그래서 애써 행하는 '力行'이 그 자체로 '仁'은 아니지만 '仁'에 가깝다.

④ '恥'는 '부끄러움'이다. 내가 인간으로 인간답게 살아야 할 길을 판단하고 나만 위하고 싶은 욕망을 극복하며 실천하는 것은 어지간히 강하지 않고서는 힘든 일이다. 그래서 인간은 자기보다 강한 누군가에 의지해서 살아갈 때가 많다. 이때 필요한 것이 부끄러움을 아는 '知恥'이다. 그래서 '知恥'가 그 자체로 '勇'은 아니지만 '勇'에 가까운 것이다.

知斯三者, 則知所以修身 ①, 知所以修身, 則知所以治人 ②,
知所以治人, 則知所以治天下國家矣 ③.

[지사삼자(면) 즉지소이수신(이요) 지소이수신(이면) 즉지소이치인(이요)
지소이치인(이면) 즉지소이치천하국가의(리라)]

이 세 가지를 알면 자신을 수양하는 방법을 알게 될 것이고, 자신을 수양하는 방법을
알게 되면 남을 다스리는 방법을 알게 될 것이고, 남을 다스리는 방법을 알게 되면 천하와
나라와 집안을 다스리는 방법을 알게 될 것이다.

---

① '斯'는 '이, 이것'으로 '斯三者'는 어제 공부한 '三近'으로 호학(好
學), 역행(力行), 지치(知恥)를 가리킨다. '所以'는 앞서와 마찬가지
로 '所'와 '以'가 결합된 형태로 '以'가 '방법'을 나타낸다.

② '修身', 즉 자기를 수양하는 방법을 알면 확장시켜 '治人', 즉 남을
다스리는 방법을 알게 된다. 여기서 '人'는 나 자신이 아닌 타인을 가
리킨다. '治'는 '다스리다'이지만 지배의 개념으로 강하게 받아들이
지는 않으면 좋겠다. 군림하여 지배하는 그런 다스림이 아니라 수신
으로 나를 바로 세우듯이 타인을 바로 세워 주는 관계의 개념이 강
한 표현이다.

③ '人', 즉 타인이 확장되면 무엇이 되겠는가? 모여 사는 공동체가
된다. 그래서 집안[家], 나라[國], 천하를 거론하는 것이다. 이런 거
대한 공동체까지 바른 질서를 잡아 평화롭게 살게 할 수 있는 것이
다. 개인을 바로 세워 타인과 바른 관계를 맺는 이야기에서 천하, 국,
가라는 사회로 개념이 확장되었다. 이제 또 거기에 대한 이야기가
펼쳐진다.

凡爲天下國家, 有九經①,

曰, 修身也, 尊賢也, 親親也, 敬大臣也, 體群臣也②,

子庶民也, 來百工也, 柔遠人也, 懷諸侯也③.

[범위천하국가(에) 유구경(하니),

왈, 수신야(와) 존현야(와) 친친야(와) 경대신야(와) 체군신야(와)

자서민야(와) 래백공야(와) 유원인야(와) 회제후야(니라)]

천하와 나라와 집안을 다스리는 데에는 아홉 가지 원칙이 있으니, '자신을 수양하는 것,
현명한 이를 높이는 것, 친한 이를 친히 하는 것, 대신(大臣)을 공경하는 것, 여러 신하를
살피고 헤아려 주는 것, 서민을 사랑하는 것, 백공(百工)을 오게 하는 것, 먼 곳에 있는
사람을 달래 주는 것, 제후들을 포용하는 것'을 말한다.

---

① '凡'은 문맥을 총괄하는 의미를 갖는다. 맥락이 이어지면서도 이
야기가 새로운 국면으로 접어듦을 나타낸다. '무릇, 대개'의 뜻이지
만 굳이 해석하지 않아도 된다. '爲'는 '하다'의 뜻으로 여기서는 '다
스리다'의 의미를 갖는다. '經'은 '원칙'이란 뜻이다. 아홉 가지 원칙
이 무엇인지 살펴보자.

② '也'는 살짝 정지하는 어기를 나타내는 어조사로 해석하지 않는
다. '修身, 尊賢, 親親'은 앞서 모두 다뤘다. '大臣'은 재상급의 신하로
국정 운영의 중추 역할을 하는 이를 말한다. '群'은 '무리'이니 '群臣'
은 대신 아래 모든 신료를 말한다. '體'는 내 마음이 그 처지에 있는
것처럼 그의 입장이 되어 살피는 것이다.

③ '子'는 부모가 자식을 사랑하듯이 사랑하는 것이다. '百工'은 모든
종류의 장인(기술자)들이고, '遠人'은 '먼곳의 사람'으로 '이민족, 손
님과 나그네'를 의미한다. '柔'는 너그럽게 배려하는 것이다. '懷'는
'품다, 포용하다'로, 제후들을 위협하지 않고 품어 주는 것을 말한다.

10월

修身則道立, 尊賢則不惑, 親親則諸父昆弟不怨①, 敬大臣則不眩, 體群臣則士之報禮重②,

[수신즉도립(하고) 존현즉불혹(하고) 친친즉제부곤제불원(하고)
경대신즉불현(하고) 체군신즉사지보례중(하고)]

자신을 수양하면 도가 확립되고, 현명한 이를 높이면 미혹되지 않고, 친한 이를
친히 하면 여러 아버지(친척 중 아버지와 항렬이 같은 이)와 형제가 원망하지 않고,
대신을 공경하면 현혹되지 않고, 여러 신하를 살피고 헤아려 주면 선비들이 예에
보답함이 중하게 되고,

'九經'이 천하 국가를 다스리는 원칙이 되는 까닭을 말하고 있다.

① '道立'은 옳은 방향성이 확립된다는 말이다. 방향성을 제대로 설
정하는 것보다 중요한 일은 없다. 그러므로 '九經' 중 가장 중요한 일
은 자기 수양, 즉 수신이다. 현명한 이가 높은 자리에 오르고 존중을
받게 되면 설정한 옳은 방향성이 의심을 받지 않고, 또 그런 사람이
보좌하면 일 처리와 판단에서도 미혹되는 일이 없다. '諸'는 '여러,
모두', '昆'는 '맏, 형'이다. '親親'은 8월 22일 『맹자』에서도 이야기했
듯 유학이 관계의 확장을 보는 시선이다.

② '眩'은 '현혹되다'로 '惑'과 비슷하지만, '惑'은 원칙·방향성에 대한
의혹이라면 '眩'은 일이 흐트러지는 것에 더 무게가 있다. 신하의 벼
리가 되는 대신이 공경을 받으면 낮은 위치의 신하들이 이간질하거
나 조정과 정사에 끼어들어 흐트러뜨리는 일이 없게 된다. '體群臣'
은 신하들에 대해 군주가 예를 다하는 방식이고, '報禮'는 그에 대해
신하가 예로 보답하는 것이다. 신하의 예란 무엇일까? 신하로서의
직무를 다하는 것이다. 따라서 이를 '重'하게 한다는 것은 신하로서
의 직무를 열심히 충실하게 해낸다는 의미이다.

子庶民則百姓勸, 來百工則財用足[①],
柔遠人則四方歸之, 懷諸侯則天下畏之[②]. [……]
凡爲天下國家, 有九經, 所以行之者一也[③].

[자서민즉백성권(하고) 내백공즉재용족(하고)
유원인즉사방귀지(하고) 회제후즉천하외지(니라). [……]
범위천하국가(에) 유구경(하니) 소이행지자일야(니라)]

　서민을 사랑하면 백성이 권면되고, 백공을 오게 하면 재용이 풍족해지고,
멀리 있는 사람을 달래 주면 사방이 귀의하고, 제후를 포용하면 천하가 그를 두려워하게
된다. [……] 천하와 나라와 집안을 다스리는 데 아홉 가지 원칙이 있으니, 이것을 행하는
원리는 하나이다.

---

① '子'는 '사랑하다'이다. 백성을 자식처럼 사랑하면 백성은 군주를
어버이처럼 따르게 되어 그가 설정한 방향대로 바르게 살자고 권면될
것이고, 모든 장인이 오게 되면 재용, 즉 모든 쓸거리가 풍성해진다.

② '歸'는 '귀의하다' 즉, 마음으로 믿고 따르는 것을 말한다. 자국민
만이 아니라 외지인 모두를 관대하게 대하면 사방 모든 곳의 사람이
그 나라의 그 군주에게 귀의하게 된다. 제후들을 억압하는 것이 아
니라 포용하면 제후들이 그를 존경하고 인정하게 된다. 이것이 확대
되면 온 세상이 그를 따르게 되는데, 이는 그의 덕에 대한 복종이므
로 외경(畏敬)의 의미를 갖는다.

③ 이렇게 천하 국가를 다스리는 데 아홉 가지 원칙이 있다. 그런데 그
것을 행하는 원리는 하나이다. 어디서 본 문장 같지 않은가? 지, 인, 용
달덕에서 나왔다. 이 하나의 원리는 무엇일까? 그때와 마찬가지로 '誠'
(성)이다. '誠'은 진실하고 거짓이 없는 진정성, 성실성을 말한다. 뒤
에 이어지는 문장 때문에 이 '一'을 '豫'(미리)라고 보는 학자도 있다.
그러나 전체 맥락으로 보면 '誠'으로 보는 것이 더 합리적일 듯하다.

凡事豫則立, 不豫則廢[①]. **言前定則不跲,**
事前定則不困[②], **行前定則不疚, 道前定則不窮**[③].

[범사예즉립(하고) 불예즉폐(하나니) 언전정즉불겁(하고)
사전정즉불곤(하고) 행전정즉불구(하고) 도전정즉불궁(이니라)]

모든 일은 미리 준비하면 잘 이루어지고 미리 준비하지 않으면 폐해진다. 말이 미리
정해지면 차질이 없고, 일이 미리 정해지면 곤란해지지 않으며, 행동이 미리 정해지면
결함이 없고, 도가 미리 정해지면 궁하지 않다.

---

① '凡事'는 지금까지 공부했던 '達道, 達德, 九經' 같은 것을 가리킨
다. 세상을 구성하는 작은 관계와 넓은 사회적 관계, 그것을 운용하
는 동력 등은 미리미리 평소에 생각하고 정리하고 준비해 두어야 어
떤 상황에서든 제대로 실행될 수 있다. 주희는 한 발 더 나아가 모든
일을 '誠', 즉 진실함·성실함에 세워 두어야 한다고 말한다. 그러니까
준비가 곧 '誠'인 셈이다. 단순한 일도 미리 준비해 놓으면 차질이 최
소화되는데 심리적 준비와 원칙의 준비야 더 말할 필요가 있을까?
원칙은 미리 몸에 익혀 두지 않으면 변수를 만났을 때 망가지기 십
상이다.

② 좀 더 세부적인 서술이 이어진다. '跲'은 '넘어지다, 헛디디다'이니
말이 넘어진다는 것은 말에 차질이 생기거나 말이 막히는 경우를 가
리킨다. '困'은 '곤궁해지다, 곤란을 겪다'이다.

③ '疚'는 '병들다, 하자, 결함'이고, '窮'은 '다하다, 끝나다, 궁색해지
다'이다. '道'는 '길'이다. 길을 잘못 들면 더 이상 갈 수 없는 막다른
길을 만난다. '窮'이 바로 그런 뜻이다. 궁색하다라고 할 때 '색'(塞)
도 '막히다'의 뜻이다. 미리 준비하고 확실히 정해 놓지 않으면 우리
는 '廢, 跲, 困, 疚, 窮'의 다섯 가지 폐단을 맞닥뜨린다.

在下位, 不獲乎上, 民不可得而治矣①.
獲乎上有道, 不信乎朋友, 不獲乎上矣②.
信乎朋友有道, 不順乎親, 不信乎朋友矣③.

[재하위(하여) 불획호상(이면) 민불가득이치의(리라).
획호상유도(하니) 불신호붕우(면) 불획호상의(리라).
신호붕우유도(하니) 불순호친(이면) 불신호붕우의(리라)]

아랫자리에 있으면서 윗사람에게 신임을 얻지 못하면 백성을 다스릴 수 없다.
윗사람에게 신임을 얻는 데 방법이 있으니, 벗에게 믿음을 얻지 못하면 윗사람에게 신임을
얻지 못할 것이다. 벗에게 믿음을 얻는 데에 방법이 있으니 어버이에게 순하지 못하면
벗에게 믿음을 얻지 못할 것이다.

---

① 오늘과 내일 문장의 내용은 『맹자』 「이루」 상편의 내용과 아주 유사하다. '在'는 '(어떤 자리·위치에) 있다', '獲'은 '얻다'인데 '신임을 얻는 것'을 가리킨다. 아래 문장들도 모두 같다. '在下位, 不獲乎上'에 가정법을 만드는 문장 성분이 들어가 있지는 않지만 가정법으로 해석해야 한다. '民'은 목적어이다. '不可'는 '得而治'에 걸리고 '得而治'는 직역하면 '얻어서 다스리다'이지만 굳이 '얻어서'를 번역에 넣을 필요는 없다. '矣'는 추측이나 필연을 나타내는 어조사이다. 20장 자체가 노나라 애공이 정사에 대해 묻는 것으로 시작되었으므로 '治'를 말하며 다시 한 번 강조하고 싶은 내용을 펼치고 있다.

② 같은 문형이 계속 이어진다. '道'는 '방법'으로 해석하면 좋다. '獲乎上'하려면 '信乎朋友'해야 한다. '信'은 '미덥다, 믿음을 얻다'이다.

③ '信乎朋友'하려면? '順乎親'해야 한다. '順'은 '순하다. 순종하다'로 효성을 다하는 것이다. 『맹자』에는 '悅親'(열친), 즉 '부모를 기쁘게 하다'로 되어 있는데 부모에게 효성을 다해 부모가 기뻐하는 것이므로 같은 의미이다.

順乎親有道, 反諸身不誠, 不順乎親矣①.
誠身有道, 不明乎善, 不誠乎身矣②.

[순호친유도(하니) 반저신불성(이면) 불순호친의(리라).
성신유도(하니) 불명호선(이면) 불성호신의(리라)]

어버이에게 순함에 방법이 있으니 자신을 돌아보아 성실하지 않으면 어버이에게
순하지 못할 것이다. 자신을 성실히 하는 데에 방법이 있으니 선에 밝지 못하면 자신을
성실히 하지 못할 것이다.

① '反'은 '돌이켜보다', '諸'는 '乎'와 같은 전치사, '身'은 '자기 자신'이
다. 『중용』 14장에서 다뤘던 '反求諸其身'(반구저기신)이 떠오른다
면 그대는 진정 모범생! '誠'의 중요성이 다시 나온다.

② '誠'이 나왔으니 끝난 것일까? 아직 한 단계가 더 남았다. '誠'을 하
려면 먼저 '明乎善', 즉 '선에 밝아야' 한다. 결국 핵심은 '善'을 아는 것
이다. 인간과 만물에 깃든 근원과 방향성을 알아야 나의 방향성도
세울 수 있다. 『중용』의 첫 장으로 다시 돌아간다. '天命之謂性'. 하늘
이 만물에 부여한 조화롭고 아름다운 덕인 본성, 그 안에 내재한 '善'
을 아는 것이 내가 진실하고 정성스럽고 성실하게 살 수 있는 '誠'을
갖추는 첫 단추이다. 선을 아는 것에서 나의 '誠'으로, 나의 '誠'에서
인간의 첫 관계인 부모에 대한 '順'으로, '順'에서 외부와 맺는 관계의
'信'으로, '信'에서 목적을 가지고 만나는 사회관계의 '獲乎上'으로,
그 위치에서 비로소 '民'을 만난다. '獲乎上'의 '上'은 높은 관리나 최
고 지도자이겠으나 최후에 '民'과 만나는 것을 보면 『맹자』 「만장」
상편에서 '天心'과 '民心'을 일치시키고 있는 본문이 떠올라 '上'이 하
늘일 수도 있지 않겠는가 싶기도 하다.

誠者, 天之道也; 誠之者, 人之道也 ①.

[성자(는) 천지도야(요) 성지자(는) 인지도야(니)]

성(誠 성실함)은 하늘의 도이고, 성하게(성실히) 하려는 것은 사람의 도이니,

① 『중용』에서 유명한 구절이다. '誠'이라는 것은 『중용』의 핵심 단어로, 주희는 '眞實無妄', 즉 '진실하고 이치에 맞아 허황되지 않은 것'이라고 정의한다. 그래서 그 자체로 하늘의 도인 것이다. 인간은 가만히 있어도 그 자체로 진실하고 이치에 맞아 허황되지 않을 수는 없다. 그저 그렇게 되려고 애쓰는 것이다. 그래서 '誠之', 즉 '(그것을) 성실히 하려 한다. 주희는 '誠之'를 '欲其眞實無妄: 그 진실하고 이치에 맞아 허황되지 않음을 하고자 한다'라고 풀었다. 이렇게 보면 '誠'이란 글자는 생각보다 뜻이 깊고 넓다. 대개 '성실'로 풀이하는데, 정성, 진정성 등으로도 풀이하는 이유가 여기에 있다.

사실 '성실'로 풀이하기에 약간 걸리는 점이 있다. 요즘 일상에서 사용하는 '성실'은 의미가 많이 축소된 경향이 있기 때문이다. 이를테면 학교나 직장에서 '저 사람은 성실해'라고 할 때 그 성실은 상대방의 입장에서 평가하는 것이지 그 사람이 자신의 일에 보이는 성실함은 아닐 때가 많다. '誠'은 무엇보다 나로부터 출발하는 것이 중요한데, 요즘 사회에서의 성실은 남이 요구하는 것, 남을 위한 것으로 방향이 거꾸로 되어 버렸다. 이렇게 축소 혹은 변질된 '성실'의 의미를 가지고 『중용』의 '誠'을 보면 쉽게 이해되지 않거나 반감이 들 수 있다. 매우 안타까운 점이다. '誠'은 무려 조금도 쉬지 않고 만물을 생육하며 자신의 본성대로 삶을 꽃피워 누리게 하려는 하늘의 도이다.

誠者, 不勉而中, 不思而得, 從容中道, 聖人也①.
誠之者, 擇善而固執之者也②.

[성자(는) 불면이중(하며) 불사이득(하여) 종용중도(하나니) 성인야(요)
성지자(는) 택선이고집지자야(니라)]

성실한 자는 힘쓰지 않고도 도에 들어맞고, 생각하지 않아도 도를 터득하여 조용한 가운데
도에 맞으니 성인인 것이다. 성실히 하려는 자는 선을 택하여 굳게 지키는 자이다.

---

① 여기서 '者'는 문장 마지막을 '聖人'으로 끝내는 것을 보면 '~한
자', 즉 사람으로 보는 게 적합해 보인다. '誠者'는 '誠'의 경지를 터득
한 사람인 것이다. '得'은 '터득하다', '從容'은 '조용, 조용히'이다. 그
자체로 진실하고 이치에 맞아 허황되지 않은 자는 굳이 생각하고 애
써 노력하지 않아도 모든 것이 그저 가만히 '道'에 들어맞는다. 그래
서 성인만이 도달할 수 있는 '경지'이다.

② 대부분의 사람은 '誠之'하려는 자들이다. 즉 '誠'을 추구하는 자들
인 것이다. '擇'은 '고르다, 선택하다', '而'는 순접, '固'는 '굳다, 단단하
다', '執'은 '잡다, 쥐다'이고, '之'는 '善'을 가리킨다. '誠'해지려고 하는
사람은 가만히 있으면 안 되고 애쓰고[勉], 생각해서 터득해야[思而
得]한다. 주희는 애써 '善'을 택하는 것은 앞서 공부했던 '배워서 아
는 것'[學而知之], '애를 써서 아는 것'[困而知之]의 일이고, 택한 선
을 단단히 붙잡아 한 순간도 놓치지 않는 것은 '이롭게 여겨서 행하
는 것'[利而行之]과 '억지로 힘써서 행하는 것'[勉强而行之]의 일이
라고 했다. 물론 '나면서부터 알고'[生而知之], '편안하게 자연스레
행하면'[安而行之] 좋겠지만, 그래도 결국 알게 됨에 있어서는, 결국
성공에 이르러서는 동일하다고 했다. '誠'을 이루어 내 것으로 할 수
있으면 된 것 아니겠는가?

博學之, 審問之, 慎思之, 明辨之, 篤行之.

[박학지(하며) 심문지(하며) 신사지(하며) 명변지(하며) 독행지(니라)]

이것을 널리 배우고, 자세히 물으며, 신중히 생각하고,
명확하게 분변하며, 독실히 행해야 한다.

자, 그렇다면 '誠之', 즉 '誠'을 하려면 무엇을 해야 할까?

'之'는 '善'이고, '博'은 '넓다', '審'은 '살피다, 자세하다', '慎'은 '삼가다, 신중하다', '辨'은 '분별하다, 분명히 하다'이다. 성실히 하려는 자는 '善'을 택하여 굳게 잡는 자라고 했다. 핵심은 '善'인 것이다. 선은 그냥 '착한 것' 정도가 아니다. 내 인생을 털어 넣을 선이 고작 그 정도이겠는가? 하늘의 도로서의 선이 고작 그 정도이겠는가? 배우고[學], 묻고[問], 생각하고[思], 분별하고[辨], 행해야[行] 한다.

이 동사들에는 강조하는 부사가 붙어 있다. 배우기는 '넓게', 질문은 '자세하게', 생각은 '신중하게', 분별은 '명확하게', 실천은 '독실하게', 그러니까 정성스럽고 아주 극진하게 해야 한다. 제대로 알고 제대로 실천해야 하기 때문이다. 송나라 철학자인 정자는 이 다섯 가지 중 하나만 없어도 학문이 아니라고 했다. 학문이란 무엇일까? '善'을 알고 그것을 성실하게 지속하는 작업인 것이다.

이 부분에는 또한 앞서 나온 '知, 仁, 勇'을 적용할 수 있다. 배우고, 묻고, 생각하고, 분별하는 것은 제대로 아는 것이니 '知'의 영역이고, 행하는 것은 실천이니 '仁'의 영역이다. 그렇다면 힘써서 이를 해내려는 '勇'의 영역이 있겠지? 다음의 구절이 '勇'의 영역이다.

有弗學, 學之弗能弗措也; 有弗問, 問之弗知弗措也; 有弗思, 思之弗得弗措也; 有弗辨, 辨之弗明弗措也; 有弗行, 行之弗篤弗措也.

[유불학(이언정) 학지(인댄) 불능(이어든) 부조야(하며) 유불문(이언정) 문지(인댄) 부지(어든) 부조야(하며), 유불사(언정) 사지(인댄) 부득(이어든) 부조야(하며) 유불변(이언정) 변지(인댄) 불명(이어든) 부조야(하며) 유불행(이언정) 행지(인댄) 부독(이어든) 부조야(니라)]

배우지 않는다면 몰라도 배우기 시작했으면 제대로 배우지 못했거든 그만두지 말아야 한다. 질문하지 않는다면 몰라도 질문하기 시작했으면 제대로 알지 못했거든 그만두지 말아야 한다. 생각하지 않는다면 몰라도 생각하기 시작했으면 제대로 터득하지 못했으면 그만두지 말아야 한다. 분별하지 않는다면 몰라도 분별하기 시작했으면 분명하지 않거든 그만두지 말아야 한다. 행하지 않는다면 몰라도 일단 행했으면 제대로 진실하고 극진하게 하지 못했거든 그만두지 말아야 한다.

'弗'은 '不'과 같다. '措'는 '놓다, 그만두다'이다. 이 부분의 번역은 토가 중요하다. 토를 보면 어떻게 해석이 되는지 알 수 있다. 글자 그대로 풀이하면, '배우지 않음이 있을지언정[有弗學] 그것을 배운다면[學之], 능하지 못하면[弗能] 그만두지 않는다[弗措也]'이다. 안 하면 그만이지만 할 거면 끝을 보라는 뜻이다. 같은 표현이 반복되는데 부정문으로 이어진 살짝 꼬인 문장이므로 번역한다면 우리말 표현에 맞게 적당히 말을 만들어 풀어 주는 것이 읽기에 편하다. 아예 긍정문으로 풀어도 된다. '차라리 안 배울 수는 있다. 하지만 배우기 시작했으면 반드시 제대로 배울 때까지 해라'라고 할 수도 있겠다. 내일 배울 문장과 함께 개인적으로 무척 좋아하는 문장이다. 이런 마음가짐이면 무엇을 못하겠는가? 이 변명하지 않는 용맹정진의 자세가 멋지다.

人一能之, 己百之, 人十能之, 己千之①.
果能此道矣, 雖愚必明, 雖柔必強②.

[인일능지(어든) 기백지(하며) 인십능지(어든) 기천지(니라).
과능차도의(면) 수우(나) 필명(하며) 수유(나) 필강(이니라)]

남이 한 번에 그것을 해내게 되었다면 나는 그것을 백 번 하고, 남이 열 번에 그것을
해내게 되었다면 나는 천 번을 한다. 정말로 이 방법을 능히 할 수 있다면 비록 어리석다
하더라도 반드시 명철해지고, 나약하다 하더라도 반드시 강해질 것이다.

---

① '一'은 '한 번', '之'는 앞서의 내용, 즉 선을 알아 '誠之'하는 인간의
도를 실천하는 것이다. 배우고, 묻고, 생각하고, 분별하고, 행하는 것
까지 어떤 자세로 해야 하는지 어제 공부했다. 사람마다 재능과 능
력이 다르다. 앞서 '知'를 공부할 때도 어떤 이는 나면서부터 알고,
어떤 이는 배워서 알고, 어떤 이는 애써서 안다고 하지 않았던가?
'行'도 마찬가지로 차이가 있다.

내가 아무리 애써도 별 힘도 안 들인 것 같은데 나보다 훨씬 앞서가
는 자도 있다. 그럴 때 나는 힘이 빠진다. 그럴 때 다시 앞서 공부한
'그 아는 데 이르러서는 똑같다'[及其知之, 一也]와 '그 공을 이루는
데 이르러서는 똑같다'[及其成功, 一也]를 떠올려 보자. 결국 해내면
된 것이다. '네가 한 번에 해냈어? 그럼 나는 백 번을 하지! 네가 열 번
에 해냈다고? 그럼 난 천 번을 하지!'라는 굳센 자세가 필요하다.

② '果'는 '과연, 정말로, 아닌 게 아니라 정말로'이다. '雖'는 '비록',
'愚'는 '어리석은 자', '柔'는 '유약한 자, 혹은 나약한 자'이다. 이렇게
나 굳센 마음이라면 질적 상향이 이루어진다. 고지를 넘고 나면 전
혀 다른 사람이 된 자신을 발견할 것이다.

自誠明, 謂之性 ①, 自明誠, 謂之教 ②.
誠則明矣, 明則誠矣 ③.

[자성명(을) 위지성(이요) 자명성(을) 위지교(니)
성즉명의(요) 명즉성의(니라)]

성(誠)으로 말미암아 밝아지는 것을 본성[性]이라 하고, 명(明)으로 말미암아
성실해지는 것을 가르침[教]이라 한다. 성실하면 밝아지고, 밝아지면 성실해진다.

① '自'는 '~로 부터, ~로 말미암다'로, 이 문장 '自AB'는 'A로 말미암
아 B하게 되다(B해지다)'의 구조이다. '謂之'는 '(그것을) 일러 ~라
하다'이다. 이 구절은 『중용』 첫 장을 떠오르게 한다. 1장에서 '天命
之謂性'(천명지위성), 즉 '하늘이 명한 것을 성(性)이라 한다'라고 했
다. 그리고 21장에서 '誠者, 天之道也'(성자, 천지도야), 즉 성(誠)은
'天道'라고 했다. 그러면 '성(誠)으로 말미암는' 것은 '천명, 천도로 말
미암는' 것이 된다. 그래서 성(性, 본성)이라 말한 것이다. '明'은 선
(善)에 밝아진다는 뜻이다. 이 구절에 따르면 하늘의 '道'인 '誠'으로
말미암아 '善'에 밝아지는 것이 하늘이 부여한 인간의 본바탕이다.
② 풀이 형태는 앞 문장과 같다. 1장에서 '教'에 대해 '修道之謂教'(수
도지위교), 즉 '도를 닦는 교(教)라고 한다'라고 했다. '道'라는 것은
인간에게 하늘이 부여한 본바탕이다. 그리고 21장에서 '誠之者, 人
之道也'(성지자 인지도야), 즉 '誠'하게 하려는 것이 '人道'라고 했다.
'誠之'한다는 것은 선을 가려내 진실하게 그것을 지키고 실천하는
것이다. 이것이 사람의 길이다. 그리고 그 길을 닦는 것이 바로 '教',
즉 '가르침'이다.
③ 따라서 '天道'와 '人道'는 별개가 아니다. 성실해지면 밝아지고, 밝
아지면 성실해진다. 본성과 가르침은 상호작용한다.

惟天下至誠, 爲能盡其性①, 能盡其性, 則能盡人之性②,
能盡人之性, 則能盡物之性③,
能盡物之性, 則可以贊天地之化育④,
可以贊天地之化育, 則可以與天地參矣⑤.

[유천하지성(이야) 위능진기성(이니) 능진기성(이면) 즉능진인지성(이요)
능진인지성(이면) 즉능진물지성(이요)
능진물지성(이면) 즉가이찬천지지화육(이요)
가이찬천지지화육(이면) 즉가이여천지참의(니라)]

오직 천하에 지극히 성실한 사람만이 그 본성을 다 발휘할 수 있다. 그 본성을 다 발휘할
수 있으면 사람의 본성을 다 발휘할 수 있고, 사람의 본성을 다 발휘할 수 있으면 만물의
본성을 다 발휘할 수 있으며, 만물의 본성을 다 발휘할 수 있으면 천지가 모든 존재를 낳고
기르는 일을 도울 수 있고, 천지가 모든 존재를 낳고 기르는 일을 도울 수 있으면 천지에
더불어 참여할 수 있다.

---

① '誠' 혹은 '誠'을 이룬 이의 가치를 강조한 장이다. '惟'는 '오직', '天
下'는 '세상', '至'는 '지극히', '爲'는 '하다', '能'은 '(능히)~할 수 있다',
'盡'은 '다하다'이다. 앞 장을 공부했으니 '至誠'한 사람만이 '能盡其
性'할 수 있다는 말을 이해할 수 있을 것이다.

② 완전한 도를 터득해서 '至誠'의 경지에 이른 사람은 세상 모든 사
람들이 자신의 본성을 다 발휘하게 한다.

③ 모든 사람의 본성이 제대로 발휘되고 나면 그다음은 만물이다.

④ '可以'는 '~할 수 있다'로 '以'가 앞 문장 전체를 받는다. '贊'은 '돕
다', '化育'은 천지자연이 만물을 만들어 내고 기르는 것이다. 위와 같
은 '天下至誠'은 하늘과 땅이 모든 존재를 낳고 기르는 일을 돕는 셈
이 된다는 뜻이다.

⑤ '與'는 '더불어', '參'은 '참여하다'이다. '與天地參'는 돕는 정도가
아니라 한 축이 되는 것을 의미한다.

其次致曲①, 曲能有誠②, 誠則形, 形則著, 著則明,
明則動, 動則變, 變則化③. 唯天下至誠爲能化④.

[기차(는) 치곡(이니) 곡능유성(이니) 성즉형(하고) 형즉저(하고) 저즉명(하고)
명즉동(하고) 동즉변(하고) 변즉화(니) 유천하지성(이어야) 위능화(니라)]

그다음은 사소하고 자질구레한 일을 지극하게 하는 것이다. 사소하고 자질구레한 일을
지극하게 하면 성실해질 수 있으니 성실해지면 밖으로 나타나고, 밖으로 나타나면
뚜렷해지며, 뚜렷해지면 밝아지게 되고, 밝아지게 되면 감동시키고, 감동시키면 변하고,
변하면 자기도 모르게 저절로 바뀐다. 오직 천하의 지극한 성실함만이 능히 상대를
자기도 모르게 바뀌게 할 수 있다.

이 장은 영화 『역린』에서 인용되며 유명해졌다.

① '其次'는 '그다음'으로 '至誠'에 이른 사람보다 한 단계 아래 있는
사람을 가리킨다. '致'는 '지극하다'이다. '曲'은 '구석, 구석진 것'으로
사소한 일을 가리킨다. '至誠'이 성인의 경지라면 '曲'은 평범한 이들
의 상태이고, '致曲'은 그런 평범한 사람들이 하는 최선의 노력을 가
리킨다.

② 여기서 '曲'은 '致曲'의 뜻이다. '曲'은 불완전하고 소소하지만 이
것을 '致'하면, 즉 궁극의 경지까지 밀고 나가면 '誠'이 있게 된다.

③ '形'은 밖으로 나타나는 것이고, '著'는 그 나타난 것이 드러나 뚜
렷해지는 것이며, '明'은 뚜렷해진 것이 빛나는 것이고, '動'은 그렇게
드러난 진실함이 상대를 감동시키는 것이며, '變'은 그 감동을 통해
상대가 변하는 것이고, '化'는 저절로 그렇게 되는 상태를 말한다.

④ '唯'는 '오직', '爲'는 '하다'이다. 선으로 옮아 가는 최고의 상태는
자신이 그렇게 되어 가는지도 모르고 그렇게 되게 하는 '化'의 경지
이다. 이 경지를 이루는 힘이 '至誠'인데, 이것은 '致曲'으로 가능해진
다. '曲'의 단계라 해서 포기하면 안 된다는 말이다.

至誠之道, 可以前知①**. 國家將興, 必有禎祥, 國家將亡, 必有妖孽**②**, 見乎蓍龜, 動乎四體**③**. 禍福將至, 善, 必先知之, 不善, 必先知之**④**, 故至誠如神**⑤**.**

[지성지도(는) 가이전지(니) 국가장흥(에) 필유정상(하고) 국가장망(에) 필유요얼(하며) 현호시귀(하며) 동호사체(라) 화복장지(에) 선(을) 필선지지(하며) 불선(을) 필선지지(하나니) 고(로) 지성(은) 여신(이니라)]

지극한 성(誠)의 도(道)는 일이 닥치기 전에 미리 알 수 있다. 나라가 흥하려 할 때는 반드시 상서로운 조짐이 있고, 나라가 망하려 할 때는 반드시 괴이하고 불길한 조짐이 있어 시초점과 거북점에 나타나며 행동거지에 드러난다. 화와 복이 이르려 할 때는 좋은 것을 반드시 먼저 알아보게 되고 좋지 않은 것을 반드시 먼저 알아보게 된다. 그러므로 지극한 성(誠)은 신(神)과 같다.

---

① '前知'는 '미리 알다'로, 일이 닥치기 전에 아는 것을 말한다. 앞서 성실하면 밝아진다고 했다. 그러므로 일이 발생하기 전에 미리 알게 된다.

② 두 문장은 대구로 이루어졌다. '將'은 '(장차) ~하게 되다', '興'은 '흥하다, 일어나다', '亡'은 '망하다'이다. '禎祥'은 둘 다 같은 뜻으로 '상서, 복(福)의 조짐'을 뜻하고, '妖'는 '요망하다', '孽'은 '재앙'으로, '妖孽'은 '화(禍)가 일어날 싹'을 의미한다.

③ '見'은 '나타나다'로 '현'으로 읽는다. '蓍'는 '시초점', '龜'는 '거북점'이다. '動乎四體'는 '사체에 동하다'로 동작과 몸가짐에 나타나는 것을 가리키는데, 학자에 따라서는 사체를 거북점 치는 거북이의 네 발로 보기도 한다. 거북점에 사용하는 거북이의 발이 계절마다 다르기 때문이다.

④ '至'는 '이르다, 도래하다' '善'과 '不善'은 강조를 위해 도치된 형태이다. 조짐을 알기 때문에 가능한 일들이다.

⑤ '如'는 '같다'이다. 위와 같다면 '至誠'은 신의 경지가 아니겠는가.

誠者自成也, 而道自道也①. 誠者物之終始,
不誠無物②. 是故君子誠之爲貴③.

[성자(는) 자성야(요) 이도(는) 자도야(니라). 성자(는) 물지종시(니)
불성(이면) 무물(이라) 시고(로) 군자(는) 성지위귀(니라)]

성(誠)은 스스로 이루어지는 것이고, 도(道)는 스스로 행해야 하는 것이다.
성은 물(物)의 처음과 끝이니, 성실하지 않으면 사물이 없게 된다.
이 때문에 군자는 성실히 함을 귀하게 여기는 것이다.

---

① 앞의 '道'는 명사로, 인간이 스스로 행해야 할 올바른 길을 가리키고, 뒤의 '道'는 동사로 '행하다, 인도하다[導]'의 뜻으로 사용되었다. '自'는 '스스로'이다. '誠'은 '天道'로서 만물을 생성하는 원리이다. 그래서 '自成'이라고 하였다. 그 만물에는 인간도 포함되어 인간 안에는 '誠'이 내재하여 그 길[誠道]로 스스로를 이끈다. 즉 '誠道'는 인간이 마땅히 스스로 행해야 할 길인 것이다.

② 만물은 일정한 원칙 속에서 일정한 시간을 살며 성장하고 변화한다. 이를테면 사과 씨가 싹이 터 나무로 자라고 꽃을 피워 사과를 맺는 일련의 과정 속에는 무수한 변화가 존재한다. 그러나 그 모든 과정은 '사과'로 귀결된다. 매우 진실하고 정성스러운 힘이 이를 지탱해 주지 않으면 어떻게 이렇게 일관된 진행이 가능하겠는가? 그래서 '天道'를 '誠'이라 한 것이다. 그리고 그 '誠'은 당연히 만물의 '始終'이 된다. '誠'이 없다면 세상에는 일관된 항상성, 즉 진실무망(眞實無妄)함이 없어 어떤 '物'도 존재할 수 없게 된다.

③ 학자들은 세상과 자연만물이 존재하는 모습 속에서 '誠'을 발견하고 그 가치를 알게 되었다. 그래서 지성인[君子]들은 '誠'을 귀하게 여겨 자신의 삶의 지표로 삼아 그 길을 좇는 것이다.

**誠者非自成己而已也, 所以成物也①. 成己, 仁也, 成物,
知也, 性之德也, 合內外之道也②. 故時措之宜也③.**

[성자(는) 비자성기이이야(라) 소이성물야(니) 성기(는) 인야(요) 성물(은)
지야(니) 성지덕야(라) 합내외지도야(니) 고(로) 시조지의야(니라)]

　성(誠)은 스스로 자신을 이룰 뿐만 아니라 남을 이루게 하는 까닭이 된다.
자기를 이룸은 인(仁)이고, 남을 이루어 줌은 지(智)인데, 이는 본성의 덕이니
안과 밖을 총괄하는 도이다. 그러므로 때에 따라 조처하여 마땅하게 해야 한다.

---

① '己'는 '자기 자신', '而已也'는 '~뿐이다', '所以'는 '까닭, 원인', '物'
은 '己'의 상대 개념으로 보아 '남, 타인'으로 풀이할 수 있고, 넓게 보
아 '만물'로 풀이할 수도 있다. '誠'은 만물의 생성 원리가 되니 당연
히 자기 자신을 이룰 뿐 아니라 남도 만물도 이루어 준다.

② '知'는 '智'의 뜻으로 '지혜'이다. '合'은 '합하다'로 '內外'에 걸린다.
위와 같은 '誠'의 원리 속에서 자기를 완성한다는 것은 그 자체로 타
인과 만물을 완성시켜 주겠다는 사랑의 마음을 갖는 것을 의미한다.
그래서 인(仁)이라 한 것이다. 이 마음이 자각되어 실제로 밖으로 타
인과 사물에 확장되어 그들도 완성시켜 주는 것이 지혜다. '成己'와
'成物'이 바로 앞에서 '誠'이라 했고, '誠'은 본성이므로, '仁'과 '知'는
본성이 지닌 덕이 되고, 아울러 '成己'는 '內'이고 '成物'은 '外'이니 인
과 지는 내외를 총괄해서 인간이 살아야 할 길이 되는 것이다.

③ '時'는 '때에 따라, 어느 때나', '措'는 '조처하다', '之'는 인과 지를 가
리키고, '宜'는 '마땅하다'의 뜻이다. 중용의 핵심은 시기 파악에 있
다. '時'를 잘 파악해서 인과 지를 제대로 조처해야만 가장 최선의 결
과가 나올 수 있다.

故至誠無息. 不息則久①, 久則徵, 徵則悠遠②,
悠遠則博厚, 博厚則高明③. 博厚, 所以載物也④,
高明, 所以覆物也⑤, 悠久, 所以成物也⑥.

[고(로) 지성(은) 무식(이니) 불식즉구(하고) 구즉징(하고) 징즉유원(하고)
유원즉박후(하고) 박후즉고명(이니라). 박후(는) 소이재물야(요)
고명(은) 소이부물야(요) 유구(는) 소이성물야(니라)]

　　그러므로 지극한 성(誠)은 쉼이 없으니, 쉬지 않으면 오래 하고, 오래 하면 징험이
나타나고, 징험이 나타나면, 오래가고 멀리 가며, 오래가고 멀리 가면 넓고 두터워지고,
젋고 두터워지면 높고 밝아진다. 넓고 두터움은 만물을 실어 주는 것이고, 높고 밝음은
만물을 덮어 주는 것이며, 오래가 영원함은 만물을 이루어 주는 것이다.

---

① 앞서 내내 지극한 성(誠)에 대해 설명했다. 그것을 정리하는 장이
므로 '故'로 받았다. 지극한 성실하고 정성스러움의 특성은 '無息', 즉
쉬지 않는 것이다. '久'는 내부에서 늘 지속되는 것을 뜻한다.

② '徵', 즉 '징험하다'로 만물 혹은 사물에 영향력을 미쳐 효과가 나
타나는 것을 말한다. '悠'은 '오래'이고, '遠'는 '멀다'로 드러난 효과가
멀리 사방으로 번져 가는 것을 뜻한다.

③ '悠遠'해지면 쌓이는 것이 넓고 두터워지고, 그렇게 되면 '至誠'의
덕이 세상에 비춰지는 것이 높고 밝아진다.

④ '所以'는 대개 '~하는 것'으로 번역하는데, '以'가 '博厚'를 받아서
'博厚로 載物하는 바(것)이고'의 의미이다. 대체로 '博厚'를 명사형
으로 보지만 서술형으로 볼 수도 있는데, 그럴 경우 '所以'는 접속사
가 되어 '~하므로'로 해석된다. '載'는 '싣다'이다.

⑤ '覆'는 '덮다, 덮어 주다'이다.

⑥ '久'는 내부에서 오래가는 것이고 '悠'는 겉으로 드러나 오래가는
것을 의미하여 안팎을 아울러 말한 것이다.

博厚配地, 高明配天, 悠久無疆①.
如此者, 不見而章, 不動而變, 無爲而成②.

[박후(는) 배지(하고) 고명(은) 배천(하고) 유구(는) 무강(이니라).
여차자(는) 불현이장(하며) 부동이변(하며) 무위이성(이니라)]

넓고 두터움은 땅과 짝하고, 높고 밝음은 하늘과 짝하며, 오래가 영원함은 다함이
없는 것이다. 이와 같은 자는 보여 주지 않아도 드러나고 움직이지 않아도 변하며
일부러 하지 않아도 이루어진다.

---

① '配'는 '짝하다'이다. '배필'(配匹)이라고 할 때 바로 이 글자를 쓴
다. '疆'은 '지경, 끝, 한계'이다. 앞을 이어 '博厚, 高明, 悠久'의 특성을
설명한다. 넓고 두터워 만물을 실어 주는 특성은 무엇과 통하는가?
땅이다. 그렇다면 높고 밝아 위에서 만물을 덮어 주는 것은? 하늘이
다. 내부적으로나 외부적으로 오래가서 끝이 없는 것 역시 땅과 하
늘의 속성이다.

② '者'는 '것'으로 풀이할 수도 있고 '사람'으로 풀이할 수도 있다. 그
러나 맥락으로 보아 대체로 '사람', 즉 이와 같은 속성을 지닌 사람으
로 풀이한다. 하늘의 '誠'이라는 속성을 체화한 성인(聖人)이라 볼
수 있겠다. '見'은 '보여 주다'의 뜻으로 '현'으로 읽는다. '而'는 순접,
'章'은 '드러나다'이다. '爲'는 일부러 무언가 하려고 노력하는 것으
로, 작위(作爲)라고 할 수 있다. 이 문장 전체가 지성무식(至誠無息)
의 효험을 말하고 있다. 이 속성을 배운 사람 또한 이 속성을 드러내
보이게 될 것이다. 주희는 '不見而章'을 땅과 짝하는 속성으로, '不動
而變'을 하늘과 짝하는 속성으로, '無爲而'成을 '無疆'과 짝하는 속성
으로 연관지어 설명하였다.

天地之道, 可一言而盡也^①, 其爲物不貳, 則其生物不測^②.
天地之道, 博也, 厚也, 高也, 明也, 悠也, 久也^③.
[천지지도(는) 가일언이진야(니) 기위물불이(라) 즉기생물불측(이니라).
천지지도(는) 박야, 후야, 고야, 명야, 유야, 구야(니라)]

천지의 도는 한 마디 말로 다할 수 있으니, 그 물(物)의 본질이 둘이 아니기 때문에 만물을
내는 것을 이루 다 헤아릴 수 없다. 천지의 도는 넓고 두텁고 높고 밝고 오래가고 멀리 간다.

① 一言은 '한 마디 말'이고, 可는 '一言而盡' 전체에 걸린다. 可一言而
盡也는 한 마디 말로 다 정리할 수 있다(혹은 표현할 수 있다)는 뜻
이다. 그 한 마디 말이 무엇일까? 이제까지 수도 없이 반복했던 단
어, 맞다, 성(誠)이다. 천지의 도는 바로 '誠'인 것이다.

② '其爲物'은 직역하면 '그 물(物) 됨'인데, 한문에 어떤 사물이나 사
람의 속성을 설명하려 할 때 종종 쓰이는 표현이다. '貳'는 '둘, 2'로
'二'와 같은 글자이다. 천지의 도는 그 속성이 '誠'으로 온전히 하나여
서 딴 생각 딴 짓을 하는 일이 결코 없이 제 할 일을 성실하게 다하고
쉬지 않는다. 그렇다면 그 결과는? '其生物不測'이다. '其'는 천지를
가리키고, '生物'은 '물(物)을 내다, 만물을 낳다', '測'은 '헤아리다, 측
량하다'이다. 천지는 쉬는 법 없이 지극한 '誠'으로 만물을 생성하므
로 그 결과물로 지구는 헤아릴 수 없는 생명체로 가득하고 그 생명
력이 끊긴 적이 없다.

③ 천지의 도를 다시 한 번 정리한다. 한 마디로 하면 '誠'이지만 하늘
과 땅으로 나누어 그 무궁함을 세부적으로 말하면 넓고 두텁고 높고
밝으며 오래가고 영원하다.

今夫天, 斯昭昭之多, 及其無窮也①, 日月星辰繫焉,
萬物覆焉②. 今夫地, 一撮土之多, 及其廣厚③,
載華岳而不重, 振河海而不洩, 萬物載焉④.

[금부천(이) 사소소지다(로되) 급기무궁야(하여는) 일월성신계언(하며)
만물부언(이니라). 금부지(는) 일촬토지다(로되) 급기광후(하여는)
재화악이부중(하며) 진하해이불설(하며) 만물재언(이니라)]

이제 하늘은 이 약간 밝은 곳이 많이 모인 것이지만 그 무궁함에 미쳐서는 해와 달과
별들이 매달려 있으며 만물이 덮여 있다. 이제 땅은 한 줌의 흙이 많이 모인 것이지만,
그 넓고 두터움에 미쳐서는 화산(華山)을 싣고 있으나 무거워하지 않고 강과 바다를
받아들이고 있으면서도 새지 않으며 만물이 실려 있다.

① 쉼 없이 한결같은 지극한 '誠'이 이룬 거대한 결과들에 대해 말하고 있다. '夫'는 지시대명사로 쓰여 '저'의 의미로 쓰였지만 가볍게 가리키는 정도이므로 굳이 해석하지 않는다. '斯'는 '이, 이처럼'이고, '昭昭'는 '작은 밝음', '及'은 '미치다, 이르다, 도달하다', '其'는 '天'을 가리키고, '窮'은 '다하다, 끝'이다. 아무리 작은 것도 '誠'이 깃들면 절대 작지 않게 된다. 하늘은 처음부터 컸는가? 아니면 사실 하늘은 약간의 빛을 머금은 조그만 대기가 모여 이루어진 것이다. 모이고 모이다 보니 거대해져 무궁한 천체를 이루었다.

② '辰'은 '별'을 가리키므로 '신'으로 읽는다. '繫'는 '매달리다', '焉'은 풀지 않아도 되고 '於之'가 합해진 것으로 '之'가 무궁한 하늘을 가리키니 '거기(그것)에'로 풀어도 된다. 이후로도 마찬가지이다. '覆'는 '덮다'이다. 계속 같은 형식의 문장이 이어진다.

③ '撮'은 '쥐다'로 '一撮土'은 '한 줌의 흙'이 된다.

④ '載'는 '싣다', '華岳'은 '화산'(華山, 지명), '重'은 '무거워하다', '振'은 '거두다', '洩'은 '(물이) 새다'이다.

今夫山, 一卷石之多, 及其廣大①, 草木生之,
禽獸居之, 寶藏興焉②. 今夫水, 一勺之多, 及其不測③,
黿鼉·蛟龍·魚鱉生焉, 貨財殖焉④.

[금부산(은) 일권석지다(로되) 급기광대(하여는) 초목생지(하며)
금수거지(하며) 보장흥언(이니라). 금부수(는) 일작지다(로되) 급기불측(하여는)
원타·교룡·어별생언(하며) 화재식언(이니라)]

이제 산은 주먹만 한 작은 돌이 많이 모인 것인데 그 넓고 큼에 미쳐서는
풀과 나무가 자라고 날짐승과 길짐승이 살며 광물(보물)이 나온다.
이제 물은 한 잔의 물이 많이 모인 것인데 그 측량할 수 없음에 미쳐서는
큰 자라와 악어, 교룡과 용, 물고기와 자라가 자라며 재화가 불어난다.

---

① '卷'은 '주먹'으로 '拳'과 같다. '一卷石'은 한 주먹만 한 작은 돌을 가리킨다. '一卷石之多'는 직역하면 '한 주먹만 한 작은 돌의 많음이다'로, 우리말 표현에 맞지 않으므로 의미를 살려 '주먹만 한 작은 돌이 많이 모인 것이다'로 번역한 것이다. 앞의 '天', '地'와 뒤에 나오는 '水'에 관한 문장 모두 마찬가지이다.

② '之'는 넓고 큰 산을 가리킨다. '禽'는 '날짐승', '獸'는 '길짐승', '居'는 '거하다, 살다', '寶'는 '보물', '藏'은 '감추다'로 매장된 보물을 가리킨다. 광물을 지칭하는 것으로 보아도 좋다. '興'은 '일어나다'이니 '생산된다 혹은 발굴된다'라고 할 수 있다.

③ '勺'은 '국자'이다. '不測'은 '헤아릴 수 없다, 측량할 수 없다'로 깊이와 넓이에서 거대한 정도를 가리킨다.

④ '黿'은 '큰 자라', '鼉'는 '악어', '蛟'는 '교룡', '龍'은 '용', '鱉'은 '자라, 남생이', '殖'은 '번식하다, 불어나다'이다. '貨財'는 물에서 얻을 수 있는 각종 자원을 가리킨다.

詩云, 維天之命, 於穆不已①,
蓋曰, 天之所以爲天也②. 於乎不顯, 文王之德之純③,
蓋曰, 文王之所以爲文也, 純亦不已④.

[시운, 유천지명(이) 오목불이(라하니)
개왈, 천지소이위천야(요), 오호불현(가) 문왕지덕지순(이여하니)
개왈, 문왕지소이위문야(니) 순역불이(니라)]

『시경』에 이르기를, '하늘의 명이 아아, 심오하고 원대하여 그치지 않는다!'라고
하였으니, 이는 하늘이 하늘이 된 까닭을 말한 것이고, '아아, 드러나지 않겠는가!
문왕의 덕의 순일함이여!'라고 하였으니, 이는 문왕이 문왕이 된 까닭을 말한 것이니,
순일함이 또한 그침이 없었다는 것이다.

---

① 지극한 성(誠)은 쉬지 않는다는 지성불식(至誠不息)의 내용을 정리했다. '詩'는 『시경』「주송」 '유천지명' 편이다. '維'는 어조사이다. '於'는 감탄사이고 '오'로 읽는다. '穆'은 '심오하고 원대하다'인데, '아름답다'는 뜻으로 보는 경우도 있다. '已'는 '그치다'이다.

② '蓋'는 어조사로 '일반적으로 말해서'라는 의미를 갖지만 굳이 해석하지 않는다. '所以'는 '까닭', '爲'는 '되다'이다. '不已'한 하늘의 특성, 즉 성(誠)이 하늘을 하늘 되게 하였다는 것이다.

③ '顯'은 '드러나다'로 '不顯'은 강조하는 의미를 나타낸다. '文王'은 주나라 건국의 기틀을 다진 이이자 주나라 건국자인 무왕의 아버지로 추존왕이다. 성인(聖人)으로 추앙된다. '純'은 '순수하다'이다.

④ 문왕이 문왕이 된 까닭은 '순'(純)에 있다. '純亦不已'는 '蓋曰'의 내용이 여기까지 이어진다고 보기도 하고, '蓋曰'은 '文也'까지만 걸려서 이 부분은 떼어서 보기도 하는데, '純'은 무왕의 속성이고 '不已'은 천명의 속성으로 다시금 정리하여 문왕을 높인 것이니 떼어서 보는 입장을 취했다.

**大哉, 聖人之道①! 洋洋乎發育萬物, 峻極于天②.
優優大哉! 禮儀三百, 威儀三千③. 待其人而後行④.
故曰, 苟不至德, 至道不凝焉⑤.**

(대재(라) 성인지도(여). 양양호발육만물(하여) 준극우천(이로다).
우우대재(라) 예의삼백(이요) 위의삼천(이로다). 대기인이후행(이니라).
고(로) 왈, 구부지덕(이면) 지도불응언(이라하니라))

위대하다, 성인의 도여! 충만하여 만물을 낳고 길러 주어 높음이 하늘에 이르렀도다.
넉넉하고 크도다. 예의가 3백 가지이고 위의가 3천 가지로다. 그 사람을 기다린 뒤에
행해진다. 그러므로 "진실로 지극한 덕이 아니면 지극한 도가 이루어지지 않는다"라고
한 것이다.

---

① 오늘 어제 공부한 것에 이어 이제 본격적으로 성인에 대해 말한
다. 한문에서의 짧은 감탄문은 이렇게 주로 도치가 사용된다.

② 위에서 말한 '大哉'의 구체적인 내용이다. '洋洋乎'는 '洋洋然'과 같
다. '洋洋'은 넓고 가득 찬 충만한 모양을 일컫는다. '發育'은 낳고(발
생하게 하고) 길러 주는 것이다. '峻'는 '높고 크다', '極'은 '끝, 한계에
이르다', '于'는 전치사로 '~에'이다. 하늘에 닿을 정도로 높고 크다.

③ '優'는 '넉넉하다'로, '優優'는 넉넉하여 여유가 있는 모양이다. '禮
儀'는 경례(經禮)로 기본이 되는 큰 예를 말하고, '威儀'는 곡례(曲禮)
로 그 세부 사항에 속하는 자잘한 예를 말한다. 성인이 어떻게 하늘
이 하듯 만물을 발생시키고 길러 준다는 것일까? 바로 예(禮)를 통
해서, 즉 세상에 바른 기준과 질서를 세워 그렇게 한다.

④ '待'는 '기다리다', '其人'은 '그 사람', 즉 적임자를 가리킨다.

⑤ '苟'는 '진실로 혹은 만일'이다. '至'는 '지극한', '凝'은 '모여 이루어
지는 것'이다.

故君子尊德性而道問學①**, 致廣大而盡精微**②**,**
極高明而道中庸③**, 溫故而知新, 敦厚以崇禮**④**.**
是故居上不驕, 爲下不倍⑤**.**

[고(로) 군자(는) 존덕성이도문학(이니) 치광대이진정미(하며)
극고명이도중용(하며) 온고이지신(하며) 돈후이숭례(니라).
시고(로) 거상불교(하며) 위하불배(라)]

그러므로 군자는 덕성을 높이고 문학을 말미암는다. 광대함을 지극히 하고 정미함을
다하며 고명을 지극하게 하고 중용을 따르며 옛 것을 익히고 새로운 것을 알며 후덕함을
돈독히 하고 예를 높인다. 이 때문에 윗자리에 있을 때에는 거만하지 않고 아랫사람이
되어서는 배반하지 않는다.

---

① 君子는 '尊德性'과 '道問學'을 기본으로 한다. '尊'는 '높이다, 공경
하다', '道'는 '(길을) 말미암다, 따르다', '問學'은 '학문'이다.

② '尊德性'과 '道問學'을 통해 구체적으로 알고 이루어야 하는 내용
은? '致'는 '지극히 하다'이고, '精微'는 아주 미세한 것을 가리킨다.
우주의 섭리 같은 아주 큰 개념부터 일상생활에서 맞닥뜨리는 작고
세세한 일까지 모두 살펴 그 원리를 파악하고 이해해야 한다.

③ 높고 밝은 하늘의 도 그리고 일상에서 무슨 일에나 적용되는 중
용까지 모두 포함해야 한다. '道'는 학자에 따라 '통달하다'라고 보는
경우도 있으나 앞서처럼 '따르다'로 보는 게 무난할 듯하다.

④ '溫'은 '익히다'이다. '敦'은 '더욱 두터이하다', '厚'는 그가 가진 덕
성의 두께를 가리킨다. '以'는 '하여서' 또는 '하고' 모두 가능하다.
'崇'은 '높이다'이다.

⑤ 윗자리에 있는 사람은 거만함에 빠지기 쉽고, 아랫사람은 이익
을 셈하면서 기회만 엿보기 쉽다. 위의 자질을 갖추면 여기에서 자
유롭다.

國有道, 其言足以興①, 國無道, 其默足以容②.
詩曰, 旣明且哲, 以保其身. 其此之謂與③!

[국유도(에) 기언족이흥(이요) 국무도(에) 기묵족이용(이니),
시왈, 기명차철(하여) 이보기신(이라하니) 기차지위여(인저)]

나라에 도가 있을 때에는 그의 말이 충분히 자신을 일으킬 수 있고, 나라에 도가 없을
때에는 그 침묵이 용납될 수 있다. 『시경』에 이르기를, '이미 밝고 또 지혜로워 그 몸을
보전한다'라고 하였으니, 이것을 말함일 것이다!

---

① '國有道'는 올바른 도가 행해져서 나라가 정상적으로 운영되는 상태이고, '其'는 군자, 즉 자신을 지극한 성(誠)으로 수양하는 지성인을 가리킨다. '足以'는 '충분히 ~할 수 있다'이다. 유가에서 말하는 지식인의 책무에는 반드시 사회적 책무가 있다. 배웠으면 나라를 위해 일해야 하는 것이다. '其言足以興'은 정치적인 발언을 하고 그 발언이 받아들여져 공직에 있게 되는 것을 말한다. '興'이 나라를 일으킨다고 보는 경우도 있고 정치에 도움을 주어 지도자를 일으키다로 보는 경우도 있지만 맥락으로 보아 그 자신에게 해당되는 말로 파악했다.

② 반대로 나라에 올바른 도가 행해지지 않아 혼란한 상태일 때는, 침묵[默]을 자신이 취할 행동으로 삼는다. '容'은 '용납하다, 받아들여지다'이다. 여기서의 침묵을 무책임한 외면이라고 봐야 할까? 『논어』「태백」에 다음과 같은 구절이 있다. '나라가 바른 길을 걷고 있을 때에는 가난하고 천하게 사는 것이 창피한 일이지만 나라가 엉망진창일 때는 부자인 데다 출세하는 것이 창피한 일이다.' 이 내용에 비추어 생각해 보면 묵(默)이 무엇을 의미하는지 알 수 있다.

③ 시는 『시경』「대아」 '증민' 편이다. '旣'는 '이미', '哲'은 '지혜롭다, 밝다', '其'는 '아마'이다.

**唯天下至聖, 爲能聰明睿知, 足以有臨也①, 寬裕溫柔,
足以有容也②, 發強剛毅, 足以有執也③, 齊莊中正,
足以有敬也④, 文理密察, 足以有別也⑤.**

[유천하지성(이야) 위능총명예지(가) 족이유임야(하고) 관유온유(가)
족이유용야(며) 발강강의(가) 족이유집야(며) 재장중정(이)
족이유경야(며) 문리밀찰(이) 족이유별야(니라)]

오직 천하의 지극한 성인이라야 총명과 예지가 천하를 충분히 다스릴 수 있고,
너그럽고 부드러워 충분히 포용할 수 있으며, 강하고 굳세어 올바른 도를 충분히 지켜
나갈 수 있고, 엄숙하고 장중하며 바르므로 충분히 삼갈 수 있으며, 문장의 조리가
세밀하고 분명하여 충분히 분별할 수 있다.

---

① '爲能'은 '능히 ~할 수 있다'로 문장 전체, 그러니까 '足以有別也'까지 모두 걸린다. '睿'는 '슬기롭다', '知'는 '智'의 의미로 쓰였다. '臨'은 '위에 있으면서 아래로 임함'이니 다스림을 가리킨다. '聰明睿知'는 그냥 지혜로운 것이 아니라 나면서부터 아는 '생이지지'(生而知之)의 자질을 말한다. 그래서 하늘이 그 아래 모든 것을 다스리듯이 지극한 성인도 사람을 바르게 다스릴 수 있는 것이다.

② '寬'은 '너그럽다', '裕'는 '넉넉하다'이며, "溫柔"는 온화하고 부드러움을 말한다. 이는 인(仁)의 덕으로 남을 포용[容]하는 능력이다.

③ '發強'은 강한 뜻을 일으키는 것이고, 剛毅'는 굳세게 지키는 것이다. 이것은 의(義)의 덕으로 올바른 도를 지켜나가는[執] 힘이다.

④ '齊'는 '엄숙하다, 정결하다'로 '齋'와 같은 뜻으로 '재'로 읽는다. '莊'은 '장중하다', '中正'은 '중도(中道)에 맞고 바름'이다. 이는 예(禮)의 덕으로 자신을 삼가는[敬] 능력이다.

⑤ '文'은 문장이고, '理'는 '조리', '密'은 상세함이고, '察'은 분명하게 살핌이다. 이는 지(智)의 덕으로 사물을 제대로 분별[別]하는 능력이다.

溥博淵泉, 而時出之①. 溥博如天, 淵泉如淵②, 見而民莫不敬③, 言而民莫不信④, 行而民莫不說⑤.

[부박연천(하여) 이시출지(니라). 부박여천(하고) 연천여연(하니)
현이민막불경(하며) 언이민막불신(하며) 행이민막불열(이니라)]

두루 미치면서 넓고 고요하고 깊으면서 근원이 있어서 때에 따라 발현된다.
두루 미치면서 넓은 것은 하늘과 같고, 고요하고 깊으면서 근원이 있는 것은 못과 같다.
이러므로 밖으로 드러나면 백성이 공경하지 않는 이가 없고, 말하면 백성들이 믿지 않는
이가 없으며, 행동하면 백성이 기뻐하지 않는 이가 없다.

---

① '溥'와 '博' 모두 '넓다'로 '溥博'은 두루 미치면서 넓다는 뜻이고,
'淵'은 '깊다'로 '淵泉'은 고요하고 깊으면서 근원이 있다는 것을 말한
다. '時'는 '때에 알맞게', '出'은 드러나 보이는 것이다. 그러니까 '時出
之'는 때에 따라 알맞게 그 덕들이 나오는 것을 말한다.

② '如'는 '~와 같다'이고, 맨 뒤의 '淵'은 '깊은 못'이라는 명사로 쓰였
다. 이렇게 두루 미치면서 넓고 고요하고 깊으면서 근원이 있는 덕
을 소유한 사람이 때에 알맞게 그 덕을 나타내 세상에 임(臨)하면,
즉 세상과 소통하면 어떤 일이 생길까?

③ '見'은 '드러나다, 나타나다'로 '현'으로 읽는다. 지극한 성인이 자
신을 밖으로 드러내 보이면 백성은 다 공경한다. '莫不'은 이중부정
으로 강한 긍정의 의미나 강조를 나타낸다.

④ 그런 사람이 말을 하면? 신뢰하지 않을 이유가 하나도 없다. 백성
이 모두 믿는다.

⑤ '說'은 '기뻐하다'로 '悅'의 뜻이어서 '열'로 읽는다. 어떤 행동을 하
면? 모두 사리에 맞고 때에 적절하다. 그러니 백성이 다 기뻐한다.

是以聲名洋溢乎中國, 施及蠻貊①, 舟車所至, 人力所通②,
天之所覆, 地之所載③, 日月所照, 霜露所隊④,
凡有血氣者, 莫不尊親, 故曰配天⑤.

[시이(로) 성명(이) 양일호중국(하여) 이급만맥(하여) 주거소지(와) 인력소통(과)
천지소부(와) 지지소재(와) 일월소조(와) 상로소추(에) 범유혈기자
막불존친(하나니) 고(로) 왈, 배천(이니라)]

이 때문에 명성이 중국에 넘쳐나 만맥에 뻗쳐서 배와 수레가 이르는 곳과 인력이 통하는
곳이나 하늘이 덮어 주는 곳, 땅이 실어 주는 곳, 해와 달이 비추는 곳, 서리와 이슬이
내리는 곳에, 모든 혈기를 가진 자들이 존경하고 친애하지 않는 이가 없다.
그러므로 '하늘과 짝한다'고 한 것이다.

① '是以'는 '이 때문에', '聲名'은 '명성', '洋'과 '溢'은 둘 다 '넘치다'이
다. '中國'은 한족이 스스로를 일컫는 말이다. 자신들을 중심에 놓아
자기들이 나라를 세워 통치하는 곳을 세상의 중심이라는 의미로 '중
국'이라고 불렀고, 그 이외의 지역에 사는 이들을 '오랑캐'라고 불
렀다. '蠻貊'이 바로 그 오랑캐를 가리킨다. '蠻'은 '남쪽 오랑캐'이고,
'貊'은 '북쪽 오랑캐'이다. '施'는 '뻗치다'의 뜻으로 '이'로 읽는다.

② '所'는 모두 '곳'으로 풀이하는 것이 적절하다. '舟車所至'는 모든
바다나 육지를, '人力所通'은 사람의 힘으로 갈 수 있는 모든 곳을 가
리킨다.

③ '覆'는 '덮다'의 뜻으로 '부'로 읽는다. '載'는 '싣다'이다.

④ '照'는 '비추다', '霜'은 '서리', '露'는 '이슬', '隊'는 '떨어지다'라는
'墜'의 뜻으로 '추'로 읽는다.

⑤ '血氣'는 우리가 아는 바로 그 '혈기'이다. 위와 같은 정도라면 혈
기 있는 생명체는 모두 그를 존경하고 친애할 것이다. 그래서 만물
을 낳고 기르는 하늘과 짝한다고 한 것이다.

唯天下至誠, 爲能經綸天下之大經①,
立天下之大本, 知天地之化育②. 夫焉有所倚③? [……]
苟不固聰明聖知達天德者, 其孰能知之④?

[유천하지성(이야) 위능경륜천하지대경(하며)
입천하지대본(하며) 지천하지화육(아니) 부언유소의(리오) [……]
구불고총명성지달천덕자(면) 기숙능지지(리오)]

오직 천하의 지극히 성실한 이라야 천하의 큰 원리[經]를 경륜할 수 있고,
천하의 큰 근본을 세울 수 있으며, 천지의 화육을 알 수 있으니, 어찌 달리 의지하는 것이
있겠는가? [……] 만일 진실로 총명하고 성인의 지혜를 지녀 하늘의 덕에 통달한 자가
아니면 그 누가 그를 알아볼 수 있겠는가?

---

① 여기서 '至誠'은 '至誠者', 곧 지극히 성실한 이를 가리킨다. '爲能'
은 역시 앞과 마찬가지로 문장 전체에 걸린다. '經綸'의 '經'과 '綸'은
모두 실을 다루는 일로, '經'은 실을 간추려 나누는 것이고 '綸'은 비슷
한 것을 추려서 합치는 것이다. '天下之大經'의 '經'은 '원리, 원칙'으로,
이는 인간 사회의 기본이 되는 가장 큰 윤리를 말한다. '天道'인 '誠'과
짝하는 자라야 비로소 이 정도 규모의 일을 무리 없이 해낼 수 있다.

② '大本'이란 하늘로부터 부여받은 본성 전체이다. '化育'은 앞서도
나왔지만 낳고 기르는 것으로 천지가 하는 일을 뜻한다.

③ '夫'는 어조사로 해석하지 않는다. '焉'은 '어찌'라는 의문사이다.
'倚'는 '의지하다'이다. 위의 일들은 자신이 함양한 큰 덕으로 자연스
럽게 해내는 일이지 달리 외부의 어떤 힘을 끌어와 의지해서 하는
일들이 아니라는 말이다.

④ '苟'는 '만일', '固'는 '진실로', '聖知'는 '성인의 지혜'이고, '達'은 '도
달하다', '其孰'은 '그 누가', '之'는 위와 같은 성인의 덕을 지닌 이를
가리킨다.

詩曰, 衣錦尙絅, 惡其文之著也[①]. 故君子之道,
闇然而日章[②], 小人之道, 的然而日亡[③].

[시왈, 의금상경(이라하니) 오기문지저야(라). 고(로) 군자지도(는)
함연이일장(하고) 소인지도(는) 적연이일망(하나니)]

『시경』에 이르기를, '비단옷을 입고 홑옷을 덧입는도다'라고 하였으니,
그 비단옷의 무늬와 채색이 겉으로 드러나는 것을 싫어해서이다.
그러므로 군자의 도는 은은하여 잘 보이지 않는 것 같지만 나날이 드러나도
소인의 도는 선명하게 드러나지만 나날이 사그라드는 것이다.

---

① 여기서 인용한 시와 똑같은 구절이 있는 시는 현재 『시경』에 없
다. 비슷한 구절은 있는데, 「위풍」의 '석인'편과 「정풍」의 '봉'편에
'의금경의'(衣錦褧衣)란 구절이 보인다. 본문의 '絅'과 유사한 여기
의 '褧'도 뜻은 모두 '홑옷'이다. '惡'는 '싫어하다'로 '오'로 읽는다. '文'
은 '무늬, 문채나다', '著'는 '드러나다'이다. 화려한 것이 너무 확 눈에
띄는 것을 좋지 않게 여겨서 그 '화려한 무늬와 채색[文]'을 한 톤 낮
추기 위해 엷은 홑옷을 덧입은 것이다.

② 군자의 도가 바로 이 '衣錦尙絅'이라는 것이다. '闇'은 '어둡다, 어
렴풋하다'로 '闇然'은 '은은하다'로 풀 수 있다. '日'은 '날로, 나날이',
'章'은 '드러나다'이다. 군자의 도는 위에 홑옷을 덧대어 두었기 때문
에 은은해서 뭐가 뭔지 잘 보이지 않지만 그 아래 채색과 무늬가 갖
춰진 멋진 비단옷이 있으므로 계속 보다 보면 나날이 그 빛나는 아
름다움을 알게 된다는 것이다.

③ '小人'은 군자와 반대인 사람이다. 뭐라도 하나 배우고 갖게 되었
으면 가만히 수양해서 기르고 성장시키질 못한다. 일단 내보이고 자
랑해야 한다. '的'은 '분명하다'이므로 '的然'은 확실하게 드러내는 것
이다. '亡'은 '없다, 없어지다'이다.

君子之道, 淡而不厭, 簡而文, 溫而理①, 知遠之近, 知風之自, 知微之顯, 可與入德矣②.

[군자지도(는) 담이불염(하며) 간이문(하며) 온이리(니) 지원지근(하며)
지풍지자(하며) 지미지현(이면) 가여입덕의(리라)]

군자의 도는 담담하지만 싫증나지 않고, 간결하지만 문채가 나며, 온화하면서도 조리가 있다. 그러므로 먼 것이 가까운 데서부터 시작함을 알고, 바람이 어디에서 시작되는지를 알며, 은미한 것이 뚜렷하게 드러나는 것을 알면 함께 성인의 덕에 들어갈 수 있다.

① '의금상경'(衣錦尙絅)한 군자의 도는 구체적으로 어떤 모습일까? '淡'은 '담박하다', '厭'은 '싫증나다', '簡'은 '간결하다', '理'는 '조리, 조리가 있다'이다. 풍성하고 깊이 있는 안을 갖추지 못한 채 그저 담박하기만 한 것은 밋밋하고 단조로워 이내 질린다. 겉으로 화려해서 쌈빡한 것도 결과는 마찬가지다. 그저 따스하고 부드러운 상태는 곧 무질서로 이어지기 쉽다. 온화함이 진짜 가치를 발휘하려면 체계를 잡아 질서를 세울 수 있는 기준, 즉 조리가 필요하다.

② '遠之近'은 직역하면 '원의 근함을'이니, '멀리 있는 것이 가까운 데서 시작함을'이 된다. '風之自'는 '풍의 부터함을'이니, '바람이 어디로부터 불어오는가 하는 것을'이 된다. '與'는 '더불어, 함께', '入德'은 '(중용을 이룬 성인의) 덕에 들어가다'이다. 멀리 있는 것은 그저 멀리 있는 것 같지만 사실 가까운 데서 시작한다. 한 발 한 발이 천 리도 가고 만 리도 가는 것이다. 그리고 겉이 흔들리고 있다면 내 내면이 흔들리는 것이다. 안 보이는 아주 작은 것이라도 내 안에서 싹이 났다면 언젠가 밖으로 드러나 아무도 속일 수 없게 된다. 이것을 알아 자신을 단속하는 것이 중용의 덕으로 들어가는 길이다. 작은 것이 작지 않고, 나의 안팎은 분리될 수 없다.

11월

君子曰, 學不可以已①.

(군자왈, 학불가이이(라)).

군자는 말한다.
"배움은 중단해서는 안 된다."

이번 달과 다음 달에는 『순자』를 공부해 보겠다. 순자는 전국시대가 거의 끝나갈 무렵에 살았던 유학자이다. 진나라를 이어 본격적인 통일 제국을 건설한 한나라가 기본 통치 이념으로 선택한 유학이 순자의 영향을 받았다. 맹자가 자기 스스로 내부에서 가능성을 발견해 실현하기를 요구하는 이상적 관점을 취했다면, 순자는 성인과 스승이 외부에서 예를 가르쳐서 자신을 절제하고 사회적 통합을 이룰 수 있게 하는 현실적 관점을 취했다. 그러므로 신생 제국이 질서를 잡아 선택한 국가 철학은 순자의 사상 쪽으로 기울 수밖에 없다. 다만 예를 가르쳐 깨닫고 따르게 하는 것이기에 외부적 행동 규제책인 법과의 선긋기가 모호해져서 순자의 제자로 법가(法家)의 대표적인 사상가인 이사(李斯)와 한비(韓非)가 배출되는 묘한 일이 생겼다. 유가에서는 법을 써서 백성을 강제로 규제하는 것을 배척하는데 유가의 큰 인물에게서 난 제자가 법가를 확립하다니…… 훗날 진나라 멸망, 법가의 쇠퇴와 함께 순자의 이름도 빠르게 퇴색된다. 그리고 송나라 때 성리학자들이 유학의 정통 계보를 공자에서 맹자로 이으면서 순자는 이단으로 취급받고 밀려나 지금 우리에게는 잘 알려지지 않게 되었다. 그러나 순자와 맹자는 대척점에 있는 것 같지만 결국 가만 보면 같은 말을 하고 있기도 하다.

① '君子'는 자신을 객관화시켜 부르는 명칭이다. '已'는 '그치다'이다.

靑取之於藍, 而靑於藍①, 冰水爲之, 而寒於水②.

[청(은) 취지어람(이나) 이청어람(하고) 빙(은) 수위지(나) 이한어수(니라)]

"푸른 물감은 쪽풀에서 얻지만 쪽빛보다 더 푸르고, 얼음은 물이 만들지만 물보다 차다."

어제 순자에 대해 간략히 설명했다. 『순자』의 맨 첫 편을 보니 제목
이 '권학'(勸學), 즉 학문을 권함이다. 무언가 떠오르지 않는가? 그렇
다. 『논어』의 첫 편 「학이」편이다. 순자는 공자를 매우 존경하고 흠
모했으며 자신이 그의 철학을 제대로 계승했음을 드러내려 했다. 그
래서 자신의 책 첫 편의 이름을 「학이」와 유사하게 「권학」으로 붙였
고 '학이시습, 불역열호'(學而時習, 不亦說乎)와 연결되는 '學不可以
已'(학불가이이)로 첫 문장을 시작했다. 그리고 마지막 편의 이름도
『논어』의 마지막 편인 「요왈」과 유사한 「요문」으로 붙였다.

① 굉장히 유명한 문장이다. '靑'은 '푸르다'이고, '藍'은 '쪽풀, 쪽빛',
'靑取之於藍'은 '靑'을 강조하고자 도치한 문장으로, '靑'이 빠진 자리
를 '之'가 대신했다. '而'는 역접이고, '於'는 비교급으로 '~보다'로 해
석한다. 여기서 '청출어람'(靑出於藍)이라는 성어가 나왔다. 제자가
스승보다 뛰어난 경우를 일컫는 말로 쓰인다. 그런데 전체 문장을
봐서 알겠지만 사실 청출어람이라고 하면 뜻에 맞지 않는다. 청어람
(靑於藍)이라고 하거나 청청어람(靑靑於藍)이라고 해야 한다. 그러
나 이미 고정된 성어를 어찌할 순 없겠지.

② 위와 같은 형식의 문장이다. '冰'은 '얼음', '爲'는 '만들다', '之'는 마
찬가지로 도치 때문에 들어갔고, '寒'은 '차다'이다.

木受繩則直①, 金就礪則利②,
君子博學而日參省乎己③, 則智明而行無過矣④.

[목수승즉직(하고) 금취려즉리(하고)
군자박학이일참성호기(하면) 즉지명이행무과의(리라)]

"나무는 먹줄을 받으면 곧아지고, 쇠붙이는 숫돌에 갈리면 날카로워지고, 군자는 널리
배우고 자신을 매일 점검하고 살피면 지혜가 밝아져서 행동에 잘못이 없을 것이다."

---

① '繩'은 '먹줄'이다. 먹줄은 먹통에 든 실로 직선을 바로잡을 때 쓴
다. 오차 없이 곧게 하고 싶으면 직선은 반드시 먹줄을 통해야 한다.
그 과정을 거치면 곧은 나무가 더 곧게 정리된다.

② '礪'는 '숫돌'이고, '利'는 '날카롭다'이다. 쇠붙이는 뭔가를 베는 도
구로 쓰려면 숫돌로 날카롭게 해야 한다. 여기에 연마하는 과정을
거쳐야 유용한 도구가 된다.

③ 사람도 쇠붙이와 마찬가지이다. 그 과정이 바로 '博學而日參省乎
己'이다. '博'은 '넓다', '日'은 '매일'이다. '參'은 뒤에 나오는 '省乎己'가
『논어』「학이」편에 나오는 증자의 말인 '吾日三省吾身', 즉 '나는 하
루에 세 가지로 나를 반성한다'라는 말을 떠오르게 하기 때문에 '삼'
으로 보기도 하는데, 순자가 증자를 이은 건 아니니 '省乎'는 후대에
붙인 말일 것이고 원래 '參' 자체가 갖는 '살피고 검증한다'는 뜻 그
대로 쓰였을 것이라고 보는 견해가 지배적이다.

④ 사람은 널리 배우고 자신을 살피는 과정을 거치면 '智明而行無過'
하게 된다. 즉 지혜가 밝아져 행동함에 잘못(과실, 허물)이 없게 되
는 것이다. 반대로 이 과정을 거치지 않는다면? 지혜는 어둡고 행동
은 숱한 잘못으로 점철될 것이다. 그러므로 '博學而日參'은 사람답
게 살려는 이의 필수 이행 조건이다.

故不登高山, 不知天之高也 ①, 不臨深谿, 不知地之厚也 ②, 不聞先王之遺言, 不知學問之大也 ③.

[고(로) 부등고산(이면) 부지천지고야(며) 불임심계(면) 부지지지후야(며)
불문선왕지유언(이면) 부지학문지대야(니라)]

"그러므로 높은 산에 올라가 보지 않으면 하늘이 높은 것을 알지 못하고,
깊은 계곡에 가서 서 보지 않으면 땅이 두터운 것을 알지 못하며,
선왕이 남긴 말씀을 들어 보지 않으면 학문이 얼마나 위대한지 알지 못한다."

① 登은 '오르다'이다. 『논어』에서 공자는 동산에 올라 보고 노나라가 작다고 생각했고, 태산에 올라 보고 천하가 작다고 느꼈다고 했다. 그리고 이 내용에 대해 맹자는, '큰 바다를 본 사람에게는 어지간한 물은 이제 물처럼도 안 보이고, 너무 대단하고 훌륭한 사람의 문하에서 배운 사람은 어지간한 이론은 말처럼도 안 느껴진다'라고 말했다. 이 두 구절이 떠오르는 내용이다.

② '臨'은 '임하다'로 위에 서서 아래를 내려다보는 것을 말한다. '深'은 '깊다', '谿'는 '골짜기'이다. 깊은 골짜기 위에 서서 내려다보아야 땅이 그 두께를 짐작할 수 없을 정도로 깊다는 감이나마 잡을 수 있다.

③ '遺言'은 '남긴 말(말씀)'이고, '學問之大'의 '大'는 위와 같이 평범하게 풀 수도 있으나 '인간에게 얼마나 큰 유익을 끼칠 수 있는지'라고 풀이할 수도 있다. 공부의 유익, 책의 유익은 인간이 빚어 놓은 역사의 지혜가 얼마나 큰지를 깨닫는 데 있다. 그때 비로소 나의 작음을 절실히 깨닫게 된다.

吾嘗終日而思矣, 不如須臾之所學也①.
吾嘗跂而望矣, 不如登高之博見也②.

[오상종일이사의(나) 불여수유지소학야(며)
오상기이망의(나) 불여등고지박견야(라)]

> "내가 일찍이 하루 종일 생각만 해 본 적이 있으나 잠깐이라도 배우는 것만 못했고, 내가 일찍이 발꿈치를 들어서 바라본 적이 있으나 높은 곳에 올라가 널리 둘러보는 것만 못했다."

---

① '嘗'은 '일찍이', '終日'은 '하루 종일, 온 종일'의 그 '종일'의 한자이다. '날을 다 마치도록'이란 뜻이다. '不如'는 '~만 같지 못하다, ~만 못하다', '須臾'는 '잠깐, 아주 짧은 시간'이다. 우리는 말할 때 종종 '내 생각에는'이란 표현을 앞에 붙이곤 한다. 그런데 그 생각이 내 생각 맞나? 인간은 생각하는 능력을 가지고 태어나지 생각 자체를 가지고 태어나지 않는다. 내가 제대로 된 생각이란 걸 하려면 이해하고 선택하고 종합하고 확장할 도구가 밖에서 들어와야 한다는 뜻이다. 그렇지 않으면 지금 가진 '내 생각'은 애당초 내 것이 아닐뿐더러 언제 어떻게 들어와 내 안에 자리하고 있는지도 모르고, 그 양도 적어서 제대로 세상을 보고 분석하기에는 태부족하다. 그래서 오래 생각만 하기보다는 잠깐이라도 축적된 지식을 배우는 것이 낫다고 한 것이다. 『논어』에도 이런 내용이 있다. '내가 일찍이 종일토록 먹지 않고 밤새도록 자지 않고 생각을 해 보았는데 유익이 없었다. 배우는 것만 못했다.'(2◦20 내용 참조)

② 위와 같은 형태의 문장이다. '跂'는 '발돋움하다'로 까치발을 딛고 서는 것이다. '望'은 '멀리 바라보다'이다. 고만고만한 수준으로 까치발 들어 봤자 아니겠는가?

登高而招, 臂非加長也, 而見者遠^①, 順風而呼,
聲非加疾也, 而聞者彰^②. 假輿馬者, 非利足也,
而致千里^③, 假舟楫者, 非能水也, 而絶江河^④.
君子生非異也, 善假於物也^⑤.

[등고이초(면) 비비가장야(로되) 이견자원(하고) 순풍이호(면)
성비가질야(로되) 이문자창(이라) 가여마자(는) 비리족야(로되)
이치천리(하고) 가주즙자(는) 비능수야(로되) 이절강하(라).
군자생비이야(라) 선가어물야(라)]

높은 곳에 올라가 손짓을 해서 부르면 팔이 더 길어진 것이 아니지만 멀리서도 보이고,
바람의 방향으로 외치면 소리가 더 커진 것이 아닌데 분명하게 들린다. 수레와 말을 타면
발이 더 빨라지는 것이 아니지만 천 리를 갈 수 있고, 배와 노를 이용하면 수영을 잘하지
못해도 강을 건널 수 있다. 군자는 본성이 남과 다른 것이 아니라 외물을 잘 이용할 줄
아는 것이다.

---

① '招'는 '오라고 손짓하다', '臂'는 '팔', '加'는 '더하다'이다. 핵심은
'登高', 즉 높은 곳에 올라가는 것이다. '見者遠'은 '멀리까지 보이다'
이다.

② '順'은 '순하다'이니 '順風'은 바람이 부는 방향을 따르는 것을 말
한다. '呼'는 '외치다', '疾'은 '격앙되다', '彰'은 '뚜렷하다'이다.

③ '假'는 '빌리다', '輿'는 '수레', '者'는 '(~하는) 사람'이다. '利'는 '빠
르다'로, '利足'은 '잘 걷다'는 뜻이다. '致'는 '이르다'이다.

④ '舟'는 '배', '楫'은 '노'이다. '水'는 '수영하다, 헤엄치다', '絶'은 '넘어
가다'로 '과'(過)의 의미이다.

⑤ '生'은 '性, 즉 '본성'의 의미로 쓰였다. '異'는 '남다르다', '善假於物'
은 '물에게서 빌리는 것을 잘하다'로 외물을 잘 이용한다는 뜻이다.
학문이 바로 여기서 말하는 외물이다. 남다르게 태어나 뛰어난 것이
아니라 학문이 사람을 뛰어나게 만들어 준다는 것이다.

積土成山, 風雨興焉①, 積水成淵, 蛟龍生焉②, 積善成德,
而神明自得, 聖心備焉③. 故不積蹞步, 無以致千里④,
不積小流, 無以成江海⑤.

[적토성산(하면) 풍우흥언(하고) 적수성연(하면) 교룡생언(하며) 적선성덕(하여)
이신명자득(하면) 성심비언(이니라). 고(로) 부적규보(면) 무이지천리(하고)
부적소류(면) 무이성강해(니라)]

흙을 쌓아 산을 만들면 비바람이 일어나고 물을 모아 못을 이루면 교룡과 용이 생장하며,
선을 쌓아 덕을 이루면 신묘한 지혜가 저절로 얻어져 성인의 마음이 갖추어진다.
그러므로 반걸음 한걸음을 쌓아가지 않으면 천 리를 갈 수 없고, 작은 시내를 모으지
않으면 강과 바다를 이룰 수 없다.

① '積'의 위대함에 대해 말하고 있다. '積'은 '쌓다', '興'은 '일어나다',
'焉'은 '於之'로 '거기에서'이다.

② '淵'은 '못, 연못', '蛟龍'은 '교룡와 용'으로 '용'으로만 번역하기도
한다. 신령한 바다 생물을 말한다. 이 두 구절을 보면『중용』에서 배
운 성(誠), 그중에서도 10월 20일에 함께 공부한 26장이 떠오른다.
학문의 과정은 철저히 성실함인 것이다.

③ '神'은 '마음의 정미함'으로 '神明'은 아주 뛰어난 지혜나 통찰력을
의미한다. '神明自得'은 그러한 신명과 스스로 통하는 것을 말한다.
'備'는 '갖추다, 갖추어지다'이다.

④ '蹞'는 '반걸음', '步'는 '한걸음'으로, 좌우 반걸음씩을 합해 한 걸음
이 된다. '無以'는 '~할 길이 없다, ~할 방법이 없다'이다.

⑤ '小流'는 '작은 물줄기, 작은 시내'이다.

騏驥一躍, 不能十步①, 駑馬十駕②, 功在不舍③.
鍥而舍之, 朽木不折④, 鍥而不舍, 金石可鏤⑤.

[기기일약(이면) 불능십보(나) 노마십가(에), 공재불사(니라)
결이사지(면) 후목부절(하고) 결이불사(면) 금석가루(니라)]

천리마라도 한 번 뛰어 열 걸음을 갈 수 없고 노둔한 말이라도 열흘을 달리면
(또한 그에 도달할 수 있다.) 공을 세우는 것은 멈추지 않고 계속하는 데 있다.
새기다가 중도에 그만두면 썩은 나무에도 제대로 새길 수 없고 새기고 새겨서
그만두지 않으면 쇠와 돌도 아로새길 수 있다.

---

① '騏'와 '驥' 모두 '천리마'라는 뜻이다. '躍'은 '뛰다, 뛰어오르다'
이다.

② '駑'는 '노둔하다, 느리고 둔하다', '駕'는 '멍에'로 말이 아침에 멍
에를 매고 가기 시작해서 저녁에는 멍에를 푼다. 그래서 '一駕'는 '말
이 하루에 가는 거리'를 의미한다. 이곳 「권학」편에는 이후로 바로
'功在不舍'가 이어지는데 내용상 매끄럽지 않다. 그런데 「수신」편에
'천리마가 하루에 천 리를 달리지만, 노둔한 말도 열흘을 달리면 역
시 그 거리를 따라잡을 수 있다[夫驥一日而千里, 駑馬十駕, 則亦及之
矣]'는 오늘 문장과 유사한 내용이 나온다. 현재 이 본문에는 '則亦及
之矣' 한 구가 빠진 것으로 보는 견해가 있으니, 그에 따르는 것이 적
합해 보인다.

③ '功'은 '공'으로 어떤 성과를 이루는 것을 말한다. '在'는 '달렸다',
'舍'는 '버리다'로 '捨(사)'와 통한다.

④ '功在不舍'를 강조하는 내용이다. '鍥'은 '새기다'의 뜻으로 '결'로
읽는다. '舍之'는 그 행위를 중간에 그만두는 것이고, '朽'는 '썩다',
'折'은 '자르다, 쪼개다'이다.

⑤ '鏤'는 '새기다, 조각하다'이다.

蚓無爪牙之利, 筋骨之强, 上食埃土, 下飮黃泉, 用心一也①.
蟹八跪而二螯, 非蛇蟺之穴, 無可寄託者, 用心躁也②.

[인무조아지리(와) 근골지강(이나) 상식애토(하고) 하음황천(하니) 용심일야(요)
해팔궤이이오(나) 비사선지혈(이면) 무가기탁자(하니) 용심조야(라)]

지렁이는 날카로운 발톱과 이빨이나 강인한 근육과 뼈대가 없지만 위로 진흙을 먹고
아래로 땅속의 물을 마시는 것은 마음 씀이 한결같기 때문이다. 게는 여덟 개의
발에 두 개의 집게발이 있지만 뱀이나 드렁허리의 굴이 아니면 몸을 맡길 데가 없는 것은
마음을 쓰는 것이 산만하기 때문이다.

① '蚓'은 '지렁이', '爪'는 '손톱, 발톱', '牙'는 '어금니, 이빨', '利'는 '날
카롭다', '筋'은 '근육', '骨'은 '뼈', '埃土'는 '진흙'으로 '埃'는 진흙을 뜻
하는 '泥'(니)와 통한다. '飮'은 '마시다', '黃泉'은 '지하의 샘물'을 가리
킨다. 지렁이는 무척추 환형동물이다. 그러나 연약한 듯한 몸으로
어디든 뚫고 다니며 먹고 마신다. 그 이유를 순자는 '用心一也'에서
찾았다. '用心', 즉 마음 쓰는 것을 한결같이 하는 것이다. 오롯이 집
중하는 것을 말한다.

② '跪'는 '게의 다리'를, '螯'는 '게의 집게발'을 가리킨다. '蟺'은 '鱓'
(선)으로 '드렁허리'라는 뜻이다. 이는 장어와 비슷한 생겼는데 야행
성에 논두렁 등을 파고들어 살기 때문에 두렁(드렁)을 허문다는 뜻
으로 '드렁허리'라는 이름이 붙었다. '寄託'은 몸을 의탁하는 것이다.
'躁'는 '성급하다, 경솔하다'로 산만하여 집중하지 못하는 것을 가리
킨다. 게는 발도 여덟 개나 있고 거기다 무기가 될 수 있는 강력한 집
게발도 두 개나 있지만 남이 사는 곳에 '寄託', 즉 몸을 붙여 산다. 이
유는 '用心'이 '躁', 즉 마음 씀이 산만하기 때문이다.

是故無冥冥之志者, 無昭昭之明①**, 無惛惛之事者,**
無赫赫之功②**. 行衢道者不至, 事兩君者不容**③**,**
目不能兩視而明, 耳不能兩聽而聰④**. [⋯⋯]**
故君子結於一也⑤**.**

[시고(로) 무명명지지자(는) 무소소지명(하고) 무혼혼지사자(는)
무혁혁지공(이니라). 행구도자부지(하고) 사양군자불용(이니라).
목불능양시이명(하고) 이불능양청이총(이라). [⋯⋯] 고(로)
군자결어일야(니라)]

이 때문에 마음을 가라앉혀 깊이 연구하는 뜻이 없는 자는 빛나는 명성이 없고,
묵묵히 마음을 다해 행하는 일이 없는 자는 혁혁한 공이 없다. 두 갈래 길에서 헤매는 자는
목적지에 이르지 못하고 두 군주를 섬기는 자는 어느 쪽에도 용납되지 못한다. 눈은
동시에 두 가지 물체를 볼 수 없기 때문에 밝고 귀는 동시에 두 가지 소리를 들을 수 없기
때문에 밝다. [⋯⋯] 그러므로 군자는 하나에 마음을 매어야 한다.

---

① '冥'은 '어둡다'로, '冥冥'은 아래 '惛惛'과 함께 전심치지(專心致志), 즉 오로지 한 가지 일에 마음을 집중하여 뜻을 이루는 것을 가리킨다. '昭'는 '밝다'로 '昭昭之明'을 '밝은 깨우침'으로 볼 수도 있으나 이 표현은 아래 문장의 '赫赫之功과' 대를 이루므로 '明'을 '名'[명성]과 소리가 같아 잘못 표기한 글자로 보는 견해에 따랐다.

② '赫赫'은 매우 빛나는 것을 형용한 말이다.

③ '衢'는 '사거리'이지만 글의 전체적 내용이 두 가지 마음을 품는 데 대해 말하고 있고, 진나라 풍속에 두 갈래 길을 '衢'라 표현하므로 여기서는 두 갈래 길로 풀이하였다. '不至'는 목적지에 도달하지 못함을 말한다. '容'은 '용납되다'이다.

④ '不能'은 '兩視'와 '兩聽'에만 걸린다. '而'는 순접, '聰'는 '귀가 밝다'로 분명하게 듣는 것을 가리킨다.

⑤ '結'은 단단하게 매듭 짓는 것이다. '結於一', 무언가 해 내길 원한다면 기억해 두어야 할 결론이다.

百發失一, 不足謂善射①**, 千里蹞步不至, 不足謂善御**②**, 倫類不通, 仁義不一, 不足謂善學**③**. 學也者, 固學一之也**④**. 一出焉, 一入焉, 涂巷之人也**⑤**.

[백발실일(이면) 부족위선사(요) 천리규보부지(면) 부족위선어(며)
윤류불통(하고) 인의불일(이면) 부족위선학(이라). 학야자(는)
고학일지야(라) 일출언(하고) 일입언(은) 도항지인야(라)]

화살 백 발을 쏘아 한 발을 실패해도 뛰어난 궁수라고 말하기 부족하고 수레를 몰아 천 리 길에 반걸음 못 미치더라도 뛰어난 마부라고 할 수 없다. 인륜과 사리를 통하지 못하고 인과 의를 전일하게 하지 못하면 잘 배웠다고 할 수 없다. 배움이라는 것은 본래 전일하게 하는 것을 배우는 것이다. 나갔다가 들어왔다 하는 것은 길거리의 보통 사람이다.

---

① '射'를 통해 활쏘기에 관한 내용임을 알 수 있다. '發'은 '쏘다', '失'은 '실패하다', '不足謂'는 '~라고 하기에 부족하다', '善'은 '잘하다, 뛰어나다'인데, 여기서는 좀 더 강한 의미로 '全盡(전진)', 즉 '완전하게 하고 다 한 것'의 의미로 쓰였다. '善射'는 '화살을 잘 쏘았다'라고 서술형으로 풀 수도 있고, '뛰어난 궁수'라고 명사형으로 풀 수도 있다.

② '御'가 '수레를 몰다'이므로 이것을 통해 수레로 천 리를 가는 상황임을 알 수 있다. 여기서 '蹞步'는 '반걸음'이다.

③ 위의 예에 비추어 배움에 대한 내용을 펼친다. '倫'은 '인륜'이고, '類'는 '사리'(事理)이다. '通'은 훤히 두루 제대로 아는 것을 말한다. '一'은 '전일(專一)하다'로, 앎과 행동, 마음과 힘을 온전히 일치시키는 것을 말한다.

④ '也者'는 단어를 정의 내릴 때 자주 쓰는 표현이다. '固'는 '본디, 본래'이다. 아주 조금 부족해도 아닌 것은 아닌 것, '學'의 핵심은 '專一'이다.

⑤ '一出焉, 一入焉'는 들락날락하는 것을 가리킨다. '涂巷'은 길거리로, '涂巷之人'은 평범한 사람이다.

天行有常, 不爲堯存, 不爲桀亡①.
應之以治則吉, 應之以亂則凶②.

[천행유상(하니) 불위요존(하고) 불위걸망(이라)
응지이치즉길(하고) 응지이란즉흉(이라)]

하늘의 운행은 일정한 법도가 있으니, 요임금 때문에 존재하는 것도 아니고
걸임금 때문에 없어지는 것도 아니다. 안정을 이루는 방법으로 이것에 응하면
길하고 혼란을 일으키는 방법으로 응하면 흉하다.

순자는 왜 그렇게 배움을 강조했을까? 그의 자연관과 관련이 있다.
순자를 이해하려면 그의 자연관을 먼저 알아야 한다. 공자나 맹자와
는 달리 순자는 하늘의 인격성과 신비성을 배제한다. 하늘을 자연
으로 대하는 것이다. 이는 매우 이성적인 자세로 우리가 자연을 인
식하는 방법과 유사하다. 하늘을 그저 자연으로 보면 세상에 대한
인간의 책임이 막중해진다. 세상이 온전히 사람이 자신의 힘으로 바
꾸고 가꾸고 지켜나갈 수 있는 것이 되기 때문이다. 그러니 배움에
철저할 수밖에. 순자는 인간이 망가지면 세상이 망가진다고 보았다.
① '天行'을 '하늘의 운행'이라고 할 수도 있지만 '天行'을 '天道'로 보
아 '하늘의 규율, 하늘의 법칙'으로 풀이할 수도 있다. '常'은 '항상'으
로 일정한 법칙성을 가리킨다. '爲'는 '~ 때문에' 혹은 '~ 을 위하여'
라는 뜻의 전치사로 쓰였다. '存'은 뒤의 '亡'[없어지다]와 대를 이룬
다. '堯'와 '桀'이 대를 이루기 때문이다. 요임금은 성군의 대명사, 걸
임금은 폭군의 대명사이다. 하늘의 법칙과 인간 세상을 분명히 분리
했다. 인간 세상과는 상관없이 하늘은 일정하게 움직인다.
② '應'은 '응하다', '之'는 '天行'을 가리킨다. '治'는 바른 다스림으로
안정을 이루는 방법이고 '亂'은 '治'의 반대말이다.

彊本而節用, 則天不能貧①, 養備而動時, 則天不能病②,
循道而不貳, 則天不能禍③. 故水旱不能使之飢④,
寒暑不能使之疾⑤, 祅怪不能使之凶⑥.

[강본이절용(하면) 즉천불능빈(하고) 양비이동시(하면) 즉천불능병(하며)
순도이불특(하면) 즉천불능화(라) 고(로) 수한불능사지기(하고)
한서불능사지질(하며) 요괴불능사지흉(이라)]

근본에 힘쓰고 소비를 절약한다면 하늘도 가난하게 하지 못하고, 양생이 갖춰져 있고
움직임을 때에 맞게 한다면 하늘도 병들게 하지 못하며, 하늘의 도에 순응하여 어긋나지
않으면 하늘도 화를 입히지 못한다. 그러므로 홍수와 가뭄이 그를 굶주리게 하지 못하고
추위와 더위가 그를 병들게 하지 못하며 재앙과 변괴가 그를 흉하게 하지 못한다.

---

① '彊'은 '힘쓰다', '本은 당시가 농경 사회이니 농업과 잠업 등을 가리킨다. '節'은 '절약하다', '貧'은 '가난하게 하다'이다.

② '養'은 생을 잘 유지하게 하는 양생(養生)으로 입을 것, 먹을 것을 가리킨다. '備'는 '마련하다, 갖추다', '動時'는 움직일 때 부지런히 움직이고 쉴 때 쉬는 것, 즉 적절한 운동을 가리킨다.

③ 저본에는 '循'이 '修'로 되어 있고 '貳'이 '貳'로 되어 있는데, 청나라 고증학자인 왕염손의 주석에 따라 위와 같이 고쳐 번역하였다. '循'은 '따르다', '貳'은 '어긋나다'이다.

④ '水旱'는 '수해와 한해', 즉 홍수와 가뭄이다. '使之'는 '그로 하여금' 즉 '彊本'하고 '節用'한 사람을 가리킨다. '飢'는 '굶주리다'로 저본에는 '飢渴'로 되어 있는데, 대를 이루고 있는 문체의 특성과 내일 공부할 문장에 나오는 '水旱未至而飢'에도 '渴'이 없는 점을 고려해 '渴'이 잘못 덧붙여진 글자로 보는 견해가 많다. 이에 따랐다.

⑤ '寒暑'는 '추위와 더위'이다.

⑥ '祅怪'는 '재앙과 변괴'이다.

本荒而用侈, 則天不能使之富^①, 養略而動罕,
則天不能使之全^②, 倍道而妄行, 則天不能使之吉^③.
故水旱未至而飢^④, 寒暑未薄而疾^⑤, 祅怪未至而凶^⑥.

[본황이용치(하면) 즉천불능사지부(하고) 양략이동한(하면)
즉천불능사지전(하며) 배도이망행(하면) 즉천불능사지길(이라)
고(로) 수한미지이기(하고) 한서미박이질(하며) 요괴미지이흉(이라)]

근본이 황폐해지고 소비가 사치스러우면 하늘도 그를 부유하게 할 수 없고,
양생을 소략하게 하고 움직임을 뜨문뜨문 한다면 하늘도 그를 건강하게 보전할 수 없으며,
하늘의 법도를 어기고 함부로 행동하면 하늘도 그를 길하게 만들지 못한다.
그러므로 홍수와 가뭄이 이르지 않아도 굶주리고, 더위와 추위가 닥치지 않아도 병들며
재앙과 변괴가 이르지 않아도 흉하다.

---

① 어제 배운 내용과 정반대의 상황에 대해 기술한다. '荒'은 '황폐하다'로 근본[本]을 돌보지 않고 팽개친 것이다. '侈'는 '사치하다'이다.

② '略'은 '소략하다', '罕'은 '드물다'이다. 이를 '거스르다'라는 뜻의 '逆'(역)이 잘못 쓰인 것으로 보기도 한다. 앞의 '動時'의 '時', 즉 '때에 맞게, 적절하게'와 짝이 되는 글자가 와야 하는 자리라고 보는 데서 나온 견해이다. 그러나 '罕'으로 보아도 의미가 통한다.

③ '倍'는 '배반하다, 등지다', '妄'은 '함부로, 망령되게'이다.

④ '未至'는 그냥 '이르지 않아도'라고만 해도 되지만 '未'가 '아직'의 뜻을 가지고 있으므로 이를 살려주면 '미처 채 이르지 않아도'라고 할 수 있다.

⑤ '薄'은 '임박하다, 닥치다'의 뜻으로 '박'으로 읽는다.

⑥ 그대로 번역해도 문제될 것은 없지만, '未至'가 '水旱未至'의 '未至'와 겹치고 다른 책에서 이 대목이 인용된 부분은 '至'가 '生'으로 되어 있어 '至'가 '生'과 글자가 비슷하게 생겨 생긴 오류로 보기도 한다.

受時與治世同, 而殃禍與治世異①, 不可以怨天, 其道然也②. 故明於天人之分, 則可謂至人矣③.

[수시여치세동(이나) 이앙화여치세이(라) 불가이원천(이니)
기도연야(라) 고(로) 명어천인지분(이면) 즉가위지인의(리라)]

천시(天時)를 받아서 사는 것은 치세(治世)나 같지만 재앙을 당하는 것은 치세와 다르다.
하늘을 원망해서는 안 되니 그 행한 방법이 그렇게 한 것이다. 그러므로 하늘과 인간의
구분을 명확히 안다면 지인(至人)이라 할 수 있다.

---

① '受時'는 '천시(天時)를 받다'로 하늘이 정한 시기, 즉 계절에 따라 그에 합당한 일을 하며 사는 것이다. '與'는 '~와', '治世'는 잘 다스려진 태평한 세상으로, '與治世同'은 치세나 그와 반대되는 난세(亂世 혼란한 세상)나 같다는 말이다. 계절에 따라 사는 것이나 치세니 난세나 다를 게 없다. 그러나 '殃禍', 즉 재앙을 당하는(겪는) 것은 사람이 불러들인 탓이다. 그래서 치세와 다르다.

② '以'는 '재앙을 당하게 된 것으로'라는 말이다. '怨'은 '원망하다'이다. '其道'는 '그 방법', 즉 재앙이 일어나 난세가 되도록 만든 방법이다. 인간의 잘못으로 재앙이 일어나 어려움을 겪게 되었으니 하늘을 원망해서는 안 된다는 것이다.

③ '明'은 '밝다, 분명히 알다', '天人之分'은 '하늘(자연)과 사람 사이의 구분', '至人'은 '至'가 '지극한, 극점에 다다른'의 뜻이므로, 인간으로서 최고의 경지에 다다른 사람, 즉 '성인'(聖人)을 가리킨다. '天人之分'이 핵심이다. 성인은 대단한 게 아니다. 그저 인간이 겪는 재앙과 혼란에 대해 하늘을 원망하지 않고 인간의 잘못을 인정하고 바로잡을 줄 아는 사람이다.

不爲而成, 不求而得, 夫是之謂天職①. 如是者, 雖深, 其人不加慮焉②, 雖大, 不加能焉③, 雖精, 不加察焉④, 夫是之謂不與天爭職⑤.

[불위이성(하고) 불구이득(하니) 부시지위천직(이라). 여시자(는) 수심(이라도) 기인(은) 불가려언(하고) 수대(라도) 불가능언(하고) 수정(이라도) 불가찰언(하나니) 부시지위불여천쟁직(이라하니라)]

무언가를 하지 않았는데도 이루어지고 구하지 않았는데도 얻어지는 것이 있으니, 이것을 일러 하늘의 직무라고 한다. 이와 같은 것은 비록 심원하다 하더라도 지인(至人)은 염두에 두지 않고, 비록 위대하더라도 능력을 더하지 않으며, 정미하다 하더라도 살피지 않으니, 이것을 일러 하늘과 직무를 다투지 않는다고 한다.

---

① '爲'는 '하다'로, '不爲而成'은 인간이 딱히 무언가를 하지 않아도 이루어지는 것을 말한다. '夫是'는 '이것'으로 바로 앞의 문장을 가리킨다. '之'는 목적격이다. 자연은 인간이 '不爲'해도 '不求'해도 제 스스로 할 일을 한다. 낮과 밤이 교차하는 것도, 계절이 흘러가는 것, 또한 그 안에서 만물이 나고 성장하고 죽는 모든 것이 그렇다.

② '如是者'는 '이와 같은 것'으로 '天職'으로 이루어지는 일들이고, '其人'은 '바로 그 사람'으로 앞서 나온 '지인'(至人)이다. '加'는 '더하다, 가하다', '焉'는 '於之'로 '거기(이와 같은 것)'에'이다. 하늘의 일이므로 인간이 생각해도 알 수 있는 일이 아니다. 그래서 천인지분(天人之分)을 아는 '至人'은 괜히 노력하지 않는다.

③ '大'는 '天職'이 이룬 일이 크고 위대함을 말하고, '能'은 인간(지인)의 능력을 가리킨다.

④ '精'은 '정미하다'로 섬세하고 정교한 것이다. '察'은 '살피다'이다.

⑤ '不與天爭職'은 하늘과 더불어[與] '職'을 다투지[爭] 않다[不]이다.

天有其時, 地有其財, 人有其治①, 夫是之謂能參②.
舍其所以參, 而願其所參, 則惑矣③.

[천유기시(하고) 지유기재(하고) 인유기치(하니) 부시지위능삼(이라).
사기소이삼(하고) 이원기소삼(이면) 즉혹의(라)]

하늘에는 사계절이 있고, 땅에는 간직한 재화가 있으며, 인간에게는 다스리는 능력이
있으니, 이것을 일러 천지와 어울려 대등하게 셋이 된다고 하는 것이다. 셋이 된 까닭은
놓아 버리고 셋이 된 자리만 원한다면 미혹된 것이다.

---

① '其'는 고유한 것이란 의미를 강조한다. '時'는 하늘의 때, 즉 계절
이고, '財'는 '材'의 뜻으로 하늘이 때에 따라 내는 만물을 받아 기를
수 있는 땅 위와 땅 아래 있는 갖가지 자원이다. '治'는 하늘의 때와
땅의 재원을 알아 갈무리하고 질서를 잡아 활용하는 능력이다.

② '參'은 '三'의 뜻으로 '삼'이라 읽는다. 천(天), 지(地), 인(人)의 삼
재(三才)를 가리키는 말이다. '能'을 쓴 것은 인간이 하늘과 땅에 대
등한 입장으로 함께 참여해서 세상의 균형을 이루는 존재로 기능한
다는 의미를 강조한 것이다.

③ '舍'는 '捨'와 같은 뜻으로 '놓다, 버리다'이고, '所以'는 '까닭'이다.
'惑'은 '미혹되다(하다)', 그러니까 무언가에 홀려 정신이 흐려진 상
태이다. '其所以參'은 '천지와 더불어 셋이 된 까닭'이고, '其所參'은
'천지와 더불어 셋이 된 지위 그 자체'이다. '天'과 '地'는 애쓰지 않
고도 일정한 법칙[常] 속에서 제 할 일을 한다. 그러나 '人'은 저절로
'治'하게 되지 않는다. 의지를 가져야만 그렇게 움직이게 된다. 그러
므로 '參'에 든 까닭을 놓치고 '그런 위대한 존재지!'라는 데에만 취
하면 인간은 '治'가 아니라 '亂'을 이룬다. 해야 할 일은 잊고 위상만
탐한다면 정신 나간 상태인 것이다.

治亂, 天邪^①? 曰, 日月星辰瑞曆^②, 是禹桀之所同也^③, 禹以治, 桀以亂, 治亂非天也^④.

[치란, 천야(아). 왈, 일월성신서력(은) 시우걸지소동야(나)
우이치(하고) 걸이란(하니) 치란비천야(라)]

세상이 다스려지고 혼란한 것이 하늘 때문인가? 해와 달과 별들이 운행하니, 이는
우임금의 때 걸임금의 때에나 모두 같았다. 그러나 우임금은 천하를 다스려지게 하였고
걸임금은 천하를 어지럽게 하였으니 다스려지고 어지러워지는 것은 하늘 때문이 아니다.

① '治'는 잘 다스려지는 태평한 세상, '亂'은 어지럽고 무질서한 세상
이다. '邪'은 의문을 나타내는 어조사로 '야'로 읽는다. 그러므로 '天
邪'는 '하늘 때문인가? 하늘이 그렇게 한 것인가?'라는 말이다.

② 자문자답 형식이라 '曰'이 붙은 것인데 굳이 해석하지 않아도 된
다. '星辰'이 별을 뜻하므로 '辰'은 '신'으로 읽는다. '瑞曆'에서 '曆'은
'역법'이라는 뜻의 '曆'으로, '瑞曆'은 '천체의 운행, 천체의 운행을 관
측해서 추산하다'는 뜻의 '曆象'(역상)과 같은 말이다. '瑞'는 '상서롭
다'는 뜻인데, 역법을 존중하고 상서롭게 보는 의미에서 붙여졌다고
보기도 하고, 천체 관측 기구들을 지칭하는 '象'을 가리키는 말로 그
기물을 신성하게 보았기에 이 글자를 쓴 것이라 보기도 한다.

③ 앞에서도 여러 번 등장했던 '禹桀'이 반복되어 나온다. '禹'는 부
지런하고 훌륭한 임금으로 치세(治世)의 대명사이고, 반대로 '桀'은
게으르고 난폭한 혼군(昏君)으로 난세(亂世)의 대명사이다.

④ '禹以治'는 직역하면 '우는 치로써 했다'로, 우임금은 천하를 제대
로 다스려 치세로 만들었다는 뜻이다. '治亂, 天邪?'로 시작한 문장이
라 '治亂非天'으로 끝맺는다. '天邪', 즉 '하늘 때문인가'로 물었으니,
'非天', 즉 '하늘 때문이 아니다'로 답했다.

時邪? 曰, 繁啓蕃長於春夏, 畜積收臧於秋冬^①,
是又禹桀之所同也, 禹以治, 桀以亂, 治亂非時也^②.
地邪? 曰, 得地則生, 失地則死^③, 是又禹桀之所同也,
禹以治, 桀以亂, 治亂非地也.

[시야(아), 왈, 번계번장어춘하(하며) 축적수장어추동(은)
시우걸지소동야(나) 우이치(하고) 걸이란(하니) 치란비시야(라).
지야(아) 왈, 득지즉생(하고) 실지즉사(는) 시우걸지소동야(나)
우이치(하고) 걸이란(하니) 치란비지야(라)]

그렇다면 계절 때문인가? 봄여름에 한꺼번에 싹 터서 무성하게 자라고 가을겨울에 거두어
저장하니 이것 또한 우임금 때나 걸임금 때나 같았다. 그러나 우임금은 천하를 다스려지게
하였고 걸임금은 천하를 어지럽게 하였으니 다스려지고 어지러워지는 것은 계절 때문이
아니다. 그렇다면 땅 때문인가? 땅을 얻으면 살고 땅을 잃으면 죽으니, 이 역시 우임금
때나 걸임금 때나 같았다. 그러나 우임금은 천하를 다스려지게 하였고 걸임금은 천하를
어지럽게 하였으니 다스려지고 어지러워지는 것은 땅 때문이 아니다.

---

① 어제 치세와 난세에 대해 '非天', 즉 '하늘 때문이 아니다'로 답했
다. 이번에는 '時邪', 즉 계절 탓이냐고 묻는다. '繁'은 '많다', '啓'는 '열
다, 열리다', '蕃'은 '무성하다', '長'은 '자라다'이다. 그러니까 '繁啓'는
봄이 되면 싹이 한꺼번에 트는 것을, '蕃長'은 그렇게 우르르 튼 싹들
이 여름에 무성하게 자라는 것을 가리킨다. '畜積'은 '모으다, 쌓다',
'收臧'은 '거두어 저장하다'로, 가을에 곡식을 거두어 쌓아서 겨울에
저장하는 것을 가리킨다.

② 앞서와 똑같은 문장 구조다.

③ 마지막으로 '地邪', 즉 '땅, 대지' 때문이냐고 묻는다. '地'는 뿌리내
리고 살아갈 터전이다. 땅이 없으면 생물은 살지 못한다. 그러나 역
시 '治亂非地'로 답한다.

天不爲人之惡寒也輟冬[①], 地不爲人之惡遼遠也輟廣[②],
君子不爲小人之匈匈也輟行[③]. 天有常道矣, 地有常數矣,
君子有常體矣[④]. 君子道其常, 而小人計其功[⑤].

[천불위인지오한야철동(하고) 지불위인오료원야철광(하고)
군자불위소인지흉흉야철행(이라). 천유상도의(요) 지유상수의(요)
군자유상체의(라). 군자도기상(이나) 이소인계기공(이니라)]

하늘은 사람들이 추위를 싫어한다고 해서 겨울을 없애지 않고, 땅은 사람들이 먼 것을
싫어한다고 해서 광대함을 없애지 않으며, 군자는 소인이 떠들어 댄다고 해서 옳은 행동을
멈추지 않는다. 하늘에는 일정한 도가 있고, 땅에는 일정한 법칙이 있고, 군자에게는
일정한 품성이 있다. 군자는 그 일정함을 말하지만 소인은 그 공에 따른 이익을 계산한다.

---

① '惡'는 '싫어하다'로 '오'로 읽는다. '寒'은 '추위', '輟'은 '거두어들이
다, 멈추다, 그치다'이다. '也'은 '而'의 뜻으로 쓰였다. '不爲'를 맨 마
지막에 건다. 사람의 호오(好惡)와 자연 현상은 아무 상관이 없다는
말인데, 이런 발상이 매우 재미있다.

② 땅도 마찬가지이다. '遼'는 '아득하다'로, '遼遠'은 너무 광대해서
거리가 아주 먼 것을 가리킨다.

③ 이번에는 자연 대 인간이 아니라 군자와 소인을 대조시킨다. '匈'
은 '떠들썩하다. 흉흉하다'로, '匈匈'은 아주 크게 떠들며 소인들이 군
자를 비난하는 것이다. '行'은 '덕행, 옳은 행동'을 뜻한다.

④ '常道'와 '常數' 모두 일정한, 불변의 법도·법칙을 가리킨다. '常體'
는 일정한, 불변하는 품성, 일정한 기준에 따른 행위를 가리킨다.

⑤ '道'는 '말하다'의 뜻으로 쓰였다. 사람으로 태어나 지향해야 할 인
간형은 군자이다. 군자는 일정함에 마음을 두는 반면 소인은 잠깐
얻을 이익만 계산한다.

星隊木鳴, 國人皆恐. 曰, 是何也①?
曰, 無何也. 是天地之變, 陰陽之化, 物之罕至者也②.
怪之, 可也, 而畏之, 非也③.

[성추목명(하면) 국인개공(하니) 왈, 시하야(오)
왈, 무하야(라) 시천지지변(이며) 음양지화(니) 물지한지자야(라)
괴지(는) 가야(어니와) 이외지(는) 비야(라)]

별이 떨어지고 나무가 울어대면 나라 사람들이 모두 공포스러워한다. 이는 어째서인가?
별다른 이유는 없다. 이는 천지의 이변이고 음양의 변화로 사물에 드물게 일어나는
현상이다. 괴이하게 여기는 것은 괜찮지만 두려워하는 것은 잘못이다.

---

① '隊'는 '떨어지다'로 '墜'와 같다. '鳴'은 '울다'이다. '星隊'은 운석이
떨어지는 것이라 하기도 하는데, 여튼 모두 설명하기 어려운 기이한
자연 현상을 가리킨다. '恐'은 '두려워하다'이다. 이런 이변이 생기면
사람들은 두려워하며 그 원인을 알고 싶어 한다. 왜 이런 거야[是何
也]?

② 순자가 시원하게 답한다. '별다른 이유가 없다'[無何也]. '無何'는
'何'가 없다, 즉 별다른 이유가 없다는 뜻이다. '罕'은 '드물다'로, '罕
至者'는 드물게 이르는 것이니까 '드물게 발생하는 것(현상)' 정도로
풀이할 수 있다.

③ '怪'는 '괴이하게 여기다', '之'는 위의 알 수 없는 현상을 가리킨다.
'可'는 '괜찮다' 정도의 의미, '非'는 '그르다, 잘못되었다'이다. 알 수
없는 자연 현상에 대해 이상하고 괴이쩍게 여기는 것까지는 괜찮지
만 이해할 수 없다 해서 '두려워'하는 것은 잘못된 반응이라는 것이
다. 이상하게 여기는 마음이 두려워하는 상태로 변화하면 그것이 신
앙의 대상이 될 수도 있기 때문이다. 자연은 아무리 이상하고 이해
할 수 없어도 그저 자연일 뿐이라는 게 순자의 입장이다.

夫日月之有食, 風雨之不時, 怪星之黨見①,
是無世而不常有之②. 上明而政平, 則是雖竝世起,
無傷也③, 上闇而政險, 則是雖無一至者, 無益也④.

[부일월지유식(과) 풍우지불시(와) 괴성지당현(은)
시무세이불상유지(라). 상명이정평(하면) 즉시수병세기(라도)
무상야(하고) 상암이정험(하면) 즉시수무일지자(라도) 무익야(라)]

일식과 월식이 일어나고 비바람이 때 아니게 몰아치는 것과 괴이한 별이 우연히 나타나는 것은 세상 어느 시대나 항상 일어나지 않은 적이 없다. 군주가 현명하고 정치가 공평하게 행해지면 이런 현상이 시대에 연달아 일어나더라도 지장이 없다. 그러나 군주가 어리석고 정치가 험악하면 이런 현상이 하나도 일어나지 않더라도 도움 될 게 없다.

---

① '日月之有食'은 '해와 달이 먹히는 현상이 있다'이니 '일식과 월식이 일어나다'의 뜻이다. '不時'는 제때가 아닌 때 발생하는 것이다. '黨'은 '儻'의 뜻으로 '혹, 우연히'이고, '見'은 '나타나다'로 '현'으로 읽는다. 모두 자연에서 일어나 사람을 놀라게 하는 이변들이다.

② '世'는 '세대, 시대'로, '無~不~'은 어느 시대나 있었다는 강조이다.

③ '上'은 그냥 '위'라고 해도 되고 좀 더 구체적으로 '군주, 임금, 위정자'라고 해도 좋다. '政平'은 정치가 공평하게 행해지는 것이다. '是'는 자연의 이변 현상이다. '竝'은 '줄지어 나란히', '起'는 '일어나다'이다. 아래 문장과 정반대되는 상황을 설정해서 강조하는 바를 분명히 드러낸다.

④ '闇'은 '어둡다, 어리석다', '險'은 '험하다, 험악하다'이다. '是雖無一至者'는 기이한 자연 현상이 하나도 발생하지 않은 상황을 가리킨다. 이어 순자는 다시 한 번 별이 떨어지고 나무가 우는 건 괴이한 정도의 일이지 두려워하는 건 잘못된 자세라고 강조한다.

物之已至者, 人祅則可畏也①. 楛耕傷稼, 楛耘失歲②, 政險失民, 田薉稼惡, 糴貴民飢, 道路有死人③, 夫是之謂人祅④.

[물지이지자(에) 인요즉가외야(라). 고경상가(하고) 고운실세(하고)
정험실민(하고) 전예가악(하고) 적귀민기(하고) 도로유사인(하니)
부시지위인요(라)]

이미 나타난 사물의 현상 중에 사람이 만든 재앙은 두려워할 만하다. 거칠게 밭을 갈아
농사를 망치고 거칠게 김매어 수확이 부실하며, 정치가 험악하며 민심을 잃고, 논밭이
황폐하여 작황이 나쁘고, 곡식 값이 비싸 백성이 굶주리고 도로에 굶어 죽은 사람이
있으니, 이것을 일러 사람이 만든 재앙이라고 한다.

---

① 본격적으로 사람들이 '두려워해야 할'[可畏] 현상에 대해 말한다.
'物'은 여기서 '일, 현상'[事] 등의 의미를 담고 있기에 '사물의 현상'
으로 풀이하면 좋다. '已'는 '既'의 뜻으로 '이미'이다. '祅'은 '재앙'으
로, '人祅'는 '사람이 만든 재앙'이다.

② '楛'는 '거칠다'의 뜻으로 대충하는 것이다. '稼'는 '농사'이다. '耘'
은 '김매다'이고, '歲'는 '연사(年事), 풍년'을 가리킨다. '楛耘'는 원래
'耘耨'(김맬 누)로 되어 있는데 문장 구조로 볼 때 '楛耘'으로 보는 것
이 옳다는 저본의 주석에 따랐다.

③ '薉'는 김매지 않아 논밭이 황폐한 것이다. '糴'은 '쌀을 사다'로, '糴
貴'는 쌀값이 비싼 것이다. '道路有死人'은 앞의 상황으로 발생한 결
과로, '死人'은 굶주림으로 죽은 백성이다.

④ '夫是之謂'는 앞 문장 전체를 받아 '이것을 일러 ~라 한다'라는 표
현인데, 앞으로 세 번에 걸쳐 나온다. 앞에서 나열한 것들이 사람이
두려워해야 하는 '人祅', 즉 사람이 만든 재앙이라는 것이다. 두려워
해야 할 것은 기이한 자연 현상이 아니라 위와 같은 인요이다.

政令不明, 擧錯不時, 本事不理①,
勉力不時, 則牛馬相生, 六畜作祆, 夫是之謂人祆②.

[정령불명(하고) 거조불시(하고) 본사불리(하고)
면력불시(하고) 즉우마상생(하고) 육축작요(하니) 부시지위인요(라)]

정책 명령이 분명하지 않고 행위와 조치가 때에 맞지 않으며, 농사를 관리하지 않고,
농사철을 고려하지 않고 민력(民力)을 써서 소와 말이 서로 다른 새끼를 낳고 육축이
요사스런 현상을 일으키니, 이것을 일러 사람이 만든 재앙이라 한다.

───────────────────

이제 두 번째 인간이 만든 재앙[人祆]에 대해 알아보자.

① '政令'은 '정책 명령', '錯'는 '措'로 '擧錯'은 '擧措', 즉 행동거지나 어
떤 일을 행하기 위한 조치이다. 여기서 '時'는 '時宜'(시의), 시기에 가
장 합당하고 알맞은 것을 말한다. '擧錯不時'는 나라에서 하는 일이
때에 맞지 않아 백성을 힘들게만 하고 아무 효과도 없거나 더 안 좋
게 만드는 상황을 가리킨다. '本事'는 백성의 삶의 기초가 되는 일, 즉
농사짓고 누에치는 일이다. '理'는 '다스리다, 관리하다'이다.

② '勉力'은 백성을 징발해서 요역에 쓰는 것이다. 백성은 농사를 지
어 먹고살므로 옛 국가에서는 백성을 반드시 농한기에 부려야 한다
는 원칙이 있었다. '勉力不時'는 바로 그 원칙을 깬 상황을 가리킨다.
'則'은 위의 문장을 받아 순접으로 이어지는 '而'의 뜻으로 쓰였다.
'牛馬相生'은 소가 말을 낳고 말이 소를 낳는 것을 말한다. '六畜'은
'소, 말, 돼지, 양, 닭, 개' 등 가축의 총칭이다. 소가 말을 낳고 하는 등
의 일이 정말 일어나는 일일까 싶기도 하지만, 실제로 인간이 가축
으로 온갖 짓을 하는 걸 보면 맞는 말 같다.

禮義不修, 內外無別, 男女淫亂, 則父子相疑[①],
上下乖離, 寇難竝至[②], 夫是之謂人祆.

[예의불수(하며) 내외무별(하고) 남녀음란(하며) 즉부자상의(하고)
상하괴리(하며) 구난병지(하니) 부시지위요(라)]

예의가 닦이지 않아 안과 밖의 구별이 없고, 남녀가 음란하며, 아버지와 자식이 서로
의심하고, 군주와 신하 사이가 어긋나며, 외적의 침입과 내부의 어려운 일이 아울러
닥치니, 이것을 일러 사람이 만든 재앙이라 한다.

인간이 만든 세 번째 재앙[人祆]이다.

① 총체적 문제는 '禮義不修'이다. 예의는 인간의 사회를 구축하는
가장 기본적인 틀이다. 그것이 제대로 형성되고 유지되지 못하면 어
떻게 될까? 인간 사회 형성의 기본을 이루는 내외의 구별이 없어진
다. 남녀의 구별이 없어지니 분수에 넘치고 마구잡이로 하는 행동,
즉 음란한 행동을 한다. '淫'은 '넘치다'의 뜻이다. '則'은 잘못 들어간
글자로, 해석하지 않는다. 인간관계의 혈연적 기본을 이루는 아버지
와 자식 관계는 신뢰가 자리 잡지 못하고 서로를 의심[疑]한다.

② 남녀, 부자의 문제가 사회로 나가 상하의 문제로 번지면 어떻게
될까? 둘 사이가 협동하지 못하고 서로 이용하려고만 들면서 문제
가 발생하면, 서로 탓하고 어긋나고 멀어지는 괴리(乖離) 현상이 빚
어진다. '寇'는 외적의 침입이고, '難'은 내부의 어려움이다. 이런 사
회가 되면 당연히 기초가 흔들리니 외부의 적까지 나라를 넘본다.
내우외환에 시달리게 되는 것이다.

祅是生於亂. 三者錯, 無安國①.
其說甚爾, 其菑甚慘②, 可怪也, 而亦可畏也③.

[요시생어란(이라). 삼자착(이면) 무안국(이라).
기설심이(나) 기치심참(하니) 가괴야(라) 이역가외야(라)]

재앙은 혼란에서 생긴다. 위의 세 가지가 뒤섞여 발생하면 편안한 나라가 없을 것이다.
이 설은 매우 평이하지만 그 재해는 매우 참혹하니, 괴이하게 여길 만하고 또한 두려워할
만하다.

① 다시 한 번 요약해서 말한다. '祅是生於亂'는 '재앙은 혼란에서 생
겨난다'는 뜻으로, 이 말은 질서, 즉 예의가 닦이지 않아 망가진 데서
재앙이 생겨난다는 말이다. '三者'는 '人祅'에 관한 세 가지 설을 가
리킨다. 세 가지 설을 정리하면, 첫 번째 재앙은 먹고사는 문제의 기
본, 즉 농사에 대한 것으로, 가장 기본적인 개인의 게으름 문제이다.
다음으로 정치를 제대로 못해서 민력을 손실시켜 백성이 생업을 망
치는 상황을 꼽았다. 마지막으로 사회를 형성해서 사는 인간이 서
로 간의 관계를 제대로 정립하지 못했을 때 망가진 사회가 가져오는
재앙에 대해 지적했다. '錯'은 '이리저리 뒤섞이다'의 의미로, '착'으
로 읽는다. 이 세 가지 재앙이 서로 마구 뒤섞인 사회가 '安國'일 리는
없다.
② '其說'은 '人祅'에 관한 설이고, '爾'는 '邇'의 뜻으로 '가깝다, 평이
하다'이다. '菑'는 '재앙', '慘'은 '참혹하다'이다.
③ '亦'은 원래 '不'로 되어 있는데 '亦'이 잘못 표기된 것이란 견해를
좇아 '亦'으로 번역하였다. 왜냐하면 사람이 만든 재앙을 말한 핵심
이 '可畏'이기 때문이다. 자연의 이변 현상은 '可怪, 不可畏'이고, 사
람이 만든 재앙은 '可怪, 亦可畏'이다.

雩而雨, 何也①? 曰, 無何也, 猶不雩而雨也②. 日月食而救之, 天旱而雩, 卜筮然後決大事③, 非以爲得求也, 以文之也④.

[우이우(하니) 하야(오). 왈, 무하야(라) 유불우이우야(라). 일월식이구지(하고) 천한이우(하고) 복서연후결대사(는) 비이위득구야(라) 이문지야(라)]

기우제를 지내고서 비가 오는 것은 어째서인가? 별다른 이유는 없으니, 기우제를 지내지 않아도 비가 내리는 것과 같다. 일식과 월식이 일어나면 방법을 찾아 구제하고, 가뭄이 들면 기우제를 지내고, 점을 친 뒤에 큰일을 결정하는 것은 원하는 바를 얻을 수 있다고 여겨서가 아니라 정치를 꾸미는 것이다.

---

① '雩'는 '기우제'이다. '雩而雨'는 기우제를 지내고 비가 내린 것이다. 자연과 인간이 별개라고? 그럼 제사는 왜 지내는 건데? 기우제 지냈더니 비가 내리던데? 하늘이 답한 거 아닌가?

② '無何'는 '별다른 이유 없다'이고, '猶'는 '~와 같다'이다. 순자는 답한다. "'不雩而雨'와 같다." 비가 내린 건 우연의 일치이고, 하늘은 때가 되면 비를 내릴 뿐 기우제와는 무관하다는 말이다.

③ '救'는 '구원하다, 고치다'로, 일식이며 월식은 해와 달이 파먹혀 빛을 잃는 것이므로 그것을 원상복구하는 것이라 이 글자를 썼다. '旱'는 '가물다', '卜'은 '거북점'이고 '筮'는 '산가지로 치는 점'으로 '卜筮'라 하면 점치는 행위를 가리킨다. 옛 국가에는 반드시 제사 의식이나 점치는 의식 같은 국가 의례가 있었다. 자연과 인간의 삶이 별개라면 나라에서는 왜 이런 일들을 굳이 진행하는 것인가?

④ '得求'는 '구하는 바를 얻다', 즉 그것을 통해 기원이 이루어지는 것이다. 그런데 그것이 아니[非]란다. '文'은 '꾸미다, 수식하다'이다. 즉 보여 주기식 행정 절차라는 것이다.

故君子以爲文, 而百姓以爲神①.
以爲文則吉, 以爲神則凶也②.

[고(로) 군자이위문(이나) 이백성이위신(이라).
이위문즉길(하고) 이위신즉흉야(라)]

그러므로 군자는 그런 것에 대해 꾸미는 의식으로 여기지만 백성은 신령한 것으로 여긴다.
꾸미는 의식으로 여기면 길하고 신령한 것으로 여기면 흉하다.

---

① 여기서 군자는 일단은 지도자, 관리지만 지성인도 그 범주에 포함시킬 수 있다. '以爲'는 '여기다'이다. 국가의 제의 행사에 대해 그것을 진행하는 지도와 국가 관리들은 그것이 '文'이라는 것을 안다. 그러나 백성은 그것을 '신령스러운 것'으로 여긴다. 보여 주기식 행정 절차라면 그런 걸 왜 하는 것일까? 안 하면 백성이 불안해하기 때문이다. 가뭄이 들고 자연 재해가 생기면 농사를 생업으로 삼아 살아가는 백성은 불안하고 초조해진다. 이런 위기 상황에 민심이 이반되지 않게 하려면 나라도 백성을 위로하며 이 일에 깊이 신경 쓰고 있음을 보여야 한다. 그것이 바로 이러한 의식이다. 말로 설명하고 설득해서 될 일이 아니므로 국가 행사를 치러 마음을 모으고 충분히 대비하고 있음을 알려 안심시키는 것이다.

② 이 문장은 군자의 입장에서 기술한 것이다. 백성의 마음을 어루만지기 위한 행사를 행하는 입장에서는 이것이 '文', 즉 보여 주기 위한 행정 절차임을 알아야 한다. 정말로 중요한 것은 이 행사가 아니라 이성적으로 대책을 마련해서 수습하는 것이기 때문이다. 그래서 이런 행사를 정말로 하늘이 위기에서 건져 줄 신령스러운 의식으로 안다면 흉하다는 것이다.

大天而思之, 孰與物畜而制之①, 從天而頌之, 孰與制天命而用之②, 望時而待之, 孰與應時而使之③. 因物而多之, 孰與騁能而化之④.

[대천이사지(는) 숙여물축이제지(며) 종천이송지(는)
숙여제천명이용지(며) 망시이대지(는) 숙여응시이사지(며)
인물이다지(는) 숙여빙능이화지(며)]

하늘을 위대하게 여겨 그것을 사모하기만 하는 것은 어찌 만물을 저축하여 제어하는 것과 같겠으며, 하늘에 순종하며 그것을 칭송하기만 하는 것이 어찌 천명을 제어하여 그것을 활용하는 것과 같겠으며, 시절만 바라보고 기다리는 것이 어찌 시절에 대응하여 그것을 부리는 것과 같겠으며, 만물의 본질에 의거하여 증식하는 것이 어찌 사람이 재능을 마음껏 발휘하여 그것을 변화시켜 많아지게 하는 것과 같겠는가.

---

① '孰與'는 '어찌 ~와 같겠는가'의 뜻으로 '豈如'와 같다. 반어, 설의로 문장을 강조할 때 쓴다. '大'는 서술어로 쓰여 '크게(위대하게) 여기다'이다. '思'는 '사모하다', '之'는 '天'을 가리키고, '畜'은 '쌓다'이다. '制'는 '裁'의 뜻이며 또한 원래도 '裁'였을 텐데 후에 '制'로 잘못 표기된 것으로 본다. 지금까지 순자의 글을 공부하며 느꼈을 텐데 『논어』나 『맹자』에 비해 글이 정리되어 있고, 대구를 이루어 논지를 펼치는 경우가 상당히 많다. 여기서도 운문은 아니지만 계속 대구를 이루는 문장들이 서로 같은 운자(韻字)를 쓰는 형태이다. 이를테면 아래 '頌'은 '用'과 '待'는 '使'와 '多'는 '化'와 같은 운자를 쓰는데 '思'와 '制'만 운자가 다르다. '制' 자리에 '裁'가 들어가면 운자가 맞는다.

② '從'은 '따르다', '頌'은 '칭송하다'이다.

③ '望'은 마냥 바라만 보는 것을 가리킨다.

④ '因物'은 사물을 그 자체의 법칙성에 의존하는 것을 가리킨다. '騁'은 '펼치다, 다하다'로 '騁能'은 재능을 발휘하는 것이다.

思物而物之, 孰與理物而勿失之也①, 願於物之所以生,
孰與有物之所以成②. 故錯人而思天, 則失萬物之情③.

[사물이물지(는) 숙여이물이물실지야(며) 원어물지소이생(은)
숙여유물지소이성(이리오). 고(로) 조인이사천(이면) 즉실만물지정(이라)]

만물을 가지려 생각하면서 자기 것으로 여기는 것이 어찌 만물을 다스려 그것들을 잃지
않게 하는 것과 같겠으며, 만물이 생겨나는 까닭을 알고자 하는 것이 어찌 만물을 이루는
것을 돕는 것과 같겠는가. 그러므로 인간의 노력을 버려 두고 하늘만 사모하면 만물의
실정(實情)을 놓치게 될 것이다.

① '物之'는 그것을 자기 물건으로 여기는 것이다.

② '物之所以生'은 '만물이 생겨나는 까닭'이고, '物之所以成'은 '만물
이 이루어지는 까닭'이다. '願'은 알고자 하는 것이고, '有'는 '佑'의 뜻
으로 쓰여 '돕다'로 풀이한다. 만물이 생겨나는 까닭을 아는 것보다
중요한 것은 현실에 만물이 제 기능을 하며 살고 쓰일 수 있게 하는
일이다. 발생 원인을 안다 해도 그것은 그저 지식일 뿐 인간이 발생
작용에 직접 관여할 수는 없기 때문이다. 순자가 내내 말하는 바는
'자연에 대해 경외하고 마냥 복종하는 것보다 그것을 현실에 활용할
방법을 아는 것이 훨씬 더 효율적이고 인간이 해내야 할 일이 아니
겠는가?' 하는 것이다.

③ '錯'은 '措'의 뜻으로 '놓다, 내버려 두다'이다. '錯人'은 사람이 할
수 있는 것을 놔두는 것이다. 만물을 다스리고 풍부하게 만드는 것
은 인간이 행위에 달렸지 하늘에 달린 것이 아니다. 그러므로 인간
의 노력을 포기하고 하늘이 어떻게 해 주기만을 기다린다면 만물을
저버리는 결과가 될 것이다. 철저하게 인간의 각성과 노력을 촉구
하는 순자의 입장은 당연히 인간을 제대로 교육하는 쪽으로 갈 수밖
에 없다.

人之性惡, 其善者, 僞也 ①.

[인지성악(하니) 기선자(는) 위야(라)]

사람의 본성은 악하니, 그 선한 것은 작위(作爲) 때문이다.

나이가 들수록 이해되고 존경스러운 사람보다는 도무지 이해할 수 없거나 왜 저렇게 사는 걸까 하는 생각이 들게 하는 사람이 더 많아진다. 그러다 보면 '인간은 대체 왜 이런 것인가?' 생각하게 된다. 인간은 역시 그 본성부터 악한 존재인 건가? 역시 머리 검은 짐승은 구제할 방법이 없는 건가? 순자는 성악설(性惡說)을 주장한 학자로 유명하며, 늘 성선설(性善說)을 주장한 맹자와 함께 인구에 회자된다. 본성이 악하다면 인간에게 희망은 없는 걸까? 순자는 무엇을 말하려고 성악설을 꺼낸 것일까? 그의 성악설이 담고 있는 내용을 살펴보고, 정말로 성악설이 맞다면 인류는 어떤 희망을 가질 수 있는 건지 순자의 글을 직접 읽으며 조금이나마 생각해 보기로 하자.

① '僞'는 '행하다'[爲]이며 '바로잡다'[矯(교)]로, 본성을 바로잡는 것을 뜻한다. 본성으로 갖게 된 것이 아니라 인간이 직접 행해서 이루는 것이므로 '작위'라고 표현했다. 이 단어는 좋지 않은 뜻으로 많이 쓰는데, 여기서는 그런 의미가 아니라 본성[性]과 반대되는 의미일 뿐이다. 첫 마디부터 인간의 본성은 '악하다'고 천명하고 인간이 선을 하는 것은 인간의 노력으로 달성한 '僞'라고 말한다. 『순자』「성악」 편에서 '性惡'만큼 중요한 글자가 '僞'이다. 이 글자를 꼭 기억하면서 내일부터 본격적으로 왜 인간의 본성이 악하다는 건지 그 이야기에 빠져 보기로 하자.

今人之性, 生而有好利焉①, 順是, 故爭奪生而辭讓亡焉②.
生而有疾惡焉, 順是, 故殘賊生而忠信亡焉③,

[금인지성(은) 생이유호리언(하니) 순시(라) 고(로) 쟁탈생이사양무언(이라)
생이유질오언(하니) 순시(라) 고(로) 잔적생이충신무언(이라)]

이제 사람의 본성은 나면서부터 이익을 좋아하는 마음이 있으니, 이것을 그대로 따르기
때문에 쟁탈하는 것이 생기고 사양하는 것이 없어진다. 나면서부터 시새우고 미워하는
마음이 있으니, 이것을 그대로 따르기 때문에 남을 해치는 일이 생기고 타인을 진실하고
신실하게 대하는 마음이 없어진다.

① 이 편에는 '今'이 계속 나오는데 이 글자를 '지금'으로 번역하면 말
이 되질 않는다. 인간의 본성에 대해 다루는데 '지금 사람의 본성은'
이라고 한다면 옛날 사람의 본성은 달랐다는 의미가 된다. 그러나
인간이라는 종은 예나 지금이나 똑같다. 그래서 이 본문에서의 '今'
은 '夫'와 같은 어조사로, 즉 호흡을 가다듬고 말을 꺼내는 의미로 사
용된 것으로 보는 것이 합당하다. 그래서 번역에 쓴 '이제'는 '현재'
의 의미가 아니라 말을 꺼낼 때 쓰는 발어사 정도로 의미로 썼다. '生
而'는 '태어나면서부터, 나면서부터'이다.
② '順'은 '따르다, 순종하다'이고, '是'는 '生而有好利'한 본성을 가리
킨다. 이에 따르기 때문에 생기는 결과로 쟁탈이 일어나고 사양이
없어진다. '爭奪生'과 '辭讓亡'는 '爭奪'과 '辭讓'이 주어, '生'과 '亡'가
서술어인 구조이다. 이후로 같은 문형이 반복되는데 모두 같다. '亡'
은 '無'이다.
③ '疾'은 '嫉'과 같아서 '질투하다'이고, '惡'는 '미워하다'로 '오'로 읽
는다. '殘賊'은 '해치다, 죽이다'이다. '忠'은 진실하게 타인을 대하는
것을 말한다.

生而有耳目之欲有好聲色焉, 順是,
故淫亂生而禮義文理亡焉①. 然則從人之性, 順人之情②,
必出於爭奪, 合於犯分亂理, 而歸於暴③.

[생이유이목지욕유호성색언(하니) 순시(라)
고(로) 음란생이예의문리무언(이라). 연즉종인지성(하고) 순인지정(엔)
필출어쟁탈(하고) 합어범분난리(하여) 이귀어포(라)]

　나면서부터 눈과 귀가 좋은 소리와 미색을 추구하는 마음이 있으니, 이것을 그대로 따르기 때문에 음란함이 생기고 예절과 법도가 없어진다. 그렇다면 사람의 본성을 멋대로 풀어놓고 사람의 성정을 따른다면 반드시 쟁탈하는 행위가 나타나서 분수를 범하고 법도를 어지럽히는 데에 합치되어 난폭함으로 귀결될 것이다.

---

① 이 문장은 앞과 구조는 같은데 길이만 좀 길다. 그래서 동일한 '生而有~焉'의 구조로 보아 '好聲色' 앞의 '有'를 잘못 덧붙여진 글자로 보고 '欲好聲色'으로 옮겼다. 이 '有'자를 삭제하지 않더라도 '有耳目之欲'과 '有好聲色'을 떼서 번역하는 것은 문장 구조상 맞지 않고, 단일구로 번역해야 한다. '禮義文理'에서 '禮義'는 기준이 되는 질서의 큰 틀이고 '文'은 그것을 상황에 맞게 조절한 것, 즉 예절이며, '理'는 이 법칙성에 대한 조리(條理), 즉 법도이다.

② '從'은 '방종하다'[縱]의 의미로 쓰였다.

③ 사람의 본성을 제 하고자 하는 대로 풀어놓을 때 일어나는 결과에 대해 말한다. '分'은 인간으로서, 내가 처한 위치로 봐서 지켜야 하는 나의 범위이다. '禮'에서 가장 중요한 것은 나의 나 됨의 분수를 지키는 것이다. '出'이 '合'으로, 거기서 '歸'로 이어지는 구조이다. 본성을 그대로 풀어두면 내 좋은 것을 차지하려고 쟁탈하다가 선을 마구 넘나들며 법도를 어지럽히다가, 결국은 난폭으로 귀결된다. 난폭은 약육강식(弱肉强食), 즉 짐승의 생존 법칙이다.

故必將有師法之化, 禮義之道①,
然後出於辭讓, 合於文理, 而歸於治②.
用此觀之, 然則人之性惡明矣, 其善者, 僞也③.

[고(로) 필장유사법지화(와) 예의지도(니)
연후출어사양(하고) 합어문리(하여) 이귀어치(라)
용차관지(하면) 연즉인지성악명의(니) 기선자(는) 위야(라)]

그러므로 반드시 스승과 법도에 의한 교화와 예의에 의한 지도가 있어야 하니, 그렇게 한
연후에 사양하는 행동을 시작해서 예절과 법도에 합치되어 질서 있는 다스림으로
귀결된다. 이것으로 보건대 사람의 본성은 악함이 분명하니, 그 선한 것은 작위 때문이다.

① 순자는 본성을 제 하고 싶은 대로 두면 어떻게 되는지 먼저 말했고, 이제 그 해결법에 대해 말한다. 반드시 '師法之化'와 '禮義之道'가 있어야 한다는 것이다. '師法'은 스승과 법도 혹은 스승이 전수한 법도이고, '道'는 '이끌다, 지도하다'라는 '導'의 뜻이다.

② 앞과 같은 문장 구조가 나왔다. '出'에서 '合'으로, 다시 '歸'로 이어진다. 쟁탈이 일어나면 사양함이 없어지지만 훌륭한 스승 아래 예의로 제대로 지도받으면 사양하는 자세가 나타난다. 쟁탈은 분수를 범하고 법도를 어지럽히는 데로 합해졌는데, 사양하는 자세는 예절과 법도에 합치된다. '合於文理' 구절 때문에 앞쪽의 '合於犯分亂理'에서 '分'을 '文'으로 보아야 한다는 견해도 있으나 '分'이 '文'을 포함하는 더 큰 의미이므로 따르지 않았다. 예절과 법도에 합치되면 전체 사회 질서가 바로 잡혀 안정된다. 즉 '治'로 귀결된다.

③ '用'은 '以'의 뜻으로 '~로써'이다. '用(以)此觀之'는 자주 나오는 표현으로 '이것으로 보건대'라는 뜻이다. '然則'은 '그렇다면'으로 '用此觀之'와 번역이 살짝 부딪힌다. 군더더기 느낌을 주니 풀지 않는 것이 낫다. 자신의 주장을 다시 반복해서 강조하며 말을 맺고 있다.

故枸木必將待櫽栝烝矯然後直^①,
鈍金必將待礱厲然後利^②, 今人之性惡,
必將待師法然後正, 得禮義然後治^③.

[고 (로) 구목필장대은괄증교연후직 (하며)
둔금필장대농려연후리 (라). 금인지성악 (하니)
필장대사법연후정 (하고) 득예의연후치 (라)]

그러므로 굽은 나무는 반드시 도지개를 대고 뜨거운 김을 쐬어 바로잡힌 뒤에 곧아지고,
무딘 쇠는 반드시 숫돌에 갈린 뒤에 날카로워진다. 그러니 이제 인간의 본성이 악한 것도
반드시 스승과 법도를 기다린 연후에야 바루어지고 예의를 얻은 연후에야 다스려진다.

---

① '師法之化'와 '禮義之道'의 필요성을 설득·강조한다. '枸'는 '굽다'
로 '枸木'은 '구부러진 나무'이다. '將'은 '장차'로 '기다리다'는 뜻의
'待'와 호응을 이루지만 굳이 번역할 필요는 없다. '櫽栝'은 '도지개'
로 굽은 나무를 바로잡는 도구이다. '烝'은 '김이 오르다, 찌다'로, 뜨
거운 물에 김을 쐐서 부드럽게 하는 것을 말한다. '矯'는 '바로잡다'
이다. 뜻만 알면 해석은 어렵지 않다.

② '鈍'은 '무디다'로 '鈍金'은 '무딘 쇠, 둔탁한 쇠'이다. '礱'과 '厲' 모두
'숫돌에 갈다'는 뜻이다. '利'는 '날카롭다, 예리하다'이다.

③ '枸木'과 '鈍金' 모두 제 기능을 하기에는 결함이 있는 상태이다.
이것들이 제 기능을 하려면 도지개에 놓여 뜨거운 김을 쐬고 숫돌에
갈리는 과정이 필요하다. 그래야만 쓸모 있는 상태인 '直'과 '利'에 도
달할 수 있다. 인간도 결함이 있는 상태, 즉 본성이 악한 상태이지만
'師法'과 '禮義'에 의해 교정하면 바루어[正]지고 질서 있는 사회의
상태[治]가 된다. 문장 구조를 똑같이 써서 보는 것만으로 주장을 이
해할 수 있도록 했다는 점이 흥미롭다.

孟子曰, 人之學者, 其性善<u>①</u>. 曰, 是不然.
是不及知人之性, 而不察乎人之性僞之分者也<u>②</u>.
凡性者, 天之就也, 不可學, 不可事<u>③</u>.

[맹자왈, 인지학자(는) 기성선(이라하니라). 왈, 시불연(이니)
시불급지인지성(하고) 이불찰호인지성위지분자야(라).
범성자(는) 천지취야(라) 불가학(하고) 불가사(며)]

맹자는 말하기를, "사람이 배우는 것은 그 본성이 선하기 때문이다"라고 하였다. 그러나 나는 다음과 같이 말한다. 이는 그렇지 않다. 이는 사람의 본성을 미처 알지 못하고 사람의 본성과 작위의 구분을 잘 살피지 못한 것이다. 본성이란 것은 타고나는 것으로 배울 수도 없고 일삼을 수도 없는 것이다.

---

① 이제 순자는 맹자의 말과 자기 의견을 대비시킨다. 그러나 『맹자』에는 이 말이 없다. 가장 비슷한 말이라면 「고자」 "人無有不善"(사람은 선하지 않은 사람이 없다)이라 말한 것이나 '學'에 대해 말하면서 "仁, 人心也; 義, 人路也 [……] 學問之道無他, 求其放心而已矣"(인은 사람이면 가지고 있는 마음이고 의는 사람이 걸어야 하는 길이다. [……] 학문의 길은 별다른 데 있는 것이 아니라 그저 그 놓아버린 선한 마음을 되찾는 데 있을 뿐이다)라고 한 대목 정도이다.

② '曰'은 순자의 말이다. '是不然', 즉 '이는 그렇지 않다'라고 단언하며 말을 시작한다. '及'은 '미치다, 도달하다'이므로 '不及知'는 앎에 채 도달하지 못한 것을 말한다. '察'은 '살피다'이다. '性'과 '僞'의 구분이 순자 주장의 핵심이다.

③ '就'는 '成'과 같은 뜻으로, '天之就'는 하늘(자연)이 이루어 준 것이란 의미이다. 자연적으로 이루어진 것은 당연히 배울 수도 없고 [不可學], 일삼을 수도 없다[不可事].

禮義者, 聖人之所生也, 人之所學而能, 所事而成者也①.
不可學, 不可事而在人者, 謂之性②. 可學而能,
可事而成之在人者, 謂之僞③. 是性僞之分也④.

[예의자(는) 성인지소생야(라) 인지소학이능(하고) 소사이성자야(라).
불가학(하고) 불가사이재인자(를) 위지성(이요) 가학이능(하고)
가사이성지재인자(를) 위지위(라하니) 시성위지분야(라)]

　예의라는 것은 성인이 만든 것이어서 인간이 배워서 할 수 있고 일삼아서 이룰 수 있는
것이다. 배울 수도 없고 일삼을 수도 없는데 인간에게 있는 것을 본성이라 하고, 배워서
해낼 수 있고 일삼아서 이룰 수 있는 것으로 인간에게 있는 것을 작위라고 한다. 이것이
본성과 작위의 구분이다.

---

① 앞서 '凡性者, 天之就也'라고 했다. 본성은 타고나는 것이라는 말
이다. 그렇다면 인간 사회의 틀을 잡는 '禮義'는? '聖人之所生也'이다.
성인이 만든 것이라는 말이다. 본성은 타고나므로 '不可學, 不可事'
라고 했다. 그러나 성인 역시 인간이니, 인간이 만든 예의는 사람이
[人之] 배워서 할 수 있는 바의 것[所學而能者]이고, 일삼아서 이룰
수 있는 바의 것[所事而成者]이다.

② '而在人'에서 주석가들의 견해가 엇갈린다. 분명히 짜임새 있게
문장을 구성하는 『순자』의 글 형태로 볼 때 이 구절과 아래는 대를
이룰 것이다. 그렇다면 '而'가 '之'되어 '不可學, 不可事之在人者'의 형
태가 되는 것이 알맞아 보인다. 또 한편으로, 어제 본문에서 '凡性者,
天之就也'라고 했으니 '人'을 '天'으로 수정하고 '在'를 '달려 있다'로
풀이해서 '하늘에 달려 있는 것'으로 보는 경우도 있다.

③ 반대로 '可學而能, 可事而成'이어서 인간에게 달린 것이 '僞'이다.

④ 이것이 '性'과 '僞'에 대한 순자의 구분이다.

孟子曰, 今人之性善, 將皆失喪其性故也①.
曰, 若是則過矣②. 今人之性, 生而離其朴, 離其資,
　必失而喪之③. 用此觀之, 然則人之性惡明矣.

[맹자왈, 금인지성선(은) 장개실상기성고야(라하나라).
왈, 약시즉과의(니) 금인지성(은) 생이리기박(하고) 이기자(하여)
필실이상지(라). 용차관지(면) 연즉인지성악명의(라)]

맹자는 말하기를, "이제 인간의 본성은 선하지만 필시 모두 그 본성을 잃어 버렸기 때문에 악해진 것이다"라고 하였다. 그러나 나는 "이와 같은 주장은 잘못된 것이다"라고 하겠다. 이제 사람의 본성은 나면서 그 질박한 상태를 떠나고 그 고유한 자질을 벗어나서 반드시 이를 상실한다. 이것으로 보건대 사람의 본성은 악함이 분명하다.

① 성선에 대한 맹자의 주장을 다시 한 번 반박한다. 앞서 『맹자』의 본문에서 인용한 구절에서 '놓아 버린 선한 마음'[放心(방심)]이 여기서 순자가 말하는 '失喪其性(그 본성을 잃어버림)'과 같다고 하겠다. 이 문장은 그냥 보기에 어색하다. 해결 방법은 둘 중의 하나다. '將皆失喪其性故也'에서 '故'와 '也' 사이에 '惡'이 빠진 것으로 보아 '故惡也'로 보아 위와 같이 번역하거나, 앞 구절의 '人之性善'의 '善'을 '惡'으로 고쳐 '인간의 본성이 악해진 것은'으로 보아야 한다는 견해를 따르는 것이다. '將'은 '必'의 뜻으로 쓰였다.

② '過'는 '잘못'이다. 이렇게 보면 틀렸다는 것이다. 또 강하게 지적한다.

③ '離'은 '떠나다, 결별하다', '朴'은 '소박, 질박함', '資'는 '자질'이다. '生而離' 해서 '必失而喪之' 한다는 것이 본래는 선했다가 악해지는 것이 아니라 태어나자 곧 결별한다는 말이다. 그러므로 '朴'과 '資'는 원형 그대로의 상태를 의미한다.

所謂性善者, 不離其朴而美之, 不離其資而利之也①.
[……] 今人之性, 飢而欲飽, 寒而欲煖, 勞而欲休②,
此人之情性也③.

[소위성선자(는) 불리기박이미지(하며) 불리기자이리지야(라)
[……] 금인지성(은) 기이욕포(하고) 한이욕난(하고) 노이욕휴(하니)
차인지정성야(라)]

이른바 본성이 선하다는 것은, 그 질박함을 떠나지 않고서 그것을 더 아름답게 하고
그 고유한 자질을 벗어나지 않고서 그것을 더 예리하게 하는 것이다. [……] 이제 사람의
본성은 배고프면 실컷 배부르고 싶어 하고 추우면 따뜻해지고 싶어 하고 수고로우면 쉬고
싶어 하니, 이것이 인간의 성정(性情)이다.

---

① 본성이 선하다고 말할 수 있으려면 인간의 상태가 어때야 할까?
원형 그대로의 상태로도 충분하고 원형 그대로의 상태만으로도 스
스로 발전해야 한다. 원래 인간은 태어나면서 '離其朴'하고 '離其資'
한다고 했다. 타고난 본바탕과 재질을 떠나는 것이다. 그러나 본성
이 선하다면 타고난 원형 그대로의 상태를 떠나지 않고 외부의 도움
없이 억지로 무엇을 어떻게 더 하는 것 없이 스스로 그 바탕이 더 아
름답게 되어야 하고[美之], 스스로 그 재질이 더 날카롭고 예리해져
야 한다[利之].

② 그런데 현실의 본성은 어떠한가? '飢'는 '배고픔'이고, '飽'는 '실컷
먹어 배부름'이다. '煖'은 '따뜻함', '休'은 '쉬다, 휴식'이다. 인간은 배
고프면 배부르길 바라고[飢而欲飽], 추우면 따뜻해지길 바라고[寒
而欲煖], 힘들면 쉬길 바란다[勞而欲休]. 인간의 자연스러운 상태는
이렇다는 말이다.

③ 이것이 인간의 성정(性情), 즉 타고난 본성이다.

今人飢, 見長而不敢先食者, 將有所讓也^①,
勞而不敢求息者, 將有所代也^②.
夫子之讓乎父, 弟之讓乎兄, 子之代乎父, 弟之代乎兄^③,
此二行者, 皆反於性而悖於情也^④.

[금인기(라도) 견장이불감선식자(는) 장유소양야(요)
노이불감구식자(는) 장유소대야(라).
부자지양호부(하고) 제지양호형(하며) 자지대호부(하고) 제지대호형(하니)
차이행자(는) 개반어성이패어정야(라)]

이제 사람이 배고픈데도 어른을 보면 감히 먼저 먹지 않는 것은 사양하려는 바가 있기
때문이고, 수고로운데도 감히 쉬려 하지 않는 것은 대신하려는 바가 있기 때문이다.
아들이 아버지에 대해 사양하고 아우가 형에 대해 사양하며, 자식이 아버지를 대신하고
아우가 형을 대신하는 것, 이 두 가지 행위는 모두 본성에 반하고 성정에 어긋나는 것이다.

---

① 자연 상태에서 인간은 분명 '飢而欲飽, 寒而欲煖, 勞而欲休'한다.
그러나 그렇지 않은 상황이 있다. '見長', 즉 어른을 보면 감히 '先食'
하지 않는다. '將'은 '(마땅히) ~ 하려고 하다'의 뜻으로 쓰였다.

② '勞而不敢求息'는 '수고로워도 감히 쉴 것을 구하지 않는다'는 말
이다. 이는 수고로움을 대신해야 하는 상황임을 판단했기 때문이다.
이 구절 때문에 위의 '見長'의 '長'을 '양식'이란 뜻의 '糧'(장)으로 고
쳐야 한다는 견해가 있다. '見長' 그 자체만 놓고 보면 문제될 것이 없
으나 이 구절과 대를 이루지 못하기 때문이다. '飢而欲飽'가 본성이
라면 '見糧而不敢先食'해야 본성에 반하는 행동이 된다.

③ '讓'과 '代'는 누구에게 하는가? 자식이 아비에게, 손아랫사람[弟]
이 손윗사람[兄]에게 한다.

④ 이 두 가지란 '讓'과 '代'이다. '悖'는 '어긋나다'이다. 사양하고 남의
수고를 대신하는 것은 본성에 반하고[反] 어긋나는[悖] 것이다.

然而孝子之道, 禮義之文理也①**. 故順情性則不辭讓矣**②**,
辭讓則悖於情性矣**③**. 用此觀之, 然則人之性惡明矣,
其善者, 僞也**④**.**

[연이효자지도(요) 예의지문리야(라) 고(로) 순정성즉불사양의(요)
사양즉패어정성의(라). 용차관지(면) 연즉인지성악명의(니)
기선자(는) 위야(라)]

그러나 이는 효자의 도리이고 예의의 법도이다. 그러므로 성정에 따르면 사양하지 않게
되고, 사양하면 성정에 어긋나게 되는 것이다. 이것으로 보건대 사람의 본성은 악함이
분명하니, 그 선한 것은 작위 때문이다.

---

① 어제 공부한 본문에 이어지는 문장이다. 사양하고[讓] 남의 수고
를 대신하는 것[代]은 인간의 본성에 반하고 어긋나는 것이라고 했
다. 그래서 역접을 표현하기 위해 '然而'를 쓴 것이다. '그러나, 그럼
에도'의 뜻이 되겠다. 어떤 경우에 인간의 본성에 반하는 행동을 했
느냐면 바로 '父兄'에 대해 그렇게 했다. 그러므로 '孝子之道'를 말한
것이고 이런 점을 생각하고 행동하는 것이 '禮義之文理', 즉 예의의
법도인 것이다.

② '情性'은 '본성'을 가리킨다. 본성에 따른다면 사양하지 않을 것이
다. 사양은 본성이 아니라 관계와 질서에 대한 판단에 따른 행동이
기 때문이다.

③ 그렇다면 반대로 사양한다면? 본성에 어긋나는 것이다.

④ 앞서 나온 문장이 그대로 반복되어 나왔다. 자신의 주장을 더 명
확히 하고 강조하는 방법이다.

問者曰, 人之性惡, 則禮義惡生 ①? 應之曰,
凡禮義者, 是生於聖人之僞, 非故生於人之性也 ②.
故陶人埏埴而爲器, 然則器生於陶人之僞,
非故生於人之性也 ③.

[문자왈, 인지성악(이면) 즉예의오생(고하면) 응지왈,
범예의자(는) 시생어성인지위(요) 비고생어인지성야(라)
고도인선식이위기(하니) 연즉기생어도인지위(요)
비고생어인지성야(라)]

묻는 자가 말하기를, "사람의 본성이 악하다면 예의는 어디에서 생기는 것인가요?"라고 한다면 다음과 같이 답하겠다. 예의라는 것은 성인의 작위에서 생기는 것이지 본디 인간의 본성에서 생기는 것이 아니다. 본디 도공(陶工)이 진흙을 반죽해서 기물을 만드니, 그렇다면 기물은 도공의 작위에서 생겨나는 것이지 본디 사람의 본성에서 생겨나는 것이 아니다.

───────────────────────

① 그 예의는 어디에서 생기는 것인가? '惡'는 '어디'라는 의문사이고 '오'로 읽는다.

② '應'은 '응하다', '之'는 위의 질문 내용을 가리킨다. '凡'은 문맥을 총괄하여 말을 꺼내거나 정리할 때 쓰는 부사로 '대개, 대체로'라고 옮기는데 옮기지 않아도 된다. '故'는 '本'과 같은 뜻으로 '본디'로 풀이한다. 이 문장의 핵심은 '聖人之僞'와 '人之性'이다. 예의는 성인의 작위[僞]이지 인간의 본성[性]이 아니다.

③ 그리고 두 가지 예를 들어 다시 설명한다. 첫 번째는 '陶人'의 예이다. '陶人'은 도자기를 빚어 기물을 만드는 장인(匠人)이고, '埏'은 '내리치다', '埴'는 '찰흙을 반죽하다'의 뜻으로 '埏埴'는 도공이 흙을 반죽하고 두드려 기물을 만드는 행위이다. 이렇게 만들어진 기물은 도공의 인위적 노력에서 생긴 것이지 인간이면 누구나 그렇게 하는 본성에서 생긴 것이 아니다.

故工人斲木而成器, 然則器生於工人之僞, 非故生於人之性也①. 聖人積思慮, 習僞故, 以生禮義而起法度②. 然則禮義法度者, 是生於聖人之僞, 非故生於人之性也③.

[고공인착목이성기(하니) 연즉기생어공인지위(요)
비고생어인지성야(라) 성인적사려(하고) 습위고(하여)
이생예의이기법도(라) 연즉예의법도자(는) 시생어성인지위(요)
비고생어인지성야(니라)]

　본디 목공(木工)이 나무를 깎아 그릇을 만드니, 그렇다면 그릇은 목공의 작위에서
생겨나는 것이지 본디 사람의 본성에서 생겨나는 것이 아니다. 성인이 생각을 축적하고
작위를 익혀 예의를 만들고 법도를 일으킨다. 그렇다면 예의와 법도는 성인의 작위에서
생겨나는 것이지 본디 사람의 본성에서 생겨나는 것이 아니다.

---

① 도공의 예에 이어 등장하는 두 번째 예는 공인(工人, 장인), 그중
에서도 목공에 관한 예이다. '斲'은 '깎다'이다. 문장 구조는 앞과 같
다. 그런데 앞의 도공과 여기 공인에 관한 문장에서 뒤쪽의 '人之性'
을 각각 '陶人之性'과 '工人之性'이라 해야 더욱 의미가 분명해진다
는 견해가 있다. 이 두 가지 예를 정리해서 결론적으로 말하는 다음
문장 때문에 이 주장에 약간의 의문을 갖게 된다.

② '積'은 '쌓다', '習'은 배운 것을 반복하여 익히는 것이다. '故'는 마
음먹고 일부러 하는 것을 가리키니, '僞故' 자체가 '작위'의 뜻이 된
다. '起'는 '일으키다'이다. 예의가 생겨나고 법도가 세워지는 것은
성인이 '積思慮'와 '習僞故'를 통해서 하는 일인 것이다.

③ 그래서 '禮義'와 '法度'는 성인이 노력해 만든 '僞'이지 사람의 본
성에서 생겨나는 것이 아니라고 말하며 주장을 맺는다. 이 문장에서
는 뒤의 '人之性'을 '聖人之性'이라 하는 것보다 '人之性'이라 해야 자
연스럽다. 성인의 본성이 아니라 사람의 본성에 대해 말하려는 것이
니까.

塗之人可以爲禹. 曷謂也[①]**? 曰, 凡禹之所以爲禹者**[②]**,**
以其爲仁義法正也[③]**. 然則仁義法正有可知可能之理**[④]**.**

[도지인가이위우(라하니) 갈위야(오). 왈, 범우지소이위우자(는)
이기위인의법정야(라). 연즉인의법정유가지가능지리(라)]

"길 가는 사람도 우임금 같은 성인이 될 수 있다"라고 하는데, 이는 무슨 말인가?
나는 다음과 같이 말한다. 우임금이 우임금이 될 수 있었던 까닭은 그가 인의(仁義)와
법도를 행했기 때문이다. 그렇다면 인의와 법도는 알 수도 있고 행할 수도 있는 이치를
가진 것이다.

---

① 인간의 본성은 악하다. 그러나 선을 하기도 한다. 어떻게 가능할까? 그 이유를 알아보자. '塗之人'은 '길 가는 사람', 즉 '아주 평범한 사람, 보통 사람'을 가리킨다. '禹'는 순임금에게 나라를 물려받아 하나라를 세운 인물로, 부지런함의 대명사이며 고대의 성인(聖人) 중 한 명이다. '曷'은 '어찌, 어떻게'라는 뜻의 의문사이다.

② 이 역시 앞의 글들처럼 자문자답 형식으로 '曰' 다음에 순자의 논지가 본격적으로 펼쳐진다. '所以'는 '까닭', '爲'는 '되다'로, '禹之所以爲禹者'는 '우가 성인의 대명사로 존경받는 우임금이 된 까닭은'이 된다.

③ '以'는 '때문', '爲'는 '하다', '其'는 우임금을 가리킨다. 핵심은 그가 '仁義法正'를 행했기 때문이다. 여기서 '仁義'는 마음의 덕으로서의 인과 의가 아니라 사회적 도덕으로서의 인과 의를 말하고 '法正' 역시 정치적 규범으로서의 법도를 가리킨다. 순자는 인간의 본성이 악하다고 했기 때문에 그간 『맹자』를 거치며 익숙해진 인간 내면에 깃든 인의와 법도에 대한 감각을 여기에 적용하면 안 된다.

④ '可知可能之理'이 중요하다. 인의정법은 '알 수 있고, 행할 수도 있는 이치'를 가지고 있기에 인간 우가 성인 우가 될 수 있었다는 것이다.

然而塗之人也, 皆有可以知仁義法正之質①**,
皆有可以能仁義法正之具**②**, 然則其可以爲禹明矣**③**.
今以仁義法正爲固無可知可能之理邪**④**?**

[연이도지인야(라도) 개유가이지인의정법지질(하고)
개유가이능인의법정지구(하니) 연즉기가이위우명의(라).
금이인의법정위고무가지가능지리야(아)]

그래서 길 가는 사람도 모두 인의와 법도를 알 수 있는 자질을 가지고 있고 모두 인의와 법도를 행할 수 있는 요건을 가지고 있으니, 그렇다면 그가 우임금이 될 수 있는 것이 분명하다. 이제 혹 인의와 법도를 본디 알 수도 있고 행할 수도 있는 이치가 없다고 하겠는가?

① 앞 문장을 순접으로 받으므로 '그래서'[然而]를 썼다. '皆有 ~ 之質'이 '모두 ~ 한 자질을 가지고 있다'이고, 중간의 '可以知仁義法正'이 한 구로 묶인다. '可以知仁義法正'이 '質'에 대한 설명이 된다. 앞서 '仁義法正'이 '可知'하고 '可能之理'를 가졌다고 했다. 그러므로 여기서는 '仁義法正을 알 수 있다'[可以知]는 것으로 문장을 살짝 바꿨다. 그럼 다음은 당연히 '可能'에 대한 내용이 나올 것이다.

② 예상이 정확히 맞다. '知' 자리에 '能'이 들어가 있다. '質'만 '具'로 바뀌었을 뿐이다. '具'는 '요건, 도구, 갖추다'의 뜻이다.

③ '其'는 '길 가는 사람'을 가리킨다. 우가 우가 된 까닭은 '仁義法正'을 행했기 때문인데 '塗之人'은 모두 '仁義法正'을 알 수 있는 자질과 행할 수 있는 요건을 갖추었다. 그러니 누구나 우가 될 수 있는 것이다.

④ 여기서 '今'은 '이제, 지금'의 의미를 살려서 번역하면 좋다. '본디 그러한데 이제 와서 이러이러 하게 주장하겠느냐?'의 뉘앙스를 갖기 때문이다. 오랜만에 '以A爲B' 용법이 나왔다. 'A를 B라 여기다'의 의미이다. '固'는 '본디, 진실로'이다.

然則唯禹不知仁義法正, 不能仁義法正也①.
將使塗之人固無可以知仁義法正之質,
而固無可以能仁義法正之具邪②? **然則塗之人也,**
且內不可以知父子之義, 外不可以知君臣之正③.

[연즉유우부지인의법정(하고) 불능인의법정야(리라).
장사도지인고무가이지인의법정지질(하고)
이고무가이능인의법정지구야(아) 연즉도지인야(는)
차내불가이지부자지의(하고) 외불가이지군신지정(이리라)]

그렇다면 비록 우임금이라 하더라도 인의와 법도를 알 수 없고 인의와 법도를 행할 수 없었을 것이다. 길 가는 사람이 본디 인의와 법도를 알 수 있는 자질이 없고 본디 인의와 법도를 행할 수 있는 요건이 없다고 할 수 있겠는가? 그렇다면 길 가는 사람은 또한 안으로는 아버지와 자식 간의 도리를 알 수 없고, 밖으로는 임금과 신하 간의 준칙을 알 수 없을 것이다.

---

① '唯'는 '雖'이고 '비록'의 뜻이다. 어제 마지막 문장에서 인의정법이 본디 알 수도 행할 수도 있는 이치가 없다고 하겠느냐고 물었다. 오늘 문장에서는 그 가정이 사실이라면 우임금이라도 인의와 정법을 '不知'하고 인의와 정법에 '不能'했을 것이라고 말한다. 순자가 철저히 모든 인간의 자질을 동일 선상에 놓고 말하고 있음을 알 수 있다. 성인과 소인은 있지만 근본적 차이는 없고 모든 인간에게는 '知'와 '能'이 있다고 보는 점을 발견할 수 있다.

② '將'은 '혹, 혹시', '使'는 '~ 으로 하여금'이고, '邪'는 의문형을 만드는 어조사이다. 나머지는 글자가 많아서 그렇지 앞에서 나온 구들이 반복되고 있어서 어렵지 않다.

③ '且'는 '그렇다면'[卽]이다. '內'는 '안으로는', '外'는 '밖으로는', '不可以知'는 '알 수 없다'이다. '義'는 '의리(義理), 원칙, 도리'의 뜻이다. 부자 관계나 군신 관계에 대한 이해가 전혀 있을 수 없다는 말이다.

今不然①. **今塗之人者, 皆內可以知父子之義,**
外可以知君臣之正②, **然則其可以知之質, 可以能之具,**
其在塗之人明矣③.

[금불연(이라). 금도지인자(는) 개내가이지부자지의(하고)
외가이지군신지정(하니) 연즉기가이지지질(과) 가이능지구
기재도지인명의(라)]

그러나 이것은 그렇지 않다. 이제 길 가는 사람도 모두 안으로는 아버지와 자식 간의
도리를 알고 밖으로는 임금과 신하 간의 준칙을 알 수 있다. 그렇다면 인의와 법도를
알 수 있는 자질과 행할 수 있는 요건이 길 가는 사람에게도 있음이 분명하다.

---

① '今'은 '是'와 같다. 평범한 사람이 알고 지켜야 할 인의와 법도에
대해 알고[知] 해낼[能] 자질과 요건을 가지지 않다면 혈연 관계(부
자 관계)든 사회 관계(군신 관계)든 그 원칙과 정의를 알 수 없었을
것이다. 그러나 실제로 볼 때 그러한가? '아니다'라고 단언한다.
② 현실의 모습에 대해 기술한다. 평범한 사람들 모두가 안팎으로
맺는 관계의 원칙을 알고 있는 모습이다.
③ 뒤의 '其'는 '可以知之質'과 '可以能之具'를 받는다. '在'는 '있다'이
다. 현실의 평범한 사람들의 사회 생활을 봤을 때 (인의와 법도를)
알 수 있는 자질과 행할 수 있는 요건이 사람들에게 있음이 분명하
다고 확언한다.

순자가 볼 때 인간에게 가장 중요한 자질은 '배울 수 있고, 배운 것을
행할 수 있는 능력'이다. 이 능력이 자기만 위하는 인간의 본성을 이
기는 것이다. 그러니 순자의 성악은 적극적인 악에 대해 말하는 것
이 아니다. 순자의 성악은 상황이 여의치 않으면 일단 자기 욕구부
터 돌아보게 되는 성향이다. 그리고 그마저도 학습 능력으로 상쇄할
수 있다고 본다.

今使塗之人, 伏術爲學①, 專心一志, 思索孰察, 加日縣久, 積善而不息②, 則通於神明, 參於天地矣③. 故聖人者, 人之所積而致矣④.

[금사도지인(으로) 복술위학(하되) 전심일지(하여) 사색숙찰(하여) 가일현구(히)
적선이불식(하면) 즉통어신명(하고) 참어천지의(리라). 고(로) 성인자(는)
인지소적이치의(니라)]

이제 길 가는 사람으로 하여금 도를 지켜 학습하되 온 마음과 뜻을 다하여 사색하고 자세히 헤아리면서 하루 또 하루 오랫동안 쉬지 않고 선을 쌓아가게 한다면 신명에 통하고 천지의 운행에 필적하게 될 것이다. 그러므로 성인(聖人)은 사람이 쌓아 올려 도달하게 되는 상태인 것이다.

---

① 중요한 것은 알 수 있는 자질과 행할 수 있는 요건을 가졌으니 그것들을 계발하는 것뿐이다. 여기서 '學'이 중요해진다. 앞서 성인이 열심히 한 것도 '積思慮'와 '習僞故'였다. '伏'은 '守'의 뜻으로 '지키다'이고, '術'은 '道'와 같으니, '伏術'은 '도를 지키다'는 뜻이 된다.

② '伏術爲學'을 어떤 자세로 해야 할까? '思索'은 우리가 아는 그 '사색'이고, '孰'은 '熟'(익숙하다, 익히다)의 뜻으로, '孰察'은 자세히 살핀다는 의미이며, '縣久'는 오래 유지한다는 뜻이다. '息'은 '쉬다, 그치다'이다.

③ '通於神明'은 지혜로움이 달통한 수준으로 향상된다는 뜻이고, '參於天地'는 '天, 地, 人', 즉 '三才'로서 자연의 운행에 참여한다는 말이다.

④ 그래서 위와 같은 성인의 결론에 도달하게 된다.

순자의 꿈은 크다. 모든 인간의 자질이 동일하다고 보고 누구든 가지고 태어난 학습 능력을 통해 최선을 다하기만 하면 성인이 될 수 있다고 말한다.

禮起於何也①? 曰, 人生而有欲, 欲而不得, 則不能無求②.
求而無度量分界, 則不能不爭③, 爭則亂, 亂則窮④.

[예기어하야(오) 왈, 인생이유욕(하니) 욕이부득(이면) 즉불능무구(하고)
구이무도량분계(하면) 즉불능부쟁(이라) 쟁즉란(하고) 난즉궁(이라)]

예는 어떻게 해서 생겨났는가? 인간은 태어나면서 욕망이 있으니, 욕망하다가 얻지
못하면 추구하지 않을 수 없는데, 추구하다가 일정한 기준과 한계가 없으면 다투지
않을 수 없다. 다투면 어지러워지고 어지러워지면 손쓸 수 없는 상태가 된다.

이제부터는 순자 사상의 핵심인 예(禮)를 다룬다. 순자는 인간의 본
성이 악하다고 했다. 그러나 인간은 선한 사회를 꾸릴 수 있다고 했
다. 인간은 지적인 능력을 가지고 태어나므로 함께 사는 사회의 질
서를 가르치면 자신의 욕망을 조절할 힘을 갖게 된다는 것이다. 그
질서가 바로 예이다.

① 「예론」 맨 처음에 등장하는 구절로, 예의 기원에 대해 설명한다.
'起'는 '일어나다, 생겨나다', '何'는 의문사로 '어떻게, 어디서'이다.

② 『순자』에서 종종 사용하는 설명법이 자문자답인데 여기도 마찬
가지여서 '曰'은 앞문장을 질문으로 설정했기 때문에 사용한 것이
다. 풀어도 되고 굳이 풀지 않아도 된다. '欲'은 '욕망', '得'은 그 욕망
하는 것을 얻음을 말하고, '求'는 '구하다, 추구하다'로 '不得'한 그것
을 어떻게든 얻고자 하는 것이다. '能'이 들어간 이중부정(不能無·不
能不)은 '~ 하지 않을 수 없다'로 풀이한다.

③ '度量'은 용량을 되는 도구로 '일정한 기준'을 의미하고, '分界'는
경계를 정하는 것으로 '일정한 한계'를 말한다. '爭'은 '다투다'이다.

④ '窮'은 '끝, 바닥이 나다'로 어떤 해결 방법도 낼 수 없는 상태를 가
리킨다.

先王惡其亂也, 故制禮義以分之①, 以養人之欲,
給人之求②. 使欲必不窮乎物, 物必不屈於欲③,
兩者相持而長, 是禮之所起也④.

[선왕오기란야(라) 고(로) 제례의이분지(하며) 이양인지욕(하고)
급인지구(라). 사욕필불궁어물(하고) 물필불굴어욕(하여)
양자상지이장(하니) 시례지소기야(라)]

　　선왕은 그 어지러움을 싫어하였기 때문에 예의를 제정하여 구분하고, 그렇게 하여
사람의 욕망을 충족시키고 사람이 요구하는 것을 공급하여 욕망이 절대 물자로 인해
한계에 부딪히는 일이 없게 하고, 물자가 절대 욕망으로 인해 고갈되지 않게 하여
이 두 가지가 서로 견제하며 발전하게 하였으니, 이것이 예가 생겨난 까닭이다.

---

① '先王'은 '옛 성왕(聖王)'이다. '惡'는 '싫어하다, 미워하다'로 '오'로
읽는다. '其亂'은 욕망에 의한 다툼[爭]이 불러오는 어지러움·혼란이
다. '制'는 '제정하다', '分'은 '구분하다, 구별하다'이다. 비로소 '禮義'
가 탄생했다. '義'는 예를 만드는 기준·원칙이 된다. '옳음'을 철저히
고려하여 예가 만들어진다. 그리고 그렇게 만들어진 '禮義'의 가장
큰 속성은 '分'이다. 사람들을 기준을 정해 나누는 것이다.

② '養'은 '충족하다', '給'은 '공급하다'이다. 이렇게 예의를 만들어 사
람들이 자신이 속한 자리를 나누어야 비로소 그 욕망이 조절되어 채
울 수 있고 필요한 것을 공급할 수 있다.

③ '使'는 두 구 모두에 걸린다. '屈'은 '窮'과 비슷한 의미로 '다하다'이
다. '窮乎物'은 물자에 궁해지는 것, 즉 한계 상황으로 치닫는 것이고,
'屈於欲'은 욕망에 고갈되는 것, 즉 소진돼 버리는 것을 말한다.

④ '兩者'는 앞 문장의 두 가지 내용, 그러니까 욕망과 물자가 서로에
의해 한계 상황에 치닫지 않게 하는 방법을 가리킨다. '持'는 '제약,
견제하다'이고, '長'은 '진보, 발전하다'의 뜻이다.

夫貴爲天子, 富有天下, 是人情之所同欲也①**,
然則從人之欲, 則埶不能容, 物不能贍也**②**.
故先王案爲之制禮義以分之**③**.**

[부귀위천자(하고) 부유천하(는) 시인정지소동욕야(라)
연즉종인지욕(이면) 즉세불능용(하고) 물불능섬야(라).
고(로) 선왕안위지제례의이분지(라)]

저 귀하기로는 천자가 되고 부유하기로는 천하를 소유하는 것은 사람의 마음이 다 같이
욕망하는 것이다. 그러나 사람의 욕망을 그대로 다 풀어놓으면 형세상 허용될 수 없고
물질적으로도 충족시킬 수 없다. 그러므로 선왕이 이에 예의를 제정하여 구별하였다.

① '爲'는 '되다'이다. '人情'은 '사람의 마음', '所同欲'은 '모두 똑같이
욕망하는 바(것)'이다. 인간이 원하는 높은 지위와 부유함에 한계가
있을까? 그런 한계선은 없다. 또 돈이 있으면 지위를, 지위가 있으면
돈을 가지고 싶어 한다. 그래서 '富'와 '貴'는 항상 쌍으로 붙어 다니
는 단어가 되었다. 어떤 무협 만화를 보니 협객들 모임터의 족자에
'富有天下'는 썼는데 '貴爲天子'는 빠져 있었다. 이 둘이 한 쌍이라는
것을 몰라 그랬을 수도 있고, 천자가 되겠다는 말을 협객들이 차마
쓸 수는 없어서 뺐을 수도 있겠다고 생각했다.

② '從'은 '풀어놓다'로, '縱'(종)의 뜻으로, '埶'는 '형세, 상황'으로 '勢'
의 뜻으로 쓰였다. '容'은 '허용되다', '贍'은 '넉넉하다, 충족시키다'이
다. 간디의 말이 떠오른다. "세상은 단 한 사람의 욕망도 채울 수 없
지만 인류 전체를 먹여살릴 만큼 넉넉하다." 여기서 예가 시작된다.

③ '案'은 '이에, 곧'이다. '爲之'는 '이를 위하여'로 '之'는 앞서의 상황
전체를 받는다. '制禮義以分之'는 어제 배운 것과 똑같다. 선왕들이
예의를 제정하여 구별한 그 내용은 무엇일까?

使有貴賤之等, 長幼之差, 知愚能不能之分①,
皆使人載其事, 而各得其宜②, 然後使穀祿多少厚薄之稱③,
是夫群居和一之道也④.

[사유귀천지등(과) 장유지차(와) 지우능불능지분(하니)
개사인재기사(하여) 이각득기의(라). 연후사곡록다소후박지칭(하니라).
시부군거화일지도야(라)]

그들로 하여금 존귀하고 비천한 등급, 연장자와 연소자의 차이, 지혜로운 자와 우매한 자, 유능한 자와 무능한 자의 구분이 있게 하였으니, 모두 사람들로 하여금 자기 일을 담당하여 각각 제자리를 찾게 하고, 이렇게 한 뒤에 녹봉을 많고 적고 후하고 박하게 하여 그에 걸맞게 되도록 한 것이다. 이것이 무리지어 살면서 화합하고 일치하게 하는 방법이다.

① '使'는 '그들로 하여금'으로 풀어 욕망을 가지고 태어나는 인간 전체를 가리키는 것으로 보았다. '貴賤之等'은 '귀하고 천한 등급', '長幼之差'는 '나이 많은 이와 어린 사람 간의 다름·차이', '知愚'의 '知'는 '智'(지혜)의 뜻으로 '지혜로운 이와 우매한 이', '能不能'은 '능력 있는 이와 무능한 이'이다. 크게 신분, 나이와 능력에 따라 구분한 것이다.

② '載'는 '행하다'[行(행)]는 뜻이고, 또한 '맡는다'[任(임)]는 뜻이다. '各'은 '각기', '得其宜'는 '마땅함을 얻다'로, 신분, 나이와 능력에 따라 차등을 두니 비로소 각 사람에게 정확히 제 할 일과 맞는 자리가 주어졌다는 것이다.

③ 이렇게 질서를 세우면 분배에도 기준이 생긴 셈이다. 그래서 녹봉(穀祿 봉급 체제)으로 상징되는 일의 결과물도 합리적 차등이 생겼다고 말한다. '稱'에는 '저울'이란 뜻이 있다. 이는 물건을 측량해서 제값을 매기는 물건이다. 그러므로 '걸맞다'의 뜻을 갖는다.

④ '群居'는 '무리지어 살다', '和一'는 '화합하고 일치하다'도 가능하고 '하나로 화합하다'도 가능하다. 피차 같은 뜻이다.

故仁人在上①, **則農以力盡田, 賈以察盡財,**
百工以巧盡械器②, **士大夫以上至於公侯,**
莫不以仁厚知能盡官職③. **夫是之謂至平**④.

[고인인재상(이면) 즉농이력진전(하고) 고이찰진재(하고)
백공이교진계기(하며) 사대부이상지어공후(히)
막불이인후지능진관직(하니) 부시지위지평(이라)]

그러므로 인(仁)한 사람이 윗자리에 있으면 농부는 그 힘을 전토에 다 쏟고,
상인은 그 총명을 재화에 다 쏟으며, 장인들은 그 재주를 기물에 다 쏟고,
사대부 이상 공과 후에 이르기까지는 그 인후함과 지혜와 재능을 관직에
다 쏟지 않음이 없으니, 이것을 일러 지극한 경지까지 다스려진 것이라 한다.

---

① '仁人'은 예의 원리를 정확히 알아 확립하고 실천하는 사람이다.
이런 사람이 '在上', 즉 윗자리에 있다면 그는 성왕(聖王)이라고 말
할 수 있다. 이런 지도자가 세상을 다스리면 어떻게 될까?

② '農'은 '농부', '以'力은 '그 힘으로써, 그 힘을 가지고', '盡'은 '다하
다, 다 쏟다'로 일처리를 정밀하게 하는 것을 말한다. '賈'는 '상인'으
로 '고'로 읽는다. '察'은 이윤이 생길지 밑질지에 밝은 것이다. '百工'
은 '모든(온갖) 장인 혹은 공인(工人)'으로 오늘날로 말하면 '기능인,
기술자'이다. '巧'는 '정교함, 기술'을 뜻한다.

③ 'A以上至於B'는 'A이상부터 B에 이르기까지'로 어떤 범위를 나타
낼 때 쓴다. '自A至於B'도 이와 유사한 표현이다. '以仁厚知能盡官職'
은 앞의 농부, 상인, 공인에 대한 내용과 똑같은 문장 구조인데 이중
부정인 莫不을 넣어 살짝 변화를 주면서 사대부와 공후들, 즉 지식
인과 지도자의 역할을 강조했다.

④ '平'은 수평을 이룬 것이다. 저울추를 옮겨가며 무게중심을 찾아
수평을 이룬 상태, 즉 최고로 균형 잡힌 상태인 것이다.

故或祿天下, 而不自以爲多①, 或監門御旅抱關擊柝,
而不自以爲寡②. 故曰, '斬而齊, 枉而順, 不同而一③.'
夫是之謂人倫④.

[고(로) 혹록천하(나) 이불자이위다(하고) 혹감문어려포관격탁(이라도)
이불자이위과(라). 고(로) 왈, 참이제(하고) 왕이순(하고) 부동이일(이라하니)
부시지위인륜(이라)]

그러므로 어떤 이는 천하를 봉록으로 누리면서도 스스로 많다고 여기지 않고, 어떤 이는
성문이나 궐문 등의 문지기, 객사의 관리인, 성문을 지키는 병졸, 야경꾼이 되었으나
스스로 적다고 여기지 않는다. 그러므로 말하기를, '들쑥날쑥하나 가지런하고, 굽었으나
반듯하며, 같지 않으나 하나가 된다'라고 하였으니, 이것을 일러 인륜이라고 한다.

---

① 일로 얻은 결과물이 남과 같지 못하면 억울하다. 분쟁의 시작이
다. 사람과 일의 층위를 나누어 월급이 다르다고 설득하면 조정이
가능하다. '或'은 '어떤 이는' 혹은 '경우에 따라서는'이라고 풀이한
다. '祿天下'는 '천하를 봉록(녹봉)으로 누리다'니까 가장 높은 직위
인 천자를 가리킨다.

② '監門'은 '문지기', '御旅'는 '객사의 관리인'으로 '御'는 '맞이하다'
[迓]의 뜻으로 '아'로 읽는다. '抱關'은 '監門'과 비슷한 뜻인데 아주
낮은 관직을 가리키는 말이다. '擊柝'은 딱딱이를 치면서 순라를 도
는 야경꾼이다. '寡'는 '多'의 반대말로 '적다'이다.

③ 옛말을 인용한 것이다. '斬'은 '儳'(참)의 뜻으로, '들쑥날쑥하다'인
데, '베다'의 뜻으로 보아 '斬而齊'을 '베어서 가지런히 하다'로 보기
도 한다. '枉'은 '굽다', '順'은 '直'(직)과 통해 '곧다'는 의미이다.

④ 사람은 다 다르지만 이들을 조화롭게 만들어 평(平)을 이루어 살
게 하는 것이 인륜, 즉 사람의 질서라고 말하고 있다.

禮有三本, 天地者, 生之本也①, 先祖者, 類之本也②, 君師者, 治之本也③. 無天地, 惡生? 無先祖, 惡出? 無君師, 惡治④?

[예유삼본(이라) 천지자(는) 생지본야(요) 선조자(는) 유지본야(요)
군사자(는) 치지본야(라). 무천지(어든) 오생(이며) 무선조(어든) 오출(이며)
무군사(어든) 오치(리오)]

예에는 세 가지 근본이 있으니, 천지는 생(生)의 근본이고, 선조는 종족의 근본이며, 군주는 다스림의 근본이다. 천지가 없다면 어떻게 생겨나겠으며, 선조가 없다면 어떻게 나올 것이며, 군주가 없다면 어떻게 다스려지겠는가?

① 예는 무엇을 근본으로 하여 만들어질까? 순자는 예에 세 가지 근본[三本]이 있다고 말한다. 천지와 선조와 임금이 그것이다. '天地'는 자연을 뜻한다. 자연은 만물을 낳는다. 그래서 '生之本'이라고 한 것이다. 일단 태어나야 이 세상의 어떤 존재가 될 수 있다.

② '生'의 범주를 좀 더 좁혀 보자. 자연물로서 내가 태어나지만 계통으로 보면 나는 부모를 통해 태어난다. 그 부모의 부모의 부모를 거슬러 올라 하나의 혈통, 곧 류(類)로 이어지는 것이 '先祖'(선조)이다. 그러므로 선조는 내 '내 계통', 즉 '종족의 근본'이 된다.

③ 이렇게 태어난 존재들이 모여 산다. 인간은 선조를 통해 존재하므로 개개인으로 살지 않고 작은 모듬 살이가 시작된다. 작은 모듬 살이부터 지도자는 필요에 의해 생기게 마련이며, 작은 모듬 살이는 점점 세력을 확장해서 다른 종족과 이합집산하며 커지고 다양한 사람들의 이해가 충돌한다. 그러면 지도자의 능력이 공동체 유지에 굉장히 중요해진다. 그래서 군주는 다스림의 근본이다.

④ '惡'는 의문사로 '어떻게'이며 '오'로 읽는다.

**三者偏亡, 焉無安人 ①. 故禮上事天, 下事地, 尊先祖,
而隆君師. 是禮之三本也 ②. [……] 貴始得之本也 ③.**

[삼자편무(면) 언무안인(하리니) 고(로) 예(는) 상사천(하고) 하사지(하며)
존선조(하고) 이융군사(니) 시예지삼본야(니라). [……] 귀시(는) 득지본야(니라)]

세 가지 중에 어느 하나라도 없다면 이에 안정될 사람은 없을 것이다. 그러므로 예는 위로
하늘을 섬기고, 아래로 땅을 섬기며, 선조를 존중하고, 군주를 높이는 것이다.
이것이 예의 세 가지 근본이다. [……] 시조를 존중하는 것이 덕의 근본이다.

---

① '三者'는 천지, 선조, 군주이고, '偏'은 '어느 한 편으로 치우치다',
'亡'는 '無'의 뜻으로, '偏亡'는 어느 하나가 빠진 것이다. '焉'은 어조사
로 '이에, 곧'의 의미로도, '三者偏亡' 뒤에 붙은 것으로 볼 수도 있다.
어떻게 보아도 의미는 같다. '安人'은 '安한(할) 人' 혹은 '人을 安하
다'로 볼 수 있는데, 누군가 그렇게 만드는 것이 아니라 결과가 그렇
게 되는 것이므로 '安'이 '人'을 수식하는 형태로 보는 것이 더 적합한
듯하다.

② 예는 생의 근본과 현재 삶을 위한 근원을 인정하고 탄탄히 하는
데서 출발한다. 그래서 천지를 섬기고, 선조를 높이고, 군주의 권위
를 추앙하는 데 그 바탕을 두고 세부 사항을 다듬어 가는 것이다.

③ '貴始'는 '시조를 존중하다, 귀히 여기다', '得'은 '德'(덕)이다. 이 앞
에 천자와 제후와 대부와 사가 각각 자신이 높여야 할 선조에 대한
내용이 나온다. 권위와 권위주의는 다르다. 지도자에게 권위는 더없
이 중요하다. 권위를 인정받지 못하면 어떤 명령이나 정책도 시행할
수 없기 때문이다. 이를 위해 군주는 '근원'을 높인다. 건국한 선조를
잊지 않고, 그 역사성 속에 자신을 둠으로써 모범을 보이고 겸손을
배우고 권위를 확보하는 것이다.

禮之理誠深矣, 堅白同異之察, 入焉而溺①.
其理誠大矣, 擅作典制辟陋之說, 入焉而喪②,

[예지리성심의(라) 견백동이지찰(이) 입언이닉(하고)
기리성대의(라) 천작전제편루지설(이) 입언이상(하고)]

　　예의 원리는 참으로 깊어서 '견백'(堅白), '동이'(同異)의 헤아림이 여기에 들어가면
침몰한다. 그 원리는 참으로 커서 멋대로 만든 법과 제도며 치우치고 비루한 설이 여기에
들어오면 없어진다.

① 예는 사회의 질서를 세우는 가장 큰 틀로서 작용하므로 구성원
누구나 동의할 수 있어야 한다. 누군가가 자신을 위해 임의로 만들
어 시행할 수 있는 것이 아니다. 여기서는 이러한 특성을 갖는 예의
원리에 대해 말한다. '誠'은 '참으로, 진정으로', '深'은 '깊다', '察'은
'헤아림, 고찰', '焉'은 '於之'로 '여기에', '而'는 '則'의 의미로 쓰였고,
'溺'은 '빠지다, 침몰하다'이다. '堅白'과 '同異'는 전국시대 당시 명가
(名家)들의 대표적인 궤변이다. 견백은 공손룡의 설로, 단단하고 흰
돌에 대해 눈은 흰 것만 알고 단단한지는 알 수 없고, 손은 단단한 것
만 알고 흰 것은 모르니 흰 돌의 단단함과 흰 속성은 서로 분리된 것
이란 주장이다. 동이는 혜시의 설로, 사물의 개별성에 주목해 모든
것을 상대화한 것으로 차이에 입각해 말하면 만물은 다르지 않은
것이 없고 같음에 입각해 말하면 만물은 같지 않은 것이 없다는 것
이다.

② '擅'은 '제멋대로, 함부로', '典制'는 '법과 제도', '辟'은 '치우치다',
'陋'는 '비루하다, 좁다'이다. 예의 원리는 크므로 제멋대로 만든 법
과 제도나 비루한 설을 늘어놓는 자는 예를 맞닥뜨리면 설 자리가
없다는 것이다.

其理誠高矣, 暴慢恣睢輕俗以爲高之屬, 入焉而隊①.
故繩墨誠陳矣, 則不可欺以曲直②, 衡誠縣矣,
則不可欺以輕重③, 規矩誠設矣, 則不可欺以方圓④,
君子審於禮, 則不可欺以詐僞⑤.

[기리성고의(라) 포만자휴경속이위고지속(이) 입언이추(라).
고(로) 승묵성진의(면) 즉불가기이곡직(하고) 형성현의(면)
즉불가기이경중(하고) 규구성설의(면) 즉불가기이방원(하고)
군자심어례(면) 즉불가기이사위(라)]

그 원리가 참으로 높아서 포악하고 방자하며 풍속을 얕보며 고상한 체하는 무리가
여기에 들어가면 추락한다. 그러므로 먹줄이 참되게 펴진다면 곡직을 속일 수 없고,
저울이 참되게 걸린다면 경중을 속일 수 없으며, 그림쇠와 직각자가 참되게 설치된다면
방원을 속일 수 없고, 군자가 예에 대해 분명히 안다면 거짓으로 속일 수 없다.

---

① '暴慢'은 '포악하고 오만함', '恣睢'는 '방종하다, 방자하다', '輕'은
'가벼이 여기다, 깔보다', '以爲高'는 '스스로 고상하게 여기다', '屬'은
'무리, 등속', '隊'은 '墜'(추)로 '떨어지다'이다. 예의 원리는 아주 높기
때문에 허위의식만 차 있는 이들이 예를 만나면 무너지고 만다.

② '繩墨'은 직선을 긋는 먹줄, '陳'은 '펼쳐지다', '欺'는 '속이다'이다.
진짜 기준이 나타나면 허위는 맥을 추지 못한다. 직선의 기준이 나
타나면 굽은 것을 속일 수 없다.

③ '縣'은 '매달다', 옛날 저울은 저울대를 매달아 수평을 잡는 방식이
었기 때문에 쓴 표현이다. 저울이 등장하면 무게를 속일 수 없다.

④ '規'는 '그림쇠', 즉 컴퍼스로 원형을 그릴 때 쓰고, '矩'는 '직각자'
로 사각형을 그릴 때 쓴다. '方'은 '모, 각'을 의미한다.

⑤ 인간 사회에서 위의 먹줄 등의 역할을 하는 것이 바로 군자이다.
'審'은 '살피다', '詐'는 '속이다', '僞'는 '꾸미다'로 '詐僞'는 거짓으로 꾸
미는 것이다.

故繩者, 直之至, 衡者, 平之至, 規矩者, 方圓之至①, 禮者,
人道之極也②. 然而不法禮, 不足禮, 謂之無方之民③.
法禮, 足禮, 謂之有方之士④.

[고(로) 승자(는) 직지지(요) 형자(는) 평지지(요) 규구자(는) 방원지지(요) 예자(는)
인도지극야(라) 연이불법례(하고) 부족례(를) 위지무방지민(이라하며)
법례(하고) 족례(를) 위지유방지사(라하나라)]

그러므로 먹줄은 곧음의 기준이고, 저울은 수평의 기준이며, 그림쇠와 직각자는 방원의
기준이고, 예는 사람으로 사는 길의 표준이다. 그래서 예를 본받지 않고 예를 중시하지
않는 자를 일러 원칙이 없는 백성이라 하고, 예를 본받고 예를 중시하는 자를 일러 원칙이
있는 선비라 한다.

① '至'은 '지극함'으로 표준이나 기준으로 옮길 수 있다. 먹줄이 있으
면 곡직을 속일 수 없으니 먹줄은 직선의 극치라 할 수 있다. 그러므
로 직선의 표준이라 한 것이다. 마찬가지로 저울은 무게중심을 잡아
고르게 하는 표준이 된다. 또한 그림쇠와 직각자는 방형과 원형의
표준이 된다.

② 이런 예시로 볼 때 예는 인간 사회에 무엇이 될까? '人道'의 '極'이
된다. 사람이 사람으로 살게 하는 길의 표준이 되는 것이다.

③ '然而'는 '그래서'로 쓰였다. '法'은 '본받다', '足'은 '중시하다'이다.
'足'을 '잃은 것 없이 지키다', 즉 '잘 지키다'의 의미로 보는 경우도 있
는데 이렇게 하면 '法'의 뜻과 비슷하고, 논지 전개로 보아 예에 더
힘을 실어 주는 표현이 맞을 듯하여 '중시하다'로 옮겼다. '方'은 '모
서리, 법, 도(道)'의 뜻이다.

④ 반대로 예를 따르고, 예를 중시하면 원칙이 있는 자이니, 일반 백
성[民]이 아닌 선비[士]라고 표현했다.

禮之中焉能思索, 謂之能慮 ①, 禮之中焉能勿易,
謂之能固 ②. 能慮能固, 加好者焉, 斯聖人矣 ③.
[⋯⋯] 聖人者, 道之極也 ④. 故學者, 固學爲聖人也,
非特學爲無方之民也 ⑤.

[예지중언능사색(을) 위지능려(요) 예지중언능물역(을)
위지능고(라) 능려능고(하며) 가호자언(이면) 사성인의(라).
[⋯⋯] 성인자(는) 도지극야(라) 고학자(는) 고학위성인야(니)
비특학무방지민야(니라)]

예에 부합하여 사색할 수 있는 것을 일러 제대로 생각한다[能慮]고 하고, 예에 부합하여
바꾸지 않는 것을 일러 '제대로 확고하게 지킨다[能固]고 한다. 제대로 생각하고 제대로
지키며 더하여 좋아하는 이가 바로 성인이다. [⋯⋯] 성인은 도의 표준이다. 그러므로
배우는 것은 본디 성인이 되기 위해 배우는 것이지 그저 무도한 백성이 되기 위해 배우는
것이 아니다.

① 인간 삶과 행동의 기준은 예가 되어야 한다. '焉'는 '而'의 뜻으로
쓰였다. 아래 문장도 마찬가지이다. 예에 딱 들어맞는 범주에서 사
색할 수 있는 것을 '能慮'라고 한다. 그러므로 여기의 '能'은 '제대로
할 수 있는 것'이다.

② '易'은 '바꾸다'로, '勿易'은 '불변'(不變)이다. '固'는 '지키다'이다.

③ '加'는 '더하다', '能慮'하고 '能固'할 뿐만 아니라 이를 좋아하기까
지 하면 그걸 누가 말리겠는가? 이 수준까지 다다른 이를 '성인'(聖
人)이라 부른다.

④ 성인은 예의 범주를 벗어날 일이 없다. 억지로 애써서 지키고 있
는 상태가 아니기 때문이다. 그래서 '도의 극치·표준'이 된다.

⑤ '固'는 '본디', '非特'은 '非但'과 같은 뜻으로 '다만 ~ 인 것은 아니
다'로 풀이한다. 배우면 누구나 성인이 될 수 있다는 뜻을 다시 볼 수
있다.

禮者, 謹於治生死者也[①]. **生人之始也, 死人之終也,**
終始俱善, 人道畢矣[②]. **故君子敬始而愼終, 終始如一**[③],
是君子之道, 禮義之文也[④].

[예자(는) 근어치생사자야(라) 생(은) 인지시야(요) 사(는) 인지종야(라)
종시구선(하면) 인도필의(라). 고(로) 군자경시이신종(하여) 종시여일(하니)
시군자지도(요) 예의지문야(니라)]

예는 생과 사를 다스림에 있어 엄숙히 하는 것이다. 생은 인생의 시작이고 사는 인생의
끝이니, 시작과 끝이 모두 좋아야 사람의 도리가 완성되는 것이다. 그러므로 군자는
시작을 경외하고 끝을 삼가서 시작과 끝을 한결같이 하니, 이것이 군자의 도(원칙)이고
예의의 형식이다.

---

① '謹'은 '삼가다, 엄숙하게 하다', '治'는 '다스리다, 처리하다', '者'는
'것'이다. 예는 인간 삶과 죽음의 전 과정을 포괄한다. '生死'를 대함
에 있어 '謹'할 것, 즉 엄숙하고 정중할 것을 요구한다.

② '俱'는 '모두', '畢'은 '마치다'이다. 인간은 태어나 한정적인 시간을
산다. 그 시작과 끝이 모두 좋아야 비로소 사람이 사람으로서 사는
길이 아름답게 마무리된다.

③ 이런 점을 생각하면 시작도 끝도 소홀히 할 수 없다. 그래서 '敬始'
와 '愼終'을 말한다.

④ 세상을 살다 보면 삶을 추스르기 힘들 때도 많다. 산 목숨이나 편
하게 살지 죽은 사람, 옛날 일까지 신경 쓰나 싶기도 하다. 예는 그
런 흐트러짐을 바로잡는다. 순자는 산 사람만 신경 쓰고 죽은 사람
을 버려 두는 것은 간사함이고 배신이라 했다. 한 해의 마지막 날, 사
라짐이 정점에 다다른 날이다. 잘 보내야 잘 맞을 수 있다. 생과 사의
모든 순간에 정중함을 갖추어야 예라는 말을 다시 한번 되새긴다.

하루 한문 공부
: 우리말 문해력을 높이는 한문교양 365

2023년 1월 24일   초판 1쇄 발행

지은이
임자헌

펴낸이   **펴낸곳**   **등록**
조성웅   도서출판 유유   제406-2010-000032호(2010년 4월 2일)

                  주소
                  서울시 마포구 동교로15길 30, 3층 (우편번호 04003)

전화   **팩스**   **홈페이지**   **전자우편**
02-3144-6869   0303-3444-4645   uupress.co.kr   uupress@gmail.com

                  페이스북   **트위터**   **인스타그램**
                  facebook.com   twitter.com   instagram.com
                  /uupress   /uu_press   /uupress

편집   **디자인**   **조판**   **마케팅**
김은우, 백도라지   이기준   정은정   황효선

제작   **인쇄**   **제책**   **물류**
제이오   (주)민언프린텍   다온바인텍   책과일터

ISBN 979-11-6770-053-7 03720